CB050282

A ARQUITECTURA DE JOSÉ BAGANHA
Tradição e Contemporaneidade

JOSE BAGANHA ARCHITECTURE
Tradition and Contemporaneity

LA ARQUITECTURA DE JOSÉ BAGANHA
Tradición y Contemporaneidad

Javier Cenicacelaya

Título original / Original Title / Título originale:
A Arquitectura de José Baganha. Tradição e Contemporaneidade/
José Baganha's Architecture. Tradition and Contemporaneity/
La Arquitectura de José Baganha. Tradición y Contemporaneidad

© Javier Cenicacelaya e Edições 70, 2014

Tradução / Translation / Traducción:
Traducta (Castellano/Português-English)
Alberto Montoya (Português-Castellano)
Javier Cenicacelaya (Castellano/Português-English)

Fotos / Photos / Fotos: FG+SG
(Fernando e Sérgio Guerra).

Capa / Cover / Portada:
FBA
Na capa / in the cover / en la portada: Monte do Prates
© José Manuel Ferrão

Depósito Legal / Duty copy deposit number / Depósito Legal n.º 382487/14

Biblioteca Nacional de Portugal – Catalogação na Publicação

CENICACELAYA, Javier

A arquitectura de José Baganha : tradição e contemporaneidade = José Baganha's architecture : tradition and contemporaneity = La arquitectura de José Baganha : tradición y contemporaneidad. – (Extra colecção)
ISBN 978-972-44-1833-9

CDU 72.012

Layout e direcção de arte / Layout and art direction / Diseño grafico:
ACAM STUDIO

Produção gráfica / Graphic production / Producción gráfica:
ACAM STUDIO

Paginação / Typesetting / Diagramación:
MA

Impressão e acabamento / Printing and finishing / Impresión y acabado:
PAPELMUNDE
para / to / para
EDIÇÕES 70
Outubro de 2014 / October 2014 / Octubre de 2014

Todos os direitos reservados

EDIÇÕES 70, uma chancela de Edições Almedina, S.A.
Avenida Fontes Pereira de Melo, 31 – 3º C - 1050-117 Lisboa / Portugal
e-mail: geral@edicoes70.pt

www.edicoes70.pt

Esta obra está protegida pela lei. Não pode ser reproduzida,
no todo ou em parte, qualquer que seja o modo utilizado,
incluindo fotocópia e xerocópia, sem prévia autorização do Editor.
Qualquer transgressão à lei dos Direitos de Autor será passível
de procedimento judicial.

Índice
Index
Índice

6	Prefácio José Baganha	
8	Por uma arquitectura simples e bela Javier Cenicacelaya	
12	A Arquitectura de José Baganha Javier Cenicacelaya	
36	Preface José Baganha	
38	For beautiful, simple architecture Javier Cenicacelaya	
42	The Architecture of José Baganha Javier Cenicacelaya	
64	Prefacio José Baganha	
66	Por una arquitectura sencilla y hermosa Javier Cenicacelaya	
70	La Arquitectura de José Baganha Javier Cenicacelaya	

94 Casa nas Sesmarias
House in Sesmarias
Casa en Sesmarias

Salvaterra de Magos

106 Casa da Quinta da Pedra Taboleira
House of the Quinta da Pedra Taboleira
Casa de Quinta da Pedra Taboleira

Viseu

114 Monte do Carújo
Monte do Carújo
Monte do Carújo

Alvito

126 Monte da Herdade do Rego
Monte da Herdade do Rego
Monte da Herdade do Rego

Elvas

138 Casa na Quinta da Beloura
House in Quinta da Beloura
Casa en Quinta da Beloura

Sintra

148 Monte da Casa Alta
Monte da Casa Alta
Monte da Casa Alta

Grândola

158 Reabilitação de Prédio Unifamiliar
Remodelling of a One-family Building
Regeneración de Edifício Unifamiliar

Figueira da Foz

168 Apartamentos As Janelas Verdes
Residence Quarter at Janelas Verdes
Viviendas As Janelas Verdes

Lisboa

180 A Casa do Médico de S. Rafael
The Casa do Médico de S. Rafael
Casa do Médico de S. Rafael

Alentejo

200 Renovação de Casa Monte da Quinta
Remodelling of a House Monte da Quinta
Renovación de Casa Monte da Quinta

Terena

212 Monte do Prates
Monte do Prates
Monte do Prates

Castelo

José Baganha

Nasceu em Coimbra, em 1960. Estudou na Escola Superior de Belas Artes do Porto. Licenciado pela Faculdade de Arquitectura da Universidade Técnica de Lisboa, em 1984.

É sócio-gerente da José Baganha, Arquitectos – Sociedade Unipessoal, Lda. e, desde 2002, professor na Faculdade de Arquitectura da Universidade Católica em Viseu. José Baganha é membro do I.C.P.T. – College of Traditional Practitioners da I.N.T.B.A.U., cujo patrono é H.R.H., The Prince of Wales e de diversas instituições internacionais vocacionadas para a defesa, apoio e prática da arquitectura e urbanismo tradicionais, como:

- I.N.T.B.A.U. – International Network for Traditional Building, Architecture & Urbanism.
- A VISION OF EUROPE – Architecture and a human approach for the european city.
- C.E.U. – Council for European Urbanism (organização da qual é membro da Direcção).

É conferencista convidado em seminários de diversas instituições como as Universidades de Ferrara, Bolonha e Florença, em Itália e de Notre Dame, nos E.U.A.

Javier Cenicacelaya

Arquitecto pela Escola de Arquitectura da Universidade de Navarra, em 1975. M.A. pela *Oxford Brookes University*, e MSc. pela Universidade de Oxford. Desenvolveu a sua actividade como arquitecto em Bilbao. Foi professor visitante na Academia Britanica de Roma, e Visiting Scholar na Fundação John Paul Getty de Los Angeles. Recebeu diversos prémios, entre os quais se destaca o "Prémio Europeu para a Reconstrução da Cidade" (Bruxelas, 1992 e 1995). Foi director de várias exposições e dos seus correspondentes catálogos, dos quais se destacam *Joze Plecnik, Arquitectura e Cidade*, e *Arquitectura Neoclássica no País Basco*. É fundador e director da revista internacional de arquitectura *Composição Arquitectónica, Art & Architecture*. Recentemente publicou o livro *Bilbao 1200-2000, uma visão urbana*, assim como *O Guia de Arquitectura do Bilbao Metropolitano*. É sócio fundador do Council for European Urbanism. Foi professor na Escola de Arquitectura da Universidade do País Basco, da qual é actualmente catedrático.

José Baganha

Prefácio

A edição deste livro, da autoria do Professor Arq. Javier Cenicacelaya, constitui para mim um momento muito feliz. Se houve momentos na minha vida profissional em que a sorte resolveu dar uma ajuda, foram muito raros, isso é certo – as coisas foram sempre conquistadas com muito esforço e trabalho – um deles foi, sem dúvida, ter tido o privilégio de conhecer e trabalhar com o Javier (estou certo que a nossa grande amizade me permite tratá-lo assim). De facto, para além das suas reconhecidas e excepcionais qualidades profissionais – como arquitecto e como professor –, o Javier é uma pessoa com uma qualidade humana ao mais alto nível. Podemos dizer que é um Homem com "H" grande, de uma bondade e generosidade de que não conheço os limites.

Devo-lhe muitíssimo: Para além da sua sábia e tão generosa orientação no doutoramento que completei na Faculdade de Arquitectura da Universidade do Pais Basco, tem sido um Companheiro sempre disponível e infalível nas causas que, juntos, temos abraçado em prol de uma *Civitas* mais bela e sustentável.

E eis que agora me presenteia com este trabalho que resolveu desenvolver sobre obras minhas. Confesso-me eternamente agradecido e simultaneamente surpreendido, uma vez que tenho consciência da simplicidade do trabalho que desenvolvo. Nunca procurei, nem procuro, os "grandes palcos" mas sim exercer a minha profissão de forma honesta e competente, norteando-me pelos valores da tradição humanista europeia, procurando o belo, o equilíbrio, o que é mais adequado para cada caso (falhando, por vezes, é claro) e também a solidez e a funcionalidade – as três qualidades vitruvianas da arquitectura que continuo a entender como básicas e fundamentais para o exercício desta profissão.

Alguns dos textos e das imagens aqui reproduzidas foram "repescados" do livro "Casas com Tradição" que, também juntos, editámos com a Caleidoscópio em 2005. O texto sobre a arquitectura tradicional portuguesa é verdadeiramente excepcional e as fotografias do Fernando Guerra são igualmente excelentes. De lá para cá muita coisa aconteceu – de bom, de mau e assim-assim – mas o trabalho que desenvolvo continua norteado pelos mesmos objetivos e princípios, procurando incorporar aquilo que de bom se vai inventando, adaptando os arquétipos à evolução do mundo e assim contribuindo para manter vivas tradições que se afirmam cada vez mais adequadas em face das adversidades e dos perigos que a ganância, a ignorância e o fanatismo hoje nos impõem, a uma escala cada vez mais aterradora.

Tradição e contemporaneidade são indissociáveis – uma não vive sem a outra. Este facto tem sido muito esquecido ou mesmo ignorado nos tempos mais próximos, e é nesta relação ou reciprocidade que desenvolvo a minha obra e é aqui que (estou cada vez mais convencido) se encontra a resposta às questões que hoje se colocam à Humanidade, perplexa em face da globalização sem rumo ou regra e do primado do dinheiro sobre o Homem como centro ou elemento primordial de todas as escolhas.

Parede, Setembro de 2014

Javier Cenicacelaya

Por uma arquitectura simples e bela

Na atualidade, devido a uma série de circunstâncias, a sociedade parece valorizar as coisas mais simples, mais comuns, mais perceptíveis pelo cidadão e também de custo menos elevado. Nos últimos anos ocorreu uma mudança de atitude que se manifestou muito claramente enraizada na recente crise económica. A população tomou consciência de que a delapidação dos recursos é uma verdadeira insensatez. Confirma-se a velha máxima de que se dá mais valor às coisas quando estas escasseiam.

Esta atitude contrasta fortemente com o desenvolvimento dos grandes acontecimentos no terreno da arquitectura e do urbanismo nas últimas três décadas; E isto ocorre desde que a pós-modernidade abriu as portas a todo o tipo de experimentações e propostas, de um modo absolutamente acrítico e até banal, quando não mesmo amoral.

O detonador desta mudança de atitude à escala global foi, sem dúvida, a crise económica que veio colocar em destaque uma série de problemas que, ainda que já conhecidos e amplamente denunciados, não tinham até então logrado despertar a atenção de toda a população.
Em face dos últimos acontecimentos, podemos afirmar que os países desenvolvidos e aqueles em vias de desenvolvimento sofreram um verdadeiro safanão com a quebra do sistema económico norte-americano que o "crash" de 2008 originou. Foi um choque que, em termos gerais, desacelerou a economia mundial, com as consequências sociais que um fenómeno desta natureza e dimensão comporta. Este acontecimento, provavelmente mais do que nenhum outro, chegou até ao lugar mais recôndito desses países e foi assimilado com preocupação por todos os seus habitantes.

Em paralelo com este "crash" financeiro, foram muitas as questões, as interrogações que, como nunca antes, e dada a dimensão das incertezas, se colocaram em cima da mesa. A crise originou um verdadeiro despertar das consciências na procura de indicações sobre os caminhos a seguir, sobre os roteiros do presente modelo económico e social do mundo ocidental. E, como não podía deixar de ser, as grandes questões ambientais voltaram a surgir: Este modelo baseado no consumo pode continuar indefinidamente? Há recursos suficientes para satisfazer os crescentes níveis de consumo? Pode o meio ambiente suportar uma sobreexploração dos recursos? Até quando?
E outras questões que surgem juntamente com as consequências do consumo crescente: O que sucederá com as alterações climáticas? E o que vai acontecer na era pós-petróleo? Foram tomadas medidas para evitar os efeitos de um sobreaquecimento global?
A realidade é que não existem respostas convincentes a estas e muitas outras perguntas sobre o futuro que se avizinha, entrados já na segunda década deste século.
E por outro lado, as instituições financeiras fundadas a partir de Bretton Woods, em 1944, para garantir a estabilidade económica, política e social do mundo sob a hegemonia dos Estados Unidos da América, revelam-se cada vez menos capazes de dar solução às sucessivas crises dos últimos setenta anos e, evidentemente, também a esta última.
Um cenário nada risonho que se apresenta para os próximos anos: Escassez de recursos (desde recursos naturais a recursos financeiros ou de assistência e ajudas sociais).

Não parece haver lugar para a alegria. E, no entanto, hoje mais do que nunca se requer uma firme determinação por parte de todos os cidadãos do mundo na contribuição para o combate às adversidades que se nos deparam. Hoje mais do que nunca não parecem sérias as políticas de delapidação dos recursos, sejam estes financeiros ou naturais. Não parece ético um tal comportamento.

Sim, com certeza absoluta, hoje estamos mergulhados numa crise muito mais profunda do que a sua mera aparência económica. Hoje mais do que nunca se exige um comportamento ético a todos os governantes, professores, empresários e profissionais, juízes, operários, etc... A qualquer cidadão, a todos.

Parece-me muito ilustrativa da mudança de atitude que a sociedade demanda, a reacção do crítico de arquitectura Nicolai Ouroussoff, algumas semanas depois do crack de 2008 nos Estados Unidos.
Ilustrativa porque este crítico, fervoroso defensor dos projetos e dos arquitectos-estrela, chamava a atenção, nas páginas do diário New York Times, para que as coisas já deveriam ser diferentes, e que eram outras as solicitações prioritárias ou mais urgentes, para os arquitectos e para a arquitectura.

Em 21 de Dezembro de 2008, Nicolai Ouroussoff, crítico de arquitectura do prestigiado New York Times, escrevia um artigo intitulado:
"It was fun till the money ran out." Nele afirmava que até esse momento tudo parecia possível porque havia dinheiro. A partir de então considerava que se havia de produzir

uma volta radical, de 180º, na direção da arquitectura de estrelato.

Isto ocorreu quando estava prestes a terminar o ano de 2008, e acabava de rebentar a bolha imobiliária nos Estados Unidos e, quase imediatamente, em vários países da Europa. O "crack" financeiro que provocou e fez abrandar como mencionei, a economia mundial durante anos; abrandamento que ainda persiste e que parece poder permanecer durante largo tempo.

O diagnóstico de Ouroussoff foi em certo sentido profético. Por um lado, o "crack" travou importantes projetos dos arquitectos-estrela; eram projetos chamativos, chocantes, delirantes, que desafiavam qualquer convencionalismo.
Eram filhos do "Efeito Guggenheim" que reinava em todo o seu esplendor em todos os cantos do mundo; os custos dos projetos pareciam não impedir os seus promotores de os levar a cabo.
No entanto, seis anos apenas após o *"crack"*, ainda que em menor escala, renasce o "efeito Guggenheim". Em face do *"crack"*, no artigo citado, Ouroussoff – apologista incondicional de arquitectos-estrela (como Frank Gehry, Zaha Hadid, Rem Koolhaas, Jean Nouvel, Bernard Tschumi e outros) – clamava por uma arquitectura ao serviço das necessidades dos cidadãos:

> *"Who knew a year ago that we were nearing the end of one of the most delirious eras in modern architectural history? What's more, who would have predicted that this turnaround, brought about by the biggest economic crisis in a half-century, would be met in some corners with a guilty sense of relief?"*

Não restam dúvidas que o próprio Ouroussoff estava impressionado com o sobrevir e a escala dos acontecimentos. E apesar de se assistir a um certo renascer do "efeito Guggenheim", Ouroussoff considerava que havia chegado o momento em que o talento arquitectónico se deveria colocar ao serviço da cidadania. Dizia ele no mencionado artigo:

> *"If the recession doesn't kill the profession, it may have some long-term positive effects for our architecture. President-elect Barack Obama has promised to invest heavily in infrastructure, including schools, parks, bridges and public housing. A major redirection of our creative resources may thus be at hand. If a lot of first-rate architectural talent promises to be at loose ends, why not enlist it in designing the projects that matter the most? That's my dream anyway."*

Noutro momento do seu artigo, Ouroussoff comenta a forma como os projetos delirantes dos arquitectos-estrela, de presença extravagante, estão a transformar o perfil da cidade dos arranha-céus:

> *"Together these projects threatened to transform the city's skyline into a tapestry of individual greed."*

E também confessa:

> *"Public housing, a staple of 20th century modernism, was nowhere on the agenda. Nor were schools, hospital or public infrastructure. Serious architecture was beginning to look like a service for the rich, like private jets and spa treatments.*

Por um lado, esta reacção, no epicentro do mundo, no jornal diário possivelmente mais importante dos Estados Unidos, é muito reveladora do alarme perante os acontecimentos. Por outro lado, e apesar do alarme, Ouroussoff confessa um desejo, ou um sonho (como o classifica ele, um crítico insuspeito de animosidade para com os arquitectos-estrela). Um sonho em que anseia por ver o talento dos arquitectos aplicado no que é importante para os cidadãos. Um sonho em que detesta ver transformado o *skyline* de Manhattan, de modo extravagante, pela cobiça individual. De algum modo manifesta o seu receio de que Manhattan perca o seu carácter, a sua identidade; ou se preferirmos, o seu receio de que o *skyline* evolua para algo banal, para um mero espectáculo de exibicionismo dos poderosos, dos especuladores, alheios a qualquer interesse para além do seu ego e enriquecimento pessoal.

A partir do seu curto, mas magnífico artigo no New York Times, poderíamos resumir os interesses de Ouroussoff: Em primeiro lugar a entrega do talento às áreas que importam e que beneficiam os cidadãos, com particular atenção à habitação social, às escolas, aos hospitais, etc. e também às infraestruturas. E por último, a conservação do que está bem, evitando a sua rápida e súbita transformação a culminar numa eventual destruição.
Não há dúvida que os níveis de frivolidade, banalidade, alarde de "novos-ricos" vulgares e ostentosos alcançaram

nos nossos dias altíssimas cotas, à escala planetária. No mencionado artigo, Ouroussoff manifestava:

"Nowhere was that poisonous cocktail of vanity and self-delusion more visible than in Manhattan. Although some important cultural projects were commissioned, this era will probably be remembered as much for its vulgarity as its ambition."

Até aqui decidi ater-me a um artigo como o de Ouroussoff, por ser, por um lado, tão revelador, tão preciso e tão perspicaz constatando a situação que, para a arquitectura, para a cidade e para a sociedade, tem início com o *"crash"* de 2008 e, por outro lado, porque contrasta com a posição de toda uma serie de arquitectos que foram silenciados ou ignorados pelos *mass media*; sem dúvida pelos *mass media* virados para o "glamour", para a banalidade e para os aspectos que o critico atrás citado determinava.

José Baganha é um desses arquitectos de grande profissionalismo, comprovado brio e consistência demonstrada entre as ideias que defende e a sua prática. Após anos de prática mostra-nos uma serie de edifícios que evidenciam o seu alto nível profissional.

São edifícios onde impera a contenção e nos quais se abandonaram os excessos e alardes sem sentido. Baganha observou e estudou com atenção as grandes lições de arquitectura; Aquelas que demonstraram a sua validade ao longo de décadas, de séculos, para amplas comunidades, para cidades e regiões inteiras; Aquelas que, portanto, conformam já um "modo de ser", uma identidade e, sem qualquer género de dúvidas, uma integração com a paisagem e com a natureza. Uma integração que, no fim de contas, é uma integração com contexto nos seus mais amplos termos: físicos, sociais, económicos, culturais, etc.

Baganha percorreu o seu formoso país – Portugal –, de norte a sul e também a Europa, boa parte das antigas colónias portuguesas, a América…Um cosmopolita de modos refinados e delicados; poliglota, fala com agilidade e naturalidade cinco idiomas (português, espanhol, francês, italiano e inglês). E, no entanto, surpreende-nos pela sua simplicidade, pela sua cordialidade e extraordinária humildade.

Baganha desenhou e fotografou centenas de edifícios. A sua biblioteca – bastante completa no que concerne à arquitectura tradicional – evidencia o interesse pela aprendizagem do passado. E isso é patente também na sua belíssima e rigorosa tese de doutoramento, um verdadeiro modelo de investigação que, juntamente com a beleza do texto e das imagens, se revela altamente operativa, útil para o exercício de projetar.

Mas este interesse pela arquitectura tradicional não significa de todo um desinteresse ou desconhecimento das solicitações atuais em termos de conforto e das novas tecnologias. Baganha é um perfeito conhecedor do momento presente, dos novos materiais e das novas técnicas, a que recorre quando o considera pertinente. A sua obra demonstra como tem lutado pela consecução de um resultado adequado, equilibrado, algo tão desejável, que tantos reclamam, e tão difícil, tão extremamente difícil de conseguir. E é aqui que quero deixar um ênfase particular.

São muitos os que, hoje, juntando-se à nova situação que clama por uma arquitectura mais conforme à sociedade (como "sonhava" Ouroussoff) se converteram com o mesmo ardor com que ontem destruíam o que hoje dizem respeitar. Estes "falsos profetas", fanáticos convertidos de convicção duvidosa, e comprometimento ainda mais duvidoso com as obrigações que o presente século exige dos arquitectos (e de todos em geral), tomam a presente situação como mais uma moda. Trata-se de estar "à la page".

Por isso quero realçar que a arquitectura de José Baganha, como o leitor poderá comprovar, está (como sempre esteve) em total sintonia com os princípios de um desenvolvimento sustentável, na atenção às características do contexto, no sentido mais lato do termo. Está magistralmente inserida na paisagem natural ou urbana. E, além disso, e a propósito da referência a uma nova corrente, é absolutamente *Lean*, isto é: simples, de manutenção económica e de fácil adaptação com o passar do tempo.

Por último, assinalar que todos os clientes de Baganha que conheci, estão profundamente satisfeitos e muito agradecidos ao arquitecto. Esta é uma demonstração do bom ambiente que deve reinar na execução de qualquer projeto que pretenda chegar a um bom final: Harmonia e comunicação entre o arquitecto, o proprietário e o construtor.

Creio que o "sonho" de Ouroussoff, os seus desejos de uma arquitectura mais atenta à realidade, de soluções em sintonia com os tempos atuais, encontram um claro exemplo na magnífica obra de José Baganha.

Javier Cenicacelaya

A Arquitectura de José Baganha

Quem te sagrou criou-te português
Do mar e nós em ti nos deu sinal
Cumpriu-se o Mar, e o Império se desfez.
Senhor, falta cumprir-se Portugal

O Infante
Fernando Pessoa [1]

Nos dias de hoje, obras como as do jovem arquitecto José Baganha representam um sopro de ar fresco, uma esperança e uma lição do "bem-fazer" português. Baganha parece satisfazer esse mandato solicitado pelo poeta para "cumprir-se Portugal".

Ao longo do século passado deu-se uma constante confrontação entre a perseverança de um afã de criar uma "arquitectura portuguesa" e a ânsia de imitar as formas que chegavam do exterior.

Portugal soube, desde a década de 70, seguir o seu próprio caminho, valorizando a continuidade com a tradição sem renunciar ao novo.

A nova sensibilidade, emergente na Europa e no mundo, em defesa de um meio ambiente equilibrado, colocou na mesa a necessidade de cuidar da nossa envolvente, do nosso meio, das nossas paisagens rurais ou urbanas. Portugal como tantos outros lugares da Europa, viu esfumar-se grande parte do seu riquíssimo património construído, no campo e nas cidades. Neste sentido, perante esta nova sensibilidade e este crescente interesse pela arquitectura tradicional por parte de sectores da população cada vez maiores, a obra de Baganha constitui uma verdadeira lição.

De seguida, de modo muito geral, percorrerei alguns dos episódios mais importantes da arquitectura do século XX em Portugal, afim de colocar no seu contexto a obra de José Baganha.

A RICA TRADIÇÃO ECLÉCTICA PORTUGUESA

A passagem do século XIX para o século XX é testemunho da pujança da arquitectura ecléctica em Portugal. Em Lisboa e marcando o início da importante Av. da Liberdade, o Mestre José Luís Monteiro (2) autor da Estação do Rossio (1886-87) e do adjacente Hotel Avenida Palace (1890), deixou-nos (com estes edifícios) a prova de um domínio e de um controlo fora de questão; a estação ferroviária trazia o comboio ao coração da capital apresentando-se como um Palácio de gosto neo-manuelino. Ao seu lado, José Luís Monteiro (3) construiu o Hotel já citado mas, no entanto, com um estilo mais ao gosto francês do momento, um estilo clássico, como em muitas das residências de luxo que encontramos nos boulevards parisienses.

Como é sabido, José Luís Monteiro é uma das grandes figuras da arquitectura portuguesa; no entanto, o grau mais elevado de perfeição, de domínio do ofício, de maestria, em suma, de uma figura como a de Monteiro, não constituía caso único; Ventura Terra (4) revela-nos idêntico domínio das linguagens, um ecletismo de excelente lavra, como poderemos comprovar no seu edifício da Assembleia Nacional sobre o velho convento de São Bento (1896-1938); mais tarde, em 1906, Terra realizará o expressivo e monumental Banco de Lisboa & Açores, não hesitando em inserir a sua expressiva e plástica fachada entre os sossegados e modestos edifícios pombalinos de fachadas planas (5).

Fazendo parte deste ecletismo dominante deparamos com os historicismos de evocação do passado português, como já tínhamos visto na Estação do Rossio. O neo-manuelino, ou aquelas linguagens que incluíam elementos manuelinos, pretendiam recordar de um modo romântico as construções do glorioso passado do país.

Em qualquer caso, creio que deve assinalar-se a excelente qualidade de execução das obras deste período; A excelente qualidade construtiva da arquitectura portuguesa; o que implica, logicamente, a existência de escolas e oficinas onde podiam aprender e adquirir essa maestria os canteiros, carpinteiros, serralheiros, etc.

Este artesanato português persistirá ao longo de muitos anos e constituirá uma das chaves para explicar a qualidade construtiva e de acabamentos na arquitectura em Portugal

POR UMA ARQUITECTURA PORTUGUESA

A profusão ecléctica produziu em Portugal a sensação de um autêntico abandono do que é nosso, ou dito de outro modo, o "seguidismo" das linguagens ou estilos competindo com o gosto estrangeiro, geraram o anseio de reclamar uma arquitectura portuguesa, uma arquitectura própria.

Impunha-se um olhar até ao interior do país, até ao interior da alma portuguesa.

A reivindicação da fuga para o interior da própria casa não era algo exclusivamente português, porque nos finais do século XIX se verificou em Portugal, como em Espanha e noutros países Europeus, a demanda de uma arquitectura propriamente nacional, uma arquitectura que respondesse às tradições e à cultura do país, das suas regiões.

Veja-se como exemplo o de um país tão periférico das correntes do centro da Europa e das grandes potências culturais como é o caso da Suécia. Ali, em 1909, o Arquitecto Ragnar Ostberg dizia, na "Architectural Record":

"The cosmopolitan character of the 19th century brought to Sweden, perhaps in a greater degree than to other civilised nations, a mixture of historic styles, from Greek to the Renaissance or the Middle Ages and the Baroque, all based rather upon academic knowledge than upon the true artistic feeling for architecture. In our country, as in many other lands, the excessive amount of foreign material has prevented the development of a uniform type of architecture. It has been recognized during the last decade that this universal spirit in an art like architecture, which is influenced by climatic and local conditions, presents a distinct danger for the building art. For this reason the problem of the day with Swedish architecture is to develop a national architecture based upon the study of national edifices". (6)

E o mesmo podia afirmar-se de Espanha, em situação periférica nos finais do século XIX. O pessimismo originado pela perda, em 1898, das últimas colónias de Cuba e das Filipinas tinha dado origem à conhecida *Geração de 98*, que reclamava a valorização do genuinamente espanhol.

Arquitectos como Domênech i Montaner (7) reivindicam de modo decidido um interesse pela arquitectura tradicional. Surgiram os estilos regionais pela mão de destacadas figuras (8).

Portanto, algo similar ocorreu em Portugal, onde desde 1890 ou 1895 se inicia (em determinados círculos lisboetas) o desejo por uma arquitectura própia. O turbilhão eclético da segunda metade do século XIX tinha colocado o estilo neo-manuelino como o mais genuinamente representativo do passado português.

No entanto, e tal como nos conta José Luís Quintino (9), foi Ramalho Ortigão quem deu o mote do que deveria ser a arquitectura portuguesa nas conhecidas "Conferências do Casino" em 1871. Ramalho Ortigão elegeu como expressão exemplar da arquitectura portuguesa a casa dos Condes de Arnoso, de 1871; nesta não havia alusões ao neo-manuelino; trata-se de uma arquitectura de aspecto sólido, construção maciça com uma volumetria clara e cobertura inclinada com telhas tradicionais; com alpendres e com paredes pintadas; definitivamente uma casa distanciada da retórica decorativista do neo-manuelino.

As indicações de Ramalho Ortigão tiveram importantes seguidores, todavia, foi sem dúvida Raul Lino o mais significativo de entre os seus contemporâneos na hora de marcar o rumo para a arquitectura portuguesa, ou mais exactamente para a arquitectura da moradia unifamiliar, da casa, em Portugal.

Para Lino o neo-manuelino não era a expressão mais genuinamente portuguesa; porque era composto de elementos díspares, de gótico, mudéjar, renascimento e naturalismo. *"Mais do que no gótico, encontra o feitio português na arte românica – com a sua materialidade robusta – tanto parentesco que é ao ritmo deste estilo, após um distanciamento de três séculos, que parte da arquitectura manuelina se vem ainda inconscientemente basear"* (10).

A CASA PORTUGUESA

Raul Lino foi um personagem determinante no cenário da mudança de século em Portugal; e mais ainda a sua sombra, a sua influência estender-se-á, de facto, durante todo o século XX.

Tinha feito os seus estudos em Inglaterra e na Alemanha, quando chegou a Lisboa com 18 anos, em 1897. A aprendizagem em Hannover com o arquitecto Albrecht Haupt fez com que se familiarizasse com as ideias de Ruskin, e com as do movimento *Arts and Crafts* de Morris; o seu apreço pelos valores tradicionais, por aquilo que é próprio do seu país e pela natureza como fonte de toda a inspiração, faziam com que sentisse comodamente nessa afinidade com os citados ingleses.

A sua proposta para o Pavilhão de Portugal na Exposição Mundial de Paris de 1900, é bem prova do interesse de Raul Lino, nesses anos, por uma arquitectura que recupera determinados aspectos da arquitectura vernácula portuguesa, como a construção de paredes maciças com fenestração escassa, coberturas inclinadas de telha tradicional, e chaminés largas e estreitas; tudo leva a crer que a indicação de Ramalho Ortigão relativa à casa dos Condes de Arnoso não passou despercebida para Lino, se bem que deva dizer-se que na proposta para esta exposição, surgem uma janelas mudéjares, ou o alto volume cónico, como no Palácio Real de Sintra, paradigma este da expressão da alma portuguesa para os românticos lusitanos.

Anos mais tarde, na sua proposta do Pavilhão de Portugal para a Exposição de Paris de 1931, Lino aparecerá com uma linguagem arquitectónica mais pessoal, mais eclética, mas mais decorada, como uma "maneira" própria.

Em 1918 Lino publica *A Nossa Casa*, com um subtítulo *Apontamentos sobre o bom gosto na construção de casas simples*. Para Lino era muito importante educar o gosto, num momento em que as raízes clássicas se estavam a abandonar em detrimento de soluções de gosto duvidoso.

Esse afã na busca do bom gosto guiará toda a sua vida e toda a sua carreira profissional.

Porém, a obra mais conhecida de Raul Lino é a que constitui o livro *Casas Portuguesas*, publicado em 1933, com o subtítulo *Alguns apontamentos sobre o arquitectar das casas simples*. Este texto será muito controverso; os arquitectos interessados na muito incipiente arquitectura modernista portuguesa desde finais dos anos 20 (de inspiração Art Deco), viram na aparição desta obra um retrocesso, ou um desejo de oposição às ideias da nova arquitectura que chegavam da Europa; porque de facto, o que Lino propunha era uma crítica frontal à ideia de casa proclamada por Le Corbusier.

O livro de Lino exerceu, no entanto, uma influência notável na arquitectura da moradia unifamiliar entre os arquitectos da segunda metade dos anos 30 e, imediatamente depois, na década do apogeu máximo da arquitectura do Estado Novo, na época do Salazarismo.

O livro é um compêndio de sentido comum. Lino enuncia as questões mais importantes a ter em conta na hora de projectar uma casa, desde as mais técnicas, às mais funcionais, até chegar às de representação, às fachadas e às de bom "gosto". Neste sentido, o livro possui uma extraordinária vigência, por estar concebido com enorme clareza e sentido prático.

Lino fala de epígrafes tão relevantes como a economia no capítulo I; entre a economia e a beleza no capítulo II; a beleza no III, e acrescenta várias reflexões em jeito de apêndices, como a que se refere à casa e a paisagem; começa esta última epígrafe dizendo:

> *"Para se chegar a apreender o sentido do portuguesismo na arquitectura, é preciso ser-se dotado de gosto, como sucede em geral com todos os estrangeiros que vem até cá para estudar o nosso país; é necessário o amor das nossas coisas, porque de aí nascerá a compreensão profunda da nossa índole; é indispensável percorrer o país, de olhos abertos e coração enternecido com a mão ágil prestes a tomar mil apontamentos comovidamente. E a chama do sentimento indefinível das coisas inexplicáveis acabará por baixar sobre o artista enamorado..."* (11).

Este interesse por um olhar ao mundo vernáculo português, à história de Portugal e, inclusivamente, a um mundo ideal por vezes simplesmente imaginado, este amor pela tradição, foi partilhado por outros importantes arquitectos como os irmãos Rebello de Andrade, autores do Pavilhão de Portugal tanto para a Exposição do Rio de Janeiro de 1922, como para a de Sevilha de 1929; ou por arquitectos como Cristino da Silva, Porfírio Pardal Monteiro, e outros (12).

A CASA PORTUGUESA NA ARQUITECTURA DO ESTADO NOVO

No início da década de 40, a arquitectura do Estado Novo chega ao seu momento de máximo esplendor. O golpe de estado de 1928, tal como outros feitos cronológicos da história de Portugal, como a proclamação da República em 1910, ou os anos posteriores à Primeira Guerra Mundial, não coincidiram com momentos específicos de mudança no campo da arquitectura ou das artes em geral; isto não quer dizer que a nova situação que se vivia em cada momento não tenha produzido determinadas tendências ou "maneirismos" no mundo da arte e da arquitectura. Com a arquitectura do Estado Novo sucedeu de igual forma, no que diz respeito à sua afirmação, pois foi só nas décadas de 40 e 50 que logrou chegar ao seu máximo esplendor.

O regime Salazarista estava determinado a projectar uma imagem de Portugal associada ao mundo rural; assim acreditava que se expressavam uma série de valores considerados como próprios desse mundo rural de que aliás provinha Salazar. A honestidade, o trabalho, o respeito pela ordem, o apreço pelo permanente, a harmonia social, etc. eram valores que se associavam ao mundo rural e que convinha exportar como imagem de Portugal.

Por isso não nos surpreende que nas exposições de Paris de 1937 ou da Feira Mundial de Nova York de 1939, a arquitectura do Pavilhão de Portugal recorra a formas tradicionais, se bem que claramente monumentalizadas e exibindo os símbolos da Nação Portuguesa de modo ostensível e expressivo, por intermédio da presença proeminente e exagerada de determinados símbolos de identidade como o escudo nacional.

Já em 1935, no bairro de São Bento, se tinha "recriado" um tramo da Lisboa "antiga", de certo modo como se fizera no *Pueblo Español* de Barcelona, e com outros exemplos na Europa recorrendo, para a dita recriação, à arquitectura popular.

A Exposição do Mundo Português de 1940 foi uma espécie de síntese das experiências das décadas anteriores e constituiu a consagração da linha que buscava uma arquitectura genuinamente portuguesa.

De tal modo que, como já referi, a arquitectura do Estado Novo se tenha firmemente consolidado na década de 40 e, tendo em conta os valores do mundo rural que esta tratava de projectar, não podemos estranhar que se afigurasse com particular interesse a arquitectos como Raul Lino.

A política de criação das "Pousadas Regionais" ou a "Campanha do Bom Gosto" promovidas por António Ferro a partir da Secretaria de Propaganda Nacional, ou a política de obras públicas do ministro Duarte Pacheco entre 1932 e 1943, ilustram com clareza essa consolidação. Há que referir que juntamente com a influência de Lino, em termos formais ou de elementos da arquitectura, foi determinante o exemplo espanhol da criação dos *Paradores Nacionales* (13).

A "Casa Portuguesa" revelou-se finalmente incapaz de poder abordar os programas mais amplos e complexos das "Pousadas"; porém, não há dúvida que a influência formal da "Casa Portuguesa" foi determinante na imagem das ditas "Pousadas", e inclusivamente, foi determinante na imagem das moradias unifamiliares da arquitectura do Estado Novo.

É assim é inegável que, com este livro, Raul Lino e Portugal acrescentaram uma contribuição muito importante à teoria europeia sobre a casa, sobre o conforto, sobre o modo de habitar e sobre o gosto; e inclusivamente podemos afirmar que o livro de Lino constituirá o texto mais relevante sobre arquitectura doméstica (sobre a arquitectura da casa) do século XX em Portugal.

Sobre a relevância deste texto tão conhecido não vou alongar-me mais; porque é evidente que foi extraordinário; uma prova desta influência reside na notável animosidade que o livro produziu nos círculos de arquitectos mais simpatizantes da arquitectura modernista.

E isto apesar do Estado Novo levar a cabo uma arquitectura da casa unifamiliar que não se ajustava necessariamente às indicações, às sugestões ou aos exemplos edificados de Raul Lino.

Eram moradias unifamiliares onde o arquitecto se recreava com uma série de elementos de distracção; existia construção de paredes maciças, bem como terraços porticados (alpendres e pérgolas) ou coberturas de telha tradicional, no entanto predominava a ideia de chamar a tenção para a originalidade, de fazer-se notar. E neste sentido, de traços mais chamativos (e de pior composição) ou de cores mais fortes, nesses anos do Estado Novo, também a arquitectura da moradia unifamiliar se faz eco de algumas das características próprias dos edifícios de maior envergadura e de carácter público desse período. A arquitectura do Estado Novo é inconfundível por fazer uso desses elementos (torreões rematados com cataventos ou, esferas armilares; poderosos e super-expressivos portais barroquizantes; emolduramentos de vergas com secções poderosas; fachadas de cores pastel ou brancas, etc.).

Encontramos muitos destes elementos acomodados à moradia familiar, e quem sabe se por isso, por força desta situação, se pode explicar a oposição daqueles que desejavam para Portugal uma arquitectura em sintonia com os exemplos da arquitectura moderna europeia, das quais fazia eco, em finais dos anos 40, a revista *Arquitectura*.

Foi esta revista que acolheu o manifesto *Não* de João Correia Rebelo contra o "estilo nacional" com o artigo *"Arquitectura ou Mascarada"* (14).

ENTRE A TRADIÇÃO E A MODERNIDADE

Já desde finais dos anos 50, ao longo dos anos 60 e já bem entrados os de 70, Portugal assiste a um forte ressurgir da arquitectura moderna, alinhando com o que se vinha a realizar noutros países europeus. A relação com o Brasil, que constituía um dos mais brilhantes centros da arquitectura moderna, bem como os vínculos com outros países europeus, constituíram um dos grandes motores para essa "abertura" ao exterior. O papel de Carlos Manuel Ramos (1897-1969) foi, neste aspecto e juntamente com o de outros, muito relevante.

Nos finais dos anos 50, primeiros anos dos de 60, cabe destacar a figura de Fernando Távora (1923-2005). Tanto na sua prática profissional, como também na sua actividade docente, revelou uma particular sensibilidade para a herança histórica da arquitectura portuguesa, para a importância do lugar, da envolvente física. Sem renunciar às técnicas e às causas modernas Távora experimentou, na sua arquitectura, um equilíbrio entre a modernidade e a tradição. Foi tão crítico dos historicismos como dos formalismos que imitavam a nova arquitectura chegada do exterior.

Este sentido tão amplo do seu criticismo foi muito importante. Porque este favoreceu – como o tempo se encarregou de demonstrar – o ressurgimento, em muito poucos anos, de uma arquitectura portuguesa autêntica, poderosa e bela, tanto no domínio da casa unifamiliar, como no da arquitectura em geral.

Favoreceu, para dizê-lo em termos mais amplos, a emergência de uma nova sensibilidade para a arquitectura, menos dependente das modas estrangeiras ou dos historicistas das décadas anteriores; uma arquitectura mais conforme com as características do país, com o lugar, a paisagem, as técnicas disponíveis, etc.

Fernando Távora situa-se assim como que na charneira entre os que apostaram numa modernidade decididamente aberta ao exterior e aqueles que, em parte sensibilizados por determinados avatares históricos, como veremos, optaram por um trabalho de introspecção dos valores que o país oferecia.

Contudo, cabe também dizer que o trabalho de Távora, digno de elogio, não esteve isento de determinadas contradições; estas foram, no entanto, pouco significativas no conjunto do seu pensamento, tendo em conta o momento histórico que Portugal estava prestes a enfrentar (15).

Ana Tostões afirma sobre Távora:

"Fernando Távora (1923–) sem recusar a modernidade ou as contribuições de vanguarda, buscava a autenticidade na continuidade de uma tradição, equacionando o desejado compromisso da história com a vanguarda" (16)

Muitos são aqueles que consideravam Álvaro Siza (1933-) o herdeiro do testemunho e dos ensinamentos de Távora. Ao chegar à figura de Siza, situamo-nos num momento muito próximo da actualidade e de enorme interesse na arquitectura de Portugal. Como muito bem assinalou Ana Tostões, Siza *"recupera o tema das vanguardas históricas relançando de um modo inédito o uso de materiais tradicionais no desejo de conciliar o intelectual com o sensual e sensorial. A preocupação com o contexto, conduz a um método de projectar que revaloriza as potencialidades da morfologia existente: Casas de Matosinhos 1954; Casa de Chá de Boa Nova, 1958-1964; Piscina da Quinta da Conceição, 1956 "* (17).

Os agentes da mudança da arquitectura portuguesa contemporâneos a Álvaro Siza e aos da geração seguinte, entre os quais cabe destacar especialmente Eduardo Souto de Moura, são muito conhecidos.

A PÓS-MODERNIDADE

Referi-me já à importância de Carlos Ramos no estabelecimento de múltiplas relações com arquitectos de diferentes países com vista a uma abertura da arquitectura portuguesa desde finais dos anos 50. Esta abertura continuou nos anos seguintes. Desempenhou aqui um papel relevante o crítico Nuno Portas. Fortaleceram-se as relações com Espanha, com a Catalunha em especial com a Itália.

A arquitectura que se produziu em Portugal foi apresentada em múltiplos lugares da Europa e do mundo; de tal modo que nos anos 80, Álvaro Siza, entre outros, era já um dos arquitectos mais conhecidos no âmbito internacional.

O desenvolvimento da arquitectura em Portugal terá sido, *grosso modo*, bastante semelhante, cronologicamente falando, ao de Espanha, encontrando-se ambos os países ibéricos atrasados, em termos de desenvolvimento económico e tecnológico, umas três décadas em relação à Itália.

No entanto, com a pós-modernidade chegaram novas ideias que desdramatizaram consideravelmente o sentido obrigatório para uma arquitectura de linguagem modernista. A história voltou a ser reconsiderada, a cidade histórica valorizada e a arquitectura contextual (contexto nos termos mais amplos) voltou a ser tida em conta.

Foram vários os artífices de tal mudança e entre eles cabe destacar, pela sua contribuição teórica, Robert Venturi e Aldo Rossi; e também Colin Rowe e Léon Krier.

Todos eles realizaram uma crítica monumental a muitos dos tabus e convencionalismos meramente estilísticos (e artificialmente ideológicos) então vigentes.

Uma crítica que, no caso de Rossi, Rowe e Krier se estendeu às teses das vanguardas modernistas sobre urbanismo, que tão devastadores resultados tinham deixado depois de quatro décadas.

Portugal não foi alheio a estas mudanças e a elas deve muito da sua atitude de olhar para o português.

Entre os valores que a pós-modernidade recuperou, o mais importante (e que alguns consideravam a pior herança da pós-modernidade), está a questão da "identidade", assim, em termos gerais.

Termos gerais que, para os finais deste texto, balizarei cingindo-o à identidade desde a arquitectura própria de cada lugar, quer dizer, desde a arquitectura vernácula, ou arquitectura popular.

Então, em finais dos anos 60 e especialmente ao longo dos anos 70, volta a adquiri novo impulso o interesse por este tipo de arquitectura; já em 1955 se tinha iniciado o Inquérito à *Arquitectura Regional Portuguesa* que vinha sendo reclamada desde os anos 40.

Este trabalho culminou em 1960 e parte do mesmo foi publicado como Arquitectura Popular em Portugal, em 1961.

Num primeiro tempo, este *Inquérito* surgiu como uma iniciativa por parte dos arquitectos mais "modernos" para contrapor, ao regime salazarista, a autêntica arquitectura, própria do país, por ocasião àquele que o Estado Novo entendia como "arquitectura portuguesa"; e, há que dizê-lo, que se estas foram as suas intenções (tal como nos comenta Keil do Amaral no prefácio à segunda edição, já em 1979 e extinto o regime), este vasto projecto e a sua publicação (subvencionada pelo Estado Novo) foram no entanto apresentados ao regime num sentido radicalmente contrário ao descrito por Keil de Amaral, quer dizer, foram apresentados como uma importante contribuição para a expressão de uma "arquitectura nacional" (18).

Em 1979, quase vinte anos mais tarde, publica-se a segunda edição, a que sucederam uma terceira (1987) e uma quarta edição em 2003 (19).

Em qualquer caso, a reimpressão deste livro para a segunda edição acontece num momento em que a arquitectura tradicional, a arquitectura vernácula ou popular, assim como a cidade tradicional e o património herdado do passado voltam a ser reconsiderados (20). Se bem que, e há que dizê-lo, reconsiderados no discurso académico da arquitectura e não na prática dos arquitectos que ensinavam nas escolas de arquitectura.

Como digo, o mundo académico recorreu à evocação da arquitectura popular nos discursos teóricos e, no que aos edifícios diz respeito, fá-lo fingindo de qualquer litelaridade do vernáculo; e isto, no meu entender, perante o enorme peso da arquitectura moderna, ou da linguagem moderna, é revelador do enorme peso do estilo moderno como "compromisso obrigatório com o tampo presente"; quer dizer, uma espécie de *diktat* del *Zeitgeist*.

É tão escasso o interesse demonstrado pelos arquitectos professores pelo ensino da arquitectura popular, que as novas gerações de arquitectura saídas das escolas de arquitectura se sentirão como que órfãs na hora de projectar ou realizar uma casa em termos de arquitectura tradicional.

Nada lhes é ensinado no que diz respeita a prestar um serviço cada vez mais solicitado pelo público.

Esta inexperiência tem dado origem à gigantesca plêiade de "horrores" arquitectónicos que se situam estilisticamente entre algo parecido com o moderno e algo que recorda o tradicional.

E devido a este desinteresse das escolas, nada se faz nas universidades para evitar o desaparecimento de um riquíssimo património de arquitectura Vernacular em muito pouco tempo.

Por isto resulta como muito revelador e por sua vez muito dramático, que o prólogo da terceira edição da *Arquitectura Popular em Portugal*, reconheça este livro como uma espécie de Certidão Notarial do que foi a arquitectura do país, já particularmente desaparecida. Uma Certidão Notarial ou uma Certidão de Óbito.

Diz-se assim:

> "Esta profunda mutação – bastaram dez anos para mudar a face da terra – torna-o material recolhido no Inquérito, do qual a edição em livro reproduz apenas uma parte, um documentário de valor inestimável. Com excepção de bolsas de estagnação que o processo deixou marginalizadas – e que se encontram quase só no Alentejo –, hoje apenas subsistem elementos avulsos que sobreviveram fisicamente à derrocada do mundo que os produziu."

UMA NOVA SENSIBILIDADE

Podemos afirmar que a Pós-modernidade abriu as portas para que a "diversidade" ou as "diversidades" se pudessem considerar legítimas no universo humano (e no universo cultural do ocidente), até então dominado pela unilateralidade ou pela unicidade do "moderno" como categoria a existir única, exclusiva e exclusivista; a Modernidade (e o moderno) tinham adquirido (consciente ou inconscientemente) o estatuto de uma ausência ontologia – E isto explicaria as atitudes miseravelmente sectárias da crítica, contrária a qualquer opção não conforme com os princípios enunciados pela modernidade.

No campo da arquitectura poderíamos traçar um cenário análogo ao que aliás descrevi, em termos muito gerais, para o pensamento do Ocidente.

Antes da Pós-modernidade não podia aceitar-se nenhuma opção arquitectónica que não estivesse de acordo com o que se consideravam os meios, as formas de fazer e as linguagens "modernas".

Uma posição tão redutora (exclusiva e exclusivista) era exercida com pulso firme – quiçá expressão de profundos complexos de insegurança – em muitas, muitíssimas escolas de arquitectura.

A Pós-modernidade derrubou todo este estado de coisas e tamanha libertação desse auto-imposto "compromisso histórico com a modernidade", dessa obrigação com o nosso "tempo" não tardaria em produzir uma descomunal avalanche de imagens, opções e tendências, competindo todas vorazmente pela sua sobrevivência e supremacia no grande mercado do mundo em que se converteu o nosso planeta nas últimas três ou quatro décadas.

Juntamente com esta avalanche de imagens, e sua correspondente desordem, o reclamar da "identidade" (em diferentes escalas) afigurou-se como um dos valores da pós-modernidade.

Desde a escala mais pequena, em termos físicos, do bairro ou da freguesia em que se habite, até maiores escalas territoriais ou culturais.

Deixando à margem os possíveis aspectos de uma "identidade" entendida como separação do "outro" e como possível origem de confrontações, a identidade a uma escala planetária faz com que nos sentíssemos todos como habitantes de um mesmo lugar: o planeta Terra. E, nesta escala planetária, surgiu uma nova sensibilidade, acima de qualquer particularidade ou regionalismo, acima de qualquer ideologia, raça ou crença religiosa; refiro-me à necessidade de preservar o meio-ambiente e o património do nosso planeta tal como o recebemos, para o transmitirmos às gerações vindouras.

O cuidado com o meio ambiente é um assunto que a todos concerne, porque todos somos habitantes do mesmo lugar. Evitar o aquecimento da atmosfera ou a contaminação das águas; reduzir a desflorestação nas regiões tropicais ou a emissão dos gases; erradicar a energia nuclear do planeta, as armas de destruição massiça, etc... São todos compromissos à escala planetária, como é bem sabido.

Mas esta nova sensibilidade manifestou-se também, de modo muito patente, a uma escala mais pequena em termos físicos. Quiçá a vertigem do planetário, a impossibilidade de actuar a uma escala tão abarcável, ou melhor ainda, de entender a uma escala tão imensa, aproximou-nos do nosso universo mais vizinho, mais próximo, aquele em que nos é possível levar a cabo a nossa pequena contribuição para o compromisso da preservação do meio ambiente ou, dito de outra forma, da criação e permanência de um desenvolvimento sustentável.

No âmbito desta nova sensibilidade, a arquitectura de cada lugar voltou, uma vez mais, a ser estudada, considerada e valorizada.

E isto porque na óptica do desenvolvimento sustentável a arquitectura vernácula, a arquitectura popular demonstrou ser, até ao presente, a mais equilibrada, a melhor adaptada ao meio em que se integra.

Essa adequação, esse equilíbrio com o meio é facilmente compreensível a partir da experiência de séculos de empirismo na adaptação a esse mesmo meio.

A uniformização da casa, quer dizer, a mesma casa para diferentes contextos (entendido o contexto nos seus termos mais amplos) seja Marrocos ou a Noruega, por exemplo, baseando-se na capacidade de tecnologia actual para criar o clima e o conforto adequados dentro da casa, é um perfeito disparate.

Quem sabe será possível, ou melhor dizendo, é possível; mas a questão seria não tanto se é possível mas sim se tem realmente sentido. E por isso mesmo, por não fazer sentido, é que constitui um disparate. E sem sentido pelo desperdício, dissipação de energia que resulta num modelo de casa concebido para um ambiente frio, um meio quente ou vice-versa. Em qualquer caso, a nova sensibilidade surgida perante a degradação do meio ambiente produziu, como digo, um interesse crescente por parte do grande público pela arquitectura própria de cada lugar.

Outra questão é se as escolas de arquitectura estão a preparar os seus estudantes para enfrentar essa encomenda crescente de uma arquitectura entroncada com a tradição vernacular, com a arquitectura popular.

Quando percorremos Portugal, Espanha ou Itália, podemos apreciar até que ponto extremo a paisagem foi invadida por casas que querem ser, que querem competir, que querem recordar ou evocar a arquitectura vernacular, e no entanto, o autor dessa casa não soube resolver determinadas questões (e que são sensíveis, se atendermos aos precedentes, ao já realizado) porque não se ensinam nas escolas de arquitectura.

Nas escolas de arquitectura "copiar é um delito"; e todo o discurso da imitação é um delito. Não poderemos então deixar de compreender que tantas casas, aos milhares, às centenas de milhares, tenham inundado as nossas paisagens, como "objectos" que não sabemos bem o que são, ou o que querem ser e que, quando querem ser tradicionais (ou modernas), apresentam deformações tais que testemunham bem essa máxima axiomática de tantas escolas: "copiar é um delito".

Mas como é que se realiza a aprendizagem humana de qualquer habilidade senão copiando? Como terá sido possível que se fixasse no mundo académico tamanha aberração como a que "copiar é um delito"?

E é quando este discurso da imitação é liquidado e copiar se considera um delito que se continua a copiar, mas copiando mal. E tudo em nome da liberdade de criação e num interminável culto ao objecto desenhado.

Considero extraordinariamente ilustrativo o seguinte texto de Colin Rowe a respeito da importância de copiar, quer dizer, do valor do precedente, daquilo que já existe antes da nossa criação ou, se quisermos, do valor do que aprendemos, do que conhecemos, do que vimos, quer dizer, do valor da memória.

Se não existisse um precedente, o mundo teria de ser inventado a cada segundo. Mas o precedente é o ingrediente que articula o discurso da memória da cultura e também da civilização à escala planetária. O valor do precedente é inegável.

A IMPORTÂNCIA DO PRECEDENTE

De seguida transcrevo um texto brilhante de Colin Rowe sobre a importância do precedente. Nele, o autor considera completamente perverso impedir o aluno de copiar ou, como refere, considera perverso pedir-lhe que seja criativo e impedido ao mesmo tempo de copiar. Este texto responde a um exercício solicitado por Walter Gropius aos seus alunos. Neste exercício, Gropius pede aos alunos que sejam criativos, mas "nada de copiar!!"; esta proposta de Walter Gropius é considerada por Colin Rowe como sem sentido e como subtilmente perversa.

O texto de Rowe é o seguinte:

> "Em primeiro lugar gostaria de estipular que eu realmente não entendo como é que o tema «O uso do precedente e o papel da invenção na arquitectura, hoje» pode efectivamente conduzir a uma discussão proveitosa.
> Não consigo nunca começar sequer por entender como é possível atacar ou questionar o uso do precedente. De facto, não sou capaz de compreender como pode alguém começar a agir (para já não dizer «a pensar») sem recorrer ao precedente.
> Até porque, e num nível mais banal, um beijo pode ser instintivo e um aperto de mão continuar a ser produto de uma convenção, de um hábito ou de uma tradição; e na minha leitura, todas estas palavras, e seja qual for o seu significado, estão relacionadas – de um modo difuso, sem dúvida – com as noções de paradigma, de modelo e, portanto, de precedente.
> Este meu prejuízo inicial é de tal forma importante para mim que de seguida continuarei utilizando a antiga estratégia de uma série de perguntas retóricas. Como é que, desde logo, é possível alguém conceber qualquer sociedade, qualquer civilização ou qualquer cultura sem considerar o precedente?.
> Acaso não são os signos da linguagem e da matemática a prova evidente de «fábulas» de conveniência e, portanto, da demonstração do imperativo do precedente?.
> Mais ainda, no culto romântico da interminável novidade, qualquer um se perderia ao tentar descobrir como conduzir um discurso (ao contrário de um grunhido).
> Não é o precedente e não são as suas conotações que constituem o cimento primeiro da sociedade? Não é o seu reconhecimento a garantia última de um governo legítimo, da liberdade legal, de uma prosperidade decente e de uma interrelação educada?.
> E apesar de muito dolorosamente óbvias e horrivelmente banais que estas proposições implícitas possam parecer, eu creio que constituem lugar comum a observar forçosamente por qualquer um que opere numa sociedade razoavelmente estruturada (nem selvagem, nem sujeita a entusiasmos revolucionários demasiado calorosos). Eu não creio – não posso crer – que estas regras básicas ou lugares comuns estejam disponíveis para o estudante de arquitectura médio.
> Porque este, ou esta, terão sido educados num meio muito mais expansivo, com fronteiras e limitações, no mínimo, frágeis.
> Nos tempos em que se entendia que toda a arte era uma questão de imitação, quer da realidade externa quer de alguma abstracção mais metafísica, o papel do precedente era realmente debatido; e, escusado será dizer, Aristóteles produz o argumento de forma muito simples:
> «O instinto de imitação está implantado no homem desde a infância; uma das diferenças entre este e os outros animais é que o homem é a mais imitativa das criaturas vivas e, através da imitação, aprende as suas primeiras lições; e o prazer sentido nas coisas imitadas não é menos universal». Colin Rowe alonga-se exemplificando a relevância da memória mediante uma alusão a um poema de Wordsworth, para voltar a referir-se ao exercício proposto por Walter Gropius aos seus alunos.

"Mas se Wordsworth se estende sobre Aristóteles e começa a relacionar a mimesis com a adoração infantil (a criança é o pai do homem), teremos que voltar a Walter Gropius para aperceber o todo, o rumo completo deste desvio pelo jardim de infância. Inadvertidamente, Wordsworth descreve o estudante de arquitectura tal qual o concebemos; mas o impulsivo Walter segue especificando um «beau ideal» para a espécie:

«A criatividade na criança em crescimento deve ser despertada através do trabalho com todo o tipo de materiais, em conjugação com o treino do desenho livre... Mas, e isto é importante, nada de copiar! Nada de inibir o desejo de actuar, de representar! Nada de tutelagem artística!»

Isto é fornecer indicações para uma história condensada da doutrina da mimesis e do seu declínio; e isto é também realçar a ideia que fazemos acerca do uso do precedente. Porque mesmo com a melhor boa vontade do mundo, não é fácil entender a distinção de Gropius entre «copiar» e «desejo de actuar»:

«Tereis de actuar, de representar, mas nada de copiar, e isso é o que vocês têm que fazer ». Mas pode existir preceito mais perverso e inibidor? Não é claro que qualquer forma de actuação é inerentemente «copiar»? E que está relacionada com fantasias de batalhas ou de cenas domésticas?.

E, sem estes modelos, sejam de batalha ou de construção, é certamente muito difícil imaginar como qualquer jogo, do xadrez a arquitectura, poderia sobreviver. Não, todo o jogo é essencialmente a celebração do precedente.

E agora, o que dizer da segunda parte do tema: «o papel da invenção na arquitectura, hoje»?

Bom, pensemos no advogado com a sua completa biblioteca de livros encadernados a couro azul, por trás. Esta contém o inventário de casos que tratam da matéria específica do caso que ele terá de advogar. Simplesmente, para pronunciar uma inovação legal, para descriminar o novo, o nosso jurista é obrigado a consultar o antigo e o existente; e é só por intermédio de referência a estes que a inovação genuína pode ser proclamada.

Não são o precedente e a inovação as duas faces da mesma moeda? Eu penso que um tema melhor poderia ter sido: «como o novo invade o velho e como o velho invade o novo».

Atentamente,
Colin Rowe. (21)

Este é um ilustrativo texto de Rowe. Pareceu-me muito pertinente recordar as suas observações, tendo em conta o talento e o brilhantismo do seu autor, sem dúvida uma das cabeças mais lúcidas da craveira arquitectónica do século XX.

DE REGRESSO A PORTUGAL

Para além do que já referi até agora, gostaria de sublinhar uma circunstância que considero muito importante na hora de entender a atitude daqueles discípulos de Távora (sendo Siza o mais conhecido) e, genericamente, a atitude dos arquitectos e do povo português; refiro-me à atitude de procura dos valores próprios do país, a que anteriormente referi na separação "Entre a Tradição e a Modernidade".

Essa circunstância não é senão a que resulta do trauma nacional que decorre das guerras coloniais e da perda do vasto império português.

Portugal viveu isolado o horrível trauma das sangrentas guerras coloniais; creio que o povo português se sentiu incompreendido pelos seus vizinhos europeus e teve que enfrentar essa mudança, como digo, em absoluta solidão. Junto a este, junto às perdas humanas, vieram os materiais e sobretudo a sensação de uma amputação no organismo lusitano. Portugal perdia parte do seu corpo e quebrava-se mutilado.

O país que, recostado no ocidente da Península Ibérica, sempre tinha olhado para o mar, para o trasfego dos barcos que partiam ou chegavam às suas costas, parecia ficar-se sem motivações, sem razão para continuar a olhar para o horizonte. Nesse horizonte, mais além do Atlântico, mais além do Índico, nos mais remotos confins do mundo, residia o olhar de Portugal. E nesse horizonte havia deixado a sua história, a sua vida, a sua vocação e a sua alma.

Agora Portugal, enrroscado no ocidente da Península Ibérica, lambia em solidão as suas terríveis feridas. E nada o conseguia consolar.

Alheado de Espanha mais do que poderia ter pensado, do mesmo modo que Espanha o havia estado de Portugal, parecia que agora o mais próximo companheiro de viagem deveria ser quiçá, o vizinho em cujas costas Portugal tinha construído um império e vivido de modo independente durante vários séculos

A perda do império coincide com a implantação de um regime democrático em Portugal e, pouco depois, com as profundas transformações solicitadas para a adesão à União Europeia.

Pois bem, esse trauma da perda do império foi, sem margem para dúvidas, uma das razões que o povo (e os arquitectos, evidentemente) tiveram para indagar naquilo que é seu ou próprio, nos valores do país. Uma das razões para se perguntar pelo destino de Portugal, pelo seu papel, o seu novo papel no concerto do mundo.

Portugal que deixou uma profunda marca na cultura do ocidente e em muitos lugares do mundo, perdida já a sua posição imperial e de potência internacional, está convocado para novos empenhos.

A sua experiência centenária, o seu saber fazer, o seu sentido prático e tantas outras virtudes que caracterizaram este país, habilita a jogar um papel determinante na defi-

nição do futuro europeu; fundamentalmente no Sul do Velho Continente, desde o Atlântico até ao Próximo Oriente e ao Norte de África. Um papel em conjunto com os seus vizinhos: Espanha, França, Itália e Grécia
Juntamente com Espanha, como parte da Ibéria, está convocado a desempenhar o papel de ponte com os países do seu antigo império, principalmente com a América
Em qualquer caso, Eduardo Lourenço reflecte esta situação no seu livro *O Labirinto da Saudade*, em 1978, quando afirma:

> "Sempre no nosso horizonte de portugueses se perfilou como solução desesperada para obstáculos inexpugnáveis a fuga para céus mais propícios", para propor uma atitude diferente ante as coisas afirmando "Chegou a hora de fugirmos para dentro de casa, de nos barricarmos todos dentro dela, de construir uma constância, um país habitável a todos, sem esperar de um eterno lá-fora ou lá-longe a solução que como no apólogo célebre está encerrada no nosso exíguo quintal" (22)

O ARQUITECTO JOSÉ BAGANHA

Quando estas mudanças (guerras coloniais, revolução de Abril de 1974 com o estabelecimento da democracia, surgimento das ideias pós-modernas, etc.) sacudiam Portugal, desde finais dos 60 e durante a década dos 70, José Baganha era um adolescente prestes a iniciar os seus estudos de arquitectura.
Baganha nasce no meio de uma família acomodada em Coimbra, em 1960. O seu pai é um prestigiado pneumologista e Catedrático da Universidade de Coimbra. A sua educação é muito cuidada; viajando desde criança com os seus pais, terá ocasião de conhecer em profundidade Portugal e também outros países da Europa, em particular Espanha e França. Interessou-se desde sempre pela história e pelas tradições do seu país.
Por outro lado está atento aos acontecimentos que sacodem o país e que causam uma mescla de preocupação e de esperança, ainda que predomine a incerteza
Em 1978, com 18 anos, ingressa na Escola Superior de Belas Artes do Porto – Departamento de Arquitectura, que se afigura, do ponto de vista europeu, como uma escola de extraordinária originalidade e vitalidade. Permanece ali dois anos, até 1980, ano em que se muda para a Faculdade de Arquitectura da Universidade Técnica de Lisboa.
Do Porto, guarda uma forte recordação do seu professor Fernando Távora. Baganha vê em Távora não só uma pessoa de vastíssimos conhecimentos, de cultura invulgar, mas também um homem de talento aberto, humanista, sensível e acessível.
Esta mescla de sabedoria e humildade, e de interesse por tantos campos de saber, esteve em sintonia com o que José Baganha tinha aprendido desde a infância na sua casa e nos ambientes que os seus pais frequentavam. No Porto contou com professores muito conhecidos em Portugal, entre os quais Álvaro Siza.
As ideias de Léon Krier, tão amplamente expostas nesses anos, constituíram uma forte influência em José Baganha; assim como a como a obra tanto construída como escrita de Robert Venturi, Demetri Porphyrios, Maurice Culot, Philippe Rothier e outros. Em 1984, conclui a licenciatura em arquitectura e decide consolidar os seus conhecimentos de construção. Para tal, começa a trabalhar na empresa ENGIL, onde permanece três anos, durante os quais fiscaliza obras e entra em contacto directo com o "pôr em pé" os edifícios
Com 27 anos, Baganha tem a oportunidade, na empresa de construção TURCOPOL, de participar de modo mais directo em certas decisões que vão mais além do "pôr em pé" das obras e que se centram em propostas de pré-fabricação, de soluções, de casas prefabricadas para solucionarem o problema mais candente nesses tempos, em Lisboa e em muitas cidades portuguesas e que era o dos bairros de barracas.
Em 1993 estabelece o seu próprio estúdio de arquitectura em Lisboa; nos primeiros anos, até 2000, em particular com o arquitecto José Cornélio da Silva e, desde então, a sós, com a sua equipa.

VISITANDO CINCO CASAS

Descreverei de seguida um percurso por cinco casas de José Baganha.

CASA NAS SESMARIAS
Salvaterra de Magos, Ribatejo
1992

Esta é uma das primeiras obras de José Baganha. Situa-se em pleno Ribatejo.
A casa ocupa uma parcela de terreno ampla; está organizada com base em dois volumes em "L". O mais alto contém a entrada; outro volume coloca-se em paralelo ao mais alto da casa para alojar a garagem e alguns arrumos.

Estes volumes mais altos estão unidos por um muro paralelo ao da extrema onde se situa a entrada principal a partir da rua. De modo que entre os dois volumes altos (o de habitação, da casa e o da garagem) e esse muro que os une, se forma um "U" em planta, que configura um recinto em jeito de pátio aberto para o jardim-bosque posterior.

Este recinto –como um pátio– imprime à casa um aspecto senhoril; para chegar ao mesmo foi preciso atravessar a porta que se abre no muro que une os dois volumes; a dita porta situa-se no final de um eixo ladeado por laranjeiras perfeitamente alinhadas, configurando um formoso jardim que antecede o conjunto da casa. Portanto, a casa como conjunto de volumes situa-se ao fundo de uma perspectiva desde o acesso da rua.

Uma vez nesse recinto, o acesso à moradia realiza-se através de uma entrada em alpendre pouco profundo, coberto por um arco. O volume mais alto contém, no seu piso térreo os compartimentos de uso diurno: vestíbulo, cozinha, sala de jantar e salas de estar; as salas de jantar e de estar têm vistas para a parte posterior da fachada de acesso.

Nessa parte posterior e graças à disposição "L" da planta, gerou-se um espaço bastante intimo, em cujo centro se colocou uma piscina; esta intimidade acentua-se com a presença do pavilhão-pérgola, que permite criar, nas costas do volume mais alto, um recinto praticamente em "U". Este pavilhão é um excelente apoio para as actividades ao ar livre, um agradável caramanchão com vistas para a piscina.

Do piso elevado, dos quartos, pode aceder-se ao jardim e à piscina graças à escada que se adossou à fachada posterior.

O volume mais baixo dispõe de uma parte porticada, o que permite protecção em dias de muito sol; além disso, imprime uma certa cadência à fachada e confere-lhe maior força expressiva pelo contrate de luz e sombra.

Este volume aloja parte da sala de estar, porque a outra parte da sala, de duplo pé direito, se situa no volume alto.

A casa apresenta um ar de volumes imponentes, com movimento escasso. No entanto, o jogo obtido na disposição dos volumes entre si e na sua implantação em relação ao acesso, gera uma aparência de edifício com agregações, sem realmente ser de todo assim.

Produz-se a sensação de estar perante uma herdade agrícola de carácter um tanto senhoril, ainda que discreta, ou melhor, serena. Baganha reconhece essa filiação na herdade ribatejana.

A construção é mural, de tijolo, com reboco e pintura. As coberturas têm pendentes e estão acabadas com telhas cerâmicas tradicionais. As guarnições dos vãos são de pedra. Também os pavimentos da cozinha e das casas de banho são de pedra *Azulino de Cascais*, bujardada com pico grosso Nos restantes compartimentos é de mosaicos de tijoleira cerâmica tradicional (de barro cozido); todos os materiais colocados a revestir pavimentos foram encerados e apresentam um aspecto de grande efeito.

A cozinha é uma parte muito atractiva da casa; longe de parecer um laboratório ultra tecnológico, com resplandecentes electrodomésticos de última geração, com tampos de aço inoxidável, etc., encontramo-nos num compartimento realmente acolhedor e doméstico, delineada também tradicionalmente: é um espaço amplo e bem iluminado e o seu mobiliário foi concebido e construído expressamente para este compartimento; os proprietários acrescentaram alguns móveis que acentuam esse carácter famoso de compartimento íntimo, acolhedor e doméstico, como o grande aparador inglês de dois corpos, de madeira de acaju, com a parte superior, em vitrine, alojando diversos recipientes com legumes, todo ele muito cuidado.

Na realidade, tanto os materiais da construção como a construção da mesma, foram objecto de uma atenção muito especial por parte do arquitecto. O conjunto, pintado em tons muito suaves, aparece diluído numa paisagem de árvores; uma vez no pátio interior, nesse recinto em forma de "U", o ambiente é de e absoluta serenidade, só perturbada pelo vai-vem dos vários cães da família.

MONTE DO CARÚJO
Alvito, Baixo Alentejo
2001

Adentrando-nos no Alentejo chegamos à bela Alvito, protegida pelo imponente castelo de finais do século XV. Alvito é uma pequena povoação tipicamente alentejana; muito cuidada e agradável, com espaços urbanos muito formosos, como a praça principal ou o grande recinto para feiras junto ao castelo; está rodeado de terrenos agrícolas e de arvoredo e pastos para o gado. Nos arrabaldes desta povoação encontramos a casa que vamos visitar.

A casa organiza-se com uma planta em "U", colocando no seio desse "U" um pórtico aberto, ou livre, ao modo de um baldaquino; é uma estrutura de madeira sob a qual se pode estar ao ar livre. É por este espaço que se acede à casa.

Esta disposição, que à primeira vista pode parecer surpreendente, resulta ao fim e ao cabo muito funcional, já que é nesse espaço protegido pelos seus três lados e pela sua parte alta (graças ao baldaquismo), onde se desenvolve parte da actividade e onde aliás se dá um estreito contacto com a sala de estar.

Parece que esta disposição resulta um tanto ao quanto como uma imposição que decorre da preexistência de algumas fundações, mas em qualquer caso o resultado é estupendo.

Se me detenho a descrever este troço, que como digo pode parecer surpreendente, faço-o porque quando nos aproximamos da casa, vemos dois corpos quase idênticos no que concerne à disposição, que encerram esse espaço entre eles, onde se situa o baldaquismo. Os corpos não são de dimensão igual, mas têm o mesmo (ou quase o mesmo) tratamento, com duas janelas no eixo da fachada, na frente.

Por outras palavras resulta absolutamente opaca imperceptível a função ou o uso dos compartimentos por trás dessas janelas que se afiguram tão similares. Onde está a sala de estar? E... onde estão os quartos?

Olhando com atenção, observamos que as janelas do corpo que encontramos à nossa direita estão mais altas que as do corpo da esquerda; parece que a casa ao adaptar-se à topografia, necessitou de alguns degraus, interiormente, entre um e outro corpo.

Se continuarmos a observar as diferenças apercebemo-nos da presença de uma grande chaminé justaposta ao corpo da esquerda e veremos que este corpo é mais largo.

Em qualquer caso e mesmo que já estejamos em condições de imaginar ou de "ler" a organização do interior da casa a partir do exterior, quero realçar que apesar da singeleza do esquema utilizado (uma planta em "U"), esta casa resulta muito "opaca" no que concerne à distribuição dos usos, ou dos diversos compartimentos.

Creio que podemos afirmar (com um certo risco) que na arquitectura vernácula que se apresenta com sucessivos acrescentos, ou com diversos volumes justapostos, não resulta tão directa a leitura ou a percepção de usos interiores, o que quer dizer que tal "opacidade" existe; e se isto pode ocorrer em termos gerais, no caso da casa que nos ocupa essa ambiguidade inicial é mais o resultado da disposição em "U" e da colocação desse baldaquismo ou pérgola entre os dois corpos do "U" que se adiantam, do que o resultado de uma casa com sucessivos acrescentos (que aqui de resto não existem).

Superada esta surpresa inicial perante o modo como a casa se apresenta, encontramo-nos com a amplíssima sala-comum que exibe a estrutura de madeira da cobertura. As janelas que se abrem na área de refeições enquadram vistas muito atractivas da paisagem alentejana.

A cozinha, de tamanho diminuto, numa abertura num dos seus lados para a sala-comum, é uma autêntica jóia; um espaço onde cada uma das partes que o configuram foi cuidadosamente escolhida pelos proprietários: a velha pia de pedra que faz de banca, os móveis, os utensílios de cozinha, os azulejos e até os electrodomésticos antigos, de desenho elegante, tudo, absolutamente tudo, revela a existência de uma paixão, num autêntico *sancta santorum* para estes amantes (e peritos) da boa cozinha tradicional.

Para chegar ao corpo que inclui os quartos é preciso percorrer um corredor que se situa no elemento de união dos dois braços do "U". O corredor está abobado em forma de berço, abóbada esta construída com tijoleira rústica; isto é um troço um tanto misterioso e ao mesmo tempo muito belo, pelo "primitivismo" com que se executou a abóbada, pela obscuridade rematada no final da passagem; dá a sensação de que estamos penetrando num espaço que nos está vedado; os quartos afiguram-se assim "afastados" por essa mediação do misterioso e formoso corredor.

Os quartos são compartimentos muito bem iluminados e foram mobilados com cuidado requisitados pelos proprietários. Toda a casa apresenta a discreta elegância de quem sabe apreciar a beleza. Não posso deixar de referir a sensibilidade requintada dos proprietários em todos e em cada um dos detalhes da decoração; sem pretensões e com absoluta naturalidade. Tudo no Monte do Carújo resulta harmonioso; a casa com a paisagem, a arquitectura com a decoração, as cores com a luz.

Antes de abandonar esta casa detemo-nos no exterior, junto à grande chaminé, que está preparada para cozinhar com grelha ao ar livre, com a pequena *fregadera* de antiguidade inimaginável, recuperada de uma construção velhíssima da Estremadura espanhola pelos donos desta casa, viajantes infatigáveis dos lugares e das coisas mais famosas.

Baganha prosseguiu, com esta casa, a sua busca de uma arquitectura capaz de integrar-se na paisagem e de manter determinados rasgos tradicionais sem renunciar ao conforto.

A casa vai-se perdendo no horizonte à medida que nos afastamos; dirigimo-nos agora para os mais remotos confins do Alentejo, já raiando a fronteira com Espanha, para ver a quarta casa de esta viagem pela arquitectura de José Baganha.

MONTE DA HERDADE DO REGO
Vila Boim, Elvas, Alentejo
2003

Chegados à aldeia de Vila Boim encontramo-nos já muito perto da casa que vamos visitar. É preciso percorrer uns caminhos cheios de pedras e que só os veículos todo-o--terreno conseguem passar, para chegar à propriedade em que esta casa se situa.

Pelo caminho encontramos trabalhadores agrícolas a varejar as oliveiras que contrastam, na sua serena verdura, com o tom avermelhado vivo da terra. Por um dado momento, rodeia-nos uma paisagem de colinas completamente cobertas de oliveiras plantadas surgindo alinhamentos perfeitos. Não vemos mais nada senão esta paisagem e o céu sobre as nossas cabeças. A sensação de estarmos num lugar remoto é muito viva e muito intensa; é realmente intensa.

Repentinamente o caminho melhora, chegamos à propriedade onde os donos separaram este acesso. Seguimos até ao interior da propriedade e passamos curvas e ângulos do caminho onde vimos formosos cavalos a pastar. Subitamente, de trás de uma curva, aparece um planalto com uma casa branca ao fundo. É a casa. Por trás dela abre-se um vastíssimo horizonte.

Repentinamente o caminho por entre aquelas colinas, de vistas curtas e paisagens muito contidas (e que em nada faziam adivinhar esta "aparição"), esse caminho abriu-se para uma paisagem de vistas infinitas.

Uma paisagem onde uma extensíssima planura verde se esfuma nos confins do horizonte fundindo-se numa neblina que cobre já as terras de Espanha.

É realmente espectacular a vista aos pés da casa. Em primeiro plano os vinhedos que os donos plantaram com diferentes tipos de vinhas, gerando rectângulo de diferentes matizes de verde: uns mais violáceos, outros mais amarelados... As vinhas cobrem uma área grande (uns 50 hectares) dessa paisagem tão serena; os donos cuidam dos vinhedos com um cuidado indescritível, para produzir um dos mais afamados vinhos de Portugal.

Depois, as oliveiras e, mais longe, outras propriedades que ordenam o território; ao longe adivinham-se grandes casas de campo, brancas e a paisagem estende-se até perder-se no horizonte.

Estamos perante um desses primorosos lugares que a mim me recordam aqueles que a ordem beneditina sabia escolher para fixar os seus mosteiros; isolados, recônditos, férteis e, sobretudo, de uma beleza enternecedora, sublime.

Pois bem, dominando essa paisagem encontra-se a casa. É a maior das da nossa viagem por cinco casas e também de todas as construídas por Baganha. Os proprietários passam aqui muito tempo e é quase uma moradia para todo o ano, apesar de possuírem a sua residência em Lisboa.

Baganha consolidou uma edificação existente, restaurando-a e realizando uma nova construção, como que ao modo de uma ampliação. Para tal seguiu as técnicas tradicionais utilizadas na casa existente e redobrou esforços para que toda a construção tenha os mais altos níveis de conforto.

A casa desenvolveu-se num só piso, à excepção de um corpo central (que já existia) de dois pisos. Baganha acrescentou uma adega, construída inspirando-se nos tipos similares da região: Magníficas abóbadas de tijolo dão a impressão de encontrarmos uma adega cuja intemporalidade é evidente, como se tivesse estado sempre ali; só o estado tão novo das suas paredes e dessas abóbadas nos revela que a construção não pode ser muito antiga.

A casa é muito ampla e por isso cumpre o programa solicitado pelos proprietários com generosidade e conforto. Acede-se à casa por uma porta muito discreta que nos coloca junto a um corredor em jeito de espinha que percorre a casa, com quebras subtis em quase todo o seu comprimento.

A cozinha situa-se perto da entrada; uma vez mais estamos perante uma cozinha de gosto tradicional; é muito ampla e temos imediatamente a sensação de nos encontrarmos numa casa importante, uma casa de campo importante, uma autêntica "Manor house" da aristocracia ou da nobreza rural portuguesa

A sala de jantar é igualmente ampla, como o são as duas salas de estar que se situam uma após a outra.

Baganha, ao colocar essa espinha ou corredor ao longo da casa, seguiu duas coisas muito importantes, fundamentais diria eu.

Por um lado, quase todos os compartimentos podem dispor de janelas e desfrutar da visão da formosíssima paisagem de larguíssimas vistas a que antes me referi. A cozinha, as salas, o quarto principal e um outro quarto (de uma filha) abrem-se para essa paisagem. Os outros três quartos (dois dos filhos) abrem-se na fachada principal.

Por outro lado, o corredor, que vai variando subtilmente a sua altura e a sua largura e que apresenta, de quando em vez, pequenas saletas, gera uma vista larga no interior da casa. Uma vista que está iluminada sequencialmente pelos clarões de luz que entram pelas janelas dessas saletas; uma sequência de sombras e luzes que nos faz sentir que "dominamos" a totalidade da casa, ao poder perceber toda a longitude de esse corredor.

O corpo central, no seu piso elevado, contém o escritório do dono da casa e dispõe de um terraço anexo. Uma escada ampla liga o piso da casa com a adega.

A construção segue as mesmas linhas, no que respeita a técnica e materiais utilizados, que as duas casas descritas anteriormente: Casa nas Sesmarias e Monte do Carújo Aqui cuidou-se muito da construção. A aparência casual, ou a singeleza de determinados elementos, não equivalem a debilitadores na execução. A construção é rigorosa e sólida. A casa transborda conforto interior; uma vez mais os proprietários são pessoas muito conscientes do lugar que habitam. Viajantes dos vários cantos do mundo, anglo-portugueses cosmopolitas muito habituados às coisas singelas. Baganha integrou a casa na paisagem e prosseguiu com esta casa a sua apaixonada e apaixonante viagem em busca da beleza, da arquitectura nobre e da sua integração com a natureza.

A visita ao Monte da Herdade do Rego resultou inolvidável. A casa de volumes brancos recortados contra essas vistas que se abrem numa das paisagens mais belas do Alentejo português até às terras e aos céus de Espanha, é simplesmente memorável, inolvidável. Ficará para sempre na minha retina.

Abandonamos o Alentejo e voltamos a Lisboa. A última casa situa-se em Sintra.

CASA NA QUINTA DA BELOURA
Sintra
2003

Chegamos a uma casa que se situa num lote de uma urbanização que segue o modelo da Cidade Jardim. Todas as casas da vizinhança são casas de tamanho importante. A urbanização está feita com uma certa qualidade de acabamentos e a sua situação é considerada como muito importante, nessa área estratégica próxima de Sintra.

A primeira coisa que chama fortemente a atenção é a primorosa qualidade de execução. A casa tem muito trabalho de cantaria, em granito, cuja execução é simplesmente perfeita.

Esta casa remete-nos para alguns precedentes na região. Trata-se de um bloco compacto de dois pisos na parte dianteira e de três pisos na traseira, com uma planta em "L" que se abre para a rua. No ângulo interno de esse "L", um volume de um piso, abobadado, marca-nos a entrada, num rasgo de inquestionável tradição árabe

Apesar da inclusão de uma janela que nos recorda a janela paladina, os vãos são simples rectângulos emoldurados em granito. Existem várias janelas rematadas com um arco que não arranca das ombreiras da janela, querendo evocar as janelas mudéjares que, em tantas casas da vizinhança de Sintra, recordam o Palácio Real dessa localidade.

A casa é bastante ampla, como o são os compartimentos de generosas dimensões.

O piso térreo inclui os compartimentos de usos mais público como a cozinha, a sala de jantar e o salão de pé-direito duplo, com saída para um amplo terraço com pérgola orientado a Sudoeste.

O piso elevado inclui os quartos.

Uma cave com um acesso desde o interior da casa, contém a garagem e uma sala ampla, ao nível do solo na sua parte posterior. Nessa parte posterior situa-se um jardim que rodeia a piscina enquadrada pelo alpendre colocado paralelamente à casa.

Num dos lados da casa, ao nível térreo, Baganha criou um pequeno jardim com caldeiras de granito que contêm oliveiras; é um jardim ao jeito de uma pequena praça, ou da sala que serve de prelúdio à descida, por uma escada de amplitude generosa, até ao jardim posterior e à piscina.

Surpreende ver neste edifício como Baganha soube criar tantos e tão diversos ambientes numa casa que ao fim e ao cabo não é de grandes dimensões. E isto surpreende tendo em conta a importante volumetria da casa, já que caberia pensar-se que a presença da casa, do seu volume, poderia impedir essa "fragmentação" em diversos ambientes.

Já o acesso, ao colocar-se em "dobra" do "L", separa o espaço da entrada do lateral esquerdo onde Baganha colocou o jardim seco com as caldeiras de granito das oliveiras. Essa "praceta" lateral é um mundo em si mesmo. Também o é o terraço que se abre em frente do salão; e também a escada, ampla e cómoda que desce parcimoniosa, encaixada entre dois muros, para o jardim, ou os dois espaços (o jardim com piscina e área aberta) que o alpendre divide na parte posterior.

A casa, como já referi, remete-se para precedentes da zona; e a construção mostra de modo muito evidente, em várias partes da casa, formas tradicionais de construir; é o caso do alpendre do jardim, coberto com estrutura de madeira e, inclusivamente, o da pérgola.

Baganha volta a um ambiente suburbano, de casa de periferia da cidade; neste sentido distanciou-se das casas alentejanas que se fundiam com a paisagem, porque aqui a paisagem está definida por todas as casas da vizinhança, o que é o mesmo que dizer que não é uma paisagem de natureza pura; por outras palavras, esta casa não se encontra inserida em plena natureza, como o estavam as anteriormente vistas no Alentejo.

Baganha tentou desenvolver com a maior riqueza espacial possível tanto interior como exteriormente, dentro das limitações de um programa convencional para uma família acomodada e dentro aliás dos limites impostos pelos próprios limites da parcela.

MONTE DA CASA ALTA
Melides, Grândola, Alentejo Litoral
2004

Existe uma importante instância entre a casa anteriormente visitada e esta de Melides. Uma distância não só física, mas também conceptual e, inclusivamente, de maturidade, na obra de José Baganha.

Esta casa situa-se ao sul de Lisboa, no Alentejo Litoral, próxima da costa, num lugar de ares silvestres, onde a actividade de pastoreio é muito patente. A viagem até à casa, por estrada serpenteantes e estreitas, entre os bosques de azinheiras que protegem as ovelhas, é realmente muito formosa. Depois de passar pelo "centro" do povoado representado pela escola de arquitectura do Estado Novo, a casa aparece a um par de quilómetros. Apesar de não estarmos muito longe de Lisboa, tem-se a impressão de estar num lugar um tanto remoto, afastado e, desde logo, muito tranquilo.

A casa aparece como um edifício com acrescentos ou ampliações, numa composição em planta seguindo um eixo virtual de Nordeste a Sudoeste. A casa tem um corpo mais importante, de dois pisos, onde se situa a cozinha, no piso térreo e os quartos, no piso elevado.

Para Nordeste, um corpo de um só piso contém a sala de estar que se prolonga até à fachada posterior, até à horta, numa zona porticada preparada também como local de refeições e de estar ao ar livre.

Outro corpo, também de um só piso, adossa-se ao outro extremo do volume de dois pisos.

O resultado é um edifício que, como anteriormente assinalava, apresenta uma disposição alargada, ajustando-se à topografia do terreno, em ligeiro pendente

Ao fundo, para Oeste, não muito longe vê-se o mar.

A distância conceptual é evidente, em relação à casa anteriormente visitada; claro que aquela se situa no Ribatejo e esta no Alentejo.

Ali, no Ribatejo, a "herdade" realmente desempenha o seu papel de enraizamento no lugar, porque a casa está ocupada todo o ano, é a residência habitual dos proprietários; a vizinhança é muito residencial, com multiplicidade de villas utilizadas igualmente como residência permanente; Lisboa não está tão longe, ao fim e ao cabo.

Aqui em Melides, a casa é um refúgio de fim-de-semana, de períodos de férias. Neste sentido, não requer tantos compartimentos, nem tantos espaços como a anterior. A envolvente é absolutamente rural e a distância a Lisboa (muito superior à anterior) parece psicologicamente muito importante; temos a impressão de estar bastante isolados.

A construção participa numa série de constantes que vimos na casa das Sesmarias: construção mural, coberturas inclinadas com telha tradicional, presença de pórticos, paredes pintadas em branco ou em tons muito claros, etc. As paredes rebocam-se à colher, de forma a apresentar um acabamento mais imperfeito que na Casa das Sesmarias; as aberturas de vãos não seguem numa disposição rigorosa e equilibrada, antes se abrem de um modo mais "fortuito", procurando um ar pitoresco.

A estrutura de madeira da cobertura é visível do interior; a cobertura aparece sobre paredes de modo directo, sem a intermediação de uma cornija; o parapeito da escada exterior é um murete singelo sem capeamento de remate. As chaminés são altas e estreitas e lembram as da arquitectura popular.

Em suma, a fachada exterior adquire toda ela, pela cor e pela textura das paredes e muros, um ar de continuidade que não vimos nas Sesmarias. Aqui, a fachada é um "contínuo", uma pele, pontuada por vãos que se abrem recortando-se sobre essa pele, sem rodeios, sem particulares ênfases decorativos.

Tudo é directo e singelo em Melides. Baganha parece ter apanhado a "atmosfera vernácula" nesta casa; e essa atmosfera transmite-se a todos e a cada um dos compartimentos, que se enchem de conforto a partir da singeleza com que foram abordados os espaços. Isto é muito visível na parte porticada para a horta, onde a família passa largas horas nos dias de férias.

A cozinha volta a figurar-se como um espaço para estar e para viver, mais do que um espaço cheio de aparatos "tecnológicos para cozinhar. É uma cozinha tradicional e o mobiliário acentua esse carácter. Mas se me refiro a este aspecto da cozinha, à sua aparência doméstica, ao seu carácter tradicional, faço-o porque a sensação de harmonia, de beleza e sobretudo de naturalidade deste espaço dedicado à cozinha resulta proverbial na arquitectura de José Baganha.

Visitamos cinco casas que nos revelam o modo de fazer de Baganha, a sua excelente arte, na sua articulação e na sua composição e a excelente execução de todos os detalhes; em conjunto com essa constante muito sua de cuidar extremamente a construção.

A isto haveria que juntar a sensibilidade com a paisagem e com a implantação na topografia do lugar e na cultura (os costumes e modos) da região.

As casas adaptam-se ao terreno, os jardins e os pórticos anexos à casa resolvem a passagem entre o interior da casa, entre os espaços interiores e o exterior e a paisagem. As vistas, curtas ou largas e as orientações são tidas em conta.

De modo que tudo isto contribui para o êxito da operação.

OUTRAS OBRAS

As obras descritas até este ponto foram visitadas no ano de 2005. Desde então a obra de Baganha cresceu em quantidade e qualidade. Quando este livro sair terão passado quase dez anos desde que visitei as casas que atrás descrevo. De seguida quero também referir-me a quatro importantes obras realizadas desde então.

EDIFÍCIO DE APARTAMENTOS "ÀS JANELAS VERDES"
Lisboa
2005-2006

Esta obra, pela sua dimensão e localização num distinto bairro lisboeta, constituiu um verdadeiro desafio para José Baganha. Trata-se de um edifício inserido num contexto fortemente carregado de carácter, de edifícios excelentemente executados e com características inequivocamente próprias deste lugar.

O projeto de Baganha completa um quarteirão, com três fachadas para a rua. Subtilmente, consideraram-se pequenas diferenças entre estas três fachadas, sem perder de vista a unidade requerida, para manter um relação equilibrada com a envolvente. As tipologías construtivas, os materiais, cores, formas e detalhes foram minuciosamente tratados, de tal modo que este edifício se apresenta com notável dignidade e presença neste bairro.

Esta busca de equilibrio com a envolvente, em termos visuais, cumpre com um dos traços tão característicos da formosa cidade de Lisboa, como é o da excepcional homogeneidade dos seus bairros. Com esta magnífica obra, Baganha contribuiu de modo magistral, não só para manter esse traço lisboeta, mas também para realçar a sua excelência.

CASA DO MÉDICO DE SAN RAFAEL
Sines
2005-2006

Estamos perante um excelente exemplo de reconstrução de um importante edifício do século XVIII, como o é este da Quinta de São Rafael que data da época pombalina. Com uma soberba fachada, de sóbrio estilo neoclássico, bem composta, define uma parte alta do alcantilado da costa de Sines.

Baganha conseguiu convencer as autoridades municipais de que valia a pena resgatar este vestígio da história da cidade, adequando-o às novas funções que os proprietários lhe queriam atribuir.

A Ordem dos Médicos portugueses, proprietária deste lugar, compreendeu as ideias do arquitecto e o potencial que o seu projecto encerrava, particularmente no concernante à função de representação, mas não só.

Perante o estado de conservação do edifício, Baganha procedeu à reconstrução das paredes exteriores, mantendo essas soberbas e elegantes fachadas, herdeiras da melhor tradição arquitectónica portuguesa. Renovou os interiores adequando-os às necessidades do programa e dotando-os dos maiores níveis de conforto. Deste modo, satisfez o objetivo dos proprietários de criar uma residência de qualidade para os médicos.

Os edifícios anexos, já arruinados, foram substituídos por novos edifícios construídos com uma linguagem sóbria e elegante, tão própria de Baganha. O resultado é um conjunto harmonioso, em que ao branco das fachadas dos novos edifícios se justapõe a deslumbrante fachada voltada ao mar desta casa com a sua cor vermelha. Só o saber fazer de uma mão experiente é capaz de conseguir uma obra ao mesmo tempo funcional, elegante e poderosa frente à costa atlântica de Portugal. Sines recupera deste modo um belo edifício para o seu perfil costeiro, ao mesmo tempo que dignifica a envolvente, o bairro em que se insere.

RENOVAÇÃO DA CASA DO "MONTE DA QUINTA"
Terena
2007-2009

Aqui faz-se o azeite que adquiriu o nome deste lugar: Monte da Quinta. É visitável por turistas que podem adquirir o azeite e outros produtos próprios.

Neste conjunto de edifícios, Baganha conseguiu harmonizar os distintos níveis de intervenção e assim, também, uma homogeneidade que confere unidade a este Monte da Quinta. Recuperaram-se alguns edifícios existentes introduzindo-lhes as condições de conforto actuais, como é o caso da casa principal. Outros edifícios foram acondicionados, como é o caso do curral que foi adaptado a loja, na qual se pode adquirir o azeite produzido pela sociedade agrícola proprietária do Monte da Quinta.

O lagar, núcleo importante deste "Monte", é um dos edifícios de construção nova. Os edifícios encerram um espaço em jeito de pátio. Os materiais de construção e as técnicas construtivas são as próprias desta região do Alentejo, com pequenos detalhes próprios da região sul do Alentejo na casa principal.

O conjunto integra-se magistralmente na paisagem. A harmonia entre o artifício humano e a natureza é total. Isto prova uma vez mais a sensibilidade do arquitecto, o saber fazer do construtor e demais agentes envolvidos na construção e, sem dúvida, a confiança que os proprietários em ambos depositaram.

MONTE DO PRATES
Montemor-o-Novo
2007-2009

Trata-se de uma nova construção, no lugar de uma outra onde antes existia uma exploração agrícola, destinada a casa de fins de semana de uma família de Lisboa. Baganha organizou as diferentes dependências em dois corpos de planta térrea que articula com a inclusão de um torreão.

O programa da casa é simples e, na sua disposição, Baganha optou pela fluidez dos espaços, sem que isso altere o carácter tradicional da casa.

No exterior, a disposição dos espaços convida ao descanso e a desfrutar das vistas para o Castelo da cidade vizinha. O conjunto desenvolvido num único piso segue o tipo de construção próprio dos "montes" alentejanos; Isto de forma compatível com os níveis máximos de conforto na casa.

Os materiais de construção são tradicionais, tal como muitas das tecnologias utilizadas. Baganha recorre a materiais que foram utilizados na região do Alentejo durante décadas e que ainda continuam a ser fabricados por pequenas oficinas, como é o caso, por exemplo, das baldosas do pavimento.

A casa, com o seu aspecto exterior e as pequenas fenestrações, integra-se perfeitamente com a paisagem e rememora a bela arquitectura alentejana que José Baganha conhece tão profundamente.

O MORADOR DA CASA

Para um arquitecto se lançar na realização da uma casa como moradia unifamiliar deverá ter em conta que irá estabelecer uma forte relação com o destinatário, com o morador da casa.

É uma prestação em que deveremos conhecer com exactidão as necessidades do cliente, as suas possibilidades económicas, as suas ilusões, os seus sonhos, gostos e manias. Ao fim e ao cabo tudo se resume a uma aventura apaixonante que termina com um final feliz e isto não só no que diz respeito à conclusão do trabalho, ou melhor, à conclusão da obra, mas também no sentido em que a relação entre o arquitecto e o cliente não acabe deteriorada, pelo contrário, saia fortalecida.

Construir uma moradia constitui, para qualquer um, uma aventura em que entre muitos outros factores a incerteza está sempre presente. Uma incerteza acerca do resultado final, no sentido de se ter desenvolvido o programa desejado, não o tendo reduzido, ou no da escolha de determinados materiais, cores, texturas, etc. São tantas e tantas as dúvidas que assaltam o cliente.

É evidente que o papel de orientação do arquitecto é fundamental; como também o é o do construtor e dos seus diferentes subempreiteiros ou artífices. De tudo isto é facilmente dedutível a conveniência de gerar uma atmosfera de confiança entre os três factores da casa: o proprietário, o arquitecto e o construtor.

Parece que Baganha terá sido capaz de gerar tal atmosfera, a julgar pela satisfação que manifestam os moradores das suas casas pelo trabalho realizado.

Todos estão muito orgulhosos das suas casas; todos se sentem identificados com elas e, por isso, com a maneira de fazer do arquitecto.

Aliás posso afirmar que os interiores das cinco casas visitadas foram mobilados muito de acordo com o próprio carácter da casa. As três moradias do Alentejo possuem uma decoração interior de elegância discreta e serena e de um refinado bom gosto; não há nada estridente, nem pretensioso, nem vulgar. Impera o bom-tom, a harmonia com a própria casa. E constatando isto, e o orgulho dos moradores pela casa, podemos vislumbrar a boa atmosfera que permitiu levar a casa a bom porto.

As duas casas mais "suburbanas", pensadas como residência permanente e não de fins-de-semana, apresentam decorações interiores diferentes das casas alentejanas.

Aqui revelam essa ideia de casa mais estável, pensada para ser vivida de um modo permanente, onde nos voltamos para uma natureza mais doméstica, mais confinada e circunscrita pelo jardim.

A Casa de Salvaterra de Magos foi mobilada requintadamente pelo seu proprietário, um apaixonado bibliófilo. Os móveis, os quadros, esculturas e outros objectos, a biblioteca e as vitrinas com peças de colecção, fazem desta casa um lugar muito belo.

E a casa da Quinta da Beloura foi mobilada com móveis mais contemporâneos e outros que relembram o mobiliário império.

Estamos na presença de proprietários de muito bom gosto. Parece cumprir-se aquele desejo de Raul Lino e de tantos outros na história do séc. XX português de considerar o bom gosto como condição à partida para a realização da casa portuguesa.

Tudo isto faz com que a visita a estes cinco estupendas casas seja muito afectuosa.

Mas o obra de Baganha, como testefica este livro, não se cinge só a estas casas.

Baganha levou a cabo edifícios de habitação e de escritórios e comércio no centro das cidades, aos quais me referirei de seguida, de modo breve.

PROJECTOS URBANOS

É o caso do edifício de apartamentos junto ao Museu de Arte Antiga, empreendimento conhecido como "As Janelas Verdes", no centro urbano de Lisboa (2003-2005).

O edifício é de planta trapezoidal e remata um quarteirão. Possui três fachadas à face da rua, encerrando um pátio interior.

É necessário assinalar o nível de respeito pelas tipologias arquitectónicas presentes no bairro em que este novo edifício se insere. Todos os elementos de composição das fachadas, as suas aberturas, a serralharia das varandas, a carpintaria utilizada, o tipo de trapeiras, as cornijas, as cores, etc. ... todos nos soam familiares.

Baganha cuidou o ritmo da fenestração que surge uniforme e ordenado e cuidou todos e cada um dos detalhes procurando fundir o edifício nesta paisagem lisboeta, na paisagem urbana.

Baganha é muito consciente do contexto em que intervém. Quer com a sua obra contribuir para a manutenção ou melhoria de contexto urbano, como sucede com este caso de "As Janelas Verdes".

Outros exemplos abordam problemas diferentes e vou-me referir a dois muito distantes entre si.

Um é um edifício emblemático e representativo construído em Maputo, Moçambique, conhecido como "Millennium Park". Trata-se de um dos edifícios mais importantes desta cidade africana. Aqui, Baganha fugiu da criação de um objecto em que primam excentricidade, o chamativo e, inclusivamente, o não reconhecível. Quer dizer que uma vez mais renunciou às modas imperantes para este tipo de edifícios representativos nas cidades jovens.

O edifício apresenta uma composição equilibrada, uma fachada harmoniosa e elegante. Os dezassete pisos de altura apresentam-se como um bloco de proporções cuidadas e presença serena.

Um outro exemplo diz respeito à reabilitação de um edifício inserido numa banda de outros edifícios, na Figueira da Foz. O espaço entre edifícios vizinhos é tão só de três metros; estamos perante uma parcela muito estreita e bastante profunda. Baganha desenvolveu o programa desta casa nos três níveis existentes. O último piso dispõe de iluminação zénital.

A fachada apresenta uma discrição notável, procurando passar despercebido e foi recuperada mantendo o seu carácter original. Da mesma forma que nas "Janelas Verdes" no centro de Lisboa, aqui, na Figueira da Foz, Baganha dedicou-se a introduzir ou a recuperar a ordem, a compor e sobretudo a procurar um resultado harmoniosos, discreto, elegante e que produza a sensação de sempre ter estado ali, o que equivale a dizer que produza a impressão de ser uma parte consubstancial da cidade existente, apesar do seu pequeno tamanho.

Baganha está muito interessado nas questões urbanas. Na sua prática profissional pode pôr em prática as suas ideias em relação à cidade. É membro fundador do C.E.U. (Council for European Urbanism), assim como um árduo defensor dos princípios da Carta de Estocolmo redigida pelos membros do C.E.U. em 2003.

Baganha é um defensor da cidade, compacta, de usos mistos e com um tratamento da edificação fiel a determinadas ordens (ou códigos), capazes de garantir um crescimento homogéneo e harmonioso da cidade.

Neste sentido tem-se oposto ao sistemático culto do "objecto" arquitectónico; este culto que promove que cada edifício seja concebido como se nada existisse em seu redor, como um mero objecto.

A DOCÊNCIA E A PRÁTICA

Não queria concluir este texto sobre a obra de José Baganha sem fazer uma referência ao seu trabalho como docente. Ensina "Reabilitação urbana" e "construção", fazendo especial ênfase na importância do projecto como veículo de transmissão de informação para obra e na sua boa apresentação.

O ensino da reabilitação, assim como o da construção, obriga a cultivar um talento prático e observador. Isto mesmo trata de transmitir aos seus alunos.

Em alguma ocasião José Baganha me terá referido a sua experiência de confrontar os alunos com edifícios específicos dos quais teriam de analisar a resolução de determinados elementos da sua construção; analisar o porquê da solução adoptada, a lógica ou a inexistência de lógica de determinada solução, ou a obrigação de apresentar uma alternativa por parte do aluno.

Baganha sabe bem que muitas formas, ao longo da história, devem a sua configuração e o seu aspecto a uma razão construtiva que lhes deu origem; e sabe que desaparecida a razão construtiva a forma permite apesar de não possuir já uma razão de ser de origem construtiva.

O ensino, o contacto com os alunos para um arquitecto que pratica a profissão, que projecta e que constrói, faz com que a disciplina que ensina seja contemplada dentro de um amplo espectro de interesses. Assim, Baganha vê na construção um interesse operativo para o projecto e nisso a acção sobre a cidade; e a história ou a tradição ou os costumes estão sempre presentes com as suas soluções provadas e demonstradas mil e umas vezes; e estão também as novas tecnologias e os novos materiais. Em suma, o ensino transforma-se numa transmissão para os alunos de uma forma de estar, de olhar a arquitectura. De tal modo que pela construção se filtra, a partir do proferir, todo o talento humanista e técnico que o aluno deve ir construindo. E o professor, graças ao constante trato com os jovens, sempre desejosos de aprender coisas novas, sempre inquisitivos, ao ter que expor, dialogar e responder às mais diversas questões, permanece ágil, como o atleta que exercita os seus músculos de forma constante.

Creio que o labor pedagógico em José Baganha também o obriga a ele, pessoalmente, a colocar as suas obras nos mais altos níveis de coerência; porque onde está o docente, estão sempre os seus alunos por trás, por trás do arquitecto que exerce a profissão. Porque os seus actos parecem ser observados (e de facto são) pelos seus alunos, porque em última instância se há-de constituir como exemplo.

Para fechar este texto tenho de manifestar o grande interesse que despertou em mim o conhecimento directo da obra de José Baganha. Os edifícios vistos no seu contexto, tanto as casas de campo como outras na cidade revelam o talento do arquitecto na sua busca do equilíbrio e da harmonia com o meio. Revelam-nos uma obra muito bem construída, muito bem composta e muito sensível aos ventos que hoje percorrem o mundo enunciando uma nova sensibilidade.

Uma atmosfera, uma inquietude, em prol da criação de um meio ambiente harmonioso, de um desenvolvimento sustentável. Baganha revelou-se como uma importante figura no seio desta nova interacção. Com a sua obra demonstra-nos para além da sua competência, o ar fresco, a esperança e o optimismo que este novo Portugal lança ao resto da Europa.

Bilbao, Fevereiro 2014

Javier Cenicacelaya

P.S. Javier Cenicacelaya é arquitecto e Catedrático de Composição Arquitectónica na Universidade do País Basco.

RUA DE Sta BÁRBARA
LARGO DO PETINGUIM
CAFÉ
P
ESTUDO URBANÍSTICO DE CONJUNTO
"RUA DAS BARRACAS/ PASO DA RAINHA" - LISBOA

R. DAS BARRACAS
LARGO DE SANTA BÁRBARA
ESTUDO URBANÍSTICO DE CONJUNTO
"RUA DAS BARRACAS/ PASO DA RAINHA" - LISBOA

(1). En *Mensagem*, Fernando Pessoa, Ed. Ática, (11ª Edição) Lisboa.

(2). Ver *José Luiz Monteiro. 1848-1942*.
Luiz Trigueiros, Editorial Blau Lda. Lisboa, 2004

(3). "Independentemente do seu ensino clássico, decorrente da conservadora *École des Beaux-Arts* parisiense, ter tido exíguos seguidores, José Luiz Monteiro tornou-se reconhecidamente o motor de arranque da renovação e promoção arquitectónica que se atrasava em Portugal", em "Master Monteiro" por João Alves da Cunha, em *José Luiz Monteiro. 1848-1942*, p. 7

(4). Ventura Terra (1866-1919) recebe educação completa em Paris e confirma na sua obra um gosto em sintonia com o da capital francesa, e mais ainda, cultiva um gosto empolado, afectado, entendendo que este manifesta determinados valores cosmopolitas, como sucede com o seu famoso Banco de Lisboa & Açores, de 1906, inserido no tecido pombalina da Baixa.

(5). Diz José Augusto França a este respeito :
"O primeiro melhor edifício de gosto ecléctico de Lisboa nasceu assim, como anúncio de um desejado enriquecimento, ao menos bancário, da capital." José-Augusto França, em *História da Arte em Portugal. O Pombalismo e o Romantismo*.
Editorial Presença, Lisboa, 2004, p. 174

(6). "O carácter cosmopolita do séc. XIX trouxe à Suécia, quem sabe em maior grau que noutras nações uma mescla de estilos históricos desde o da Grécia antiga ao Renascimento ou à Idade Média e ao Barroco, todos baseados mais num conhecimento académico do que no autêntico sentimento artístico da arquitectura. No nosso país, como noutros lugares, a excessiva quantidade de material estrangeiro impediu o desenvolvimento de um tipo uniforme de arquitectura. Reconheceu-se na última década que este espírito universal numa arte como a arquitectura, que está influenciada por condições climáticas e locais, apresenta un claro perigo para a arte de construir. Por esta razão, o problema presente no que diz respeito à arquitectura sueca consiste em desenvolver uma arquitectura nacional baseada no estudo dos edifícios nacionais".
Ragnar Östberg. "Contemporary Swedish Architecture". Architectural Record, Vol. XXV, nº 3, March 1909, pp 166-177

(7). Ë muito conhecido o seu artigo "En busca de una arquitectura nacional" de 1878, que foi publicada na revista *La Renaixença*. A revista recolhia as inquietudes de un movimento que, capitaneado por intelectuais e burgueses, buscava uma expressão própria e característica da cultura catalã e também, logicamente, da arquitectura catalã. Este movimento deu origem ao *Noucentisme* e ao *Modernisme* na Catalunha. O segundo tão conhecido a nível internacional pela figura singular de Antonio Gaudí. Se bem que o Modernismo catalão tenha considerado interessante a arquitectura regional do passado, acabaria por converter-se num estilo próprio com a pretensão de elevar o debate cultural catalão a un nível digno do debate europeu do momento. Esta desejada equiparação com Europa explicaria os excessos decorativos, as atitudes ecléticas o afecto pelo artesanato que ocorriam nesses anos em movimentos doutros países, com diferentes graus de intensidade de certos factores – a decoração, o cromatismo, etc.– entre outros, sobre os arquitectos.

(8). Leonardo Rucabado foi o criador do denominado estilo *montañés*. A influência da casa inglesa, o interesse despertado na Europa pelo chalet suíço, e a presença da arquitectura vernácula basca, criaram uma síntese harmoniosa neste estilo regional, o "neovasco".

Arquitectos como Aníbal Alvárez defendiam no seu discurso de entrada na Real Academia de Bellas Artes de San Fernando, em 1910, que aqueles estilos que pareciam mais próprios de Espanha, como o plateresco ou o barroco, deviam ser estudados; e por isso os arquitectos deviam tomar em consideração a análise da arquitectura do passado de cada região.
Vicente Lamperez y Romea e Leonardo Ricabado foram também decisivos na hora de reclamar os estilos mais espanhóis do passado para adaptação às necessidades do presente.
Lepoldo Torres Balbás inclinava-se, porém, não tanto por uma reinterpretação de obras e estilos significativos do passado, mas mais por um olhar directo à arquitectura popular. Como ele, Teodoro de Anasagasti ou Fernando García Mercadal valorizaram a arquitectura vernácula até à chegada da Guerra Civil (1936-1939).

(9). José Luis Quintino, "Raul Lino, 1879-1974", em *Raul Lino*, Luiz Trigueiros e Claudio Sat, Ed. Blau, Lisboa 2003, p. 16

(10). Op. Cit. p. 17

(11). Raul Lino. *Casas Portuguesas*, Herdeiros de Raul Lino e Ediçoes Cotovia, Lisboa 1992, p. 113

(12). Os citados irmãos Carlos (1887-1971) e Guilherme Rebelo de Andrade (1891-1969), Luis Cristino da Silva (1896-1976), e Porfírio Pardal Monteiro (1897-1957), não foram os únicos; mas tão somente alguns dos nomes que mantiveram o seu interesse pela arquitectura historicista até às décadas de apogeu da arquitectura do Estado Novo.
Houve outros mais que, ao contrário de Lino, evoluíram para posições mais próximas do gosto das vanguardas europeias; entre estes figuram especialmente Carlos Ramos (1897-1969), Jorge Segurado (1898-1990), e o mais jovem e brilhante arquitecto Keil do Amaral (1910-1975)

(13). Em 1928 criou-se em Espanha a "Junta de Paradores y Hosterías del Reino" como génese dos *Paradores Nacionales*, cujo desenvolvimento terá lugar após a Guerra Civil.

(14). *Arquitectura*, Nº 49, Outubro 1953, p. 22

(15). Refiro-me ao edifício do Mercado em Vila da Feira (1953-1959), com Álvaro Siza, Fernando Lanhas e Alberto Neves.
O edifício tem um esquema claro, marcada horizontalidade criando um pátio, com uma fragmentação volumétrica, adaptando-se à topografia, tudo nele se distancia da "ortodoxia" moderna; e porém a escala é discutível tendo em conta o contexto em que se insere; a escala em termos compositivos (relação dos vãos, palas de cobertura, dimensões de paramentos, etc., com os existentes no lugar). Não consegue integrar-se na paisagem, apesar de revelar essa intenção. No meu entender isto deve-se ao receio de "mimetizar" tipologias de mercado já existentes próprias do mundo rural.

(16). Ana Tostões. "Arquitectura Moderna Portuguesa: Os Três Modos", em *Arquitectura Moderna Portuguesa*, por Ana Tostões e Sandra Vaz Costa, Instituto Portugues do Patrimomio Arquitectonico (IPPAR), Lisboa 2004, p. 139

(17). Ana Tostões. op. cit. p. 142

(18). Assim o atesta o Decreto-Lei Nº 40.349 que facilitou a subvenção para a publicação do *Inquérito*.
Diz este Decreto-Lei:

"À intensa actividade desenvolvida na reconstrução material do nosso Pais tem o Governo feito corresponder preocupações e esforços no sentido de valorização da arquitectura portuguesa, estimulando-a na afirmação do seu vigor e da sua personalidade e apoiando-a no propósito de encontrar um rumo próprio para o seu engrandecimento.

Integra-se nesta orientação o reconhecimento do carácter evolutivo das soluções arquitectónicas, que tendem naturalmente a adaptar-se à sua época, acompanhando o aperfeiçoamento das técnicas construtivas e a própria evolução dos ideais estéticos.

Mas reconhece-se ao mesmo tempo, que as novas soluções não deverão deixar de apoiar-se nas tradições da arquitectura nacional, resultantes do condicionalismo peculiar do clima, dos materiais de construção, dos costumes, das condicões de vida e dos anseios espirituais da grei, de todos os factores específicos, em suma, que, reflectindo-se naturalmente nas nossas realizações arquitectónicas em épocass sucessivas, ilhes conferiram cunho próprio e criaram um sentido para a expressão "arquitectura nacional".

Perante a evolução dos factores que lhes deram origem, algumas dessas tradições construtivas não manterão já integralmente o seu valor, podendo mesmo constituir meros documentos da história da nossa arquitectura, muitas, porém, continuam perfeitamente ajustadas ao ambiente nacional e contêm em si uma lição viva de evidenciar valor prático para o desejado aportuguesamento da arquitectura moderna do nosso País."

(19). *Arquitectura Popular em Portugal*, II Vols., Ed. Centro Editor Livreiro da Ordem dos Arquitectos, Lisboa, 2004.

(20). É na raiz deste renovado interesse pelo passado que têm lugar diversas exposições daqueles arquitectos ignorados ou muito detestados nas décadas precedentes. Assim se entende por exemplo a exposição retrospectiva da obra de Raul Lino na Fundação Calouste Gulbenkian em 1974, entre outras.

(21). Publicado na *The Harvard Architecture Review*, Cambridge, Mass., 1986:

"Let me first stipulate that I don't really perceive how your topic, *the use of precedent and the role of invention in architecture today*, can very well lead to profitable dispute.

I can never begin to understand how it is possible to attack or to question the use of precedent. Indeed, I am not able to comprehend how anyone can begin to *act* (let alone to *think*) without resorting to precedent. For, at the most banal level, a kiss may be instinctual, and a handshake remains the product of convention, of habit, or of tradition; and in my reading, all of these words and whatever they may signify are related – loosely no doubt – to the notions of paradigm, of model, and hence, of precedent.

So much is my initiatory bias which I will now expand upon via the ancient strategy of a series of rhetorical questions:

Just how is it possible to conceive of any society, any civilization, or any culture without the provision of precedent?

Are not language and mathematical signs the evidence of convenient fables and hence the advertisement of prevailing precedent?

Further, in the romantic predicament of interminable novelty, surely one must be at a loss to discover how any discourse (other than a grunt) is to be conducted?

Is not precedent, and are not its connotations, the primary cement of society? Is not their recognition the ultimate guarantee of legitimate government, legal freedom, decent prosperity, and polite intercourse?

As painfully obvious and horribly banal as these implicit propositions are, I assume that they belong to the platitudes that any one operating in a *reasonably* structure society (neither savage nor subjected to overheated revolutionary excitement) will be compelled to observe. I do not assume – I *cannot* – that these platitudes are available to the average architecture student. For he or she has been educated in a much more expansive milieu, with boundaries and limitations fragile to say the least.

In the days when it was understood that all art is a matter of imitation, whether of external reality or of some more metaphysical abstraction, the role of precedent was scarcely to be disputed; and, needless to say, Aristotle produces the argument very succinctly.

The instinct of imitation is implanted in man from childhood, one difference between him and other animals being that he is the most imitative of living creatures and through imitation learns his earliest lessons; and no less universal is the pleasure felt in things imitated.

And Rowe continues referring to a poem by Wordsworth:

"But if Wordsworth expands upon Aristotle and begins to relate mimesis to infant worship (the child is the father to the man) one must turn to Walter Gropius to receive the full, the kindergarten drift of this diversion. Inadvertently, Wordsworth describes the architecture student as one knows this creature to be: but the impulsive Walter goes on to specify a *beau ideal* for the species.

Creativeness in the growing child must be awakened through actual working with all kinds of materials in conjunction with training in free design... But this is important: no copying, no elimination of the urge to play, i.e., no artistic tutelage!

Such is to provide pointers to a condensed history of the doctrine of mimesis and its decline; and such is also to bring into prominence your business about the use of precedent. For with the best will in the world, it is not extremely easy to understand the Gropius distinction between "copying" and the "urge to play": Yer gotta play but yer not gotta copy and that's what you guys have gotta do. But could there be any dictate more perverse and inhibiting?

Is it not evident that any form of play is inherently "copying" – and is related to fantasies of war or fantasies of domesticity? And, without these models either of battle or building, surely it is extremely hard to imagine how any game from chess to architecture could very well survive. No, all play is essentially the celebration of precedent.

Now, what about the second part of your topic: *the role of invention in architecture today?*

Well, one thinks about the lawyer with a whole library bound in blue morocco behind him. This is the inventory of cases bearing upon the specific case that he is required to judge. So simply to pronounce a legal innovation, to discriminate the new, our jurist is obliged to consult the old and the existing; and it is only by reference to these that genuine innovation can be proclaimed. For are not precedent and invention the opposite sides of the same coin? *I think a better topic might have been: How does the new invade the old and how does the old invade the new?"*

Sincerely,
Colin Rowe

(22). Eduardo Lourenço, *O Labirinto da Saudade*, Lisboa, Dom Quixote, 1992 (1ª ed. 1978), p. 47.

José Baganha

Born in Coimbra in 1960. He has study in the Oporto Architecture University and in Lisbon Technical University, where he conclude his degree in Architecture in 1984.

He is managing partner of José Baganha Arquitectos – Sociedade Unipessoal, Lda. and since 2002 is teacher in the Architecture Catholic University in Viseu. Is member of I.C.P.T. – College of Traditional Practitioners of I.N.T.B.A.U., which protector is H.R.H., The Prince of Wales, and of various international institutions directioned for the defense, support and practice of architecture and traditional urbanism, such as:

- I.N.T.B.A.U. – International Network for Traditional Building, Architecture & Urbanism.
- A VISION OF EUROPE – Architecture and a human approach for the european city.
- C.E.U. – Council for European Urbanism (organization from whom he's member of the direction).

He is lecturer guest in seminars in various institutions such as University of Ferrara, Bologne and Florence in Italy and Notre Dame in U.S.A.

Javier Cenicacelaya

Architect by the School of Architecture of University of Navarra. M.A. from Oxford Brookes University, and MSc. from University of Oxford. Has developed his activity as architect in Bilbao. Has been visiting professor at the British Academy in Rome and Visiting Scholar at John Paul Getty Foundation of Los Angeles. He received various prizes with prominence of the "European Prize for the Reconstruction of the City" (Brussels, 1992 and 1995). He has been curator of various exhibitions and their respective catalogues, such as *Joze Plecnik, Architecture and the City*, and *Neoclassical Architecture in the Basque Country*. He is founder and editor of the international magazine of architecture *Composicion Arquitectonica, Art & Architecture*. Recently he published the book *Bilbao 1300-2000, An Urban Vision*, as also *The Guide of Architectre of Metropolitan Bilbao*. He's managing founder of the "Council for European Urbanism". Has been teacher of the School of Architecture of the University of Pais Basco, from which his at present full professor.

José Baganha

Preface

The publication of this book by architect and professor Javier Cenicacelaya is a very happy occasion for me. If there have been times during my career when luck was on my side, they were certainly rare (things were only ever achieved with a lot of effort and hard work). But I count myself truly fortunate in having had the privilege of working with Javier (I am sure that our great friendship allows me to call him by his first name). In fact, in addition to his renowned exceptional qualities as an architect and professor, Javier is a person with the highest human qualities. You could say that he is a human being with a capital "H" – his kindness and generosity know no bounds.

I owe him so much: in addition to his wisdom and the generous guidance he gave me while I was working on my doctoral degree at the Universidad del País Vasco Faculty of Architecture, he has always been a willing and faithful comrade in the causes that we embraced in the quest for a more beautiful and sustainable *civitas*.

And now he presents me with this book he decided to write about my work. I confess that I am eternally grateful but at the same time surprised, since I am well aware of the simple nature of the work I do. I have never sought fame, nor do I now. I have simply pursued my career honestly and diligently, guided by the values of the European Humanist tradition, always striving for beauty, balance and what is most suitable for each case (occasionally failing, of course), and solidity and functionality – the three Vitruvian virtues of architecture that I continue to believe are the foundation of the practice of our profession.

Some of the text and images that appear in this book were borrowed from an earlier book – *Casas com Tradição*, which we also published jointly with Caleidoscópio in 2005. The text on traditional Portuguese architecture is truly extraordinary, and Fernando Guerra's photographs are equally excellent. Many things have transpired since then – some good, some bad and some just so-so – but the work I do continues to be guided by the same goals and principles. I try to incorporate what is good by reinventing it, adapting archetypes to the changing world to help keep traditions alive – traditions that turn out to be increasingly appropriate as we confront the adversity and dangers that greed, ignorance and fanaticism cause on an increasingly more frightening scale.

Tradition and modernity are inseparable – one cannot live without the other. This fact has been forgotten or even disregarded in recent times, but it is on this relationship or reciprocity that I have based my work, and I am increasingly convinced this is where the answers lie to the questions facing humanity, perplexed by rampant globalisation and the primacy of money over human beings as the overriding factor governing all choices.

Parede, September 2014

Javier Cenicacelaya

For beautiful, simple architecture

For a number of reasons, society today seems to value simpler, more commonplace things that are more easily understood by ordinary people and that also cost less. In recent years, there has been a change of attitude, which obviously had its roots in the recent economic crisis. People have realised that depleting resources really doesn't make sense, thereby confirming the old maxim that you only appreciate something when it's gone.

This attitude contrasts sharply with the main events in the field of architecture and urban development over the last three decades. And it has happened since post-modernity opened the doors to all kinds of ideas and experiments in an attitude that is totally uncritical and even trite, if not actually amoral.

This global change in attitude was certainly triggered by the economic crisis, which highlighted a series of problems. These problems were well-known and widely proclaimed, but had not so far attracted the attention of the whole population.
In view of recent events, we can say that the developed and developing countries were stunned by the collapse of the American economic system caused by the 2008 crash. It was a shock that slowed down most of the global economy, with all the social consequences that a phenomenon of this kind and magnitude can bring. More than any other, this event reached into the farthest corners of these countries and was greeted with concern by all their inhabitants.

When the financial crash occurred, many unprecedented questions were put on the table, given the extent of people's uncertainties.
The crisis was a wake-up call as people looked for indications as to what to do and where the western world's current economic and social model was headed. And of course the big environmental issues raised their heads again. Can this consumption-based model go on for ever? Are there enough resources to meet growing consumption levels? Can the environment hold up against such overuse of resources? For how long?
And questions other than the consequences of growing consumption have also arisen. What about climate change? What's going to happen in the post-oil age? Has anything been done to avoid global warming?
The truth is that there are no convincing answers to these and many other questions about the future, now that we are almost half way through the second decade of the 21st century.
Furthermore, the financial institutions founded after Bretton Woods in 1944 to secure the world's economic, political and social stability under the domination of the United States have been proving increasingly ineffective in solving crisis after crisis in the last 70 years, including the latest one, of course.

This is not a pretty picture for the coming years: shortage of resources (such as natural and financial resources and social aid and assistance).
There does not seem to be any reason to rejoice. But today more than ever, all citizens of the world need to show strong determination in the fight against the adversities that they face. Today more than ever, policies aimed at depleting resources, be they financial or natural, do not seem right. This type of behaviour just does not seem ethical.
Yes, of course. Today we are immersed in a crisis much deeper than its mere economic façade would have us believe. Today more than ever, governors, teachers, entrepreneurs, employees, judges, workers, etc are expected to act ethically. Everyone is.

A good example of the change of attitude that society needs was architecture critic Nicolai Ouroussoff's reaction a few weeks after the 2008 crash in the United States.
It is a good example because this fervent defender of star projects and architects said in the New York Times that things should now be different and that the priorities or urgent requests for architects and architecture were no longer the same.
On 21 December 2008, architecture critic Ouroussoff wrote an article in the distinguished New York Times entitled *"It was fun till the money ran out."* He said that until then everything had seemed possible because there was money. After that he felt that there should be a radical 180º turn in star architecture.

This happened near the end of 2008 and the real-estate bubble had just burst in the United States, immediately followed by several European countries. The financial crash that it caused slowed the global economy down for years. This slowdown is not over yet and looks like continuing for a long time.

Ouroussoff's diagnosis was prophetic to a certain extent. On the one hand, the *crash* put a stop to star architects' major projects. They were appealing, shocking, crazy projects that defied convention at all levels.

They were children of the "Guggenheim effect" that reigned in all its glory in every corner of the world, when the cost of a project did not seem to deter its promoters from going ahead with it.

Nonetheless, just six years after the *crash*, though on a smaller scale, the Guggenheim effect was reborn. In his article after the *crash*, Ouroussoff – unconditional supporter of star architects (such as Frank Gehry, Zaha Hadid, Rem Koolhaas, Jean Nouvel, Bernard Tschumi and others) – called for an architecture that served the people's needs:

> *Who knew a year ago that we were nearing the end of one of the most delirious eras in modern architectural history? What's more, who would have predicted that this turnaround, brought about by the biggest economic crisis in a half-century, would be met in some corners with a guilty sense of relief?*

Ouroussoff himself was impressed by the occurrence and the scale of the events. In spite of the rebirth of the Guggenheim effect, he felt that the time had come for architectural talent to be put to work for the people. He said in his article:

> *"If the recession doesn't kill the profession, it may have some long-term positive effects for our architecture. President-elect Barack Obama has promised to invest heavily in infrastructure, including schools, parks, bridges and public housing. A major redirection of our creative resources may thus be at hand. If a lot of first-rate architectural talent promises to be at loose ends, why not enlist it in designing the projects that matter the most? That's my dream anyway."*

Elsewhere in the article, Ouroussoff commented on how the star architects' wildly extravagant projects were changing the skyscraper city's profile:

> *Together these projects threatened to transform the city's skyline into a tapestry of individual greed.*

He also pointed out:

> *"Public housing, a staple of 20th century Modernism, was nowhere on the agenda. Nor were schools, hospitals or public infrastructure. Serious architecture was beginning to look like a service for the rich, like private jets and spa treatments".*

On the one hand, this reaction in the epicentre of the world, in possibly America's most important daily newspaper, was a clear sign of his alarm at the turn of events. On the other hand, in spite of this alarm, Ouroussoff, a critic unsuspected of animosity towards star architects, admitted having a wish or a dream (as he called it). It is a dream in which he yearns to see architects' talent used on things that are important to the people, a dream in which he can't bear to see the Manhattan *skyline* transformed extravagantly by individual greed.

To some extent, he expressed his fear that Manhattan would lose its character, its identity or, if you like, his fear that the skyline would turn into something banal, a mere exhibitionist spectacle of the powerful and of speculators, with no interest whatsoever other than boosting their egos and amassing more personal wealth.

We can summarise Ouroussoff's interests on the basis of his short but magnificent article in the New York Times. First, we have the use of talent where it matters, to the benefit of the people, particularly public housing, schools, hospitals, etc and for infrastructure. Then there is keeping what is good and preventing it from being suddenly transformed and possibly destroyed.

There can be no doubt that levels of frivolity and banality catering to vulgar, ostentatious nouveaux riches have reach their height all over the planet. Ouroussoff said:

> *"Nowhere was that poisonous cocktail of vanity and self-delusion more visible than in Manhattan. Although some important cultural projects were commissioned, this era will probably be remembered as much for its vulgarity as its ambition."*

So far I have limited myself to Ouroussoff's article as it was so enlightening, clear-cut and insightful, focusing on a situation that began with the 2008 crash for architecture, the city and society. It also contrasted with the position of a whole series of architects who were silenced or ignored by the mass media, no doubt the media that cared only about glamour, triviality and the aspects mentioned by the critic. José Baganha is one of these architects, a true professional of proven brilliance who shows consistency between the ideas that he defends and their practical application. After years of work, he has shown us a series of buildings that attest to his professionalism.

The dominant feature of these buildings is restraint, where excesses and flamboyance are nowhere to be seen. Baganha has carefully noted and studied all the main lessons of architecture – those that have shown its worth over decades, over centuries for large communities, cities and entire regions; those that represent a way of life, an identity and, without a shadow of doubt, a blending with the landscape and nature. This blending is really a merging into a setting in its broadest senses: physical, social, economic, cultural, etc.

Baganha has travelled his beautiful country, Portugal, from north to south, and Europe too, and most of the former Portuguese colonies, America. He is a refined, cultured cosmopolitan. He is fluent in five languages (Portuguese, Spanish, French, Italian and English), but can surprise us with his simplicity, warmth and extraordinary humility.

Baganha has drawn and photographed hundreds of buildings. His library is full of works on traditional architecture and clearly shows his interest in learning from the past. This is also obvious in his fine, meticulous doctoral thesis, a true model of research that, together with the beauty of his writing and illustrations, makes it functional and useful to the art of building.
But this interest in traditional architecture in no way signifies any lack of interest in or knowledge of current requirements in terms of comfort and new technology. Baganha is fully up to date on new materials and techniques, which he uses when he feels they are appropriate. His work shows how he has fought to achieve a result that is fitting and balanced, something so desirable that everyone wants it and so hard, so very hard to achieve. And this is something that I would like to highlight.

Many people today have joined the new stance that cries out for architecture that is more in line with society (as in Ouroussoff's dream) and have converted with the same fervour with which yesterday they destroyed everything that had to do with today. These false prophets, converted fanatics with dubious convictions and even more dubious commitment to what this century requires of architects (and everyone else) make the current position just another fad. It's all about being up to the minute.
This is why I want to stress that José Baganha's architecture is and always has been (as you can see) in total sync with the principles of sustainable development and attention to the characteristics of the setting, in its broadest sense. It fits in excellently with the natural or urban landscape. Furthermore, with reference to a new current, it is absolutely lean, i.e. simple, low-maintenance and easy to adapt to the passage of time.
Finally, all the Baganha clients that I have ever met are totally satisfied and very grateful to the architect. This is a demonstration of the pleasant atmosphere that should surround the execution of any project if it is to succeed: harmony and communication between the architect, owner and builder.
I believe that Ouroussoff's dream, his desire for architecture more in touch with reality and solutions in tune with modern times find an excellent example in the magnificent work of José Baganha.

Javier Cenicacelaya

The Architecture of José Baganha

Quem te sagrou criou-te português
Do mar e nós em ti nos deu sinal
Cumpriu-se o Mar, e o Império se desfez.
Senhor, falta cumprir-se Portugal

O Infante
Fernando Pessoa (1)

Works such as those of the young architect José Baganha are currently a breath of fresh air, a sign of hope and a lesson in the skills to be found in Portugal. Baganha seems to live up to Fernando Pessoa's call for Portugal to fulfil its potential. Over the last century, there has been a ceaseless confrontation between the ongoing desire to create "Portuguese architecture" and the wish to imitate foreign styles. Since the 1970s, Portugal has forged a few paths of its own, by giving continuity to tradition without renouncing the new.

A new sensitivity in Europe and the world towards protecting a balanced environment has resulted in the need to protect our surroundings, our medium, our rural and urban landscapes. As in so many other parts of Europe, Portugal has seen much of its great architectural heritage vanish, both in the country and the city. In this sense, given this new sensitivity and the growing interest in traditional architecture by ever greater sectors of the population, Baganha's work is a veritable education.

I will begin with a very general overview of some of the more important episodes in 20th century Portuguese architecture, to provide a context for José Baganha's approach and his body of work.

PORTUGAL'S RICH AND ECLECTIC TRADITION

The strength of Portugal's eclectic architecture was in evidence as the 19th century gave way to the 20th. Marking the start of Avenida da Liberdade in Lisbon, "Master" Monteiro's Rossio Station (1886-87) and the adjacent Hotel Avenida Palace (1890) have left us with a clear example of mastery and control. The railway station brought trains right into the heart of the capital, and its form is that of a palace in the Neo-Manueline style. Alongside, José Luís Monteiro (2) built the aforementioned hotel, but it is more reminiscent of the classical French style of the day, like many of the luxury residences to be found on Paris's boulevards.

Of course, José Luís Monteiro (3) is one of the great names of Portuguese architecture. But the high standards of perfection – in fact mastery – of somebody like Monteiro was not unique. Ventura Terra (4) shows a similar mastery of styles, an outstanding eclecticism, as witnessed by his parliament building, the Assembleia Nacional (1896-1938), built over former São Bento Convent. Later, in 1906, Terra designed the expressive and monumental Banco de Lisboa & Açores building, with no hesitation in slotting its expressive and rich façade in amongst the adjoining sober and modest Pombaline buildings, with their simple façades. (5)

Part of this prevailing eclecticism derived from a tradition of recalling Portugal's past, as can be seen at Rossio Station. The Neo-Manueline style and those styles that include Manueline elements were a romantic way of recalling the buildings of Portugal's glorious past.

Be that as it may, it is worth pointing out the outstanding quality of the works of this period: the excellent build quality of Portuguese architecture. Logically, this implies the existence of schools and workshops where masons, carpenters, smiths, and so on could learn and acquire such mastery. Those Portuguese trade skills would endure for many many years, and would be one of the keys to explaining the build– and finishing quality of Portuguese architecture.

TOWARDS A PORTUGUESE STYLE OF ARCHITECTURE

The eclectic profusion of styles created a sense in Portugal that its own identity had been abandoned; in other words the tendency to follow languages and styles emulating foreign tastes produced a desire to re-create a Portuguese form of architecture. The country needed to look inwards, into its own soul.

This clamour to retreat into one's own home was not exclusively Portuguese. At the end of the 19th century, in Portugal, just as in Spain and other European countries, there was a call for truly national architecture: architecture that reflected the traditions and culture of the country and its regions. One good example is a country which was on the margins of central European trends and the great cultural powers: Sweden. In 1909, the architect Ragnar Östberg said, in *Architectural Record*:

"The cosmopolitan character of the 19th century brought to Sweden, perhaps in a greater degree than to other civilised nations, a mixture of historic styles, from Greek to the Renaissance or the Middle Ages and the Baroque, all based rather upon academic knowledge than upon the true artistic feeling for architecture. In our country, as in many other lands, the excessive amount of foreign material has prevented the development of a uniform type of architecture. It has been recognised during the last decade that this universal spirit in an art like architecture, which is influenced by climatic and local conditions, presents a distinct danger for the building art. For this reason the problem of the day with Swedish architecture is to develop a national architecture based upon the study of national edifices". (6)

The same could be said of Spain, which was also peripheral at the end of the 19th century. The pessimism that followed the loss of its last colonies, Cuba and the Philippines, in 1898, gave rise to what was know as the '98 Generation, which called upon the country to value what was truly Spanish.

Architects such as Domènech i Montaner (7) made a determined call for an interest in traditional architecture. Regional styles emerged, created by major figures. (8)

Something similar occurred in Portugal, where from 1890 or 1895 in certain Lisbon circles a desire arose for homegrown architecture. The eclectic whirlwind of the second half of the 19th century had made Neo-Manueline the style that most genuinely represented Portugal's past.

However, as José Luís Quintino (9) tells us, it was Ramalho Ortigão who set down the guidelines for what Portuguese architecture should be, at what were termed the "Casino Conferences", in 1871. He praised the Counts of Arnoso house, built in 1871, as an exemplary expression of Portuguese architecture. It contained no Neo-Manueline allusions. It was robust-looking architecture, the solid walls had clear substance, and it had overhanging, sloped roofs with traditional tiles. The balconies were roofed and the walls painted. There was absolutely no decorative Neo-Manueline rhetoric.

Ramalho's views had important followers, but undoubtedly Raul Lino was the most significant of his contemporaries to lay down a series of guidelines for Portuguese architecture, or more specifically for the single-family house in Portugal. For Lino, Neo-Manueline was not the most truly Portuguese form of expression, because it comprised disparate Gothic, Mudejar, Renaissance and Naturalistic elements. *"Rather than Gothic, Portugal's character is found in Romanesque art, with its robust materiality. It is so related to the rhythm of this style after a distance of three centuries that some Manueline architecture is still unconsciously based upon it".* (10)

THE PORTUGUESE HOUSE

Raul Lino was a decisive personality as Portugal entered the new century, and in fact his shadow and influence would last throughout the 20th century. He was educated in England and Germany, and arrived in Lisbon at the age of 18, in 1897. His Hannover apprenticeship with the architect Albrecht Haupt had familiarised him with the ideas of Ruskin, and with Morris's Arts and Crafts movement. His appreciation of traditional values, the traits of his own country and nature as a source of all inspiration gave him an affinity with the aforesaid Englishmen.

His proposal for the Portuguese Pavilion at the 1900 Paris World Exposition demonstrates Raul Lino's interest at that time in architecture that revives certain features of Portuguese vernacular architecture, such as walls with few windows, traditional sloping tiled roofs and long narrow chimneys. It all shows that Ramalho's ideas regarding the Counts of Arnoso house were not lost on Lino. But it has to be said that his proposal for the exposition does have a few Mudejar windows, and a tall conical structure similar to those on Sintra Royal Palace, which for Portuguese romantics is the paradigmatic expression of the country's soul.

Years later, his proposal for the Portuguese Pavilion at the 1931 Paris Exposition reflected a more personal and eclectic architectural language, but more refined, with its own approach.

In 1918, Lino published *A Nossa Casa* [Our House], sub-headed *Apontamentos sobre o bom gosto na construção de casas simples* [Notes on good taste in the construction of simple houses]. For Lino, it was very important to educate taste, at a time when classical roots were being abandoned in favour of solutions of doubtful taste. This urge to seek out good taste would guide the rest of his life and his entire career.

But Raul Lino's best know work is the book *Casas Portuguesas* [Portuguese Houses], published in 1933, and sub-headed *Alguns apontamentos sobre o arquitectar das casas simples* [A few notes on designing simple houses]. This book was highly controversial. Architects interested in incipient modern Portuguese architecture from the end of the 1920s (which owed a great deal to Art Deco) saw this work as a step backwards, or an attempt to oppose the ideas of the new architecture arriving from Europe. This was because what Lino provides is a direct criticism of the idea of the house as proclaimed by Le Corbusier.

Nevertheless, Lino's book had a considerable influence on architecture for the single-family house amongst architects in the second half of the 1930s and immediately afterwards, during the zenith of the architecture of the *Estado Novo*, which is to say architecture under the Salazar dictatorship.

The book is a compendium of common sense. Lino explores the most important issues to be considered when designing a house, from the most technical ones to the most functional, as well as issues of representation, the façades, and matters of good taste. In this sense, the book is extraordinarily topical, because it was conceived with great clarity and practicality.

Lino deals with such important matters as economics in Chapter I; between economics and beauty in Chapter II; beauty in Chapter III; and adds various reflections as appendices, such as the one concerning the house and landscape. The latter chapter begins as follows:

> *"To understand the meaning of a Portuguese feel in architecture, one needs to have taste, which is usually the case amongst all foreigners who come here to study our country; one needs a love of Portuguese things, because from that is born a deep understanding of our character; and one must travel the country with eyes open and a tender heart, and an agile hand ready to take a thousand notes with feeling. And the flame of the indefinable sentiment of inexplicable things will eventually descend on the impassioned artist …".* (11)

That keenness to look at the Portuguese vernacular world, the history of Portugal, even an ideal and sometimes merely imaginary world, and that love of tradition was shared by other leading architects, such as the Rebelo de Andrade brothers, who designed the Portuguese Pavilion both for the 1922 Rio de Janeiro Exposition and the 1929 Seville Exposition, and architects such as Cristino da Silva, Porfirio Pardal Monteiro and others. (12)

THE PORTUGUESE HOUSE IN THE ARCHITECTURE OF THE ESTADO NOVO

The architecture of the *Estado Novo* reached its zenith of splendour from the early 1940s. Just like other chronological milestones in Portugal's history, such as the proclamation of the republic in 1910, or the years following the First World War, the 1928 coup d'état did not coincide with specific changes in architecture, or art as a whole. That is not to say that the new situation which emerged at each moment did not give rise to certain trends or tendencies in the art or architecture world. The same happened with the affirmation of *Estado Novo* architecture, inasmuch as it was not until the 1940s and 1950s that it reached its apogee.

The Salazar régime was determined to project an image of Portugal linked to the rural world. In so doing, it believed that it was expressing a range of values deemed to be inherent in that rural world, from which Salazar himself came. Honesty, work, respect for order, appreciation of permanence, social harmony and so on were values associated with the rural world, and which Salazar wanted to export as the image of Portugal.

So it comes as no surprise that at the 1937 Paris Exposition and the 1939 New York World Fair, the architecture of the Portuguese Pavilions made use of traditional, if clearly monumental, forms. They displayed ostensible and expressive symbols of the Portuguese nation through the prominent and exaggerated use of certain signs of identity, such as the national coat of arms.

In 1935, an area of "old" Lisbon had been "recreated" in the São Bento district, in much the same way as the Pueblo Español was created in Barcelona. And other examples exist throughout Europe, making use of popular architecture for their recreation.

To an extent, the 1940 Portuguese World Exposition boiled down the previous decades' experiments, and confirmed the drive to produce genuinely Portuguese architecture.

Thus, as already mentioned, by the 1940s, the architecture of the *Estado Novo* was firmly consolidated. Given the rural values that it tried to portray, its special interest for architects like Raul Lino should come as no surprise.

The policy of establishing regional *pousadas*, the Good Taste Campaign launched by António Ferro at the National Information Office, and the public works policy of Minister Duarte Pacheco from 1932 to 1943 clearly demonstrate that consolidation. It must be said that together with Lino's influence, in formal or architectural terms, the Spanish example of establishing national *paradores* was decisive. (13)

Ultimately, the "Portuguese house" proved unable to accommodate the larger and more complex plans for the *pousadas*. But there is no doubt that the formal influence of the "Portuguese house" was decisive for the image of those *pousadas*, and it was even more decisive for the image of single-family houses in *Estado Novo* architecture. Because with his book Raul Lino, and Portugal, undoubtedly made a very major contribution to European theory about the house, comfort, how to live in a house, and taste. One can even say that Lino's book was Portugal's most important treatise on domestic architecture (architecture of the home) in the 20th century.

I will not dwell further on the importance of this well-known book, because it has clearly been extraordinary. Proof of its influence is shown by the deep animosity that the book engendered amongst those architects who leant more towards modern architecture. And this despite the fact that *Estado Novo* architecture produced single-family homes that did not necessarily follow the indications, suggestions, or constructed examples produced by Raul Lino. They were single-family homes in which the architect had fun with a range of elements of different origins. The result was solid walls, with porched terraces or traditional overhanging tiled roofs, but the emphasis was more on attracting attention, originality and being noticed. And in this sense, in addition to the more striking (and most poorly composed) features, or striking colours, during these years of the *Estado Novo* the architecture of the single-family home also echoed some of the features of larger public buildings of the period. *Estado Novo* architecture is unmistakeable thanks to these features (the use of towers topped with weather vanes and armillary spheres; columns on the main façade, either separate or inserted into the façade; the inclusion of powerful and super-expressive Baroque-like entrances; imposing engravings with striking sections; and white or pastel façades, etc.).

Many of those features were incorporated into single-family houses. And perhaps that explains the opposition of those who were so keen for Portugal to adopt architecture in keeping with modern European architecture, as reflected in *Arquitectura* magazine in the late 1940s. This magazine published João Correia Rebelo's resounding *não* [no] to the "national style", in his article *Arquitectura ou Mascarada* [Architecture or Masquerade]. (14)

BETWEEN TRADITION AND MODERNITY

From the end of the 1950s, throughout the 1960s and well into the 1970s, Portugal saw a great resurgence of modern architecture, in line with other European countries. Links with Brazil, which was one of the most brilliant centres of modern architecture, and ties to other European countries, were part of the reason for such openness to outside influences. Carlos Manuel Ramos (1897-1969) played one of the most significant roles.

In the late 1950s and early 1960s, a major figure was Fernando Távora (1923-2005). Both as a professional architect and as a teacher he displayed special sensitivity towards Portuguese architecture's historic heritage, the importance of location – the physical setting. Thus, without turning his back on modern techniques and contributions, Távora's architecture sought a balance between modernity and tradition. He was as critical of historicism as he was of formalism that imitated new architecture being imported from abroad.

His willingness to criticise, in the widest sense, is important because, as time has shown, it aided the resurgence of authentic, powerful and beautiful Portuguese architecture within a very few years, both for single-family houses and for architecture as a whole.

In a broader sense it aided the emergence of a new wave of sensitivity towards architecture, less dependent on foreign styles or the historicism of previous decades. It was architecture more in accord with the nature of the country, location, setting, the available techniques, etc.

As such, Fernando Távora is the point of contact between those dedicated to modernity fully open to foreign influence and those who, partly sensitised by certain historical changes, as we shall see, opted to look inwards to the values that Portugal itself had to offer. However, it must be said that Távora's praiseworthy work still harboured certain contradictions. But these were insignificant in his overall body of ideas, if one bears in mind the historic moment that Portugal was about to face (i.e. the changes which have already been noted). (15)

Ana Tostões says about Távora:

"Without rejecting modernity or vanguard contributions, Fernando Távora (1923–) sought authenticity in the continuation of a tradition, by balancing history and progress" (16)

Many believe that Álvaro Siza (1933–) is the heir to Távora's work and teachings. Siza brings us very close to the present day, which is of huge interest in Portuguese architecture. As Ana Tostões has rightly noted, Siza *"takes up historic progressive themes, making new use of traditional materials in a desire to reconcile the intellectual with the sensual and sensorial. A concern for context results in a design method that makes maximum use of the potential of existing morphology: Houses in Matosinhos 1954; Boa Nova Tea House, 1958-1964; Swimming Pool at Quinta da Conceição, 1956"*. (17)

The impacts of Álvaro Siza and his contemporaries, and those of the following generation, in particular Eduardo Souto de Moura, on Portuguese architecture are well-known.

POST-MODERNISM

I have already mentioned Carlos Ramos's importance in establishing multiple relationships with architects from different countries with a view to opening up Portuguese architecture from the end of the 1950s. That openness continued in subsequent years. An important role was played by critic Nuno Portas. Ties were strengthened with Spain, especially Catalonia, and with Italy. The architecture being produced in Portugal was shown in many parts of Europe and the world, such that by the 1980s Álvaro Siza and others were amongst the world's best-known architects.

Generally speaking, the chronological development of architecture in Portugal has matched that of Spain, with both countries lagging behind others in terms of economic and technological development – some three decades compared to Italy.

Nevertheless, Post-Modernism brought new ideas that considerably attenuated the feeling that architecture had to be created in a modern idiom. A new look was taken at history, the historic city was more highly appreciated, and architecture in context (context in the widest sense) was again being taken into account. Numerous individuals contributed to that change, in particular the theories of Robert Venturi and Aldo Rossi, as well as Colin Rowe and Leon Krier. All of them conducted a monumental critique of many merely stylistic (and artificially ideological) conventions and taboos which held sway at the time.

In the case of Rossi, Rowe and Krier, that critique extended to the thesis of progressive architects with regard to urban development, which after four decades had had such devastating effects.

Portugal was no stranger to those changes, and to these it owes much of its attitude of looking towards what is Portuguese.

Of the values which post-modernism revived, the most important (some consider it the worst legacy of post-modernism) is the question of "identity", in general terms. Here, I will limit myself to the identity of architecture inherent in each place, which is to say vernacular or popular architecture.

At the end of the 1960s, and especially throughout the 1970s, interest in this kind of architecture was revived. Back in 1955, a Survey of Portuguese Regional Architecture had been launched, which some had been calling for since the 1940s. It was completed in 1960, and part of it was published as *Arquitectura Popular em Portugal* [Popular Archtiecture in Portugal], in 1961.

The survey began as an initiative by more "modern" architects to demonstrate authentic Portuguese architecture to the Salazar régime, as compared to what the *Estado Novo* understood as "Portuguese architecture". Although that was its purpose (as Keil do Amaral notes in the preface to the second edition in 1979, when the régime was no more), in fact this huge project and its publication (subsidised by the *Estado Novo*) were presented to the régime in a way radically different to that described by Keil de Amaral. They were in fact presented as a major contribution to the expression of Portuguese "national architecture". (18)

In 1979, almost 20 years on, the second edition was published, followed by a third in 1987 and a fourth in 2003. (19)

Reprinting of the book for the second edition happened at a time when traditional architecture – vernacular or popular architecture – and the traditional city and the heritage of the past were being re-assessed yet again. (20) But it has to be said that they were being re-assessed in academic architectural discourse, and not so much in practice by architects teaching at architecture schools.

The academic world was evoking popular architecture in theoretical presentations, but when it did so in buildings, it fled wholesale from any kind of vernacular literalness. And, in my view, it fled because of the still huge weight of modern architecture, or the modern idiom, which is to say the enormous weight of the modern style as a "forced compromise with the present day"; i.e. a kind of *diktat* of the *Zeitgeist*.

Teachers of architecture showed such little interest in teaching popular architecture, that the new generations of architects emerging from architecture schools were quite at a loss when they had to design and build a house that followed a traditional architectural style. Nobody had taught them how to undertake a commission that was increasingly in popular demand.

Such inexperience gave rise to a vast swathe of architectural monstrosities, stylistically half-way between something resembling modern and something recalling tradition. And because of schools' lack of interest, nothing was done by universities to prevent the rapid disappearance of a wealth of vernacular architectural heritage. In fact, it is highly revealing, and very dramatic, that the prologue to the third edition of *Arquitectura Popular em Portugal* acknowledges the book as an "official record" of what

Portuguese architecture had been, but which had since practically vanished: an official record, or a death certificate.
It says:

> "This sweeping change – just 10 years were needed to change the face of the earth – turned the material gathered by the survey, of which the book only reproduces part, into an invaluable document. Apart from pockets of stagnation which were bypassed by the process – almost all of which are in the Alentejo – today only scattered elements have physically survived the collapse of the world which produced them".

A NEW SENSITIVITY

It might be said that Post-Modernism opened the way for "diversity" or "diversities" to become a legitimate part of the human world (and the Western cultural world), which until then had been bounded by the unilateralism or uniqueness of what was "modern" as an exclusive and excluding single category. Modernism and modernity had (consciously or unconsciously) acquired the status of a veritable ontology. And that would explain the squalid sectarian attitudes of criticism that opposed any choice which did not accord with the main lines preached by modernity.

In architecture, one can identify a similar scenario to the one I have broadly described for Western thought. Before Post-Modernism, no architectural option was accepted that did not fit in with "modern" fashions, forms and languages. This reductivist (exclusive and excluding) position was imposed with an iron fist – possibly indicating a deep insecurity – by a great many architecture schools.

Post-Modernism swept all this away, and such liberation from the self-imposed "historic commitment to modernity" and "obligation to our time" would quickly give rise to an eclectic avalanche of images, options and lines, all voraciously competing to survive and gain the upper hand in the great global market that our world has become in the last 30 or 40 years.

Along with that avalanche of images, and the resulting disorder, one of the values of Post-Modernism has been the clamour for an "identity" (at different levels): from the smallest scale in physical terms – the quarter or district in which one lives – to larger territorial or cultural scales.

Leaving aside the possible aspects of an "identity" understood as a separation from the "other", and hence a possible source of confrontation, identity on a planetary scale has led us all to feel like inhabitants of the same place: planet Earth. And at that planetary scale a new sensitivity has arisen, beyond any individual or local level; over and above any ideology, race, or religious creed. I am referring to the need to preserve the environment and heritage of our planet as it has been handed down to us, so that we can pass it on to generations to come.

Care for the environment is a subject that concerns everyone, because we all live in the same place. Preventing global warming and water pollution; reducing tropical deforestation and gas emissions; eradicating nuclear energy and weapons of mass destruction from the planet, etc., are all global commitments, as everybody is aware. But this new sensitivity is also very apparent on a smaller physical scale. Perhaps the dizzying thought of the global scale, the impossibility of acting on such an unattainable scale, or perhaps even of understanding such a scale, has brought us closer to our own less vast world, where we can make our own small contribution to preserving the environment, by developing and perpetuating sustainable development.

Within this new context of sensitivity, the architecture of each place is being studied, weighed up and valued once more. This is because within the context of sustainable development, vernacular or popular architecture has so far proven to be the form which best fits in and is most in balance with its environment. That fitting in and balance with the environment is easy to understand, given that centuries of empirical effort have been expended on fitting in. Uniformisation of the house, which is to say the same house for different contexts (context being understood in its widest sense), be they Morocco or Norway for example, based on today's technological ability to create a suitable climate and comfort within the house, is totally absurd. It may be possible: in fact it is. But the issue is not whether one can do it, but rather whether it really makes sense. And its very pointlessness makes it absurd, bearing in mind the energy squandered to fit out a modern house which is designed for the cold so that it can deal with a hot climate, or vice versa.

Be that as it may, the new sensitivity that has emerged with the decline in environmental quality has produced a growing public interest in architecture suited to its location, as I have said.

Another question is whether architecture schools are preparing their students to respond to this increasing call for architecture rooted in the vernacular tradition; in popular architecture.

A journey around Portugal, Spain or Italy shows just to what extent the landscape has been invaded by houses that want to be, emulate, recall or evoke vernacular architecture. But the designers of those houses were unable to resolve certain issues (which are simple, if one examines the precedents – houses already built), because they were not taught how to in architecture school.

At architecture school, "copying is a crime"; the entire subject of imitation is a crime. So it is no wonder that our landscapes are filled with so many thousands, or hundreds of thousands, of these houses. Nobody knows what these "objects" are, or what they are purporting to be. Whether they try to be traditional or modern, they are so deformed that they only serve to illustrate the axiomatic maxim of so many schools that "copying is a crime".

But how do people learn any of their skills, if not by copying? How has the academic world managed to shackle itself to such an aberrant belief as "copying is a crime"? When imitation is eliminated and copying deemed a crime, what happens is that people still copy, but they copy badly. And all in the name of freedom of creation, in a never-ending cult of the designed object.

The views of Colin Rowe, below, are in my view extremely illustrative of how important it is to copy. In other words, it is important to value precedent, what existed prior to one's own creation, or, if you prefer, to value what one has learnt, what one knows, what one has seen: to value memory. If no precedent exists, we would have to re-invent the world with every passing second. But precedent is the ingredient that articulates the memory, culture and civilisation on a global scale. The value of precedent is undeniable.

THE IMPORTANCE OF PRECEDENT

What follows is a brilliant piece by Colin Rowe concerning the importance of precedent. In it, the author regards preventing students from copying as totally perverse, or, as he puts it, he regards it as perverse to ask them to be creative and at the same time prevent them from copying. He is responding to an exercise that Walter Gropius asked his students to carry out. In that exercise, Gropius asked them to be creative, but not to copy anything!! Colin Rowe considers Gropius's proposal to be nonsense, and quite simply perverse.

Rowe wrote:

> "Let me first stipulate that I don't really perceive how your topic, *the use of precedent and the role of invention in architecture today*, can very well lead to profitable dispute.
> I can never begin to understand how it is possible to attack or to question the use of precedent. Indeed, I am not able to comprehend how anyone can begin to *act* (let alone to *think*) without resorting to precedent. For, at the most banal level, a kiss may be instinctual, and a handshake remains the product of convention, of habit, or of tradition; and in my reading, all of these words and whatever they may signify are related – loosely no doubt – to the notions of paradigm, of model, and hence, of precedent.
> So much is my initiatory bias which I will now expand upon via the ancient strategy of a series of rhetorical questions:
> Just how is it possible to conceive of any society, any civilisation, or any culture without the provision of precedent?
> Are not language and mathematical signs the evidence of convenient fables and hence the advertisement of prevailing precedent?
> Further, in the romantic predicament of interminable novelty, surely one must be at a loss to discover how any discourse (other than a grunt) is to be conducted?
> Is not precedent, and are not its connotations, the primary cement of society? Is not their recognition the ultimate guarantee of legitimate government, legal freedom, decent prosperity, and polite intercourse?
> As painfully obvious and horribly banal as these implicit propositions are, I assume that they belong to the platitudes that any one operating in a *reasonably* structured society (neither savage nor subjected to overheated revolutionary excitement) will be compelled to observe. I do not assume – I *cannot* – that these platitudes are available to the average architecture student. For he or she has been educated in a much more expansive milieu, with boundaries and limitations fragile to say the least.
> In the days when it was understood that all art is a matter of imitation, whether of external reality or of some more metaphysical abstraction, the role of precedent was scarcely to be disputed; and, needless to say, Aristotle produces the argument very succinctly.
>
> *The instinct of imitation is implanted in man from childhood, one difference between him and other animals being that he is the most*

imitative of living creatures and through imitation learns his earliest lessons; and no less universal is the pleasure felt in things imitated".

Colin Rowe goes on to provide examples of the relevance of memory, referring to a poem by Wordsworth, before returning to the exercise which Walter Gropius gave to his students.

"But if Wordsworth expands upon Aristotle and begins to relate mimesis to infant worship (the child is the father to the man) one must turn to Walter Gropius to receive the full, the kindergarten drift of this diversion. Inadvertently, Wordsworth describes the architecture student as one knows this creature to be: but the impulsive Walter goes on to specify a *beau ideal* for the species.

Creativeness in the growing child must be awakened through actual working with all kinds of materials in conjunction with training in free design... But this is important: no copying, no elimination of the urge to play, i.e., no artistic tutelage!

Such is to provide pointers to a condensed history of the doctrine of mimesis and its decline; and such is also to bring into prominence your business about the use of precedent. For with the best will in the world, it is not extremely easy to understand the Gropius distinction between 'copying' and the 'urge to play': Yer gotta play but yer not gotta copy and that's what you guys have gotta do. But could there be any dictate more perverse and inhibiting?

Is it not evident that any form of play is inherently 'copying' – and is related to fantasies of war or fantasies of domesticity? And, without these models either of battle or building, surely it is extremely hard to imagine how any game from chess to architecture could very well survive. No, all play is essentially the celebration of precedent.

Now, what about the second part of your topic: *the role of invention in architecture today?*

Well, one thinks about the lawyer with a whole library bound in blue morocco behind him. This is the inventory of cases bearing upon the specific case that he is required to judge. So simply to pronounce a legal innovation, to discriminate the new, our jurist is obliged to consult the old and the existing; and it is only by reference to these that genuine innovation can be proclaimed. For are not precedent and invention the opposite sides of the same coin? *I think a better topic might have been: How does the new invade the old and how does the old invade the new?*

Sincerely,
Colin Rowe (21)

Such is Rowe's illustrative text. I felt that it was very important to recall his observations, bearing in mind the author's mindset and brilliance – undoubtedly one of the clearest heads of architectural critique in the second half of the 20th century.

RETURNING TO PORTUGAL

In addition to what I have said so far, I want to highlight a circumstance that I feel to be very important as we try to comprehend the stance of Távora's disciples (Siza being the best-known), and more generally the stance of Portugal's people and architects. I am referring to the quest for the country's own values, to which I referred in the section entitled Between Tradition and Modernity. That circumstance is none other than the national trauma that followed the colonial wars and the loss of the vast Portuguese empire.

Portugal was alone in living through the terrible trauma of its very bloody African colonial wars. I believe that the Portuguese people felt misunderstood by their European neighbours, and, as I say, had to face up to that change entirely alone.

Along with the war and its human losses came material losses, and in particular the feeling that part of Portugal's organism had been amputated. It had lost part of its body, and was mutilated.

This country on the western extreme of the Iberian Peninsula had always looked towards the sea, to the to-ing and fro-ing of ships that set sail from or arrived upon its coasts, and it seemed to lose motivation. It had lost its reason for looking to the horizon. Portugal's gaze had been fixed on that horizon, beyond the Atlantic, beyond the Indian Ocean, to the furthest reaches of the world. On that horizon it had left its history, its life, its vocation, its soul.

Now Portugal, at the western extreme of the Iberian Peninsula, was alone to lick its terrible wounds, and nobody could console it.

More detached from Spain than one might have thought, just as Spain had been from Portugal, it seemed as if Portugal's closest travelling companion might now prove to be the neighbour to which it had turned its back for centuries, to build and empire and live independently.

The loss of the empire coincided with the establishment of democracy in Portugal, and shortly afterwards the sweeping transformations required for membership of the European Union.

The trauma of losing the empire was undoubtedly one of the reasons why its people (and of course its architects) had to turn inwards, to the country's own values. One reason was to ask questions about Portugal's destiny, its role – its new role in harmony with the world.

Portugal, which had left a deep mark on the culture of the West and many other parts of the world, had lost its imperial role and that of an international power, and had to set out on a new path. Its centuries of experience, its know-how, its practical sense and so many other Portuguese virtues meant that it was destined to play a decisive role in defining the future of Europe, especially in the south of the Old Continent, from the Atlantic to the Middle East and North Africa; and a role in relation to its neighbours: Spain, France, Italy and Greece. With Spain, as part of Iberia, it has been called to form a bridge with its former empire, especially in Latin America.

Eduardo Lourenço highlights that fact in his book *O Labirinto da Saudade* [The Labyrinth of Longing], in 1978:

> "The Portuguese have always seen flight to more favourable skies as a desperate solution to insurmountable obstacles". Suggesting a different attitude, given the new reality, he says: "The time has come to take refuge at home, to barricade ourselves inside, to create something steadfast – a country where we all can live without pining for an eternal 'elsewhere' or 'far away' as a solution which, as the saying goes, can be found here in our own back yard". (22)

THE ARCHITECT JOSÉ BAGANHA

When those changes (colonial wars, the revolution of April 1974 and the establishment of democracy, the appearance of Post-Modern ideas, etc.) shook Portugal, from the late 1960s and throughout the 1970s, José Baganha was a teenager about to begin studying architecture.

He was born to a well-to-do family from Coimbra in 1960. His father was a well-respected pneumologist and professor at Coimbra University. He was very meticulously educated throughout his childhood. Travelling with his parents since he was a child, he gained a deep knowledge of Portugal, along with other European countries, especially Spain and France. He had always been interested in his country's history and traditions, and the overseas "provinces", which he would visit over time. He also paid close attention to the events shaking up his country, which caused a mix of concern and hope, but mainly uncertainty.

In 1978, at the age of 18, he entered Oporto Architecture School, which as a school of extraordinary originality and vitality was a focal point of Europe. He spent two years there, until 1980, when he moved to the Architecture Faculty of Lisbon Technical University.

From Oporto he retains a vivid memory of his teacher Fernando Távora. Baganha saw Távora not only as a person of vast knowledge and sublime refinement, but also a man of open, humanist, simple and accessible talent. That blend of knowledge and humility, and his interest in so many areas of understanding, dovetailed well with what José Baganha had learned since childhood at home, and in the circles in which his parents moved. In Oporto, some of his teachers were very well-known in Portugal, such as Álvaro Siza.

The ideas of Leon Krier, which were widely disseminated at that time, had a powerful influence on José Baganha, as did the architecture and writing of Robert Venturi, Demetri Porphyrios, Maurice Culot, Philippe Rothier and others.

In 1984 he graduated as an architect and decided to consolidate his understanding of construction. To that end, he began working at the Engil company, where he remained for three years, supervising building projects and gaining direct contact with how buildings are built.

At 27 years of age, Baganha was given an opportunity at the Turcopol building company to participate more directly in certain decisions that went beyond the building of projects, and which centred around possibilities of prefabrication – the possibility of prefabricated houses to solve the problem of shantytowns, which was the foremost problem being faced by Lisbon and many other Portuguese cities at that time.

In 1993 he opened his own architecture studio in Lisbon: in the early years, up to 2000, with architect José Cornélio da Silva, and since then alone with his own team.

A VISIT TO FIVE HOUSES

Below I will describe a visit to five houses by José Baganha.

HOUSE IN SESMARIAS
Salvaterra de Magos, Ribatejo
1992

This was one of José Baganha's first projects. It is in the heart of the Ribatejo region. The house occupies a large plot of land, and comprises two L-shape structures. The upper structure contains the entrance; the other sits parallel to the upper structure that forms the house, and contains the garage and a few auxiliary areas.

These upper structures are linked by a wall running parallel with the property's surrounding wall, and so is parallel with the entrance from the road. Thus, the two upper structures (the house and the garage) and this linking wall form a U shape, which creates a type of courtyard opening onto the wooded garden at the rear.

This environment, with its courtyard, gives the house a manorial feel. One has had to pass through the gateway in the wall uniting the two masses to reach the courtyard. That gateway stands at the end of an axis flanked by perfectly aligned orange trees, creating a beautiful garden that leads up to the house complex. Thus, the house is a series of structures that can be viewed from the point of access from the road.

Once inside, one enters the house via a shallow porch entrance topped by an arch. The ground floor of the upper structure contains the day rooms: the hall, kitchen, dining room and lounge. The dining room and lounge have views towards the rear part of the access façade.

In this rear area, thanks to the L-shape plan, quite an intimate space has been created, with a swimming pool at the centre. This intimacy is accentuated by a pergola-pavilion which enables a virtually U-shape environment to be created behind the mass of the house. This pavilion is an excellent facility for outdoor activities, and is a pleasant summer house with views of the pool.

The bedrooms on the upper level have access to the garden and pool via a stairway on the rear façade.

The lower structure has a porticoed part, providing protection on hot sunny days. It also provides a certain cadence to the façade, and greater expression because of the contrast of light and shade. This mass contains part of the living room, because the other part of this twin-space room is contained in the upper body.

The house gives an air of imposing masses with little movement. However, the interplay between the position of the masses and their position in relation to the point of access generate a feeling of a building with extensions, even though that is not the case at all.

It has the feel of a farm estate with a somewhat manorial air, although discreet or, rather, serene. Baganha recognises this connection to a Ribatejo landed estate.

The house is brick-built with solid walls, mortar-clad and painted. The roofs overhang and are finished with traditional ceramic tiles. Door and window surrounds are stone. The floor of the kitchen and bathrooms are also of roughened Cascais azulino stone. The other rooms are floored with terracotta tiles. All of the flooring materials are waxed and very attractive.

The kitchen is a delightful room. Far from being a high-tech laboratory, with astounding latest-generation appliances, stainless steel all over the place, etc., it is a truly welcoming and homely space, with a traditional layout. It is large and well-lit, and the furniture has been specially made for it. The owners have added a few items that accentuate this attractive feeling of an intimate, welcoming and homely area, like the large twin mahogany sideboard, the upper part of which is glazed, with various receptacles containing vegetables, all very well-planned.

In fact, the architect took very special care with both the building materials and construction itself. The complex is painted in soft colours, and it seems to be rooted in a landscape of trees. In the inner courtyard, the U-shape environment, the feel is one of absolute serenity, disturbed only by the coming and going of the family's several dogs.

MONTE DO CARÚJO
Alvito, Baixo Alentejo
2001

Moving deeper into the Alentejo, we reach beautiful Alvito, protected by its imposing late-15th century castle. Alvito is a small, typical Alentejo village: very well-kempt and pleasant, with many beautiful built areas, such as the main square and the large fair– and market ground by the castle. It is surrounded by farmland, trees and cattle pasture. The house we are going to visit is on the outskirts of this village.

The house is arranged in a U shape, in the hollow of which is a portico forming a kind of canopy or tetrapylon – a timber structure for enjoying life out of doors. This is where one enters the house.

This layout, which at first may seem surprising, turns out to be highly functional, because it is in this area, protected on three sides and above (thanks to the canopy), that part of the house's life is lived, and where there is also close contact with the lounge. Apparently this layout was imposed by the existence of a few cement structures, but in any case the result is stupendous.

If I am dwelling on this feature, which as I say may seem surprising, it is because as one approaches the house one sees two almost identical masses as far as the composition is concerned, with this space between them harbouring the canopy. The masses are not the same size, but they are dealt with in the same (or almost the same) way, with two windows in the axis of the façade wall. This means that the function or use of the rooms behind these windows, which are so similar, is hidden. Where is the dining room? Where are the bedrooms?

Looking carefully, one notes that the windows of the structure to the right are higher than those of the left. It seems that in adapting to the topography a few interior steps have had to be incorporated into either part of the house.

Other differences include an imposing chimney juxtaposed with the body on the left, and one realises that this mass is wider. Although one now can imagine, or "read", the interior layout of the house from outside, I would say that despite the simplicity of the approach (a U-shaped plan), this house is very opaque as regards how usage, and the various rooms, are distributed.

It think it is fair to say (although slightly risky) that in vernacular architecture comprising successive additions or various juxtaposed volumes, one cannot usually read or detect the interior uses all that easily. In other words, they are opaque. And while that is generally true, in the case of this house such initial ambiguity is more the result of the U layout and the positioning of the canopy or pergola between the two long structures of the U than of a house with successive additions (of which there are none, in fact).

Once that initial surprise as to the house's appearance is overcome, we come to the large lounge/dining room, showing off the timber roof structure. The windows opening onto the dining room provide beautiful views of the Alentejo countryside.

The kitchen, which is small but open on one side towards the lounge/dining room, is a veritable jewel, whose every component part has been carefully chosen by the owners: the old stone sink, the furniture, the cooking utensils, the *azulejo* tiles, and even the elegant old domestic appliance. Absolutely everything shows the owners' passion, which has generated such a magical space, a veritable *sancta santorum* for these lovers of (and experts in) fine traditional cuisine.

The mass that houses the bedrooms is reached via a passage in the element joining the two arms of the U. The passage is in the form of a rustic brick vault. It is a little mysterious, both very beautiful owing to the "primitive" way in which the vault has been achieved, and because of the darkness which is pierced by a light at the end of the passage. It is like entering a forbidden space. Thus, the bedrooms are "distanced" by this mysterious and beautiful passage.

The bedrooms are very well-lit rooms, and have been furnished in exquisite taste by the owners. The whole house has the discreet elegance of people who value beauty. I must also mention the owners' exquisite sensitivity in every detail of furnishing, which is unpretentious and absolutely natural. Monte do Carújo is entirely harmonious: the house with the landscape, the architecture with the furnishing, and the colours with the light.

Before leaving the house, we stop a while outside, by the fireplace, which can be used for cooking meals out of doors. Alongside is a little sink, of uncertain age, recovered from a very old building in Spanish Extremadura by the house's owners – tireless travellers in search of the most beautiful places and things.

With this house, Baganha has continued his quest for an architectural form that can blend into the landscape, and retain certain traditional features without negating comfort.

The house vanishes into the horizon as we drive away. Now we are heading for one of the Alentejo's remotest corners, right by the Spanish border, to see our fourth house by the architect José Baganha.

MONTE DA HERDADE DO REGO
Vila Boim, Elvas. Alentejo
2003

Having reached the village of Vila Boim, we are very close to the house we are about to visit. We just need to travel up a few stony tracks only suitable for off-road vehicles to reach the property on which the house stands.

Along the way there are groups of people beating olives from the trees, whose serene greenness contrasts with the vivid redness of the soil. At a given moment one is surrounded by a landscape of hills completely covered with olives planted in perfect lines. Nothing can be seen other than this landscape and the sky above. The feeling of being in a remote place is very strong and intense: really intense.

Suddenly the road gets better. We have arrived at the property, and the owners have improved the access. We delve into the property, and pass around bends where beautiful horses are grazing. Suddenly, beyond a bend, an esplanade appears, with a white house at the far end. That is the house, behind which a wide horizon opens out. All of a sudden the journey between the hills, with its short vistas and very enclosed countryside (which gave no hint of this "apparition"), opens out onto a landscape of endless views. A landscape in which a vast flat green plain blurs into a horizon lost in a mist enveloping the lands of Spain. The view from the house is really spectacular. In the foreground, the vineyards that the owners have planted with different varieties of vine create rectangles of different shades of green: some more violet, others more yellow. The vines cover a large area (about 50 hectares) of this tranquil land. The owners tend the vineyards with unimaginable care, to produce one of Portugal's most famous wines.

Then come the olive trees, and beyond those other properties that give the land its form. In the distance large white country houses can be made out, and the countryside spreads out until lost on the horizon.

It is the kind of exquisite place that reminds me of those the Benedictine order used to choose for its monasteries: isolated, hidden, fertile and, above all, outstandingly beautiful – sublime.

The house dominates the landscape. It is the largest of the five that we will visit, and in fact the largest Baganha has built. The owners spend much of their time here, and it is lived in virtually all year round, despite the fact that they have their residence in Lisbon.

Baganha has consolidated an existing building, restoring it and adding a new building as an extension. He has followed the traditional techniques used for the existing house, and has made every effort to ensure that the new building provides the utmost comfort.

The house has just one storey, apart from a central two-storey mass which already existed. Baganha added a wine vault, built in a style similar to others in the region: magnificent brick vaulting gives one a sense of being in a timeless wine cellar, as if it had always been there. Only the newness of the walls and vaults reveal that it cannot have been built all that long ago.

The house is very large, and is generously and comfortably laid-out throughout, as requested by the owners. Access is via a very discreet door opening onto a passage that forms a spine right through the house, subtly broken up along almost its entire length.

The kitchen is close to the entrance. Once again, this is a kitchen in traditional taste. It is very large, and immediately gives one the feeling of being in an important country house: a genuine manor house of Portugal's rural nobility or aristocracy. The dining room is equally large, as are the two lounges, which are situated one behind the other.

By including this passage as a spine throughout the length of the house, Baganha has achieved two very important things, in my opinion. Firstly, almost all of the rooms have windows and a view of the beautiful countryside, with its extensive views, as already mentioned. The kitchen, lounges, master bedroom and the daughter's bedroom overlook that landscape. The other three bedrooms (two for the sons) open towards the main façade.

Secondly, the passage, whose height and width vary subtly, and which widens slightly into bays, offers a long view into the house's interior. That view is sequentially lit by shafts of light entering via the windows in those bays: a sequence of light and shade creating a feeling that one "dominates" the entire house, by being able to see down the entire length of the passage.

The upper floor of the central body houses the owner's study, and has an adjoining terrace. Wide stairways link this storey to the wine vault.

Construction follows the same pattern of techniques and materials used in the two previous houses: Casa nas Sesmarias and Monte de Carújo. Here, great care was taken over construction. The casual appearance, and the simplicity of certain elements, do not mean careless execution. Construction has been rigorous and solid. The house abounds with interior comfort. The owners have furnished it discreetly and elegantly: once again, owners who are very aware of the place in which they live. They are cosmopolitan Anglo-Portuguese world travellers, very used to simple but beautiful things. Baganha has blended the house into the countryside, and with this house has furthered his impassioned and thrilling journey in pursuit of beauty, noble architecture and their integration into nature.

This visit to Monte da Herdade do Rego was unforgettable. The house, with its white forms outlined against views of one of the Alentejo's most beautiful landscapes, stretching as far as the land and skies of Spain, is thoroughly memorable. Unforgettable. It will always stay with me.

It is now time to leave the Alentejo and return to Lisbon. The final house is in Sintra.

HOUSE IN QUINTA DA BELOURA
Sintra
2003

We come to a house occupying a plot of land in a garden-city type of development. All of the surrounding houses are large. The development is finished with a certain view to quality, and its location is regarded as highly important in this strategic area close to Sintra.

The first thing that really attracts attention is the outstanding quality of execution. The house includes a lot of granite stonework, executed simply perfectly. The house reminds one of certain precedents in the region. It is a compact two-storey block at the front, with three levels at the rear, and with an L-shape plan opening onto the street. In the inner angle of the L, a one-storey vaulted mass marks the entrance, clearly rooted in the Arab tradition.

Despite including a window that reminds one of a Palladian window, the openings are simple rectangles with granite surrounds. Several of the windows are topped by an arch that does not begin at the frame recesses at the side of the window. These are to evoke Mudejar windows which in so many houses around Sintra recall the city's Royal Palace.

The house is quite large, as are the generously sized rooms. The ground floor contains the more public areas such as the kitchen, dining room and double-height lounge, exiting onto a large terrace with a pergola facing southwest. The first floor has two bedrooms.

A basement, with access from within the house, contains the garage and a large ground-floor room at the rear. There is also a garden at the rear, surrounding the pool marked by the pavilion, which is perpendicular to the house.

On one side of the house, level with the ground floor, Baganha has created a small garden with granite planters containing olive trees. The garden is like a small square or room serving as a prelude to the wide stairway down to the back garden and swimming pool.

In this building, it is surprising to see how Baganha has created so many and such diverse environments in a house which is not huge. And it is surprising given the major volumetric nature of the house, because one might think that the presence of the house – its mass – might prevent such "fragmentation" into different environments.

By placing the entrance in the bend of the L, the entrance area is separated from the left side, where Baganha has placed the dry garden, with its granite olive-tree planters. This little side square is a world unto itself. So are the terrace opening out before the lounge; the wide and comfortable stairway that descends parsimoniously between two walls to the garden; and the two environments (the garden with the pool, and the open area) into which the pavilion divides the rear.

As mentioned, the house looks to local precedents, and construction clearly shows traditional building techniques at numerous points. They include the garden pavilion, roofed with a timber structure, and also the pergola.

Baganha is returning to a suburban environment – a house on the edge of the city. And in this sense he has distanced himself from the Alentejo houses that blended with the landscape, because here the landscape is defined by all of the neighbouring houses; i.e. it is not a purely natural landscape. In other words, this house is not set in the heart of nature, unlike the other houses which we visited in the Alentejo.

Baganha has tried to develop the greatest possible spatial richness, both inside and out, within the limitations of a plan which when all is said and done is a conventional plan for a well-off family, and also within the limitations imposed by the plot of land itself.

MONTE DA CASA ALTA
Melides, Grândola, Alentejo Litoral
2004

There is quite a distance between the house just visited and this one in Melides: physical and conceptual distance, and even distance in the maturity of José Baganha's work. This house lies to the south of Lisbon, in Alentejo Litoral, near the coast, in an area of woodland much used for sheep grazing. The journey to the house along twisting narrow roads, between holm oak woods that protect the sheep, is truly beautiful. After passing through the village "centre", represented by the school by an *Estado Novo* architect, the house emerges a couple of kilometres away. Despite not being far from Lisbon, one feels as if one is in a remote, out-of-the-way and very peaceful place.

The house appears to be a building with additions or extensions, the layout aligning along a virtual northeast to southwest axis. It has a main two-storey body containing the kitchen on the lower floor and the bedrooms on the upper floor. To the northeast, a one-storey mass houses the lounge, which extends to the house's rear façade, as far as the kitchen garden, into a porticoed area that also serves as a dining area and open-air lounge area. Another body, which is also single-storey, adjoins the other end of the two-storey mass.

The result, as I have said, is a building that seems enlarged, and which follows the land's slightly sloping topography. Below, not far to the west, one can see the sea.

The conceptual distance from the previously visited houses is evident: evident that the former are, one in the Ribatejo and in inland Alentejo, white this one is in the coastal Alentejo.

In the Ribatejo, the house truly plays its part as an established home, because it is occupied all year round: it is the owner's main place of residence. The surroundings are very residential, with numerous villas that are also used as permanent residences, Lisbon being not too far away.

Here in Melides, the house is a weekend and holiday retreat. In that sense, it does not need so many features, nor as much space as the other house. The surroundings are entirely rural, and the distance to Lisbon (far greater than for the other house) seems psychologically great. One has the feeling of being quite isolated.

Construction displays a range of constants that were seen in the house in Sesmarias: solid walls, traditional overhanging tiled roofs, porticoes, walls whitewashed or painted in very pale colours, etc. However, here the proximity to vernacular architecture is undisguised. The walls have been mortar clad so as to give a less perfect finish than at the Sesmarias house. The windows are not strictly or evenly spaced, but open out more "randomly", to give a more picturesque feel.

The timber roof structure is visible from inside. The roof sits directly on top of the walls, without a cornice. The breastwork of the exterior stairway is a simple wall, with no coping. The chimneys are tall and narrow, and reflect those found in popular architecture.

In short, the colour and texturing of the wall give the whole exterior a sense of continuity that is not seen in the Sesmarias house. Here, the façade is "continuous": one skin, punctuated by door and window openings made without edging, and without any particular decorative emphasis.

Everything in Melides is direct and simple. Baganha seems to have captured the "vernacular feel" in this house, and that feel is transmitted to each of the rooms, which are made comfortable by the simplicity with which the spaces have been approached. This is very visible in the portico facing the kitchen garden, where the family spends many hours during the holidays.

The kitchen is a space where one can spend time, rather than a place full of technological gadgets for cooking. It is a traditional kitchen, and the furniture accentuates that fact. But I mention this domestic feel of the kitchen – its traditional character – because the sense of harmony, beauty, and above all naturalness of this cooking area is proverbial in José Baganha's architecture.

We have visited five houses that show us how Baganha works, his outstanding skill in articulating and composing, and the excellent attention to every detail, combined with a very personal concern to take extreme care over construction. One must add to that his sensitivity for the landscape and for building with the topography, and for regional culture, customs and methods. The houses adapt to the land; gardens and porticoes appended to the house make the transition between the house interior, interior and outside spaces and the surroundings. Views, whether close or distant, and orientation are taken into account. Everything is aimed at contributing to a successful outcome.

OTHER WORKS

The works presented to this point were visited in 2005. Since then, the work of Baganha has seen growth in terms of quantity and quality. When this book sees the light of day nearly ten years will have passed since the visits to the places described above. Here I would like to focus on four important projects completed since then.

"ÀS JANELAS VERDES" APARTMENT BUILDING
Lisbon
2005-2006

This work, due to its scope and its location in a chic Lisbon neighbourhood, posed a real challenge for Jose Baganha. It involved an urban building in a setting full of character, buildings with features unmistakably typical of the area and which are superbly executed.

Baganha's project completes a block, with three façades on the street. Subtle differences were added to the three façades without losing sight of the unity required to maintain the balanced relationship with the surroundings. The construction types, materials, colours, shapes and details were meticulously chosen in order to make "As Janelas Verdes" a building of great status and impact in this neighbourhood.

This quest for balance with the surroundings, in visual terms, is one of the hallmarks of the beautiful city of Lisbon, as is the exceptional homogeneity of its neighbourhoods. Baganha has made a masterful contribution, not only maintaining this defining feature of Lisbon, but also contributing to its excellence with this magnificent work.

CASA DO MÉDICO DE S. RAFAEL.
Sines
2005-2006

This is an excellent example of the reconstruction of an important 18th century building as is the Quinta de San Rafael, which dates from the Pombalino period. Boasting a brilliant, expertly designed façade with a sober neoclassical style, it defines and accentuates the top of the cliff on the Sines coast.

Baganha was able to convince the municipal authorities that this vestige of Portugal's history was worth saving, adapting it to the new uses envisioned by the owners.

The Portuguese Medical Association, which owns this site, understood the architect's ideas and the project's potential, particularly with regard to representation, though this is not all.

Given the condition of the building, Baganha elected to reconstruct the exterior walls, with their superb, elegant façades, a testament to the finest Portuguese architectural tradition.

The interiors were reassembled to tailor them to the needs of the program and furnish them with the highest levels of comfort. Thus, the objective of the owners, to create a first-rate residence for doctors, was achieved.

The auxiliary buildings, which had been destroyed, were replaced with new buildings constructed with a sober and elegant touch, typical of Baganha. The result is a coherent whole, where the white of the auxiliary building façades is juxtaposed with the stunning red façade of the house facing the sea. Only through the expertise of an experienced hand is it possible to complete a project that is simultaneously functional, elegant and powerful along the Atlantic coast of Portugal. Sines can once again count this lovely building among the features of its coastline, which also enhances the surrounding area.

RENOVATION OF "MONTE DA QUINTA" HOUSE
Terena
2007-2009

This is where the oil is made that gives this place its name: Monte da Quinta. It is open to tourists who can buy the oil and other local products.

In this ensemble of buildings, Baganha has harmonised the different areas of operation to achieve a homogeneity which brings unity to Monte da Quinta. Some of the existing buildings have been restored, providing them with contemporary comfort conditions, as in the case of the main house. Other buildings such as the corral have been renovated to allow them to be converted into a store, where the oil produced by the Monte da Quinta agricultural society can be purchased.

The winery, the heart of this "hill estate", is one of the newly constructed buildings. The buildings transform the adjoining space into a courtyard. The construction materials and techniques are typical of Alentejo, with small details from the southern part of Alentejo in the main house.

The buildings have been integrated masterfully into the landscape. There is a complete harmony between the man-made structures and natural features. This demonstrates once again the sensitivity of the architect, the expertise of the builder and the unions and certainly the trust that the owners placed in both of them.

MONTE DO PRATES
Montemor-o-Novo
2007-2009

This project involved the restoration of a house formerly used for farming purposes to transform it into a weekend house for a family from Lisbon. Baganha organised the premises into two ground floor sections which are brought together with the incorporation a turret. The floor plan of the house is simple, with Baganha opting for a layout bringing fluidity to the space without altering the traditional character of the house.

The layout of the exterior living spaces makes it possible to relax in the open air while enjoying the views of the neighbouring city's castle. The single-level design is consistent with the construction typical of the Alentejo "hill estates"; this is intended to maximise comfort in the home. The construction materials are traditional, as are the technologies used. Baganha relies on materials that have been used in the Alentejo region for decades and are still made in small workshops, as is the case for the floor tiles, to give one example.

The house, with its outward appearance and small windows, achieves perfect integration with the landscape, and evokes the beautiful Alentejo architecture that Jose Baganha knows so well.

LIVING IN THE HOUSE

The ability of an architect to create a house as a one-family home involves establishing a close relationship with the user – the person who will live there. In this way, he can gain an exact understanding of the user's needs, his/her financial capacity, hopes, dreams, tastes and idiosyncrasies. Eventually, it all becomes an exciting adventure to produce a happy outcome. And I do not just mean the completion of the project – i.e. the building phase – but also that the relationship between the architect and user does not fade, but instead is strengthened.

For anybody, building a home is an adventure that always involves doubt, amongst many other factors. Doubt about the final result, in the sense of whether the plan will be achieved, not falling short, or in the choice of certain materials, colours, textures, etc. So many doubts beset the owner. Obviously, the architect's guiding role is essential, but so is that of the builder and the various trades. So one can easily see how important it is to create an atmosphere of trust between the three sides of the house-building triangle: the owner, the architect and the builder.

It seems that Baganha has succeeded in creating that atmosphere, judging by how pleased those who live in his houses are with his work. All of them are very proud of their houses. They all identify with them, and thus with how the architect works.

Moreover, I can state that the five houses we visited have been furnished very much in keeping with the house's character. The three houses in the Alentejo have discreet furniture of a serene elegance and refined good taste. There is nothing glaring, pretentious or vulgar. Good tone, and harmony with the house, predominate. And seeing this, and the pride of those who occupy the houses, gives an insight into the healthy atmosphere that brought the house safely home.

The two more "suburban" houses, intended as permanent and weekend residences, are furnished differently to the Alentejo houses. The idea they express is of a more stable house, planned for more permanent residence, opening onto a more domestic form of nature, more fenced in and limited to the garden.

The Salvaterra de Magos house has been exquisitely furnished by its owner, a passionate bookworm. The furniture, paintings, sculptures and other objects, the library and the showcases for collected items, make the house a very beautiful place.

The house at Quinta de Beloura has been provided with more contemporary furniture, and other items reflecting the Imperial style. These owners have very good taste. The house appears to achieve what Raul Lino and so many other 20th century Portuguese designers sought: good taste as a starting point for creating the Portuguese house. All of this makes a visit to these five stupendous houses a very intimate experience.

But, as this book shows, Baganha's work is not limited to these houses. He has produced apartment blocks and office blocks in city centres, which I will now briefly look at.

URBAN DEVELOPMENTS

Baganha recently completed the apartment block close to the Ancient and Classical Art Museum, known as Janelas Verdes, in the urban centre of Lisbon (2003-2005). The site is a trapezoid city block. The building stands within the perimeter of the site, with façades facing three streets, and forming an inner courtyard. I should highlight the level of respect shown for the type of architecture found in the quarter in which the building has been built. All elements of the façades, their windows and doorways, the ironwork of the balconies, the carpentry used, the type of garrets, the entablature, the colours, etc., have a familiar feel.

Baganha has taken care over the rhythm of windows, which seems uniform and well-ordered, and over each detail intended to blend the building into this urban Lisbon landscape.

And he is very aware of the context in which he is working. He wants his work to help sustain or improve the urban context, and this he achieves with "As Janelas Verdes".

Other examples take on different problems, and I want to look at two that are very different from each another. The first is an emblematic and representative building constructed in Maputo, Mozambique, known as the Millennium Park building. It is one of the most important buildings in this city. Baganha has shunned creating an object that revolves around eccentricity, that cries out for attention, and has shunned the irreconcilable. Once again, he has turned his back on the prevailing fashion for this kind of landmark building in young cities. The building is a balanced composition with a harmonious and elegant façade. The 17-storey building is a block of well-thought out proportions and serene presence.

The other example is the refurbishment of a building between party walls in Figueira da Foz. The space between the neighbouring buildings is just three metres. This is a very narrow and quite deep plot. Baganha's plan incorporates all three levels of the house, the top floor being lit through the roof. The façade is notably discreet, seeking to pass unnoticed, as if it had always been there. As with the Janelas Verdes building in central Lisbon, here in Figueira da Foz Baganha has made a point of introducing order, of composing and above all seeking a harmonious, discreet and elegant result that gives one the impression it has been here forever. Put another way, it gives the impression of being an inseparable part of the existing city, despite its small size.

Baganha is very interested in urban issues. In his professional life he can implement his ideas about cities. He is a founder-member of the CEU (Council for European Urbanism), and an ardent defender of the principles of the Stockholm Charter drawn up by CEU members in 2003. Baganha is a defender of the traditional, compact, mixed-use city, with a residential approach in keeping with by-laws (or building codes) that can ensure that the city grows homogeneously and harmoniously. In that sense, he is opposed to the systematic cult of the architectural "object", which would have it that every building be designed as if there were nothing else around it, like a mere object.

TEACHING AND PRACTICE

I would not want to end this look at José Baganha's work without referring to his activity as a teacher. He teaches Urban Restoration and Construction, with specific emphasis on the importance of the design itself. Teaching restoration and construction requires a practical, observant and unprejudiced mindset. And that has to be transmitted to students. José Baganha once told me of his experience of presenting students with buildings, so that they could analyse the resolution of specific constructional elements: why a given solution is adopted, the logic (or lack of logic) of the solution, or whether the student should suggest an alternative.

Baganha well knows that throughout history many forms owe their structure and look to the constructive issues which gave rise to them. He also knows that after the constructive issue vanished the form continued, even though the constructive reason for it no longer exists.

Teaching, contact with students, for a practising architect who designs and builds, ensures that the subject he teaches is examined from a wide range of viewpoints. Thus, Baganha sees an operative purpose for the design of a building, and thus he sees action that affects the city. History and tradition, or customs that contribute solutions tried and tested thousands of times, are ever present. And so are new technologies and new materials. In short, teaching becomes the act of transmitting to the student a way of being – a way of seeing architecture. Thus, via construction the humanist and technical approach needed by the student is filtered via the teacher. And thanks to being in constant contact with young people, who always want to learn new things and are always inquisitive, the teacher has to explain, converse and deal with the widest range of questions with students, which keeps him on his toes, like an athlete constantly exercising his muscles.

I believe that José Baganha's teaching work also forces him to plan his projects to be as cohesive as possible, because wherever teacher is, his students are looking over his shoulder at the practising architect; because his actions seem to be (and in fact are being) observed by his students; because, ultimately, he has to teach by example.

In rounding off, I must express how much getting to know José Baganha's work directly has awakened a great interest in me. Buildings seen in context, both in the country and the city, have laid bare the talent of this architect as he searches for balance and harmony with the surroundings. His work is very well-built, very well-composed, and sensitive to today's world-wide desire for renewed sensitivity. A desire, a concern, to create a harmonious environment and ensure sustainable development. Baganha has shown himself to be an important figure in this new world. In addition to his skill, freshness, hope and optimism, his work also shows us the optimism that this new Portugal is bringing to the rest of Europe.

Bilbao, February 2014

JAVIER CENICACELAYA

P.S. Javier Cenicacelaya is an architect and professor of architectural composition at the University of the Basque Country.

60

(1). In *Mensagem*, Fernando Pessoa, Ed. Atica, (11th Edition) Lisbon.

(2). For more about José Luiz Monteiro see *José Luiz Monteiro. 1848-1942*. Luis Trigueiros, Editorial Blau Lda. Lisbon, 2004.

(3). "Although his classical education at Paris's *École des Beaux-Arts* had few followers, José Luiz Monteiro became the acknowledged starter motor for the renewal and promotion of architecture, which was falling behind in Portugal", in "Master Monteiro", by João Alves da Cunha, in *José Luiz Monteiro. 1848-1942*, p. 7

(4). Ventura Terra (1866-1919) received a full education in Paris, and his work confirms that his tastes were in keeping with that of the French capital. Even more so, he had a taste for grandiloquence, believing it to display certain cosmopolitan values, such as in his famous 1906 Banco Lisboa & Açores, built into the Pombaline fabric of Lisbon's Baixa district.

(5). José Augusto França says on this subject:
"Lisbon's first and best eclectic building was born of a declared wish to re-enrich the capital, at least via its banks". José-Augusto França in *História da Arte em Portugal. O Pombalismo e o Romantismo*. Editorial Presença, Lisbon, 2004, p. 174

(6). Ragnar Ostberg, "Contemporary Swedish Architecture", *Architectural Record*, Vol. XXV, no. 3, March 1909, pp 166-177.

(7). His 1878 article "En Busca de una Arquitectura Nacional" [Searching for a National Architecture] is very well-known, and was published in *La Renaixença* magazine. The magazine gathered together the concerns and worries of a movement that, led by intellectuals and the middle class, sought its own expression that was characteristic of Catalonian culture, and also, logically, of Catalonian architecture.

This movement gave rise to *Noucentisme* and *Modernisme* in Catalonia. The latter became internationally renowned through the singular figure of Antonio Gaudí.

Although Catalonian *Modernismo* found the regional architecture of the past interesting, it would eventually be transformed into its own style, with the aim of presenting the Catalonian cultural debate on a level worthy of the European debate of the day. That desire for equivalence with Europe explains the decorative excesses, the eclectic attitudes and the love of craftsmanship that appeared during those years in movements from other countries, with certain factors – decoration, colour, etc. – being given more emphasis than others, depending on the architect.

(8). Leonardo Rucabado created what was known as the *Montañés* style. The influence of English houses, Europe's interest in the Swiss chalet and the presence of Basque vernacular architecture created a beautiful synthesis to form this regional style – the *Neovasco* [neo-Basque] style.

In his induction speech to the San Fernando Royal Academy of Fine Arts in 1910, Aníbal Álvarez claimed that the styles that seemed to be closest to Spain, such as Plateresque or Baroque, should be studied, and thus architects should analyse the architecture of the past that was to be found in each region.

Vicente Lampérez y Romea and Leonardo Rucabado were also decisive in calling for more Spanish styles from the past to be adapted to the needs of the present. However, Leopoldo Torres Balbás leant not so much towards a reinterpretation of significant works and styles of the past, but rather towards a direct look at popular architecture. He, along with Teodoro de Anasagasti and Fernando García Mercadal promoted the value of vernacular architecture up to the outbreak of the Spanish Civil War (1936-1939).

(9). José Luis Quintino, "Raul Lino, 1879-1974", in *Raul Lino*, Luiz Trigueiros and Claudio Sat, Ed. Blau, Lisbon 2003, p. 16

(10). Op. Cit. p. 17

(11). Raul Lino. *Casas Portuguesas*, Heirs of Raul Lino and Edições Cotovia, Lisbon 1992, p. 113.

(12). The brothers Carlos (1887-1971) and Guilherme Rebelo de Andrade (1891-1969), Luis Cristino da Silva (1896-1976), and Porfirio Pardal Monteiro (1897-1957) were not alone. They are just some of the names who maintained an interest in historicist architecture up to the decades when *Estado Novo* architecture reached its zenith. There were very many other who, unlike Lino, developed more towards the taste of the European vanguard. In particular, they include Carlos Ramos (1897-1969), Jorge Segurado (1898-1990) and the younger, and brilliant, architect Keil do Amaral (1910-1975).

(13). In 1928 in Spain, the *Junta de Paradores y Hosterías del Reino* [Board of Paradores and Hostelries] was created, which was the seed for the Paradores Nacionales developed after the Spanish Civil War.

(14). *Arquitectura*, No. 49, October 1953, p. 22

(15). I am referring to the market building in Vila da Feira (1953-1959), close to Álvaro Siza, Fernando Lanhas and Alberto Neves. The building is clearly laid-out, the marked horizontality creating a courtyard, with volumetric fragmentation adapted to the topography. All of this separates it from modern "orthodoxy". However, the scale misses the mark in the context in which it is set: scale in compositional terms (the interplay of windows and doors, roof gables, the lengths of the walls etc. with those already existing). Ultimately it does not fit in, despite showing a clear desire to do so. In my view, this is caused by a fear of "mimicking" market typologies that were already part of the rural world.

(16). Ana Tostões. "Arquitectura Moderna Portuguesa: Os Três Modos", in *Arquitectura Moderna Portuguesa*, by Ana Tostões and Sandra Vaz Costa, Instituto Português do Património Arquitectónico (IPPAR), Lisbon 2004, p. 139

(17). Ana Tostões. op. cit., p. 142

(18). As stated in Decree-Law no. 40.349, which enabled the survey to be subsidised for publication. The Decree-Law states:

"The intense activity conducted by our government to materially rebuild our country corresponds to concerns and efforts to value Portuguese architecture, encouraging it to affirm its vigour and personality, and helping it to find its own route to aggrandisement.

"In part, this involves recognising the evolutionary nature of architectural solutions, which naturally tend to be adapted to their time, matching the improvements in building techniques and the evolution of aesthetic ideals. "But at the same time it is recognised that new solutions should not cease to be based on Portuguese architectural traditions resulting from the climatic conditions, building materials, customs, living conditions and spiritual concerns of the nation; in short, all the specific factors that are naturally mirrored in Portuguese architecture over successive ages, and which have given it its own character and give meaning to the expression 'Portuguese architecture'.

"Because of changes to factors which gave rise to them, some of those building traditions will not entirely retain their value, and may even become mere historical records of the nation's architecture. However, many are still fully suited to the nation's environment and in themselves contain a living lesson, inasmuch as they show the practical value of creating modern architecture in this country which is truly Portuguese".

(19). *Arquitectura Popular en Portugal*, II Vols., Ed. Centro Editor Livreiro da Ordem dos Arquitectos, Lisbon, 2004.

(20). It is at the root of this renewed interest in the past, with several exhibitions being held covering those architects who had been ignored or greatly derided in preceding decades. For example, it helps explain the retrospective exhibition of Raul Lino's work held at the Calouste Gulbenkian Foundation in 1974, amongst others.

(21). Published in *The Harvard Architecture Review*, Cambridge, Mass., 1986.

(22). Eduardo Lourenço, *O Labirinto da Saudade*, Lisbon, Don Quixote, 1992 (1st edition 1978), p. 47

José Baganha

Nació en Coimbra, en 1960. Estudió en la Escuela de Bellas Artes de Oporto. Licenciado por la Universidad Técnica de Lisboa, en 1984.

Es socio-gerente de José Baganha, Arquitectos – Sociedade Unipessoal, Lda. y, desde 2002, profesor en la Facultad de Arquitectura de la Universidad Católica de Viseu. José Baganha es miembro de I.C.P.T – College of Traditional Practitioners de la I.N.T.B.A.U., cuyo patrono es H.R.H., The Prince of Wales y de diversas instituciones internacionales vocacionadas para la defesa, apoyo y práctica de la arquitectura y urbanismo tradicionales, como:

– I.N.T.B.A.U. – Internacional Network for Traditional Building, Architecture & Urbanism.
– A VISION OF EUROPE – Architecture and a human approach for the European city.
– C.E.U. – Council for European Urbanism (organización de la cual es miembro de la Dirección).

Es conferenciante invitado en seminarios en diversas instituciones como las Universidades de Ferrara, Bolonia y Florencia, en Italia y de Notre Dame, en los E.U.A.

Javier Cenicacelaya

Arquitecto por la Escuela de Arquitectura de la Universidad de Navarra, en 1975. M.A. por la Universidad Oxford Brookes, y MSc. por la Universidad de Oxford. Desarrolla su actividad como arquitecto en Bilbao. Ha sido profesor visitante en la Academia Británica de Roma, y Visiting Scholar en la Fundación John Paul Getty de Los Angeles. Ha recibido diversos premios entre los que destaca el "Premio Europeo a la Reconstrucción de la Ciudad" (Bruselas, 1992 y 1995). Ha sido director de varias exposiciones y de sus correspondientes catálogos, entre los que destacan *Joze Plecnik, Arquitectura y Ciudad*, y también *Arquitectura Neoclásica en el País Vasco*. Es fundador y director de la revista internacional de arquitectura Composición Arquitectónica, Art & Architecture.

Recientemente han publicado el libro *Bilbao 1300-2000, una visión urbana*, así como la *Guía de Arquitectura del Bilbao Metropolitano*. Es socio fundador del Council for European Urbanism. Ha sido profesor en la Escuela de Arquitectura de la Universidad del País Vasco, de la que es actualmente Catedrático.

José Baganha

Prefacio

La edición de este libro, cuyo autor es el Profesor Arquitecto Javier Cenicacelaya, constituye para mí un momento muy feliz. Si hubo momentos en mi vida profesional en los que la suerte me dio una ayuda, fueron muy raros, eso es cierto – las cosas se consiguieron siempre con mucho esfuerzo y trabajo – uno de ellos fue sin duda, haber tenido el privilegio de conocer y trabajar con Javier, (estoy seguro de que nuestra gran amistad me permite tratarlo así). De hecho, más allá de sus excepcionales y reconocidas cualidades profesionales – como arquitecto y como profesor – Javier es una persona con una calidad humana del más alto nivel. Podemos decir que es un Hombre con H mayúscula, de una bondad y generosidad de las que no conozco los límites.

Le debo muchísimo: Porque además de su sabia y tan generosa orientación en el doctorado que completé en la Escuela de Arquitectura de la Universidad del País Vasco, ha sido un compañero siempre disponible e infalible en las causas que, juntos, hemos abrazado en pro de una *Civitas* más bella y sostenible.

Y he aquí que ahora me presenta con este trabajo que trata sobre mis obras. Me confieso eternamente agradecido y a la vez sorprendido, una vez que tengo conciencia de la sencillez del trabajo que llevo a cabo.

Nunca busqué, ni busco, los grandes escenarios, sino ejercer mi profesión de forma honesta y competente, orientándome por los valores de la tradición humanista europea, buscando lo bello, el equilibrio, lo que es más adecuado para cada caso (claro que fallando a veces) y también la solidez y la funcionalidad – las tres cualidades vitruvianas de la arquitectura que sigo entendiendo como básicas y fundamentales para el ejercicio de esta profesión.

Algunos de los textos y de las imágenes aquí reproducidas fueron "repescados" del libro "Casas con Tradición" que, también juntos, editamos con Caleidoscopio en el 2005. El texto sobre la arquitectura tradicional portuguesa es verdaderamente excepcional y las fotografías de Fernando Guerra son igualmente excelentes. Desde entonces hasta hoy han pasado muchas cosas – buenas, malas y de todo – pero el trabajo que sigo realizando continúa buscando los mismos objetivos y principios, procurando incorporar cuanto de bueno se va inventando, adaptando los arquetipos a la evolución del mundo contribuyendo, de este modo, a mantener vivas tradiciones que se afirman cada vez como más adecuadas de cara a las adversidades y a los peligros que hoy nos imponen la codicia, la ignorancia y el fanatismo, a una escala cada vez más aterradora. Tradición y contemporaneidad son indisociables – la una no pervive sin la otra. Este hecho ha sido muy olvidado, e incluso ignorado en los tempos más recientes, y es en esta relación o reciprocidad en la que he llevado a cabo mi trabajo, y es aquí donde (estoy cada día más convencido) se encuentra la respuesta a las cuestiones que hoy colocan a la Humanidad, perpleja, frente a la globalización, sin rumbo ni regla y en lña primacía del dinero sobre el Hombre como centro o elemento primordial de todos los escogidos.

Parede, Septiembre de 2014

Javier Cenicacelaya

Por una arquitectura sencilla y hermosa

En la actualidad, por una serie de circunstancias, la sociedad parece valorar las cosas más sencillas, más comunes, más entendibles por el ciudadano, y también menos costosas. En los últimos años ha ocurrido un cambio de actitud que se ha manifestado con absoluta claridad a raíz de la reciente crisis económica. La población se ha percatado de que la malversación de los recursos es un verdadero sinsentido. Se hace cierto el dicho de los mayores de que las cosas se valoran cuando faltan o escasean.

Esta actitud contrasta poderosamente con el desarrollo de los grandes acontecimientos en el terreno de la arquitectura y del urbanismo de las últimas tres décadas; con lo ocurrido una vez que la postmodernidad abrió las espitas a todo tipo de experimentaciones y propuestas de un modo absolutamente acrítico y hasta banal, o cuando menos amoral.

El detonante de ese cambio de actitud a escala general, ha sido sin duda la crisis económica que ha puesto de relieve toda una serie de problemas, que aun siendo conocidos y ampliamente denunciados, no habían llegado a llamar la atención de toda la población.

Vistos los últimos acontecimienrtos podemos afirmar que los países desarrollados y aquellos en vías de desarrollo sufrieron un verdadero estremecimiento ante la quiebra del sistema económico norteamericano con el crack de 2008. Ha sido un shock que, en términos generales, ha ralentizado la economía mundial con las consecuencias sociales que ello comporta. Este hecho, probablemente más que ningún otro, ha llegado hasta el último rincón de esos países y ha sido percibido con preocupación por todos sus habitantes.

En paralelo con este crack financiero son muchas las cuestiones, los interrogantes que como nunca antes, dada la escala y la magnitud de las incertidumbres, se han puesto encima de la mesa.

La crisis ha supuesto un verdadero despertar buscando respuestas sobre los caminos a seguir, sobre los derroteros del presente modelo económico y social del mundo occidental. Y como no podía ser de otro modo las grandes cuestiones mediambientales han resonado nuevamente: ¿Puede continuar indefinidamente este modelo basado en el consumo?. ¿Hay suficientes recursos para satisfacer el creciente nivel de consumo?. ¿Puede el medio ambiente soportar una sobre explotación de los recursos?. ¿Hasta cuando?.

Y otras cuestiones que van unidas a las consecuencias del creciente consumo: ¿Qué va a suceder con el cambio climático?. ¿Y qué va a ocurrir en la era post-petróleo?. ¿Se han tomado medidas para evitar las consecuencias de un sobre calentamiento global en la población?

La realidad es que no existen respuestas convincentes a estas y otras muchas preguntas sobre el futuro que se avecina, entrados ya en la segunda década del siglo.

Y por otra parte las instituciones financieras fundadas a raíz de Bretton Woods en 1944, para garantizar la estabilidad económica, política y social del mundo bajo la hegemonía de los Estados Unidos, se muestran cada vez más incapaces de dar solución a las sucesivas crisis de los últimos setenta años y evidentemente a este última.

Un escenario nada halagüeño el que se presenta para los próximos años: Escasez de recusos (desde recursos naturales a recursos financieros, o de asistencia y ayudas sociales), emergencias medioambientales (deshielo del casquete polar norte, desviación de la corriente del golfo, sequías, contaminación de los ríos y los mares, huracanes, destrucción de especies, etc).

No parece haber lugar para la alegría. Y sin embargo hoy más que nunca es cuando se requiere una firme determinación por parte de todos los ciudadanos del mundo para contribuir a paliar las adversidades que se presenten ante nosotros. Hoy más que nunca no parecen serias las políticas de dilapidación de los recursos, sean financieros o naturales. No parece ético tal comportamiento.

Sí, con absoluta certeza, hoy estamos sumidos en una crisis, mucho más profunda que su mera apariemcia económica. Hoy más que nunca se ha de exigir un comportamiento ético a todos, desde los gobernantes, profesores, empresarios y profesionales, jueces, trabajadores, etc. A cualquier ciudadano, a todos.

Me parece muy ilustrativa del cambio de actitud que la sociedad demanda, la reacción del crítico de arquitectura Micolai Ouroussoff, unas semanas después del crack de 2008 en los Estados Unidos.

Ilustrativa porque este crítico, ardoroso defensor de los proyectos y los arquitectos estrella, llamaba la atención, desde las páginas del diario New York Times, de que las cosas ya habrían de ser diferentes, y de que eran otras las solicitaciones más apremiantes para los arquitectos, y para la arquitectura

El 21 de Diciembre de 2008, Nicolai Ouroussoff, crítico de arquitectura del prestigioso New York Times, escribía un artículo titulado: *"It Was Fun Till the Money Ran Out"* (Fue divertido hasta que se acabó el dinero). Con ello venía a decir que hasta ese momento todo parecía posible porque había dinero. A partir de entonces consideraba que se habría de producir un giro radical, de 180 grados, en la dirección de la arquitectura estelar.

Esto ocurrió cuando estaba a punto de terminar el año 2008, y acababa de reventar la burbuja inmobiliaria en los Estados Unidos y casi inmediatamente en varios países de Europa. El crack financiero que provocó, ralentizó como he señalado, la economía mundial durante años; ralentización que aún persiste y que parece que puede permanecer durante largo tiempo.

El diagnóstico de Ouroussoff fue en cierto sentido profético. Por una parte el crack detuvo importantes proyectos de los arquitectos estrella; eran proyectos llamativos, chocantes, delirantes, que desafiaban cualquier convencionalismo. Eran hijos del "Efecto Guggenheim" que reinaba en todo su esplendor a lo largo y ancho del mundo; el costo de los proyectos parecía no detener a sus promotores de llevarlos a cabo.

Sin embargo, tan sólo seis años después del crack, aún a menor escala, renace el "Efecto Guggenheim". Ante el crack, en el citado artículo, Ouroussoff, incondicional apologeta de arquitectos estrella (como Frank Gehry, Zaha Hadid, Rem Koolhaas, Jean Nouvel, Bernard Tschumi y otros) clamaba por una arquitectura al servicio de las necesidades ciudadanas:

> *"Quien sabía hace un año que estábamos acercándonos al final de una de las más delirantes eras de la historia de la arquitectura moderna?. Incluso más, quien hubiera predicho que este giro radical, consecuencia de la crisis económica más grande del último medio siglo, se encontraría en algunos lugares con un culpable sentido de alivio?".*

No cabe duda que el propio Ourossoff estaba impresionado por el devenir y la escala de los acontecimientos. Y si bien se ha visto un cierto renacer del "Efecto Guggenheim", Ouroussoff consideraba que había llegado el momento en el que el talento arquitectónico debía de ponerse al servicio de la ciudadanía. Decía en dicho artículo;

> *"Si la recesión no mata a la profesión (se refiere a la arquitectura), puede tener a largo plazo algunos efectos positivos para nuestra arquitectura. El elegido Presidente Barack Obana ha prometido invertir fuertemente en infraestructuras, incluyendo escuelas, parques, puentes y edificios públicos. Por eso puede estar a mano una importante redirección de nuestros recursos creativos. Si gran parte del talento arquitectónico de primera categoría promete estar sin nada que hacer, ¿Por qué no reclutarlos para diseñar los proyectos que más importan?. Ese es en cualquier caso, mi sueño"*

En otro momento de su artículo Ouroussoff comenta cómo los delirantes proyectos de los arquitectos-estrella, de extravagante presencia, están transformando el perfil de la ciudad de los rascacielos. Dice:

> *"Estos proyectos en su conjunto amenazaban con transformar la línea de horizonte de la ciudad en un tapiz de codicia individual"*

También confiesa:

> *"La vivienda social, esencia del Movimiento Moderno del siglo XX, no estaba en ninguna parte de la agenda. Ni estaban las escuelas, los hospitales o las infraestructuras públicas. La arquitectura importante estaba empezando a parecer un servicio para los ricos, como los jets privados y los tratamientos spa".*

Por una parte, si bien esta reacción, en el epicentro del mundo, en el diario posiblemente más importante de los Estados Unidos, es muy reveladora de la alarma ante los acontecimientos. Por otra parte, además de la alarma, Ouroussoff confiesa una aspiración, o un sueño (como lo califica él, un crítico nada sospechoso de animadversión hacia los arquitectos-estrella). Un sueño que anhela ver como el talento de los arquitectos se vuelca en lo que es importante para los ciudadanos. Un sueño que detesta ver transformado el skyline de Manhattan de un modo extravagante, por la codicia individual.

De alguna manera manifiesta su temor a que Manhattan pierda su carácter, su identidad; o si se prefiere su temor a que el skyline evolucione hacia algo banal, a un mero espectáculo de exhibicionismo de los poderosos, de los especuladores, ajenos a cualquier interés que no sea el de su ego y enriquecimiento personal.

De su corto, pero magnífico artículo en el New York Times, podríamos resumir los intereses de Ouroussoff: Primero la entrega del talento a las tareas que importan y que benefician a los ciudadanos, con mayor atención a la vivienda social, escuelas, hospitales, etc, así como a infraestructuras. Segundo, menos vulgaridad en los proyectos. Y por último la conservación de aquello que está bien, evitando su rápida y súbita transformación hacia una eventual destrucción. Que duda cabe que los niveles de frivolidad, banalidad, alarde de "nuevos ricos" vulgares y ostentosos ha alcanzado en nuestros días altísimas cotas a escala planetaria. En ese artículo Ouroussoff manifestaba:

> *"En ninguna parte ese cóctel venenoso de vanidad y autoengaño fue más visible que en Manhattan. Aunque se encargaron algunos proyectos culturales importantes, esta era probablente será recordada tanto por su vulgaridad como su ambición".*

Hasta aquí he decidido atenerme a un artículo como el de Ouroussoff, por ser por una parte tan revelador, tan preciso, y tan agudo constatando la situación que para la arquitectura, la ciudad y la sociedad se inicia tras el crack de 2008. Y por otra parte porque contrasta con la posición de toda una serie de arquitectos que han sido silenciados o ignorados por los mass media; sin duda por los mass media volcados en el glamour, la banalidad y los aspectos que el crítico antes citado denunciaba.

Jose Baganha es uno de esos arquitectos de gran profesionalidad, probada honradez y demostrada consistencia entre las ideas que defiende y su práctica. Después de años de profesión nos muestra una serie de edificios que evidencian su alto nivel profesional.

Son edificios donde reina la contención y en los que se han abandonado los excesos y alardes sinsentido. Baganha ha observado y estudiado con atención las grandes lecciones de arquitectura; aquéllas que han demostrado su validez a lo largo de décadas, de siglos, para amplios colectivos, para ciudades y regiones enteres; por tanto aquéllas que conforman ya una manera de ser, una manera de estar, una identidad, y sin ningún género de dudas una integración con el paisaje, con el paisanaje y con la naturaleza. Una integración que, a fin de cuentas, es una integración con el contexto en sus más amplios términos: físicos, sociales, económicos, culturales, etc.

Baganha ha recorrido su hermoso país Portugal, de Norte a Sur; también los cuatro confines de Europa, las antiguas colonias portiuguesas, América, etc. Un verdadero cosmopolita de refinadísmo juicio, y exquisitos modos; políglota que maneja con soltura y naturalidad cinco idiomas (Portugués, Español, Francés, Italiano e Inglés). Y con todo, sorprende por su apabullante sencillez, su talante cálido y cordial, y su extraordinaria humildad.

Debo decirlo, y lo hago con orgullo, estamos ante una persona de una calidad humana excepcional; absolutamente excepcional.

Baganha ha dibujado y fotografiado cientos de edificios. Su excepcional biblioteca, una de las mejores de Europa en lo que concierne a la arquitectura tradicional e histórica, evidencia su interés por el aprendizaje del pasado. Como lo hace su bellísima y rigurosa Tesis Doctoral, un verdadero modelo de investigación, que junto a la hermosura de su texto y sus imágenes, es altamente operativa, es decir útil para la proyectación.

Pero tal interés por la gran arquitectura del pasado, por la arquitectura tradicional e histórica, no significa en absoluto un desentendimiento, o una ignorancia de las solicitaciones actuales en términos de confort y de nuevas tecnologías. Baganha es un perfecto conocedor del momento presente, de los nuevos materiales y nuevas técnicas, a las que recurre cuando lo considera pertinente. Su obra demuestra como ha luchado por la consecución del justo término, algo tan deseable, tan reclamado por tantos, y tan difícil, tan sumamente difícil de conseguir. Y es aquí donde quiero hacer un énfasis particular.

Hoy son muchos los que sumándose a la nueva situación que clama por una arquitectura más acorde con la sociedad (como "soñalaba" Ouroussoff) se han hecho conversos con el mismo ardor que ayer tuvieron en destruir lo que hoy dicen respetar. Estos "falsos profetas", fanáticos conversos de dudosa convicción, y aún más dudoso compromiso con las obligaciones que el presente siglo demanda de los arquitectos (y de todos en general) toman la presente situación como una moda más. Se trata de estar "à la page".

Quiero por ello resaltar que la arquitectura de Jose Baganha, como comprobará el lector, está (como siempre lo ha estado) en total sintonía con los principios de un desarrollo sostenible. Está atenta a los rasgos del contexto en sus más amplios términos. Está magistralmente inserta en el paisaje natural o urbano. Y además, por referirme a una nueva corriente, es absolutamente Lean, es decir: sencilla, de económico mantenimiento y de factible adaptación en el tiempo.

Por último señalar que todos los clientes de Baganha están profundamente satisfechos y muy agradecidos al arquitecto. Esto es una muestra del buen ambiente que debe reinar en la puesta en pie de cualquier proyecto que pretenda llegar a un buen final: Armonía y comunicación entre el arquitecto, el propietario y el constructor.

Creo que el "sueño" de Ouroussoff, sus aspiraciones por una arquitectura más atenta a la realidad, por soluciones en sintonía con los tiempos actuales, encuentran un claro ejemplo en la magnífica obra de Jose Baganha.

Javier Cenicacelaya

La Arquitectura de José Baganha

Quem te sagrou criou-te português
Do mar e nós em ti nos deu sinal
Cumpriu-se o Mar, e o Império se desfez.
Senhor, falta cumprir-se Portugal

O Infante
Fernando Pessoa [1]

En el momento contemporáneo obras como las del joven arquitecto José Baganha representan un chorro de aire fresco, una esperanza y una lección del bien hacer portugués. Baganha parece cumplir ese mandato solicitado por el poeta para "cumprir-se Portugal".

A lo largo del pasado siglo se ha dado una constante confrontación entre la pervivencia de un afán de crear una "arquitectura portuguesa" y las ansias por imitar las formas que llegaban del exterior.

Portugal ha sabido desde la década de los 70 buscar unos derroteros propios, valorando una continuidad con la tradición, sin renunciar a lo nuevo.

La nueva sensibilidad, emergente en Europa y en el mundo, en defensa de un medio ambiente equilibrado ha puesto sobre la mesa la necesidad de cuidar nuestro entorno, nuestro medio, nuestros paisajes rurales o urbanos. Portugal, como tantos rincones de Europa, ha visto esfumarse gran parte de su riquísimo patrimonio construido en el campo o en las ciudades. En este sentido, ante esta nueva sensibilidad y ante el creciente interés por la arquitectura tradicional por parte de sectores de la población cada vez mayores, la obra de Baganha constituye una verdadera lección.

A continuación, de modo muy general, repasaré algunos de los episodios más importantes del siglo XX de la arquitectura en Portugal, a fin de poner en contexto el quehacer y la propia obra de José Baganha.

LA RICA TRADICIÓN ECLÉCTICA PORTUGUESA

El cambio del siglo XIX al XX es testigo de la pujanza de la arquitectura ecléctica en Portugal. En Lisboa y marcando el inicio de la importante Avenida de La Libertad, el "Maestro" Monteiro autor de la Estación del Rocío (1886-87) y del adyacente Hotel Avenida Palace (1890), nos ha dejado (con estos edificios) la muestra de un dominio y un control fuera de toda cuestión; la estación de ferrocarriles acercaba el tren al mismo corazón de la capital, presentándose como un palacio de gusto neo-manuelino. A su lado José Luís Monteiro (2) construyó el hotel ya citado, pero con un estilo más al gusto francés del momento, un estilo clásico, como en muchas de las residencias de gran lujo que encontramos en los bulevares parisinos.

Como es bien sabido José Luís Monteiro (3) es una de las grandes figuras de la arquitectura portuguesa; pero las altas cotas de perfección, de dominio del oficio, de maestría en suma, de una figura como la de Monteiro, no quedaba aislada como un caso único; Ventura Terra (4) nos mostrará idéntico dominio de los lenguajes, un eclecticismo de excelente factura, como podemos comprobar en su edificio de la Asamblea Nacional sobre el viejo convento de São Bento (1896-1938); más tarde, en 1906, Terra realizará el expresivo y monumental Banco de Lisboa & Açores, no dudando en insertar su expresiva y plástica fachada entre las medianeras de los sosegados y modestos edificios pombalinos de planas fachadas (5).

Formando parte de este eclecticismo imperante estaban los historicismos de evocación al pasado portugués, como ya hemos visto en la Estación del Rocío. El neomanuelino, o aquellos lenguajes que incluían elementos manuelinos querían recordar de un modo romántico las construcciones del glorioso pasado del país.

En cualquier caso, creo que debe señalarse la excelente calidad de ejecución de las obras de este periodo; la excelente calidad constructiva de la arquitectura portuguesa; lo que implica, lógicamente, la existencia de escuelas y talleres de oficios donde podían aprender y adquirir esa maestría los canteros, carpinteros, herreros, etc.

Este artesanado portugués persistirá a lo largo de muchos años, y será una de las claves para explicar la calidad constructiva y de acabados en la arquitectura de Portugal.

POR UNA ARQUITECTURA PORTUGUESA

La profusión ecléctica produjo en Portugal la sensación de un auténtico abandono de lo propio, o dicho de otro modo, el "seguidismo" de los lenguajes o estilos emulando el gusto extranjero generaron las ansias de reclamar una arquitectura portuguesa, una arquitectura propia.

Se imponía una mirada hacia el interior del país, hacia el interior del alma portuguesa.

El reclamo de la fuga hacia el interior de la propia casa no era algo exclusivamente portugués. Porque a finales del siglo XIX se produjo en Portugal, como en España y en otros países europeos, la demanda de una arquitectura propiamente nacional, una arquitectura que respondiera a las tradiciones y a la cultura del país, de sus regiones.

Valga como ejemplo el de un país tan periférico de las corrientes del centro de Europa, y de las grandes potencias culturales, como es el caso de Suecia. Allí, en 1909, el arquitecto Ragnar Östberg decía en "Architectural Record":

"The cosmopolitan character of the 19th century brought to Sweden, perhaps in a greater degree than to other civilised nations, a mixture of historic styles, from Greek to the Renaissance or the Middle Ages and the Baroque, all based rather upon academic knowledge than upon the true artistic feeling for architecture. In our country, as in many other lands, the excessive amount of foreign material has prevented the development of a uniform type of architecture. It has been recognized during the last decade that this universal spirit in an art like architecture, which is influenced by climatic and local conditions, presents a distinct danger for the building art. For this reason the problem of the day with Swedish architecture is to develop a national architecture based upon the study of national edifices" (6)

Y lo mismo podría afirmarse de España, en situación periférica a finales del siglo XIX. El pesimismo tras la pérdida en 1898 de las últimas colonias de Cuba y Filipinas había dado origen a la conocida Generación del 98, que reclamaba la puesta en valor de lo propiamente español.

Arquitectos como Domènech i Montaner (7) reivindican de modo decidido un interés por la arquitectura tradicional. Surgieron los estilos regionales de la mano de destacadas figuras (8)

Por tanto, algo similar ocurrió en Portugal, donde desde 1890 o 1895 se inicia (en determinados círculos lisboetas) el deseo por una arquitectura propia. El torbellino ecléctico de la segunda mitad del XIX había colocado al estilo neo-manuelino como el más genuinamente representativo del pasado portugués.

Sin embargo, tal y como nos cuenta José Luís Quintino (9), fue Ramalho Ortigão quien marcó las pautas de lo que debiera ser la arquitectura portuguesa en las conocidas como "Conferências do Casino" en 1871. Ramalho alabó como ejemplar expresión de arquitectura portuguesa la Casa de los Condes de Arnoso, de 1871; en ella no había alusiones al neo-manuelino; se trataba de una arquitectura de aspecto sólido, construcción muraria con una clara volumetría, y cubrición de pendiente inclinada con tejas tradicionales; con terrazas cubiertas y con paredes pintadas; en definitiva una casa alejada de la retórica decorativista del neo-manuelino.

Las indicaciones de Ramalho tuvieron importantes seguidores, pero fue sin duda Raul Lino el más significativo de entre sus contemporáneos a la hora de marcar una serie de pautas para la arquitectura portuguesa, o más exactamente para la arquitectura de la vivienda unifamiliar, de la casa, en Portugal.

Para Lino el neo-manuelino no era la expresión más genuinamente portuguesa; porque estaba compuesto de elementos dispares, de gótico, mudéjar, renacimiento y naturalismo. *"mais do que no gotico, encontra o feitio portugues na arte romanica – com a sua materialidade robusta-tanto parentesco que é ao ritmo deste estilo, após um distanciamento de tres seculos, que parte da arquitectura manuelina se vem ainda inconscientemente basear"* (10)

LA CASA PORTUGUESA

Raul Lino será un personaje determinante en el escenario del cambio de siglo en Portugal; incluso más, su sombra, su influencia cubrirá "de facto" todo el siglo XX.

Se había educado en Inglaterra y Alemania, cuando llegó a Lisboa con 18 años, en 1897. El aprendizaje en Hannover con el arquitecto Albrecht Haupt le había hecho familiarizarse con las ideas de Ruskin, y con las del movimiento *Arts and Crafts* de Morris; su aprecio por los valores tradicionales, por los rasgos propios de su país, y por la naturaleza como fuente de toda inspiración, le hacían sentirse cómodo en esa afinidad con los citados ingleses.

Su propuesta para Pabellón de Portugal en la Exposición Mundial de París de 1900, nos indica el interés de Raul Lino, en esos años, por una arquitectura que recupera determinados aspectos de la arquitectura vernácula portuguesa, como son la construcción muraria con escasos huecos, las cubiertas inclinadas de teja tradicional, el tipo de chimenea larga y estrecha; todo hace ver que la indicación de Ramalho respecto a la Casa de los Condes de Arnoso no pasó desapercibida para Lino, si bien ha de decirse que en la propuesta para esta exposición aparecen unas ventanas mudéjares, o el alto volumen cónico, como en el Palacio Real de Sintra, paradigma éste de la expresión del alma portuguesa para los románticos lusitanos.

Años más tarde, en su propuesta de Pabellón de Portugal en la Exposición de París de 1931, Lino aparecerá con un lenguaje arquitectónico más personal, más ecléctico, pero más depurado, como una manera propia.

En 1918 Lino publica *A Nossa Casa*, con un subtítulo *Apontamentos sobre o bom gosto na construção de casas simples* (Apuntes sobre el buen gusto en la construcción de casas sencillas). Para Lino era muy importante educar el gusto, en un momento en que las raíces clásicas se estaban abandonando en detrimento de soluciones de dudoso gusto. Ese afán en la búsqueda del buen gusto guiará toda su vida y toda su carrera profesional.

Pero la obra más conocida de Raul Lino la constituye el libro *Casas Portuguesas*, publicado en 1933, con el subtítulo

Alguns apontamentos sobre o arquitectar das casas simples (Algunas notas sobre cómo proyectar las casas sencillas).
Este texto será muy controvertido; los arquitectos interesados en la muy incipiente arquitectura moderna portuguesa desde finales de los años 20 (de una factura fundamentalmente Art Deco), verán en la aparición de esta obra un retroceso, o un deseo de oposición a las ideas de la nueva arquitectura que llegaban desde Europa; porque de hecho lo que Lino propone es una crítica frontal a la idea de la casa proclamada por Le Corbusier.
El libro de Lino ejerció sin embargo una notable influencia en la arquitectura de la vivienda unifamiliar entre los arquitectos de la segunda mitad de los años 30, e inmediatamente después en la década de máximo apogeo de la Arquitectura del Estado Nuevo, es decir la arquitectura del Salazarismo.
El libro es un compendio de sentido común. Lino narra las cuestiones más importantes a tenerse en cuenta a la hora de proyectar una casa, desde las más técnicas, a las más funcionales, hasta llegar a las de representación, a las fachadas y a las cuestiones de "buen gusto". En este sentido el libro tiene una extraordinaria vigencia, por estar concebido con una enorme claridad y sentido práctico.
Lino habla de epígrafes tan relevantes como la economía en el capítulo I; entre la economía y la belleza en el capítulo II; la belleza en el III, y añade varias reflexiones a modo de apéndices, como la que se refiere a la casa y el paisaje; comienza este último epígrafe diciendo:

> *"Para se chegar a apreender o sentido do portuguesismo na arquitectura, é preciso ser-se dotado de gosto, como sucede em geral com todos os estrangeiros que vem até cá para estudar o nosso país; é necessaério o amor das nossas coisas, porque de aí nascerá a compreensão profunda da nossa índole; é indispensável percorrer o país, de olhos abertos e coraçao enternecido. com a mão ágil prestes a tomar mil apontamentos comovidamente. E a chama do sentimento indefinivel das coisas inexplicaveis acabará por baixar sobre o artista enamorado ..."* (11)

Este interés por una mirada al mundo vernáculo portugués, a la historia de Portugal, e incluso a un mundo ideal a veces simplemente imaginado, este amor por la tradición fue compartido por otros importantes arquitectos como los hermanos Rebello de Andrade, autores del Pabellón de Portugal tanto para la Exposición de Río de Janeiro de 1922, como para la de Sevilla de 1929; o por arquitectos como Cristino da Silva, Porfirio Pardal Monteiro y otros (12)

LA CASA PORTUGUESA EN LA ARQUITECTURA DEL ESTADO NUEVO

Comenzada la década de los 40, la arquitectura del Estado Nuevo llega a su momento de máximo esplendor. El golpe de estado de 1928, al igual que otros hitos cronológicos de la historia de Portugal como la proclamación de la República en 1910, o los años posteriores a la Primera Guerra Mundial, no coincidieron con momentos específicos de cambio en el campo de la arquitectura, o el de las artes en general; lo cual no quiere decir que la nueva situación que se daba en cada momento no fuera a producir determinadas tendencias o maneras en el mundo del arte y de la arquitectura.
Con la arquitectura del Estado Nuevo sucedió otro tanto, en cuanto a conseguir su afirmación, porque no fue sino hasta las décadas de los cuarenta y cincuenta cuando llegó a su máximo esplendor.
El régimen salazarista estaba determinado a proyectar una imagen de Portugal asociada al mundo rural; con ello creía que se expresaban una serie de valores considerados como propios de ese mundo rural, del que por otra parte provenía Salazar. La honestidad, el trabajo, el respeto al orden, el aprecio por lo permanente, la armonía social, etc. eran valores que se asociaban al mundo rural, y que convendría exportar como imagen de Portugal.
Por ello no puede sorprendernos que en las Exposiciones de París de 1937, o en la Feria Mundial de Nueva York de 1939, la arquitectura del Pabellón de Portugal recurriera a formas tradicionales, si bien claramente monumentalizadas, y mostrando los signos de la nación portuguesa de modo ostensible y expresivo por medio de la presencia prominente y exagerada de determinados signos de identidad como el escudo nacional.
Ya en 1935, en el barrio de São Bento, se había "recreado" un tramo de la Lisboa "antigua", en cierto modo como se hiciera en el Pueblo Español de Barcelona, y en otros ejemplos de Europa, recurriendo para dicha recreación a la arquitectura popular.
La Exposición del Mundo Portugués de 1940 fue una especie de síntesis de los experimentos de las décadas anteriores, y constituyó la consagración de la línea que buscaba una arquitectura genuinamente portuguesa.
De tal modo que, como antes señalaba, en la década de los cuarenta la arquitectura del Estado Nuevo se halla firmemente consolidada, y habida cuenta de los valores del mundo rural que trata de proyectar, no puede extrañarnos

que acoja con particular interés a arquitectos como Raul Lino.

La política de creación de las "Pousadas Regionais", o la "Campanha do Bom Gosto" promovidas por Antonio Ferro desde la Secretaría de Propaganda Nacional, o la política de obras públicas del ministro Duarte Pacheco entre 1932 y 1943, muestran con claridad esa consolidación. Hay que decir que junto a la influencia de Lino, en términos formales o de elementos de la arquitectura, fue determinante el ejemplo español de la creación de los Paradores Nacionales (13)

La "Casa Portuguesa" se mostró finalmente incapaz de poder abordar los programas más amplios y complejos de las "Pousadas"; pero no cabe duda de que la influencia formal de la "Casa Portuguesa" fue determinante en la imagen de dichas Pousadas, e incluso más, fue determinante en la imagen de las viviendas unifamiliares de la arquitectura del Estado Nuevo.

Porque resulta innegable que con este libro Raul Lino, y Portugal realizaban una muy importante contribución a la teoría europea sobre la casa, sobre el confort, sobre la manera de habitar, y sobre el gusto; e incluso podemos afirmar que el libro de Lino constituirá el texto más relevante sobre arquitectura doméstica (sobre la arquitectura de la casa) del siglo XX en Portugal.

Sobre la relevancia de este texto tan conocido no voy a extenderme más; porque es evidente que fue y que ha sido extraordinaria; una prueba de esta influencia radica en la notable animadversión que el libro produjo entre los círculos de arquitectos más tendentes a la arquitectura moderna.

Y ello a pesar de que la Arquitectura del Estado Nuevo llevó a cabo una arquitectura de la casa unifamiliar que no se ajustaba necesariamente a las indicaciones, a las sugerencias o a los ejemplos edificados de Raul Lino.

Eran unas viviendas unifamiliares donde el arquitecto se recreaba con una serie de elementos de diversa extracción; se daba una construcción muraria, así como terrazas porticadas o cubiertas en pendiente de teja tradicional, pero primaba más la idea de llamar la atención, de la originalidad, de hacerse notar. Y en este sentido además de rasgos más llamativos (peor compuestos) o de colores más potentes, en esos años del Estado Nuevo, también la arquitectura de la vivienda unifamiliar se hizo eco de algunos de los rasgos propios de los edificios de mayor envergadura y de carácter público de ese periodo. La arquitectura del Estado Nuevo es inconfundible por esos rasgos (uso de torreones rematados con veletas o esferas del mundo; columnatas en la fachada principal colocadas separadas o insertas en la misma fachada; inclusión de poderosos y super-expresivos portales barroquizantes; molduraciones de impostación con secciones poderosas; fachadas con colores blancos o apastelados, etc.).

Muchos de estos rasgos los encontramos acomodados a la vivienda unifamiliar; y quizás por ello, por darse esta situación puede explicarse la oposición de quienes ansiaban para Portugal una arquitectura en sintonía con los ejemplos de la arquitectura moderna europea, de los que se hacía eco a finales de los 40 la revista *Arquitectura*.

Fue esta revista la que recogió el manifiesto *Não* (No) de João Correia Rebelo en contra del "estilo nacional" con el escrito *"Arquitectura o Mascarada"* (14)

ENTRE LA TRADICION Y LA MODERNIDAD

Ya desde finales de los 50 y a lo largo de los años 60 hasta bien entrados los 70, Portugal vio un fuerte resurgir de la arquitectura moderna en línea con lo que se venía realizando en otros países europeos. La relación con el Brasil, que constituía uno de los más brillantes centros de la arquitectura moderna, así como los vínculos con otros países europeos fueron uno de los grandes motores para esa "apertura" al exterior. Fue aquí muy relevante el papel de Carlos Manuel Ramos (1897-1969) entre otros.

A finales de los años 50 y primeros años 60 cabe destacar la figura de Fernando Távora (1923-2005). Tanto en su práctica profesional, como también en su docencia, mostró una particular sensibilidad hacia la herencia histórica de la arquitectura portuguesa, hacia la importancia del lugar, del entorno físico. De modo que sin renunciar a las técnicas y a las aportaciones modernas Távora intentó en su arquitectura un equilibrio entre la modernidad y la tradición. Fue tan crítico hacia los historicismos como hacia los formalismos que imitaban la nueva arquitectura llegada del exterior.

Es importante que su talante crítico lo fuera en tan amplio sentido. Porque esto favoreció – como el tiempo se ha encargado de demostrar – el resurgimiento en muy pocos años de una arquitectura portuguesa auténtica, poderosa y bella, tanto en el dominio de la casa unifamiliar, como en el de la arquitectura en general.

Favoreció, por decirlo en términos más amplios, la emergencia de una nueva sensibilidad hacia la arquitectura, menos dependiente de las modas extranjeras o de los historicistas de las décadas anteriores; una arquitectura más acorde con las características del país, con el lugar, el paisaje, las técnicas disponibles, etc.

Fernando Távora se sitúa así a modo de bisagra entre quienes apostaron por una modernidad decididamente abierta al exterior, y quienes, en parte sensibilizados por determinados avatares históricos como veremos, optaron por una labor de cierta introspección hacia los valores que el país ofrecía.

Con todo cabe decir que la labor de Távora, digna de elogio, no estuvo exenta de determinadas contradicciones; pero estas fueron poco significativas en el conjunto de su pensamiento, habida cuenta del momento histórico que Portugal estaba a punto de afrontar (es decir, aquellos avatares a los que antes hacía referencia) (15)

Ana Tostões afirma sobre Távora:

"Fernando Távora (1923–) sem recusar a modernidade ou as contribuições de vanguarda, buscava a autenticidade na continuidade de uma tradição, equacionando o desejado compromisso da história com a vanguarda" (16)

Muchos son quienes consideran a Álvaro Siza (1933–) como el heredero del testimonio y las enseñanzas de Távora. Al llegar a la figura de Siza nos situamos en un momento muy próximo a la actualidad y de enorme interés en la arquitectura de Portugal. Como muy bien ha señalado Ana Tostões, Siza *"recupera o tema das vanguardas históricas relançando de un modo inedito o uso de materiais tradicionais no desejo de conciliar o intelectual con o sensual e sensorial. A preocupaçao com o contexto, conduz a um metodo de projectar que revaloriza as potencialidades da morfologia existente: Casas de Matosinhos 1954; Casa de Chá de Boa Nova, 1958-1964; Piscina da Quinta da Conceição, 1956"* (17)

Los avatares de la arquitectura portuguesa contemporáneos a Álvaro Siza, y a los de la siguiente generación entre los que cabe destacar especialmente a Eduardo Souto de Moura son muy conocidos.

LA POSTMODERNIDAD

Antes me refería a la importancia de Carlos Ramos en el establecimiento de múltiples relaciones con arquitectos de diferentes países de cara a una apertura de la arquitectura portuguesa desde finales de los años 50.

Esta apertura continuó en los años siguientes. Desempeñó aquí un papel relevante el crítico Nuno Portas. Se fortalecieron las relaciones con España, con Cataluña en especial, y también con Italia.

La arquitectura que se producía en Portugal fue presentada en múltiples lugares de Europa y del mundo; de tal modo que para los años 80 Álvaro Siza entre otros, era ya uno de los arquitectos más conocidos en el ámbito internacional.

El desarrollo de la arquitectura en Portugal ha ido *grosso modo* bastante parejo cronológicamente hablando al de España, estando ambos países ibéricos retrasados. en términos de desarrollo económico y tecnológico, unas tres décadas con respecto a Italia.

Sin embargo con la postmodernidad llegaron nuevas ideas que desdramatizaron considerablemente el sentido de obligación hacia una arquitectura de lenguaje moderno. La historia volvió a ser re-considerada, la ciudad histórica puesta en valor, y la arquitectura en su contexto (contexto en los más amplios términos) volvió a ser tenida en cuenta. Varios fueron los artífices de tal cambio, y entre ellos cabe destacar por su contribución teórica a Robert Venturi y a Aldo Rossi; también a Colin Rowe y a Leon Krier.

Todos ellos realizaron una monumental crítica a muchos de los tabús, y convencionalismos meramente estilísticos (y artificialmente ideológicos) entonces vigentes.

Una crítica que en el caso de Rossi, Rowe y Krier se hizo extensible a las tesis de las vanguardias modernas sobre urbanismo, que tan devastadores resultados habían dejado después de cuatro décadas.

Portugal no fue ajena a estos cambios y a ellos debe mucho de su actitud de mirada hacia lo portugués.

Entre los valores que la postmodernidad recuperó el más importante (y que algunos lo consideran la peor herencia de la postmodernidad) está la cuestión de la "identidad", así, en términos generales.

Términos generales que para los fines de este texto los acotaré ciñéndome a la identidad desde la arquitectura propia de cada lugar, es decir desde la arquitectura vernácula, o arquitectura popular.

Entonces, a finales de los años 60 y especialmente a lo largo de los años 70, vuelve a adquirir nuevo impulso el interés por este tipo de arquitectura; ya en 1955 se había iniciado el *Inquérito à Arquitectura Regional Portuguesa* que venía siendo reclamado desde los años 40.

Este trabajo se culminó en 1960, y parte del mismo fue publicado como *Arquitectura Popular em Portugal*, en 1961.

En un principio este *Inquérito* surgió como una iniciativa por parte de los arquitectos más "modernos" para contra-poner ante régimen salazarista, la auténtica arquitectura propia del país por una parte con la que el Estado Nuevo entendía como "arquitectura portuguesa" por otra; y hay que decir que si estas fueron sus intenciones (tal y como nos comenta Keil do Amaral en el Prefacio a la segunda edición, ya en 1979, y extinguido el régimen), sin embargo este vasto proyecto y su publicación (subvencionada por el Estado Nuevo) fueron presentados al régimen en un sentido radicalmente contrario al descrito por Keil de Amaral, es decir fueron presentados como una importante contribución para la expresión de una "arquitectura nacional" (18)

En 1979 casi veinte años más tarde, se publica la Segunda edición, a la que sucederán una Tercera (1987) y una Cuarta edición en 2003 (19)

En cualquier caso la reimpresión de este libro para la Segunda Edición acontece en un momento en que la arquitectura tradicional, la arquitectura vernácula o popular, así como la ciudad tradicional, y el patrimonio heredado del pasado vuelven a ser reconsiderados (20). Si bien, y hay que decirlo, reconsiderados en el discurso académico de la arquitectura y no así en la práctica de los arquitectos que enseñan en las escuelas de arquitectura.

Como digo, el mundo académico recurrirá a la evocación de la arquitectura popular en los discursos teóricos, y cuando lo haga en los edificios, lo será huyendo a toda costa de cualquier literalidad con lo vernáculo; y ello, a mi entender, ante el todavía enorme peso de la arquitectura moderna, o del lenguaje moderno, es decir el enorme peso del estilo moderno como "obligado compromiso con el tiempo presente"; es decir una especie de *diktat* del *Zeitgeist*.

Tan escaso es el interés mostrado por los arquitectos profesores por la enseñanza de la arquitectura popular, que las nuevas generaciones de arquitectos salidas de las escuelas de arquitectura, estarán un tanto huérfanas a la hora de afrontar la proyectación y la realización de una casa en términos de arquitectura tradicional.

Nadie les ha enseñado cómo acometer un encargo cada vez más solicitado por el público.

Esta inexperiencia está dando origen a la gigantesca pléyade de "horrores" arquitectónicos, a caballo estilísticamente entre algo parecido a lo moderno y algo que recuerda a lo tradicional.

Y debido a este desinterés desde las escuelas, desde la universidad nada se está haciendo por evitar la desaparición de un riquísimo patrimonio de arquitectura vernácula en muy poco tiempo.

De hecho resulta muy revelador, y muy dramático a la vez que el Prólogo a la Tercera Edición de *Arquitectura Popular em Portugal*, reconozca a este libro como un Acta Notarial de lo que fue la arquitectura del país, ya prácticamente desaparecida. Un Acta Notarial o un Acta de Defunción. Así se dice:

"Esta profunda mutação – bastaram dez anos para mudar a face da terra – torno o material recolhido no Inquérito, do qual a edição em livro reproduz apenas uma parte, um documentário de valor inestimável. Com excepção de bolsas de estagnação que o processo deixou marginalizadas – e que se encontram quase só no Alentejo –, hoje apenas subsistem elementos avulsos que sobreviveram fisicamente à derrocada do mundo que os produziu."

UNA NUEVA SENSIBILIDAD

Podemos decir que la Postmodernidad abrió las espitas para que la "diversidad" o las "diversidades" tomaran carta de legitimación en el universo humano (y en el universo cultural de Occidente) hasta entonces copado por la unilateralidad o la unicidad de "lo moderno" como categoría a existir, única, exclusiva y excluyente; la Modernidad (y lo moderno) habían adquirido (consciente o inconscientemente) el estatus de una auténtica ontología. Y ello explicaría las actitudes miserablemente sectarias de la crítica, contraria a cualquier opción no acorde con los principios predicados por la modernidad.

En el campo de la arquitectura podríamos trazar un escenario análogo al que he descrito en términos muy generales para el pensamiento de Occidente.

Antes de la Postmodernidad no podía aceptarse ninguna opción arquitectónica que no estuviera acorde con lo que se consideraban los modos, las maneras y los lenguajes "modernos".

Tan reductivista posición (exclusiva y excluyente) era ejercida con mano dura – quizás expresión de profundos complejos de inseguridad – en muchas, muchísimas escuelas de arquitectura.

La Postmodernidad se llevó todo esto por delante, y tamaña liberación de ese auto-impuesto "compromiso histórico con la modernidad", de esa "obligación con nuestro tiempo" no tardaría en producir una descomunal avalancha de imágenes, opciones y líneas, compitiendo todas vorazmente por su supervivencia y primacía, en el gran mercado del mundo en que se ha convertido nuestro planeta en las últimas tres o cuatro décadas.

Junto a esta avalancha de imágenes, y su correspondiente desorden, el reclamo a la "identidad" (en diferentes escalas) ha sido uno de los valores de la Postmodernidad.

Desde la escala más pequeña en términos físicos, del barrio o el distrito en que uno habita, hasta mayores escalas territoriales o culturales.

Dejando al margen los posibles aspectos de una "identidad" entendida como separación del "otro" y por ende como posible origen de confrontaciones, la identidad a una escala planetaria ha conducido a sentirnos todos como habitantes de un mismo lugar: el planeta Tierra. Y a esa escala planetaria ha surgido una nueva sensibilidad por encima de cualquier particularidad o localismo, por encima de cualquier ideología, raza o creencia religiosa; me estoy refiriendo a la necesidad de preservar el medio ambiente y el patrimonio de nuestro planeta tal y como lo hemos recibido, para ser transmitido a las generaciones venideras.

El cuidado del medio ambiente es un asunto que a todos concierne, porque todos somos habitantes del mismo lugar. Evitar el calentamiento de la atmósfera, o la contaminación de las aguas; reducir la deforestación de los bosques tropicales, o la emisión de gases; erradicar la energía nuclear del planeta, las armas de destrucción masiva, etc. Son todos compromisos a escala planetaria como es bien sabido.

Pero también a escala más pequeña, en términos físicos, esta nueva sensibilidad se ha manifestado de modo muy patente. Quizás el vértigo de lo planetario, la imposibilidad de actuar a tan inabarcable escala, o mejor aún, de entender tan inmensa escala, nos ha hecho aproximarnos a nuestro universo más cercano, al más próximo, aquél en el que poder llevar a cabo nuestra pequeña contribución al compromiso de preservación del medio ambiente, es decir, de la creación y pervivencia de un desarrollo sostenible.

En esta nueva sensibilidad la arquitectura de cada lugar ha vuelto una vez más a ser estudiada, considerada y puesta en valor.

Y esto porque bajo la óptica del desarrollo sostenible la arquitectura vernácula, la arquitectura popular ha demostrado hasta el presente ser la más acorde, la más equilibrada con el medio en que se inserta.

Esa adecuación, ese equilibrio con el medio es fácilmente entendible desde la experiencia de siglos de empirismo para adaptarse al mismo.

La uniformización de la casa, es decir, la misma casa para diferentes contextos (entendido el contexto en sus más amplios términos) sea Marruecos o Noruega por ejemplo, en base a la capacidad de la tecnología actual para crear el clima y confort adecuados dentro de la casa, es un perfecto disparate.

Quizás sea posible, o mejor dicho, es posible; pero la cuestión sería no tanto si es posible como si tiene realmente sentido. Y por ello por su sin-sentido es por lo que constituye un disparate. Sin sentido por el derroche energético que supone equipar un modelo de casa para un ambiente frío, a un medio cálido o viceversa.

En cualquier caso, la nueva sensibilidad surgida ante la degradación del medio ambiente ha producido, como digo, un creciente interés por parte del gran público por la arquitectura propia de cada lugar.

Otra cuestión es si las escuelas de arquitectura están preparando a sus estudiantes para poder afrontar esa demanda creciente de una arquitectura entroncada con la tradición vernácula, con la arquitectura popular.

Cuando uno recorre Portugal, España o Italia, puede apreciar hasta qué extremo el paisaje ha sido invadido por casas que quieren ser, que quieren emular, que quieren recordar, evocar a la arquitectura vernácula, y sin embargo el autor de esa casa no ha sabido resolver determinadas cuestiones (por otra parte sencillas, si uno se atiene a los precedentes, a lo ya realizado), porque no se enseñan en las escuelas de arquitectura.

En las escuelas de arquitectura "copiar es un delito"; y todo el discurso de la imitación es un delito. ¿Cómo entonces no entender que tantas casas, miles, cientos de miles, hayan llenado nuestros paisajes, como "objetos" que uno no sabe bien lo que son, o lo que quieren ser, y que cuando quieren ser tradicionales (o modernas) presentan tales deformaciones que testimonian esa máxima axiomática de tantas escuelas de que "copiar es un delito".

¿Pero cómo se realiza el aprendizaje humano de cualquiera de sus habilidades, sino más que copiando? ¿Cómo ha podido anclarse en el mundo académico tamaña aberración como que "copiar es un delito"?

Y es que cuando este discurso de la imitación es liquidado y copiar se considera un delito, lo que ocurre es que se sigue copiando, pero copiando mal.

Y todo en nombre de la libertad de creación, en un interminable culto al objeto diseñado.

Considero enormemente ilustrativo el siguiente texto de Colin Rowe al respecto de la importancia de copiar, es decir del valor del precedente, de aquello que ya existe antes de nuestra creación, o si se quiere el valor de lo que hemos aprendido, de lo que conocemos, de lo que hemos visto, es decir el valor de la memoria.

Si no existe un precedente, el mundo debiera ser inventado cada segundo. Pero el precedente es el ingrediente que articula el discurso de la memoria, de la cultura y también de la civilización a escala planetaria. Es innegable el valor del precedente.

LA IMPORTANCIA DEL PRECEDENTE

A continuación transcribiré un muy brillante texto de Colin Rowe sobre la importancia del precedente. En él, el autor considera completamente perverso impedir al alumno copiar, o como él dice considera perverso pedirle que sea creativo e impedirle a la vez copiar. Este texto responde a un ejercicio solicitado por Walter Gropius a sus alumnos. En ese ejercicio, Gropius pide a los alumnos que sean creativos, pero ¡¡nada de copiar!!; esta propuesta de Walter Gropius es considerada por Colin Rowe como sin sentido y como sencillamente perversa.

A continuación el texto.

El texto de Rowe es como sigue:

> "Déjame primero estipular que yo realmente no percibo cómo tu tema *El uso del precedente y el papel de la invención en la arquitectura hoy*, puede realmente conducir a una provechosa discusión. Nunca puedo entender cómo es posible atacar o cuestionar el uso del precedente. Por supuesto, soy incapaz de comprender cómo alguien puede comenzar a *actuar* (y no digamos a *pensar*) sin recurrir al precedente.
>
> Porque, al nivel más banal, un beso puede ser instintivo, y un apretón de manos sigue siendo producto de la convención, del hábito o de la tradición; y en mi lectura, todas las palabras y lo que pudieran significar están relacionadas –de un modo difuso sin duda– a las nociones de paradigma, de modelo, y por tanto, del precedente.
>
> Tal es mi prejuicio inicial que a continuación me extenderé siguiendo la antigua estrategia de una serie de preguntas retóricas:
>
> Tan sólo, ¿cómo es posible pensar en cualquier sociedad, en cualquier civilización, o cultura, sin la provisión del precedente?
>
> ¿Acaso no son el lenguaje o los signos matemáticos la evidencia de fábulas convenientes y por tanto el anuncio del imperante precedente?
>
> Más aún, en el predicamento romántico de la interminable novedad, uno se perdería para descubrir cómo cualquier discurso (más allá de un gruñido) ha de ser llevado a cabo.
>
> ¿No es el precedente, y no son sus connotaciones, el cemento primario de la sociedad? ¿No es su reconocimiento la garantía última de un legítimo gobierno, de la libertad legal, de una decente prosperidad y una educada interrelación?
>
> Y a pesar de lo dolorosamente obvias y horrorosamente banales que son estas proposiciones implícitas, yo creo que pertenecen a las perogrulladas que cualquiera que funcione en una sociedad razonablemente estructurada (ni salvaje, ni sujeta a sobrecalentados entusiasmos revolucionarios) estará forzado a observar.
>
> Yo no creo –no puedo– que estas perogrulladas estén disponibles para el estudiante medio de arquitectura. Porque ha sido educado en un medio mucho más expansivo, con fronteras y limitaciones cuando menos frágiles.
>
> En los tiempos en que se entendía que todo es una cuestión de imitación, bien de la realidad externa, o de alguna abstracción más metafísica, el papel del precedente era raramente discutido, y no hace falta decir que Aristóteles plantea este argumento de modo muy sucinto.
>
> *"El instinto de la imitación está implantado en el hombre desde la infancia, una diferencia entre él y otros animales es que es la más imitativa de las criaturas vivientes, y a través de la imitación aprende sus lecciones más tempranas; y no es menos universal el placer sentido en las cosas imitadas."*

Colin Rowe se extiende ejemplificando la relevancia de la memoria mediante una alusión a un poema de Wordsworth, para volver a referirse al ejercicio planteado por Walter Gropius a sus alumnos.

> "Pero si Wordsworth se extiende sobre Aristóteles y comienza a relacionar la mimesis con la adoración infantil (el niño es el padre del hombre), uno ha de volver a Walter Gropius para recibir el giro completo de jardín de infancia de esta desviación. Sin referirse a él, Wordsworth describe al estudiante de arquitectura tal y como uno sabe que es esta criatura: pero el impulsivo Walter sigue especificando un beau ideal para la especie.
>
> La creatividad en el niño al crecer debe ser despertada a través del trabajo con todo tipo de materiales en conjunción con el entrenamiento en el diseño libre… Pero esto es importante, ¡nada de copiar, nada de urgencias por actuar, por representar, nada de tutelaje artístico!
>
> Esto es sugerir indicaciones para una historia condensada de la doctrina de la mimesis y su ocaso; y esto es resaltar tu idea acerca del uso del precedente. Porque, por lo que más quieras, no es nada fácil entender la distinción de Gropius entre "copiar" y la "urgencia por actuar":

"Tenéis que actuar, representar, pero nada de copiar, y eso es lo que vosotros tíos tenéis que hacer." Pero ¿puede existir algún dictado más perverso e inhibidor?

¿No esta claro que cualquier forma de actuación es inherentemente "copiar" –y que está relacionada con fantasías de guerra o fantasías de domesticidad–? Y, sin estos modelos, bien de batalla o de construcción, es sin duda alguna, extremadamente difícil de imaginar cómo cualquier juego del ajedrez a la arquitectura podría sobrevivir.

No, todo juego, toda actuación, es esencialmente la celebración del precedente.

Ahora, ¿Qué pasa con la segunda parte de su tema: *el papel de la invención en la arquitectura hoy?*

Bueno, uno piensa en el abogado con su completa biblioteca encuadernada en cuero azul detrás de él. Es el inventario de casos que tratan sobre el caso específico que se le ha pedido juzgar. De modo que tan sólo para pronunciar una innovación legal, para discriminar lo nuevo, nuestro jurista está obligado a consultar lo viejo y lo existente; y es sólo mediante la referencia a ello cómo la auténtica invención puede ser proclamada.

Porque, ¿no son el precedente y la invención las dos caras de la misma moneda?

Creo que un tema mejor podía haber sido: ¿cómo lo nuevo invade lo viejo, y cómo lo viejo invade lo nuevo?

Atentamente,

Colin Rowe." (21)

Este es el ilustrativo texto de Rowe. Me ha parecido muy pertinente recordar sus observaciones, habida cuenta del talante y la brillantez de su autor, sin duda una de las cabezas más despejadas de la crítica arquitectónica en la segunda mitad del siglo XX.

VOLVIENDO A PORTUGAL

Además de lo dicho hasta ahora, quiero señalar una circunstancia que considero muy importante a la hora de entender la actitud de aquellos discípulos de Távora (siendo Siza el más conocido), y en general la actitud de los arquitectos y del pueblo portugués; me refiero a la actitud de búsqueda de los valores propios del país, a la que antes me refería en el apartado "Entre la Tradición y la Modernidad".

Y esa circunstancia no es otra que el trauma nacional tras las guerras coloniales y la pérdida del vasto Imperio Portugués.

Portugal vivió en soledad el horrible trauma de unas guerras coloniales africanas muy sangrientas; creo que el pueblo portugués se sintió incomprendido por sus vecinos europeos y tuvo que afrontar ese cambio, como digo, en una absoluta soledad.

Junto a ello, junto a las pérdidas humanas, vendrán las materiales, y sobre todo la sensación de una amputación en el organismo lusitano. Portugal perdía parte de su cuerpo, y quedaba mutilado.

El país que recostado en el occidente de la península ibérica había mirado siempre al mar, al trasiego de los barcos que zarpaban o llegaban a sus costas, parecía quedarse sin motivaciones, sin razón para seguir mirando al horizonte. En ese horizonte, más allá del Atlántico, más allá del Índico, en los mas remotos confines del mundo estaba puesta la mirada de Portugal. En ese horizonte había dejado su historia, su vida, su vocación y su alma.

Ahora Portugal, recostado en el occidente de la península ibérica, lamía en soledad sus terribles heridas. Y nadie supo consolarlo.

Ajeno a España más de lo que pudiera haberse pensado, al igual que España lo había estado de Portugal, parecía que ahora el más próximo compañero de viaje debiera quizás ser el vecino a cuyas espaldas Portugal había construido un Imperio y vivido de modo independiente durante varios siglos.

La pérdida del Imperio coincide con el establecimiento de un régimen democrático en Portugal, y poco después con las profundas transformaciones solicitadas para la adhesión a la Unión Europea.

Pues bien, ese trauma de la pérdida del Imperio fue sin lugar a dudas una de las razones que el pueblo (y los arquitectos evidentemente) tuvieron para indagar en lo propio, en los valores del país. Una de las razones para preguntarse por el destino de Portugal, por su papel, su nuevo papel en el concierto del mundo.

Portugal, que ha dejado una profunda huella en la cultura de occidente y en muchos rincones del mundo, perdido ya su rol imperial y de potencia internacional está llamado a nuevos empeños.

Su centenaria experiencia, su saber hacer, su sentido práctico, y tantas virtudes que acompañan a este país, le abocan a jugar un rol determinante en la definición del futuro europeo; fundamentalmente en el Sur del Viejo Continente, desde el Atlántico hasta el Oriente Próximo, y el Norte de África. Un rol junto a sus vecinos: España, Francia, Italia y Grecia.

Junto con España, como parte de Iberia está llamado a desempeñar el papel de puente con los países de su antiguo imperio, principalmente con América.

En cualquier caso Eduardo Lourenço refleja esta situación en su libro O Labirinto da Saudade, en 1978, cuando afirma:

> "Sempre no nosso horizonte de portugueses se perfilou como soluçao desesperada para obstáculos inexpugnáveis a fuga para céus mais propicios", para proponer una actitud diferente ante las cosas afirmando "Chegou a hora de fugirmos para dentro de casa, de nos barricarmos todos dentro dela, de construir una constáncia o pais habitável a todos, sem esperar de un eterno lá-fora ou lá-longe a soluçao que como no apólogo célebre está encerrada no nosso exiguo quintal" (22)

EL ARQUITECTO JOSÉ BAGANHA

Cuando estos cambios (guerras coloniales, Revolución de Abril de 1974 con el establecimiento de la democracia, aparición de las ideas Postmodernas, etc.) sacudían a Portugal desde finales de los 60 y durante la década de los 70, José Baganha era un adolescente a punto de iniciar sus estudios de arquitectura.

Baganha nace en el seno de una familia acomodada de Coímbra en 1960. Su padre es un prestigioso neumólogo y catedrático de la Universidad de Coímbra. Su educación a lo largo de su infancia es muy cuidada; viajando desde niño con sus padres tendrá ocasión de conocer en profundidad Portugal, y también otros países de Europa, en particular España y Francia. Se interesó desde siempre por la historia y las tradiciones de su país, e incluso de las "provincias" ultramarinas que con el tiempo visitará.

Por otro lado está atento a los acontecimientos que sacuden el país, y que causan una mezcla de preocupación y de esperanza, aunque predomina la incertidumbre.

En 1978, con 18 años, ingresa en la Escuela de Arquitectura de Oporto, que se encuentra en el punto de mira europeo como una escuela de extraordinaria originalidad y vitalidad. Permanece allí dos años, hasta 1980, en que se cambia a la Facultad de Arquitectura de la Universidad Técnica de Lisboa.

De Oporto guarda un poderoso recuerdo de su profesor Fernando Távora. Baganha ve en Távora, no sólo una persona de vastísimos conocimientos, de exquisita cultura, sino un hombre de talante abierto, humanista, sencillo y accesible.

Esa mezcla de sabiduría y humildad, y de interés por tantos campos del saber sintonizaba muy bien con lo que José Baganha ha aprendido desde la infancia en su casa, y en los ambientes en los que sus padres se movían. En Oporto contó con profesores muy conocidos en Portugal, como Álvaro Siza.

Las ideas de Leon Krier, tan ampliamente expuestas en esos años, constituyeron una poderosa influencia en José Baganha; así como la obra tanto construida como escrita de Robert Venturi, Demetri Porphyrios, Maurice Culot, Philippe Rothier y otros.

En 1984, recibe el título de arquitecto y decide consolidar sus conocimientos de construcción. Para ello comienza a trabajar en la empresa ENGIL donde permanece tres años, en los que supervisa obras y entra en contacto directo con la puesta en pie de los edificios.

Con 27 años Baganha tiene la oportunidad, en la empresa de construcción TURCOPOL, de participar de modo más directo en ciertas decisiones que van más allá de la puesta en pie de las obras, y que se centran en propuestas de prefabricación, de soluciones de vivienda prefabricada para solucionar el problema más candente de esos momentos en Lisboa y en muchas ciudades portuguesas y que es el chabolismo.

En 1993 establece su propio estudio de arquitectura en Lisboa; en los primeros años, hasta el 2000, junto al arquitecto José Cornélio da Silva, y desde entonces ya en solitario con su equipo.

VISITANDO CINCO CASAS

Describiré a continuación un recorrido por cinco casas de José Baganha

CASA NAS SESMARIAS
Salvaterra de Magos, Ribatejo
1992

Esta es una de la primeras obras de José Baganha. Se sitúa en pleno Ribatejo.

La casa ocupa una amplia parcela; está organizada en base a dos volúmenes en L. El más alto contiene la entrada; otro volumen se coloca en paralelo al más alto de la casa para alojar el garaje y algunas instalaciones.

Estos volúmenes más altos están unidos por un muro paralelo al del cierre de la propiedad, paralelo por tanto a la entrada desde la calle. De modo que entre los dos volúmenes altos (el de habitación de la casa y el del garaje) y ese muro que los une, se forma una U en planta, que conforma un ámbito a modo de patio abierto hacia el jardín-bosque posterior.

Este ámbito – como un patio – imprime a la casa un aspecto señorial; para llegar al mismo ha sido preciso atravesar la puerta que se abre en el muro que une los dos volúmenes; dicha puerta se encuentra al final de un eje flanqueado por naranjos perfectamente alineados, conformando un hermoso jardín que antecede al conjunto de la casa. Por tanto, la casa como conjunto de volúmenes se sitúa al fondo de una perspectiva desde el acceso de la calle.

Una vez en ese ámbito, el acceso a la vivienda se realiza a través de una entrada en porche poco profundo, cubierto por un arco. El volumen más alto acomoda en su planta baja las estancias de uso de día: vestíbulo, cocina, comedor y salón; el comedor y el salón tienen vistas hacia la parte posterior de la fachada de acceso.

En esa parte posterior, y gracias a la disposición en L de la planta, se ha generado un espacio bastante íntimo, en cuyo centro se ha colocado una piscina; esta intimidad se acentúa con la presencia del pabellón-pérgola, que permite crear a espaldas del volumen más alto un ámbito prácticamente en U.

Este pabellón apergolado es un excelente apoyo para las actividades al aire libre, un agradable cenador con vistas a la piscina.

Desde la planta superior de los dormitorios se puede acceder al jardín y a la piscina gracias a la escalera que se ha adosado a la fachada posterior.

Ese volumen más bajo dispone de una parte porticada, lo que permite protección en días de mucho sol; además imprime cierta cadencia a la fachada, y le da mayor fuerza expresiva por el contraste de luz y sombra.

Ese volumen aloja parte de la sala de estar; porque otra parte de la sala, a doble espacio, se aloja en el volumen alto. La casa presenta un aire de potentes volúmenes con escaso movimiento. Sin embargo es el juego obtenido en la disposición de los volúmenes entre sí, y en su colocación en el lugar en relación con el acceso, el que genera un aire de edificio con agregaciones, sin realmente ser del todo así.

Se produce la sensación de estar ante una hacienda agrícola o ganadera de carácter un tanto señorial, aunque discreto, o mejor sereno. Baganha reconoce esa filiación en la "heredad" ribatejana.

La construcción es muraria, de ladrillo, con enfoscado y pintado. Las cubiertas tienen pendientes y están acabadas con tejas cerámicas tradicionales. Los recercos de los huecos son de piedra. También los pavimentos de la cocina y los baños son de piedra Azulino de Cascais, fuertemente abujardada. En el resto de las estancias el pavimento es de losetas de barro cocido; todos los materiales colocados como pavimento han sido encerados y presentan un aspecto muy vistoso.

La cocina es una pieza muy atractiva; lejos de presentarse como un laboratorio ultratecnológico, con relumbrantes electrodomésticos de última generación, con acero inoxidable por doquier, etc. nos encontramos con una estancia realmente acogedora y doméstica, planteada también en sentido tradicional: es un espacio amplio y bien iluminado, y su mobiliario está realizado expresamente para esta estancia; los propietarios han añadido algunos muebles que acentúan ese hermoso carácter de pieza íntima, acogedora y doméstica, como el gran aparador inglés de dos cuerpos, de madera de caoba, con la parte superior, en vitrina, alojando diversos recipientes con legumbres, todo ello muy cuidado.

En realidad tanto los materiales de la construcción como la construcción misma, han recibido una atención muy especial por parte del arquitecto. El conjunto pintado en tonos muy suaves, aparece fundido en un paisaje de árboles; una vez en el patio interior, en ese ámbito en forma de U, el ambiente es de absoluta serenidad sólo perturbada por el ir y venir de los varios perros de la familia.

MONTE DO CARÚJO
Alvito, Baixo Alentejo
2001

Adentrándonos en el Alentejo llegamos a la bella Alvito protegida por el imponente castillo de finales del siglo XV. Es Alvito una pequeña población típicamente alentejana; muy cuidada y agradable, con muy hermosos espacios urbanos, como la plaza mayor, o la gran explanada para las ferias junto al castillo; está rodeada de terrenos agrícolas y de arbolados y pastos para la ganadería. A las afueras de esta población se encuentra la casa que vamos a visitar.

La casa se organiza con una planta en U, colocando en el seno de esa U un pórtico exento a modo de baldaquino, o de tetrapilón; es una estructura de madera donde hacer la vida al aire libre. Es por este ámbito por el que se accede a la casa.

Esta disposición, que en principio puede parecer sorprendente, resulta finalmente muy funcional, ya que es en ese ámbito protegido por sus tres lados, y por su parte alta (gracias al baldaquino) donde se desarrolla parte de la vida, y donde además se da un estrecho contacto con la sala de estar.

Parece ser que esta disposición vino un tanto impuesta por la pre-existencia de algunas cimentaciones, pero en cualquier caso el resultado es estupendo.

Si me detengo en describir este rasgo, que como digo pudiere parecer sorprendente, lo hago porque cuando nos aproximamos a la casa, vemos dos cuerpos casi idénticos en lo que a composición concierne, que dejan ese ámbito entre ellos, donde se aloja el baldaquino. Los cuerpos no son de igual dimensión, pero sí tienen el mismo (o casi el mismo) tratamiento, con dos ventanas en el eje de la fachada, del testero.

En otras palabras resulta absolutamente opaca la función o uso de las estancias tras esas ventanas que se presentan tan similares. ¿Dónde está la sala de estar? y ¿dónde los dormitorios?

Mirando con atención observaremos que las ventanas del cuerpo que encontramos a nuestra derecha están más altas que las del cuerpo de la izquierda; la casa parece que al adaptarse a la topografía ha necesitado algunos escalones interiormente entre uno y otro cuerpo.

Si continuamos observando las diferencias nos percataremos de la presencia de una poderosa chimenea yuxtapuesta al cuerpo que encontramos a la izquierda, y veremos que este cuerpo es de mayor anchura.

En cualquier caso, y aunque estemos ya en condiciones de imaginar, o de "leer" la organización del interior de la casa desde el exterior, quiero señalar que a pesar de la sencillez del esquema utilizado (una planta en U), esta casa resulta muy opaca en lo que concierne a la distribución de los usos o de las diversas piezas.

Creo que podemos afirmar (con cierto riesgo) que en la arquitectura vernácula que se presenta con sucesivas agregaciones, o con diversos volúmenes yuxtapuestos, no suele resultar tan directa la lectura o la detección de los usos interiores, es decir tal opacidad existe; y si esto suele ocurrir en términos generales, en el caso de la casa que nos ocupa tal inicial ambigüedad es más el resultado de la disposición en U y de la colocación de ese baldaquino o pérgola entre los dos cuerpos de la U que se adelantan, que el resultado de una casa con sucesivas agregaciones (que aquí de hecho no existen).

Superada esa inicial sorpresa ante la manera en que la casa se presenta, nos encontramos con el amplísimo salón-comedor que muestra la estructura de madera de la cubierta. Las ventanas que se abren en el comedor enmarcan hermosas vistas del paisaje alentejano.

La cocina, de reducido tamaño, pero abierta en uno de sus lados hacia el salón-comedor es una auténtica joya; un ámbito donde cada una de las piezas que lo configuran ha sido cuidadosamente elegida por los propietarios: la vieja pila de piedra que hace de fregadera, los muebles, los utensilios de cocina, los azulejos, y hasta el antiguo electrodoméstico, de elegante diseño, todo, absolutamente todo, nos revela la existencia de una pasión por parte de los propietarios, capaz de generar tan mágico espacio, un auténtico sancta sanctorum para estos amantes (y expertos) de la buena cocina tradicional.

Para llegar al cuerpo que aloja los dormitorios es preciso recorrer un pasillo que se aloja en el elemento de unión de los dos brazos de la U. El pasillo está abovedado en cañón construido con ladrillo rústico; es éste un tránsito un tanto misterioso, y a la vez muy bello por el "primitivismo" con que se ha ejecutado la bóveda, por la oscuridad rematada por una luz al final del pasillo; da la sensación de que estamos penetrando a un espacio que nos está vedado; los dormitorios aparecen así "alejados" por esa mediación del misterioso y hermoso pasillo.

Los dormitorio son piezas muy bien iluminadas y han sido amueblados con un exquisito mimo por los dueños. Toda la casa presenta la discreta elegancia de quien sabe valorar la belleza. No puedo pasar por alto la exquisita sensibilidad de los propietarios en todos y cada uno de los detalles del amueblamiento; sin pretensiones y con absoluta naturalidad. Todo en Monte do Carújo resulta armonioso; la casa con el paisaje, la arquitectura con el amueblamiento, los colores con la luz.

Antes de abandonar esta casa nos detenemos en el exterior, junto a la chimenea, que está preparada para poder realizar guisos al aire libre, con la pequeña fregadera de indecible antigüedad recuperada de una viejísima construcción de la Extremadura española por los dueños de esta casa, viajeros infatigables en pos de los lugares y de las cosas más hermosas.

Baganha ha proseguido con esta casa su búsqueda en torno a una arquitectura capaz de integrarse en el paisaje y de mantener determinados rasgos tradicionales sin renunciar al confort.

La casa se va perdiendo en el horizonte a medida que nos alejamos; nos dirigimos ahora hacia los más remotos confines del Alentejo, ya rayando la frontera con España, para ver la siguiente casa de este viaje por la arquitectura de José Baganha.

MONTE DA HERDADE DO REGO
Vila Boim, Elvas. Alentejo
2003

Llegados a la aldea de Vila Boim nos encontramos ya muy cerca de la casa que vamos a visitar. Es preciso recorrer unos caminos atestados de piedras y sólo aptos para vehículos todoterreno para llegar a la propiedad en la que esta casa se encuentra.

Por el camino encontramos cuadrillas vareando los olivos que contrastan su sereno verdor con el vivo color rojizo de la tierra. En un momento dado todo nuestro derredor es un paisaje de colinas completamente cubiertas de olivos plantados siguiendo alineamientos perfectos. No vemos otra cosa que este paisaje y el cielo sobre nuestras cabezas. La sensación de encontrarnos en un lugar remoto es muy viva y muy intensa; es realmente intensa.

Repentinamente el camino mejora, hemos llegado a la propiedad donde los dueños han adecentado ese acceso. Seguimos hacia el interior de la propiedad, y pasamos recodos donde vemos a hermosos caballos pastar. Súbitamente, tras una curva, aparece una explanada con una casa blanca al fondo. Es la casa. Tras ella se abre un amplísimo horizonte. Repentinamente el recorrido entre aquellas colinas, de vistas cortas y paisajes muy acotados (y que para nada hacían vislumbrar esta "aparición") ese recorrido se ha abierto a un paisaje de vistas infinitas.

Un paisaje donde una extensísima llanura verde se difumina en los confines del horizonte fundido en una neblina que cubre ya las tierras de España.

Es realmente espectacular la vista a los pies de la casa. En primer término los viñedos que los dueños han plantado con diferentes tipos de viña generando rectángulos de diferentes matices de verde: unos más violáceos, otros más amarillentos... Las viñas cubren una importante superficie (unas 50 hectáreas) de ese paisaje tan sereno; los dueños cuidan los viñedos con indescriptible mimo para producir uno de los más afamados vinos de Portugal.

Luego los olivos, y más lejos otras propiedades que ordenan el territorio; a lo lejos se adivinan grandes casas de campo de color blanco, y el paisaje se extiende y se extiende hasta perderse en el horizonte.

Estamos ante uno de esos primorosos lugares que a mí me recuerdan a aquellos que la orden benedictina sabía elegir para ubicar sus monasterios; aislados, recónditos, fértiles y, sobre todo, de una estremecedora belleza, sublimes.

Pues bien, dominando ese paisaje se encuentra la casa. Es la más grande de las de nuestro viaje por cinco casas, y también de todas las construidas por Baganha. Los propietarios pasan mucho tiempo aquí y es casi una vivienda para todo el año, a pesar de tener su residencia en Lisboa.

Baganha ha consolidado una edificación existente, restaurándola y realizando una nueva construcción, a modo de ampliación. Para ello ha seguido las técnicas tradicionales utilizadas en la casa existente, y ha redoblado esfuerzos para que toda la nueva construcción tenga los más altos niveles de confort.

La casa se desarrolla en una sola planta, a excepción de un cuerpo central (que ya existía) de dos pisos. Baganha añadió una bodega, construida ajustándose a tipos similares de la región: magníficas bóvedas de ladrillo dan la impresión de encontrarnos en una bodega cuya atemporalidad es evidente, como si hubiera estado siempre allí; sólo el estado tan nuevo de sus muros y de las mismas bóvedas nos revela que la construcción no puede ser muy antigua.

La casa es muy amplia y por ello despliega el programa solicitado por los propietarios con generosidad y confort. Se accede a la casa por una discretísima puerta que nos sitúa junto a un pasillo a modo de espina que recorre la casa, con sutiles requiebros en casi toda su longitud.

La cocina se ubica cerca de la entrada; una vez más estamos ante una cocina con gusto tradicional; es muy amplia, y tenemos inmediatamente la sensación de encontrarnos en una casa importante, una casa de campo importante, una auténtica "Manor house" de la aristocracia o la nobleza rural portuguesa.

El comedor es igualmente amplio, como lo son las dos salas de estar que se sitúan una tras otra.

Baganha, al colocar esa espina o pasillo a lo largo de la casa, ha conseguido dos cosas muy importantes, fundamentales diría yo.

Por un lado casi todas las habitaciones pueden disponer de ventanas y disfrutar de la visión del hermosísimo paisaje de larguísimas vistas al que antes me he referido. La cocina, los salones, el dormitorio principal y el de la hija se abren hacia ese paisaje. Los otros tres dormitorios (dos para los hijos varones) se abren a la fachada principal.

Por otro lado, el pasillo, que va variando sutilmente su altura y su anchura, y que presenta pequeñas dilataciones en salitas, genera una larga vista en el interior de la casa. Una vista que está secuencialmente iluminada por los destellos de la luz que entra por las ventanas de esas dilataciones; una secuencia de sombras y luces que nos hace sentir que "dominamos" la totalidad de la casa, al poder percibir toda la longitud de ese pasillo.

El cuerpo central, en su planta alta aloja el despacho del dueño de la casa, y dispone de una terraza anexa. Unas amplias escaleras comunican la planta de la casa con la bodega.

La construcción sigue las mismas pautas en cuanto a técnica y materiales utilizados que en las dos casas descritas anteriormente: Casa nas Sesmarias y Monte do Carújo Aquí se ha cuidado mucho la construcción. La apariencia casual, o la sencillez de determinados elementos, no equivalen a debilidad en la ejecución. La construcción es rigurosa y sólida. La casa rebosa confort interior. Los dueños la han amueblado con una discretísima elegancia; una vez más unos propietarios muy conscientes del lugar que habitan. Viajeros a lo largo y ancho del mundo, cosmopolitas anglo-portugueses muy habituados a las cosas sencillas pero bellas.

Baganha ha integrado la casa en el paisaje y ha continuado con esta casa su apasionado y apasionante viaje en pos de la búsqueda de la belleza, de la noble arquitectura y de su integración con la naturaleza.

La visita a Monte da Herdade do Rego ha resultado inolvidable. La casa de blancos volúmenes recortados contra esas vistas que se abren en uno de los paisajes más hermosos del Alentejo portugués hacia las tierras y los cielos de España, es sencillamente memorable, inolvidable. Quedará para siempre en mi retina.

Abandonamos el Alentejo y volvemos a Lisboa. La siguiente casa está en Sintra.

CASA NA QUINTA DA BELOURA
Sintra
2003

Llegamos a una casa que se encuentra en un lote de una urbanización que sigue el modelo de Ciudad Jardín. Todas las casas del entorno son casas de importante tamaño. La urbanización está prevista con una cierta calidad de acabados, y su ubicación considerada como muy importante, en esa parte estratégica cercana a Sintra.

Lo primero que llama poderosamente la atención es la primorosa calidad de ejecución. La casa tiene mucho trabajo de cantería, en granito, cuya ejecución es sencillamente perfecta.

Esta casa nos remite a algunos precedentes en la región. Se trata de un bloque compacto de dos alturas por su parte delantera y de tres alturas por la trasera, con una planta en L que se abre hacia la calle. En el ángulo interno de esa L, un volumen de una altura, abovedado, nos marca la entrada, en un rasgo de indudable tradición árabe.

A pesar de la inclusión de una ventana que nos recuerda a la ventana paladiana, los huecos son sencillos rectángulos recercados en granito. Existen varias ventanas rematadas en un arco que no arranca desde las mochetas laterales de la ventana, queriendo evocar las ventanas mudéjares que en tantas casas del entorno de Sintra recuerdan al Palacio Real de esa localidad.

La casa es bastante amplia, como lo son las dependencias de generosas dimensiones.

La planta baja acoge las estancias de uso más público como son la cocina, el comedor y el salón de doble altura, con salida a una amplia terraza con pérgola orientada al Suroeste. La planta primera aloja los dormitorios.

Una planta sótano, con acceso desde el interior de la casa, contiene el garaje y una amplia estancia a ras del suelo en su parte posterior. En esa parte posterior, se encuentra un jardín que rodea a la piscina enmarcada por el pabellón colocado perpendicularmente a la casa.

En un lateral de la casa y al nivel de la planta baja, Baganha ha creado un pequeño jardín con alcorques de granito que contienen olivos; es un jardín a modo de pequeña plaza, o de sala que sirve de preludio al descenso, por una escalera de generosa amplitud, hacia el jardín posterior y la piscina.

Sorprende ver en este edificio cómo Baganha ha sabido crear tantos y tan diversos ambientes en un solar que finalmente no es de grandes dimensiones. Y sorprende esto habida cuenta de la importante volumetría de la casa, ya que cabría pensarse que la presencia de la casa, de su volumen, podría impedir esa "fragmentación" en diversos ambientes.

Ya el acceso, al colocarse en el "pliegue" de la L, separa el ámbito de la entrada del lateral izquierdo donde Baganha ha colocado el jardín seco con los graníticos alcorques de los olivos. Esa "placita" lateral es un mundo en sí mismo. También lo es la terraza que se abre ante el salón; y también la escalera, amplia y cómoda que desciende parsimoniosa, encajonada entre dos muros, hacia el jardín; o los dos ámbitos (el jardín con piscina y la superficie abierta) en los que el pabellón divide la parte posterior.

La casa, como antes señalaba, se remite a precedentes de la zona; y la construcción muestra de modo muy evidente, en varias partes de la casa, maneras tradicionales de construir; tal es el caso del pabellón del jardín cubierto con estructura de madera, e incluso de la misma pérgola.

Baganha vuelve a un entorno suburbano, de casa en la periferia de la ciudad; en este sentido se ha distanciado de las casas alentejanas que se fundían con el paisaje, porque aquí el paisaje está definido por todas las casas del vecindario, es decir no es un paisaje de naturaleza pura; en otras palabras esta casa no se encuentra inserta en plena naturaleza, como lo estaban las antes vistas en el Alentejo.

Baganha ha intentado desarrollar la mayor riqueza espacial posible tanto interior como exteriormente, dentro de las limitaciones de un programa que en última instancia es un programa convencional para una familia acomodada, y dentro además de las limitaciones impuestas por los propios confines de la parcela.

MONTE DA CASA ALTA
Melides, Grândola, Alentejo Litoral
2004

Existe una importante distancia entre la casa antes visitada y esta de Melides. Una distancia no sólo física, sino también conceptual, e incluso de madurez en la obra de José Baganha.

Esta casa se sitúa al sur de Lisboa, en el Alentejo Litoral, próxima a la costa, en un paraje de aire silvestre, donde la actividad del pastoreo es muy patente.

El viaje para llegar a la casa por serpenteantes y estrechas carreteras entre los bosques de encinas que protegen a las ovejas es realmente muy hermoso. Después de pasar por el "centro" del pueblo representado por la escuela de una arquitectura del Estado Nuevo, la casa aparece a un par de kilómetros.

A pesar de no encontrarnos muy lejos de Lisboa, se tiene la impresión de estar en un lugar un tanto remoto, apartado, y desde luego muy tranquilo.

La casa aparece como un edificio con agregaciones o ampliaciones, en una composición en planta siguiendo un eje virtual de Nordeste a Suroeste. La casa tiene un cuerpo más importante de doble altura donde se encuentra la cocina en la planta baja y los dormitorios en la planta superior.

Hacia el Nordeste un cuerpo de una planta aloja la sala de estar que se prolonga hacia la fachada posterior de la casa, hacia el "huerto", en una zona porticada preparada también como comedor y zona de estar al aire libre.

Otro cuerpo, también de una planta, se adosa al otro extremo del volumen de dos pisos.

El resultado es un edificio, que como antes señalaba, presenta una disposición alargada, ajustándose a la topografía del terreno, en ligera pendiente.

Al fondo hacia el Oeste, no muy lejos, se ve el mar.

La distancia conceptual es evidente con respecto a las casas anteriormente visitadas; claro que de aquellas, una se encuentra en el Ribatejo, otras en el interior del Alentejo, y ésta se halla en el Alentejo litoral.

Allí, en el Ribatejo, la "heredad" realmente desempeña su papel de arraigo al lugar porque la casa se ocupa todo el año, es la residencia habitual de los propietarios; el entorno es muy residencial, con multitud de villas utilizadas igualmente como residencia permanente; Lisboa no está tan lejos finalmente.

Aquí en Melides, la casa es un "refugio" de fin de semana, de periodos vacacionales. En este sentido no requiere tantas prestaciones, ni tantos espacios como la anterior. El entorno es absolutamente rural, y la distancia a Lisboa (muy superior a la anterior) parece psicológicamente muy importante; se tiene la impresión de estar bastante aislados.

La construcción participa de una serie de constantes que se han visto en la Casa Nas Sesmarias: construcción muraria, cubiertas en pendiente con teja tradicional, presencia de pórticos, paredes pintadas en blanco o tonos muy claros, etc.

Sin embargo, aquí la aproximación a la arquitectura vernácula es indisimulada.

Las paredes se han talochado para presentar un acabado más imperfecto que en Casa Nas Sesmarias; las aperturas de huecos no siguen una rigurosa y equilibrada disposición, sino que se abren de un modo más "fortuito", buscando el aire pintoresco.

La estructura de madera de la cubierta se hace visible desde el interior; la cubierta aparece sobre los muros de un modo directo, sin la intermediación de una cornisa; el antepecho de la escalera exterior es un sencillo muro en el que no existe una albardilla de remate. Las chimeneas son altas y estrechas, y recuerdan a las de la arquitectura popular.

En suma, la fachada exterior adquiere toda ella, por el color y la texturación del muro, un aire de continuidad que no vimos en Nas Sesmarias. Aquí, la fachada es un "continuo", una piel, puntuada por huecos que se abren recortándose sobre esa piel, sin recercos, sin particulares énfasis decorativos.

Todo es directo y sencillo en Melides. Baganha parece haber atrapado el "aire vernáculo" en esta casa; y ese aire se transmite a todas y cada una de las estancias, que se llenan de confort desde la sencillez con que se han abordado los espacios. Esto es muy visible en la parte porticada hacia el huerto, donde la familia pasa largas horas en los días de vacaciones.

La cocina vuelve a presentarse como un espacio para estar y para vivir, más que como un espacio lleno de aparatos "tecnológicos" donde cocinar. Es una cocina tradicional, y el mobiliario acentúa ese carácter.

Pero si me refiero a este aspecto de la cocina, a su aire doméstico, a su carácter tradicional, lo hago porque la sensación de armonía, de belleza, y sobre todo de naturalidad de este espacio dedicado a la cocina resulta proverbial en la arquitectura de José Baganha.

Hemos visitado cinco casas que nos muestran la manera de hacer de Baganha, su excelente oficio en su articulación y su composición, y la excelente factura de todos los detalles; unido a esa constante muy suya de cuidar extremadamente la construcción.

A ello habría que añadir la sensibilidad por el paisaje, y por la implantación en la topografía del lugar, y en la cultura (las costumbres y modos) de la región.

Las casas se adaptan al terreno; los jardines y los pórticos anexos a la casa realizan el tránsito entre el interior de la casa, entre los espacios interiores y el exterior, el paisaje. Las vistas, cortas o largas, y las orientaciones son tenidas en cuenta.

De modo que todo ello contribuye al éxito de la operación.

OTRAS OBRAS

Las obras descritas hasta este punto fueron visitadas en el año 2005. Desde entonces la obra de Baganha ha crecido en cantidad y calidad. Cuando este libro vea la luz habrán pasado ya casi diez años desde aquellas visitas a las casas antes descritas. A continuación quiero también referirme a cuatro importantes obras realizadas desde entonces.

EDIFICIO DE APARTAMENTOS "ÀS JANELAS VERDES"
Lisboa
2005-2006

Esta obra, por su envergadura y por el lugar de su ubicación en un distinguido barrio lisboeta, ha supuesto un verdadero reto para José Baganha. Se trata de un edificio urbano en un contexto altamente cargado de carácter, de edificios con unas constantes inequívocamente propias de este lugar, y que están excelentemente ejecutados.

El proyecto de Baganha completa una manzana, con tres fachadas a la calle. Sutilmente se han marcado pequeñas diferencias entre las tres fachadas, sin perder de vista la unidad requerida para mantener una equilibrada relación con el entorno. Las tipologías constructivas, los materiales, colores, formas y detalles han sido minuciosamente tratados, de tal modo que "As Janelas Verdes" se presenta como un edificio de notable dignidad y empaque en este barrio. Esta búsqueda de equilibrio con el entorno, en términos visuales, cumple uno de los rasgos tan característicos de la hermosa ciudad de Lisboa, como es la excepcional homogeneidad de sus barrios. Baganha ha contribuido de modo magistral, no sólo a mantener ese rasgo lisboeta, sino a contribuir a su excelencia, con esta magnífica obra.

CASA DO MEDICO DE SAN RAFAEL
Sines
2005-2006

Estamos ante un excelente ejemplo de reconstrucción de un importante edificio del siglo XVIII, como es la Quinta de San Rafael que data de la época pombalina. Con una soberbia fachada, de sobrio estilo neoclásico, bien compuesta, define y marca la parte alta del acantilado de la costa de Sines.

Baganha logró convencer a las autoridades municipales de que este vestigio de la historia de la ciudad valía la pena de ser rescatado, adecuándolo a las nuevas funciones que los propietarios querían asignarle.

La Orden de los Médicos portugueses, propietaria de este lugar, comprendió las ideas del arquitecto y el potencial que su proyecto encerraba, particularmente en lo concerniente a la función de representación, aunque no sólo esto.

Baganha, ante el estado del edificio, procedió a reconstruir los muros exteriores, con esas soberbias y elegantes fachadas, herederas de la mejor tradición arquitectónica portuguesa.

Recompuso los interiores adecuándolos a las necesidades del programa y dotándolos de los mayores niveles de confort. De este modo el objetivo de los propietarios de crear una residencia de calidad, para los médicos, quedaba satisfecho.

Los edificios anexos, ya arruinados, fueron reemplazados por nuevos edificios construidos con un lenguaje sobrio y elegante, tan propio de Baganha. El resultado es un conjunto armonioso, donde junto al blanco de las fachadas de los edificios auxiliares se yuxtapone la deslumbrante fachada hacia el mar de esta casa con su color rojo. Sólo el saber hacer de una mano experimentada es capaz de lograr una obra a la vez de funcional, elegante y poderosa frente a la costa atlántica de Portugal. Sines recupera de este modo un hermoso edificio para su perfil costero, a la vez que dignifica el entorno, el barrio en el que se inserta.

RENOVACION DE LA CASA "MONTE DA QUINTA"
Terena
2007-2009

Aquí se elabora fundamentalmente aceite que lleva el nombre de este lugar: Monte da Quinta. Es visitable por turistas que pueden adquirir el aceite y otros productos propios.
En este conjunto de edificios Baganha ha armonizado los distintos niveles de intervención para conseguir una homogeneidad que dote de unidad a este Monte da Quinta. Se han recuperado algunos edificios existentes introduciendo en ellos las condiciones de confort actuales, como es el caso de la casa principal. Otros edificios como el corral se ha acondicionado para ser adaptado a tienda, en la que se puede adquirir el aceite producido por esta Sociedad Agrícola propietaria del Monte da Quinta.
El lagar, núcleo importante de este "Monte", es uno de los edificios de nueva construcción. Los edificios conforman un espacio a modo de patio. Los materiales de construcción y las técnicas constructivas son las propias del Alentejo, con pequeños detalles propios de la región sur del Alentejo en la casa principal.
El conjunto logra integrarse magistralmente en el paisaje. La armonía ente el artificio humano y la naturaleza es total. Esto prueba una vez más la sensibilidad del arquitecto, el saber hacer del constructor y de los gremios y sin duda la confianza que los propietarios han depositado en ambos.

MONTE DO PRATES
Montemor-o-Novo
2007-2009

Construcción nueva, en el lugar de otra antes utilizada en una explotación agrícola, para destinarla a casa de fines de semana de una familia de Lisboa. Baganha ha organizado las diferentes dependencias en dos cuerpos de planta baja que articula con la inclusión de un torreón. El programa de la casa es sencillo, y en su disposición Baganha ha optado por dar fluidez a los espacios, sin que ello altere el carácter tradicional de la casa.
En el exterior la disposición de espacios de estar permite relajarse al aire libre y disfrutar de las vistas del castillo de la vecina ciudad. El conjunto desarrollado en una única planta sigue el tipo de construcción propio de los "montes" alentejanos; esto está compatibilizado con los máximos niveles de confort en la vivienda.
Los materiales de construcción son tradicionales, al igual que gran parte de las tecnologías utilizadas. Baganha recurre a materiales que han sido utilizados en la región del Alentejo durante décadas y que aún se siguen fabricando por pequeños talleres, como ocurre, por ejemplo, con las baldosas del pavimento.
La casa, con su aspecto exterior y las pequeñas fenestraciones consigue una perfecta integración con el paisaje, y rememora la hermosa arquitectura alentejana que conoce tan profundamente José Baganha.

EL MORADOR DE LA CASA

Para un arquitecto enfrentarse a la realización de una casa como vivienda unifamiliar equivale a establecer una fuerte relación con el usuario, con el morador de esa casa.
Es un empeño en el que uno conoce con exactitud las necesidades del usuario, sus posibilidades económicas, sus ilusiones, sus ensoñaciones, gustos y manías.
Al final todo deviene en una aventura apasionante hacia la consecución de un final feliz, y no sólo en cuanto a la culminación del trabajo, es decir a finalizar la construcción, sino a que la relación entre el arquitecto y el usuario no sólo no acabe deteriorada, sino que salga fortalecida.
Construirse una vivienda constituye para cualquiera una aventura en la que entre otros muchos factores la incertidumbre está siempre presente. Una incertidumbre acerca del resultado final, en el sentido de haber desarrollado el programa deseado, no habiéndose quedado corto, o en la elección de determinados materiales, colores, texturas, etc. ¡Son tantas y tantas las dudas que atenazan al encargante!
Es evidente que el papel de orientación del arquitecto es fundamental; como también lo es el del constructor y sus diferentes gremios. De todo ello es fácilmente deducible la conveniencia de generar una atmósfera de confianza

entre los tres factores de la casa: el propietario, el arquitecto y el constructor.

Parece que Baganha ha sido capaz de generar tal atmósfera, a juzgar por la satisfacción que manifiestan los moradores de sus casas por el trabajo realizado.

Todos están muy orgullosos de sus casas; todos se sienten identificados con ellas y, por ello, con la manera de hacer del arquitecto.

Además puedo afirmar que las cinco casas visitadas han sido amuebladas interiormente de maneras muy acordes al propio carácter de la casa. Las tres viviendas del Alentejo poseen un amueblamiento interior de discreta y serena elegancia y de un refinado buen gusto; no hay nada estridente, ni pretencioso, ni vulgar. Impera el buen tono, la armonía con la propia casa. Y viendo esto y el orgullo de los moradores por la casa, uno puede vislumbrar la buena atmósfera que ha permitido llevar la casa a buen puerto.

Las dos casas más "suburbanas", pensadas como residencia permanente y no de fin de semana, presentan amueblamientos interiores diferentes al de las casas alentejanas.

Aquí revelan esa idea de casa más estable, pensada para ser vivida de un modo permanente, donde uno se abre a una naturaleza más doméstica, más acotada y circunscrita al jardín.

La Casa de Salvatierra de Magos ha sido amueblada exquisitamente por su propietario, un apasionado bibliófilo. Los muebles, cuadros, esculturas, y otros objetos; la biblioteca y las vitrinas con las piezas de colección, hacen de esta casa un lugar muy hermoso.

Y la Casa Na Quinta de Beloura ha sido amueblada con muebles más contemporáneos y otros que rememoran el mobiliario Imperio.

Estamos ante unos propietarios de muy buen gusto. Parece cumplirse aquel anhelo de Raul Lino y de tantos otros en la historia del siglo XX portugués de buscar el buen gusto como condición de partida para la realización de la casa portuguesa. Todo ello hace muy entrañable la visita a estas cinco estupendas casas que he descrito.

Pero la obra de Baganha, como atestigua este libro, no se ciñe tan sólo a estas casas.

Baganha ha llevado a cabo edificios de viviendas y edificios de oficinas en el centro de las ciudades, a los que de modo breve me referiré a continuación.

ACTUACIONES URBANAS

Está el caso del edificio de viviendas cerca del "Museo de Arte Antiguo", conocido como "As Janelas Verdes" en el centro urbano de Lisboa (2005). El solar es de planta trapezoidal cerrando una manzana. En el perímetro del solar se construye el edificio, con fachada a tres calles, dejando un patio interior.

Es preciso señalar el nivel de respeto hacia las invariantes arquitectónicas presentes en el barrio en que este nuevo edificio se inserta. Todos los elementos de la composición de las fachadas, en sus aperturas, en la herrería de los balcones, en la carpintería utilizada, en el tipo de buhardillas, en los cornisamentos, en los colores, etc. todos, nos resultan familiares.

Baganha ha cuidado el ritmo de la fenestración que aparece uniforme y ordenado; ha cuidado todos y cada uno de los detalles intentando fundir su edificio en este paisaje lisboeta, en el paisaje urbano.

Y es que Baganha es muy consciente del contexto en que está actuando. Quiere con su obra contribuir al mantenimiento o la mejora del contexto urbano, como sucede con este caso de "As Janelas Verdes".

Otros ejemplos abordan problemas diferentes, y me voy a referir a dos muy distantes entre sí.

Uno es un edificio emblemático y representativo construido en Maputo, Mozambique, y conocido como Edificio Millenium Park. Se trata de uno de los edificios más importantes de esta ciudad africana. Aquí Baganha ha huido de la creación de un objeto en el que primara la excentricidad, lo llamativo e incluso lo no reconocible. Es decir una vez más ha renunciado a las modas imperantes para este tipo de edificios representativos en las ciudades jóvenes.

El edificio presenta una composición equilibrada, una fachada armónica y elegante. Los diecisiete pisos de altura se presentan como un bloque de cuidadas proporciones y serena presencia.

Otro ejemplo concierne a la rehabilitación de un edificio entre medianeras en Figueira da Foz. El espacio entre los edificios vecinos es de tan sólo tres metros; estamos ante una parcela muy estrecha y bastante profunda. Baganha ha desplegado el programa de esta casa en los tres niveles de que la casa consta. El último piso dispone de iluminación cenital.

La fachada se presenta con una notable discreción, queriendo pasar desapercibida, como si siempre hubiera estado allí. Al igual que en "As Janelas Verdes" en el centro de Lisboa, aquí en Figueira da Foz, Baganha se ha dedicado a introducir orden, a componer y sobre todo a buscar un resultado armónico, discreto, elegante y que produzca la impresión de haber estado allí, o lo que equivale a decir, que produzca la impresión de ser una parte consustancial a la ciudad existente, a pesar de su pequeño tamaño.

Baganha está muy interesado en las cuestiones urbanas. En su práctica profesional puede poner en práctica sus ideas en relación a la ciudad. Es miembro fundador del C.E.U. (Council for European Urbanism) así como un arduo defensor de los principios de la Carta de Estocolmo redactada por los miembros del CEU en 2003.

Baganha es un defensor de la ciudad tradicional, compacta, de usos mixtos y con un tratamiento de la residencia fiel a determinadas ordenanzas (o códigos) capaces de garantizar un crecimiento homogéneo y armónico de la ciudad.

En este sentido es contrario al sistemático culto al "objeto" arquitectónico; este culto que promueve que cada edificio sea concebido como si nada existiese en su derredor, como un mero objeto.

LA DOCENCIA Y LA PRÁCTICA

No quisiera cerrar este texto sobre la obra de José Baganha sin hacer una referencia a su trabajo como docente. Enseña "Rehabilitación urbana y construcción", haciendo especial énfasis en la importancia que tiene de cara al propio proyecto.

La enseñanza de la rehabilitación así como la de construcción obliga a presentar un talante práctico, observador y desprejuiciado. Esto mismo trata de transmitir a los alumnos.

Alguna vez José Baganha me ha referido su experiencia confrontando a los alumnos con edificios específicos de los que es preciso analizar la resolución de determinados elementos de su construcción; analizar el por qué de la solución adoptada, la lógica o no de dicha solución, o la obligación de presentar una alternativa por parte del alumno.

Baganha sabe muy bien que muchas formas a lo largo de la historia deben su configuración y su aspecto a una razón constructiva que las dio origen; y sabe que desaparecida la razón constructiva, la forma sigue persistiendo, a pesar de no tener ya una razón de ser de origen constructivo.

La enseñanza, el contacto con los alumnos para un arquitecto que practica la profesión, que proyecta y que construye, hace que la disciplina que enseña sea contemplada dentro de un amplio espectro de intereses. Así Baganha ve en la construcción un interés operativo para el proyecto, y en éste ve la acción sobre la ciudad; y siempre está presente la historia o la tradición o las costumbres aportando soluciones probadas y demostradas una y mil veces; y también están las nuevas tecnologías y los nuevos materiales. En suma la enseñanza deviene una transmisión hacia el alumno de una manera de estar, de mirar a la arquitectura. De modo que por la construcción se filtra desde el profesor todo el talante humanista y técnico que el alumno debe ir conformando. Y el profesor gracias al constante trato con los jóvenes, siempre deseosos de aprender cosas nuevas, siempre inquisitivos, al tener que exponer, dialogar y contrastar las más diversas cuestiones con el alumno, permanece ágil, como el atleta que ejercita sus músculos de modo constante.

Creo que la labor pedagógica en José Baganha también le obliga a él personalmente a plantear sus obras en los mayores términos de coherencia; porque siempre donde está el docente, están sus alumnos detrás, detrás del arquitecto que ejercita la profesión. Porque sus acciones parecen ser observadas (y de hecho lo son) por sus alumnos, porque en última instancia se ha de predicar con el ejemplo.

Como cierre a este texto he de manifestar el gran interés que ha despertado en mí el conocimiento directo de la obra de José Baganha. Los edificios vistos en su contexto, tanto las casas en el campo como otros en la ciudad revelan el talante del arquitecto en su búsqueda por el equilibrio y la armonía con el medio. Nos muestran una obra muy bien construida, muy bien compuesta y muy sensible a los aires que hoy recorren el mundo en pos de una nueva sensibilidad.

Unos aires, una inquietud, en pos de la creación de un medio ambiente armónico, de un desarrollo sostenible. Baganha se ha revelado como una relevante figura en medio de esta nueva situación. Con su obra nos demuestra además de su buen hacer, el aire fresco, la esperanza y el optimismo que este nuevo Portugal lanza al resto de Europa.

Bilbao, Febrero de 2014

JAVIER CENICACELAYA

Javier Cenicacelaya es arquitecto y catedrático de Composición Arquitectónica en la Universidad del País Vasco.

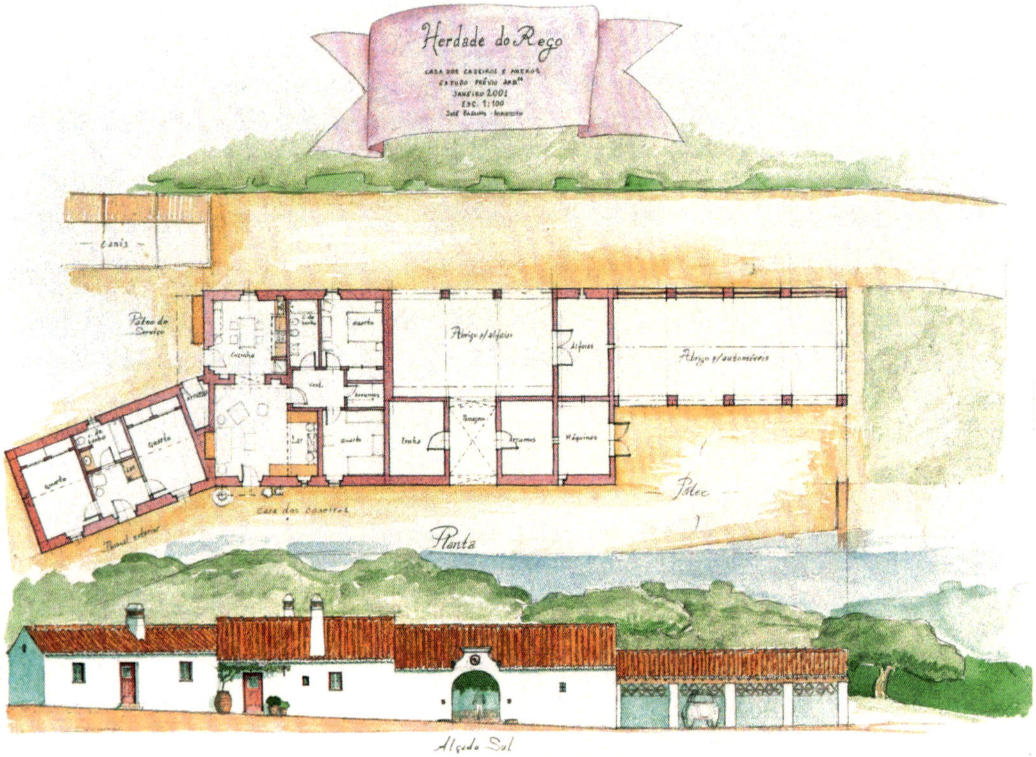

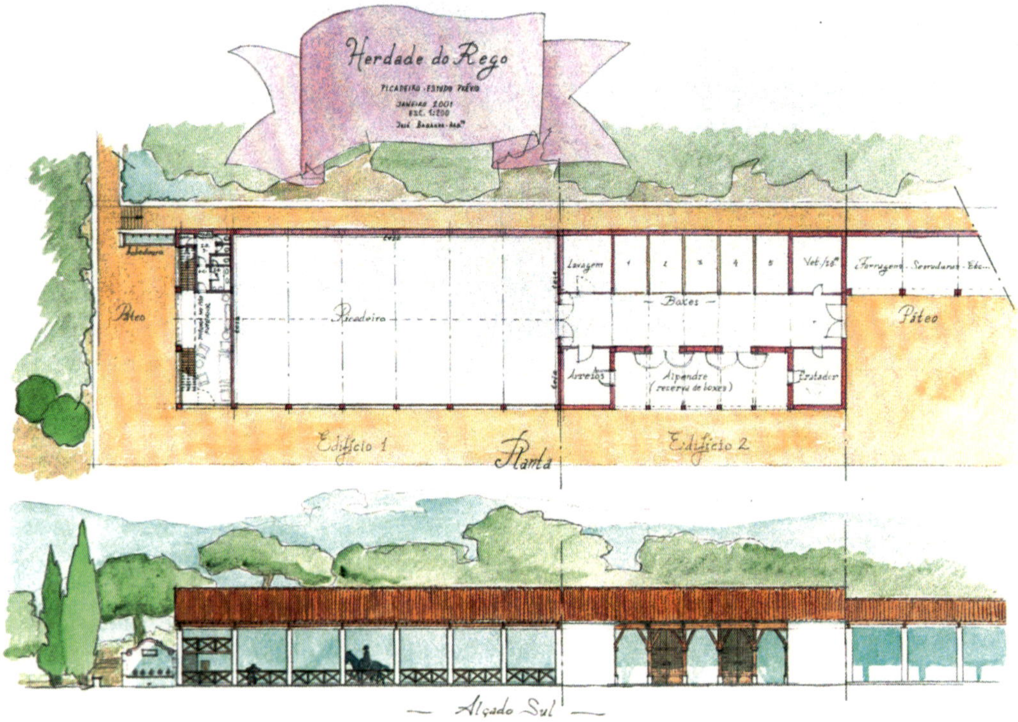

(1). En *Mensagem*, Fernando Pessoa, Ed. Ática, (11ª Edición) Lisboa.

(2). Véase Jose Luiz Monteiro. 1848-1942.
Luis Trigueiros, Editorial Blau. Lisboa, 2004

(3). "Independentemente do seu ensino clássico, decorrente da conservadora *École des Beaux-Arts* parisiense, ter tido exiguos seguidores, José Luiz Monteiro tornou-se reconhecidamente o motor de arranque da renovação e promoção arquitectónica que se atrasava em Portugal", en "Master Monteiro" por João Alves da Cunha, en *José Luiz Monteiro*. 1848-1942, p. 7

(4). Ventura Terra (1866-1919) recibe una completa educación en París, y confirma en su obra un gusto en sintonía con el de la capital francesa, e incluso más, tiene un gusto por la ampulosidad, entendiendo que ésta manifiesta determinados valores cosmopolitas, como sucede con su famoso Banco Lisboa & Açores, de 1906, inserto en el tejido pombalino de la Baixa.

(5). Dice José Augusto França al respecto:
"O primeiro melhor edifício de gosto ecléctico de Lisboa nasceu assim, como anúncio de um desejado enriquecimento, ao menos bancário, da capital." José-Augusto França, en *História da Arte em Portugal . O Pombalismo e o Romantismo*
Editorial Presença, Lisboa, 2004, p. 174

(6). "El carácter cosmopolita del siglo XIX trajo a Suecia, quizás en mayor grado que a otras naciones civilizadas, una mezcla de estilos históricos, desde Grecia al Renacimiento o la Edad Media y el Barroco, todos basados más bien en un conocimiento académico que en el auténtico sentimiento artístico por la arquitectura. En nuestro país, como en otros lugares, la excesiva cantidad de material extranjero ha impedido el desarrollo de un tipo uniforme de arquitectura. Se ha reconocido en la última década que este espíritu universal en un arte como la arquitectura, que está influenciado por condiciones climáticas y locales, presenta un claro peligro para el arte de construir. Por esta razón, el problema presente en relación con la arquitectura sueca consiste en desarrollar una arquitectura nacional basada en el estudio de los edificios nacionales"
Ragnar Östberg. "Contemporary Swedish Architecture". Architectural Record, Vol. XXV, nº 3, March 1909, pp 166-177

(7). Es muy conocido su artículo "En busca de una arquitectura nacional" de 1878, que fue publicado en la revista *La Renaixença*.
La revista recogía las inquietudes de un movimiento que, capitaneado por intelectuales y burgueses, buscaba una expresión propia y característica de la cultura catalana y también, lógicamente de la arquitectura catalana.
Este movimiento dio origen al *Noucentisme* y al *Modernisme* en Cataluña. El segundo tan conocido a nivel internacional por la figura singular de Antonio Gaudí.
Si bien el *Modernismo* catalán consideró interesante la arquitectura regional del pasado, acabaría por convertirse en un estilo propio con la pretensión de presentar el debate cultural catalán a un nivel digno del debate europeo del momento.
Esta deseada equiparación con Europa explicaría los excesos decorativos, las actitudes eclécticas, el afecto por la artesanía que se daban por esos años en movimientos de otros países, con diferentes grados de intensidad de unos factores –la decoración, el cromatismo, etc.– sobre otros según los arquitectos.

(8). Leonardo Rucabado fue el creador del denominado como estilo montañés. La influencia de la casa inglesa, el interés despertado en Europa por el chalet suizo, y la presencia de la arquitectura vernácula vasca, crearon una hermosa síntesis en este estilo regional, el "neovasco".
Arquitectos como Aníbal Álvarez defendía en su discurso de entrada en la Real Academia de Bellas Artes de San Fernando, en 1910, que aquellos estilos que parecían más propios de España, como el plateresco o el barroco, debían de ser estudiados; y por ello los arquitectos debían tomar en consideración el análisis de la arquitectura del pasado que se encontraba en cada región.

Vicente Lampérez y Romea, y Leonardo Rucabado fueron también decisivos a la hora de reclamar los estilos más españoles del pasado para ser adaptados a las necesidades del presente.
Leopoldo Torres Balbás se inclinaba, sin embargo, no tanto por una reinterpretación de obras y estilos significativos del pasado, sino por una mirada directa a la arquitectura popular. Como él, Teodoro de Anasagasti o Fernando García Mercadal pusieron en valor a la arquitectura vernácula hasta la llegada de la Guerra Civil (1936-1939).

(9). José Luís Quintino, "Raul Lino, 1879-1974", en *Raul Lino*, Luis Trigueiros y Claudio Sat, Ed. Blau, Lisboa 2003, p. 16

(10). Op. Cit. p. 17

(11). Raul Lino. *Casas Portuguesas*, Herederos de Raul Lino y Ediciones Cotovia, Lisboa 1992, p. 113

(12). Los citados hermanos Carlos (1887-1971) y Guilherme Rebelo de Andrade (1891-1969), Luis Cristino da Silva (1896-1976) y Porfirio Pardal Monteiro (1897-1957), no fueron los únicos; son tan sólo algunos de los nombres que mantuvieron su interés por la arquitectura historicista hasta las décadas de apogeo de la arquitectura del Estado Nuevo.
Hubo otros muchos más que, a diferencia de Lino, evolucionaron hacia posiciones más próximas al gusto de las vanguardias europeas; entre estos figuran especialmente Carlos Ramos (1897-1969), Jorge Segurado (1898-1990) y el más joven y brillante arquitecto Keil do Amaral (1910-1975).

(13). En 1928 se crea en España la "Junta de Paradores y Hosterías del Reino", como germen de los Paradores Nacionales, cuyo desarrollo tendrá lugar tras la Guerra Civil.

(14). *Arquitectura*, nº 49, Octubre 1953, p. 22

(15). Me estoy refiriendo al edificio para Mercado en Vila da Feira (1953-1959), junto a Álvaro Siza, Fernando Lanhas y Alberto Neves.
El edificio tiene un esquema claro, marcada horizontalidad creando un patio, con una fragmentación volumétrica, adaptándose a la topografía; todo ello lo separan de la "ortodoxia" moderna; y sin embargo falla la escala en el contexto en que se inserta; la escala en términos compositivos (relación de los huecos, faldones de cubierta, dimensiones de paños, etc. con los existentes en el lugar). No acaba de integrarse en el paisaje, a pesar de mostrar una clara voluntad de intentarlo.
A mi entender ello se debe al temor a "mimetizar" tipologías de mercado ya existentes propias del mundo rural.

(16). Ana Tostões. "Arquitectura Moderna Portuguesa: Os Tres Modos", en *Arquitectura Moderna Portuguesa*, por Ana Tostões y Sandra Vaz Costa, Instituto Português do Património Arquitectónico (IPPAR), Lisboa 2004, p. 139

(17). Ana Tostões. op. cit. p. 142

(18). Así lo atestigua el Decreto-Ley nº 40.349, que facilitó la subvención para la publicación del *Inquérito*.
Se dice en dicho Decreto-Ley:
"À intensa actividade desenvolvida na reconstrução material do nosso País tem o Governo feito corresponder preocupações e esforços no sentido de valorização da arquitectura portuguesa, estimulando-a na afirmação do seu

vigor e da sua personalidade e apoiando-a no propósito de encontrar um rumo próprio para o seu engrandecimento.

Integra-se nesta orientação o reconhecimento do carácter evolutivo das soluções arquitectónicas, que tendem naturalmente a adaptar-se à sua época, acompanhando o aperfeiçoamento das técnicas construtivas e a própria evolução dos ideais estéticos.

Mas reconhece-se ao mesmo tempo, que as novas soluções não deverão deixar de apoiar-se nas tradições da arquitectura nacional, resultantes do condicionalismo peculiar do clima, dos materiais de construção, dos costumes, das condicões de vida e dos anseios espirituais da grei, de todos os factores específicos, em suma, que, reflectindo-se naturalmente nas nossas realizações arquitectónicas em épocass sucessivas, lhes conferiram cunho próprio e criaram um sentido para a expressão "arquitectura nacional".

Perante a evolução dos factores que lhes deram origem, algumas dessas tradições construtivas não manterão já integralmente o seu valor, podendo mesmo constituir meros documentos da história da nossa arquitectura, muitas, porém, continuam perfeitamente ajustadas ao ambiente nacional e contêm em si uma lição viva de evidenciar valor prático para o desejado aportuguesamento da arquitectura moderna do nosso pais."

(19). *Arquitectura Popular en Portugal*, II Vols., Ed. Centro Editor Livreiro da Ordem dos Arquitectos, Lisboa, 2004.

(20). Es a raíz de este renovado interés por el pasado cuando tienen lugar diversas exposiciones de aquellos arquitectos ignorados o muy detestados en las décadas precedentes. Así se entiende por ejemplo la exposición retrospectiva de la obra de Raul Lino en la Fundación Calouste Gulbenkian en 1974 entre otras.

(21). Publicado en *The Harvard Architecture Review*, Cambridge, Mass., 1986:

"Let me first stipulate that I don't really perceive how your topic, *the use of precedent and the role of invention in architecture today*, can very well lead to profitable dispute.
I can never begin to understand how it is possible to attack or to question the use of precedent. Indeed, I am not able to comprehend how anyone can begin to *act* (let alone to *think*) without resorting to precedent. For, at the most banal level, a kiss may be instinctual, and a handshake remains the product of convention, of habit, or of tradition; and in my reading, all of these words and whatever they may signify are related – loosely no doubt – to the notions of paradigm, of model, and hence, of precedent."

"So much is my initiatory bias which I will now expand upon via the ancient strategy of a series of rhetorical questions:
"Just how is it possible to conceive of any society, any civilization, or any culture without the provision of precedent?"

"Are not language and mathematical signs the evidence of convenient fables and hence the advertisement of prevailing precedent?"
"Further, in the romantic predicament of interminable novelty, surely one must be at a loss to discover how any discourse (other than a grunt) is to be conducted?"
"Is not precedent, and are not its connotations, the primary cement of society? Is not their recognition the ultimate guarantee of legitimate government, legal freedom, decent prosperity, and polite intercourse?"

"As painfully obvious and horribly banal as these implicit propositions are, I assume that they belong to the platitudes that any one operating in a *reasonably* structure society (neither savage nor subjected to overheated revolutionary excitement) will be compelled to observe. I do not assume – I *cannot* – that these platitudes are available to the average architecture student. For he or she has been educated in a much more expansive milieu, with boundaries and limitations fragile to say the least."

"In the days when it was understood that all art is a matter of imitation, whether of external reality or of some more metaphysical abstraction, the role of precedent was scarcely to be disputed; and, needless to say, Aristotle produces the argument very succinctly."
The instinct of imitation is implanted in man from childhood, one difference between him and other animals being that he is the most imitative of living creatures and through imitation learns his earliest lessons; and no less universal is the pleasure felt in things imitated.

And Rowe continues referring to a poem by Wordsworth:

"But if Wordsworth expands upon Aristotle and begins to relate mimesis to infant worship (the child is the father to the man) one must turn to Walter Gropius to receive the full, the kindergarten drift of this diversion. Inadvertently, Wordsworth describes the architecture student as one knows this creature to be: but the impulsive Walter goes on to specify a *beau ideal* for the species."
Creativeness in the growing child must be awakened through actual working with all kinds of materials in conjunction with training in free design... But this is important: no copying, no elimination of the urge to play, i.e., no artistic tutelage!

"Such is to provide pointers to a condensed history of the doctrine of mimesis and its decline; and such is also to bring into prominence your business about the use of precedent. For with the best will in the world, it is not extremely easy to understand the Gropius distinction between "copying" and the "urge to play": Yer gotta play but yer not gotta copy and that's what you guys have gotta do. But could there be any dictate more perverse and inhibiting?"

"Is it not evident that any form of play is inherently "copying" – and is related to fantasies of war or fantasies of domesticity? And, without these models either of battle or building, surely it is extremely hard to imagine how any game from chess to architecture could very well survive. No, all play is essentially the celebration of precedent."

"Now, what about the second part of your topic: *the role of invention in architecture today?*"
"Well, one thinks about the lawyer with a whole library bound in blue morocco behind him. This is the inventory of cases bearing upon the specific case that he is required to judge. So simply to pronounce a legal innovation, to discriminate the new, our jurist is obliged to consult the old and the existing; and it is only by reference to these that genuine innovation can be proclaimed. For are not precedent and invention the opposite sides of the same coin? *I think a better topic might have been: How does the new invade the old and how does the old invade the new?*"

Sincerely,
Colin Rowe

(22). Eduardo Lourenço, *O Labirinto da Saudade*, Lisboa, Dom Quixote, 1992 (1ª edición 1978), p. 47.

Visitando as Casas
Visiting the Houses
Visitando las Casas

Casa nas Sesmarias
House in Sesmarias
Casa en Sesmarias

Salvaterra de Magos, 1992

Esta casa compõe-se de dois edifícios distintos ligados por um "muro" com um grande arco que marca a entrada principal. Este conjunto define um páteo de chegada que um chafariz ajuda a enquadrar. O edifício à esquerda, quando se entra, é um armazém de alfaias (o casão) e serve igualmente para o estacionamento automóvel.
É um volume simples, de cobertura de quatro águas.
À direita, fica a casa propriamente dita, que se desenvolve em dois corpos articulados em "L", o primeiro, voltado ao páteo, com dois pisos e o outro com um só piso, térreo.
Este "L" configura um outro espaço exterior que designamos de "jardim", onde se situam também a piscina, com um espaldar de tanque e uma pérgula.
No caminho de acesso à casa, com início num portão enquadrado por um muro

This house comprises two separate building s connected by a "wall" with a large arch marking the main entrance.
This outlines the entrance courtyard, which is also framed by a fountain.
The building to the left as one enters is an equipment storage area and is also used as a car park. It is a simple structure with a four-plane roof.
To the right is the house itself, comprising two bodies forming an "L" shape. The first faces the courtyard and has two loors, and the other has just a ground loor.
This "L" format gives form to another outdoor space which we call the garden, and which also contains the swimming pool, with a water basin and backboard and a pergola.
The driveway to the house, starting at a gate frarned by a wall typical of farrning

Esta casa se compone de dos edificios distintos ligados por un "muro" con un gran arco que marca la entrada principal. Este conjunto define un patio de llegada que un chafariz ayuda a encuadrar. El edificio a la izquierda, al entrar, es un almacén de aperos (o casona) y sirve igualmente para el estacionamiento automovilístico. Es un volumen sencillo, de cobertura de cuatro aguas.
A la derecha, queda la casa propiamente dicha, que se desarrolla en dos cuerpos articulados en "L", el primero, mirando al patio, con dos plantas y el otro con una sola térrea.
Esta "L" configura otro espacio exterior que designamos jardín'; donde se sitúan también la piscina, con un espaldar de tanque y una pérgola.
En el camino de acceso a la casa, iniciándose en un portón encuadrado por un muro característico de las propiedades agrícolas de esta región del Ribatejo, se plantaron naranjos, alineados, reforzando el efecto del eje de

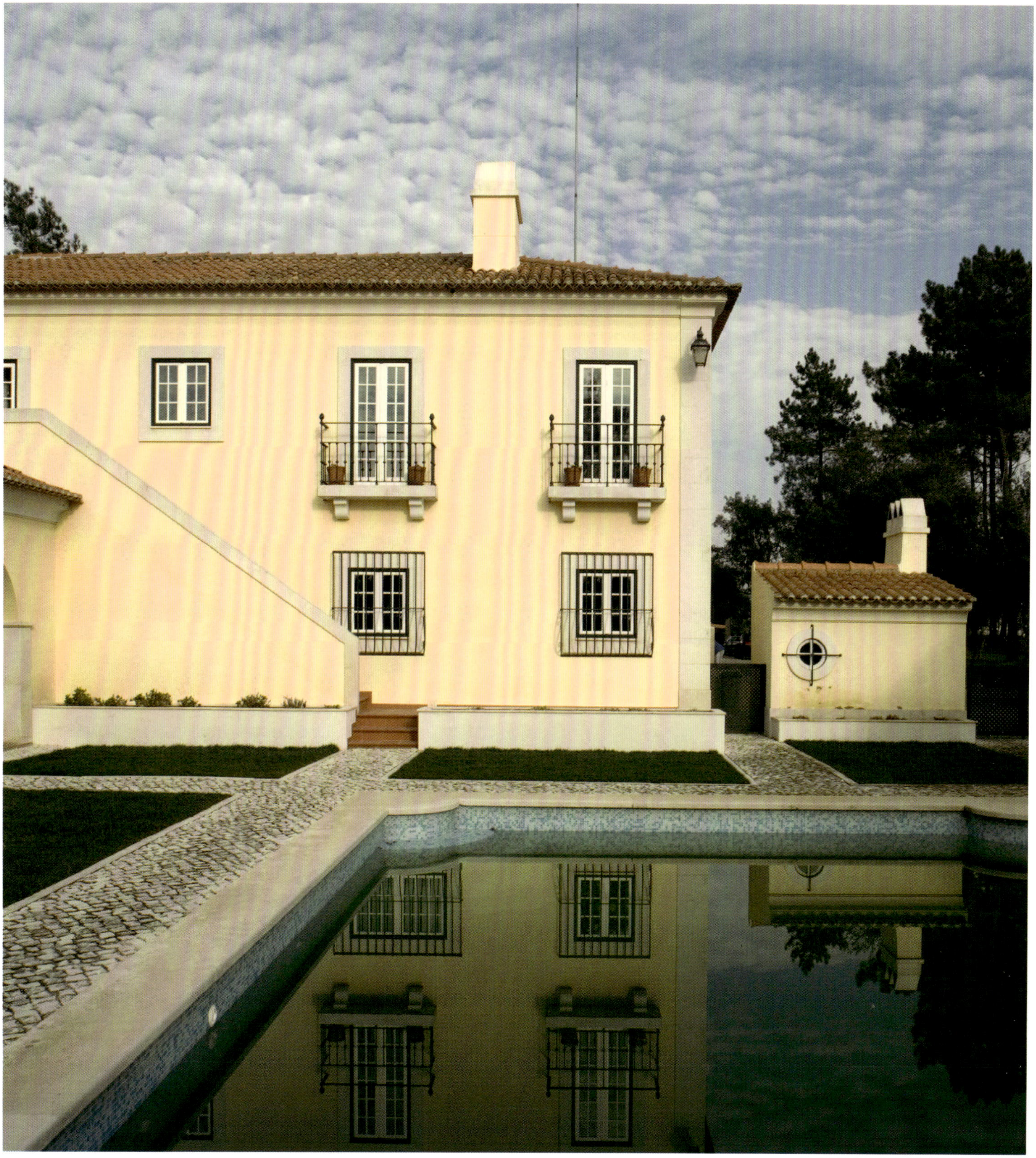

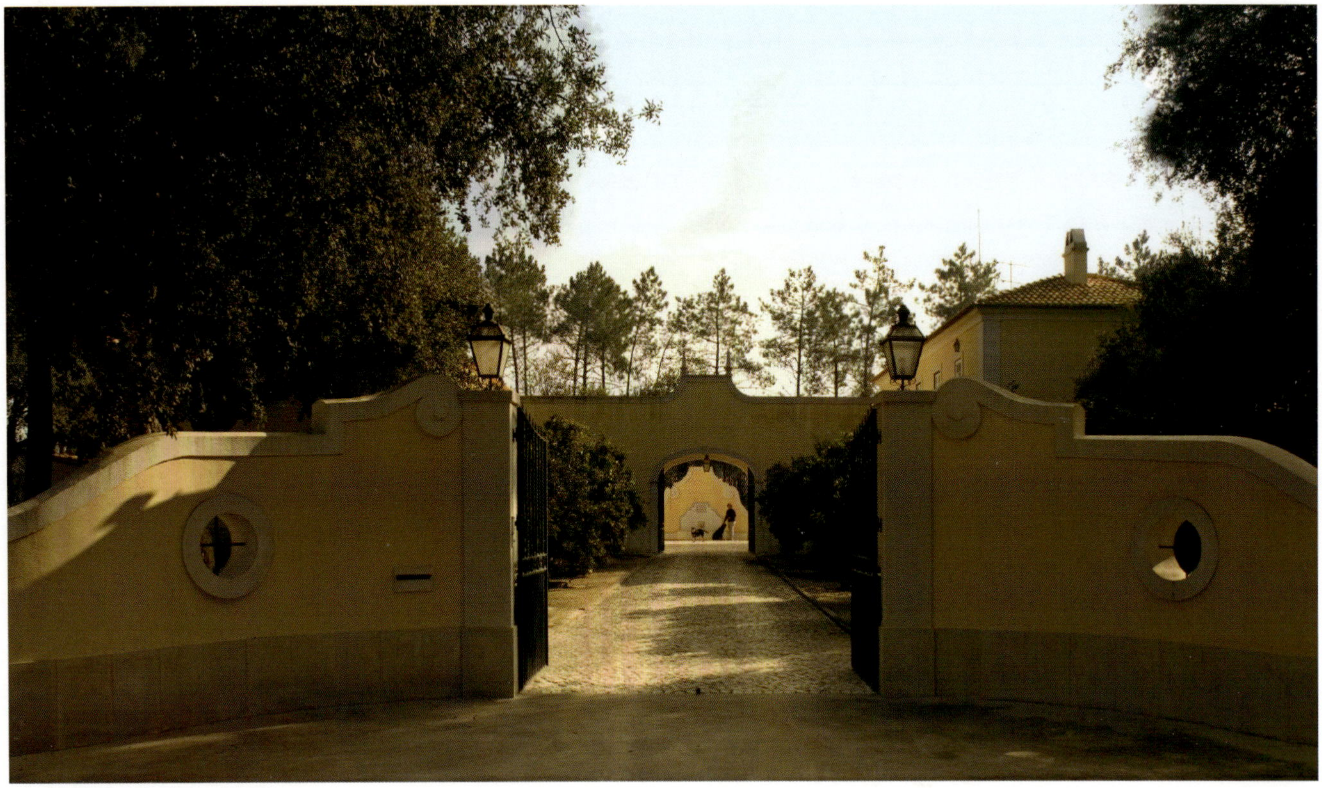

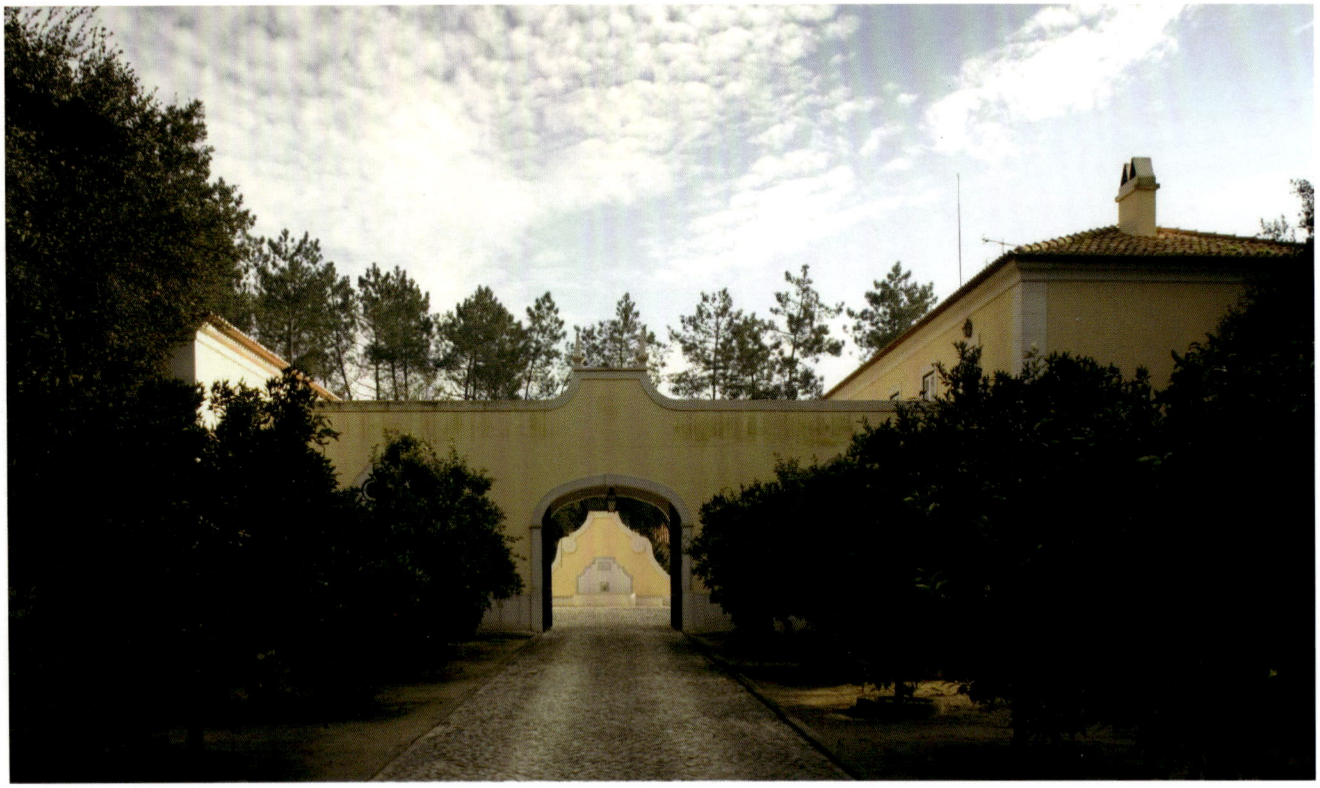

característico das propriedades agrícolas desta região do Ribatejo, plantaram-se laranjeiras, alinhadas, reforçando o efeito do eixo de entrada que atravessa o muro com o arco e termina no chafariz.

O desenho da casa é de inspiração claramente tradicional, mais especificamente, dos modelos da casa principal da herdade ribatejana – não é o palácio mas também não é o monte. Se estivesse no Norte, poderíamos talvez chamar-lhe "solar", muito embora o termo tenha uma conotação muito "barroca", de grande profusão ornamental, que aqui nestas paragens, seria impensável encontrar.

esta te s in this part of the Ribatejo region, has been lined with orange trees to enhance the effect of the entrance axis, which passes through the wall with the arch, and ends at the fountain.

The inspiration for the house's design is clearly traditional, based on the rnain houses ofRibatejo estates: it is not a palace, but also not a traditional farrnhouse, or monte.

In Northern Portugal it rnight be called a solar, although the terrn has a very Baroque connotation, with profuse ornarnentation, which would be unthinkable in this region.

entrada que atraviesa el muro con el arco y termina en el chafariz.

El diseño de la casa es de inspiración claramente tradicional pero específicamente, de los modelos de la casa principal de la heredad ribatejana, no es el palacio, pero tampoco es el campo; si estuviese en el norte, podríamos llamarle "solar"; aunque el término tenga una connotación muy "barroca'; de gran profusión ornamental, que aquí en estos parajes, sería impensable encontrar.

Implantação
Site
Implanción

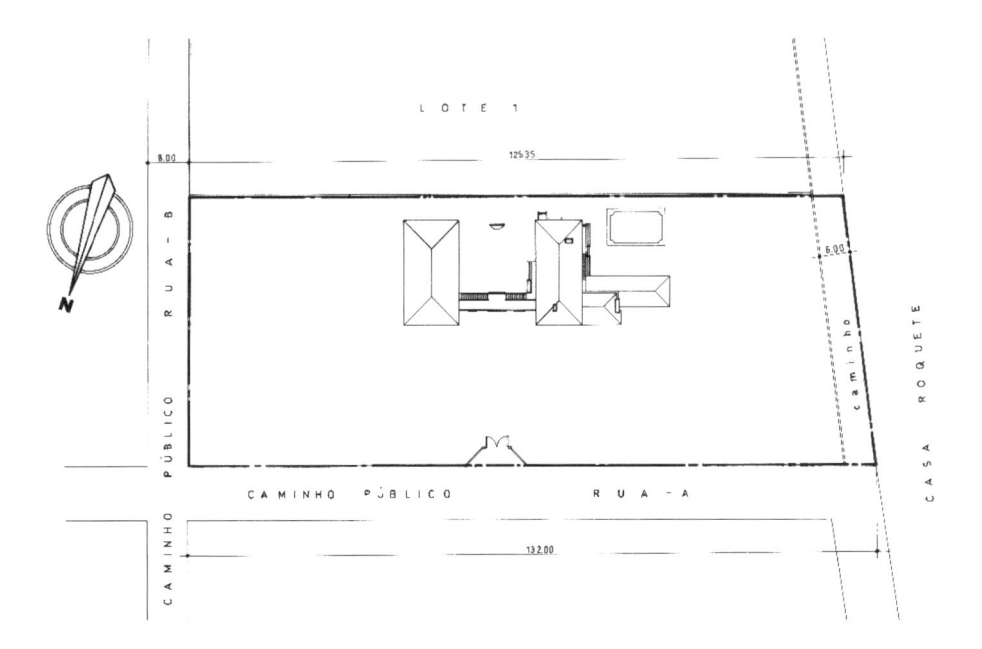

Alçado Sul
South Elevation
Alzado Sur

Alçado Norte
North Elevation
Alzado Norte

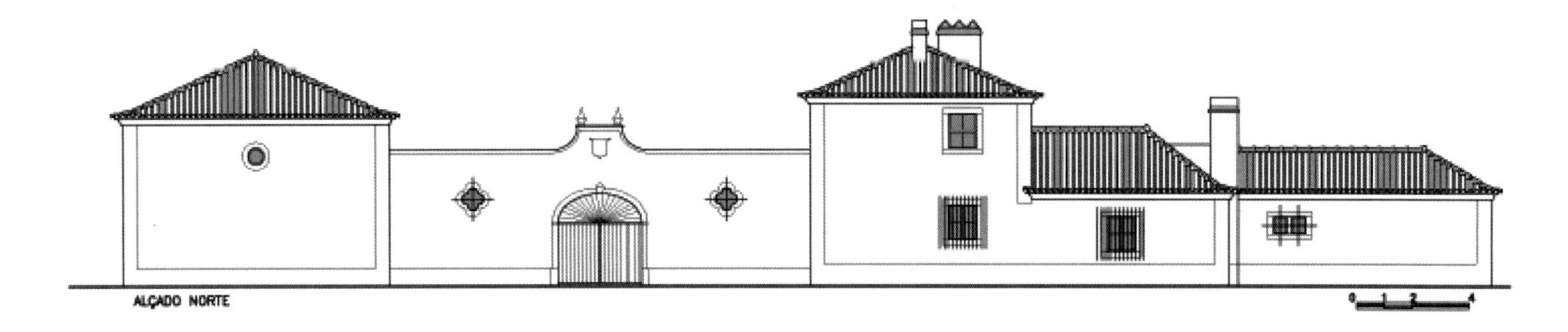

Corte A B
Section A B
Sección A B

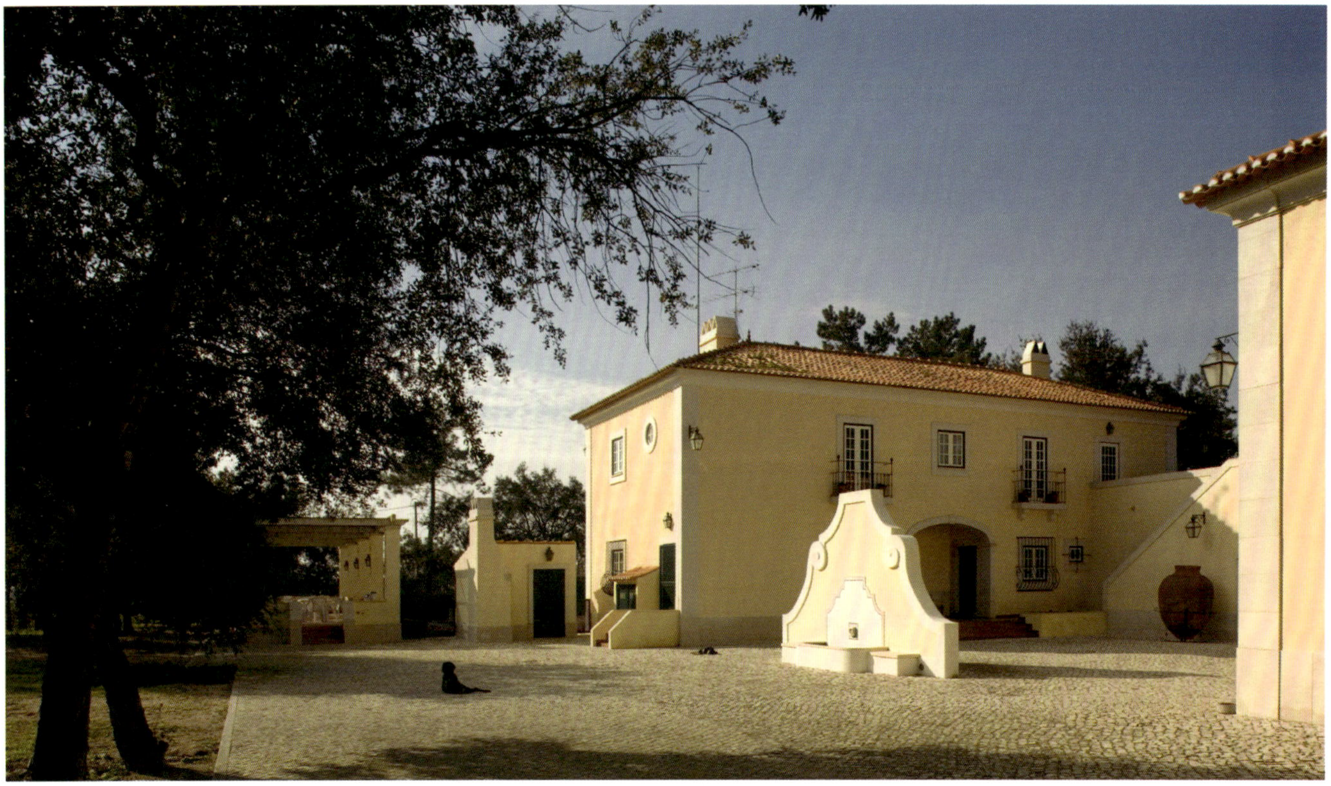

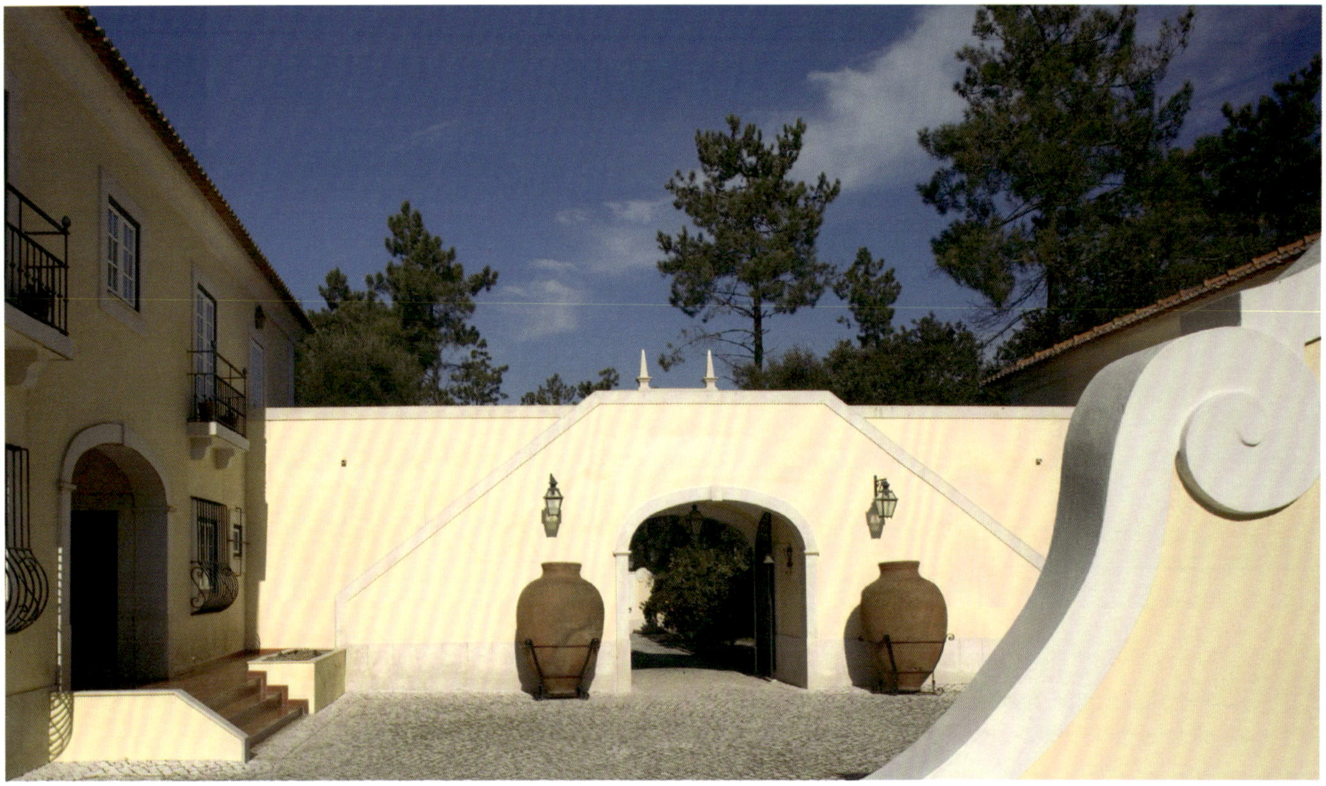

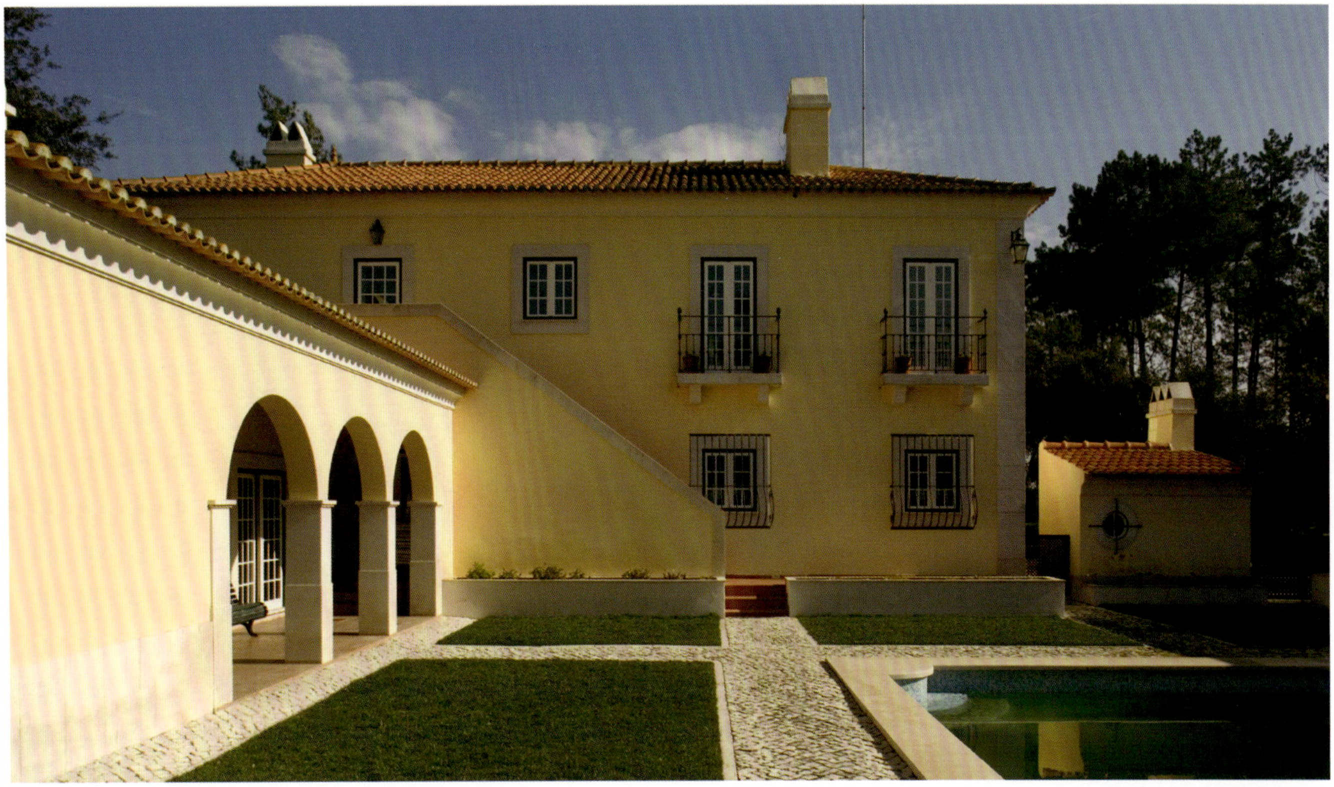

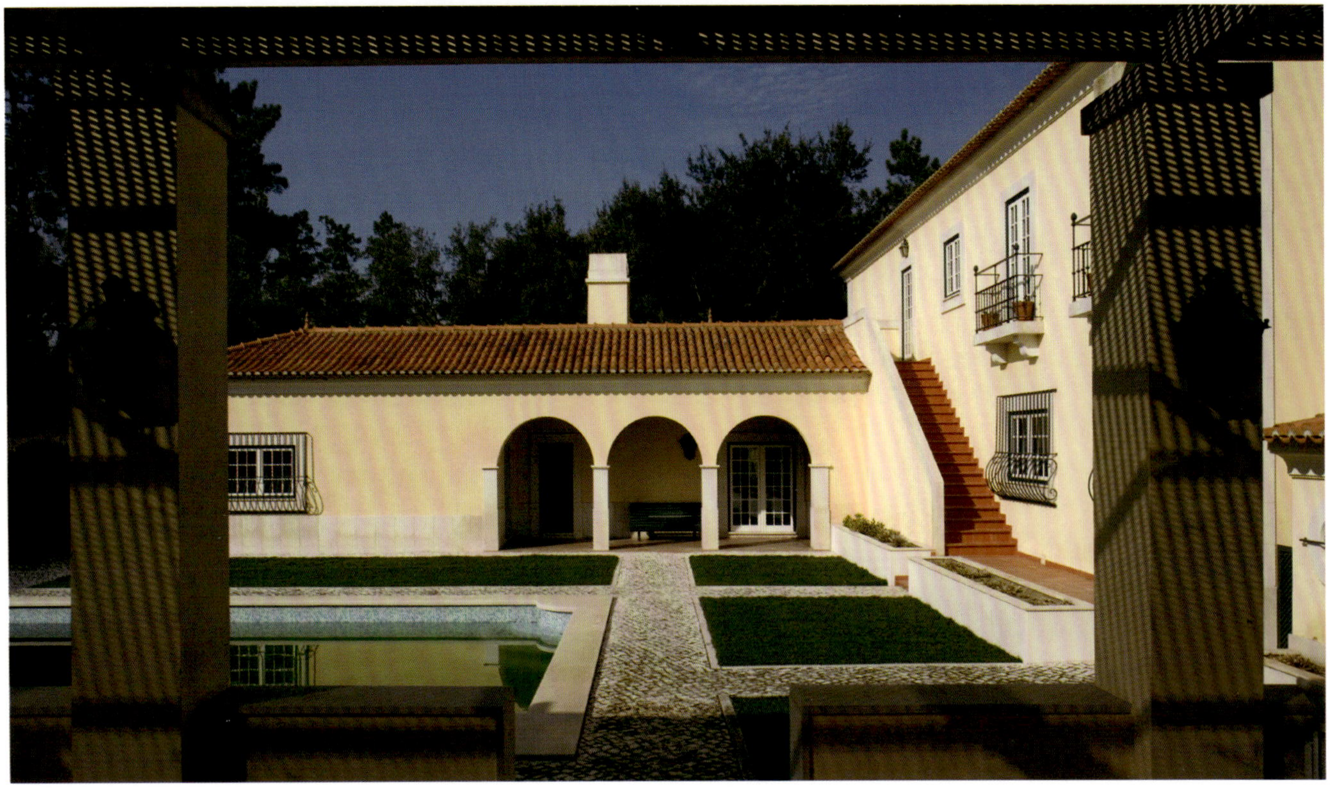

Alçados Nascente e Ponente / Cortes C D e E F
East and West Elevations / Sections C D and E F
Alzados Este y Oeste / Secciones C D y E F

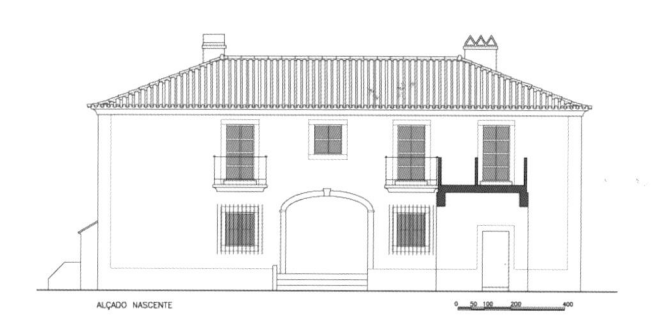

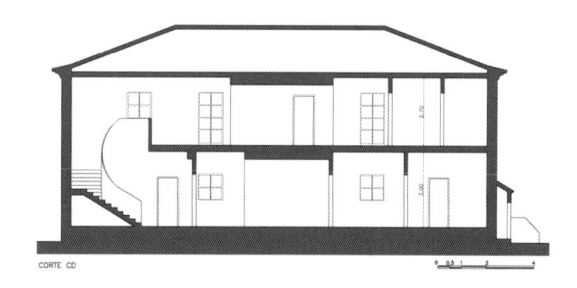

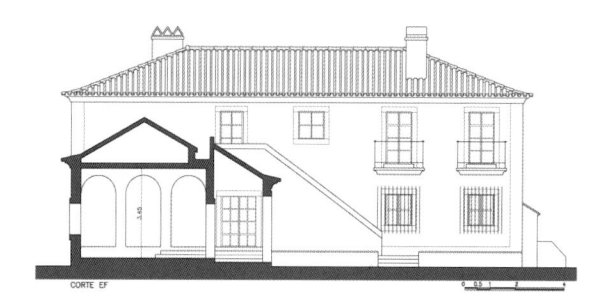

102

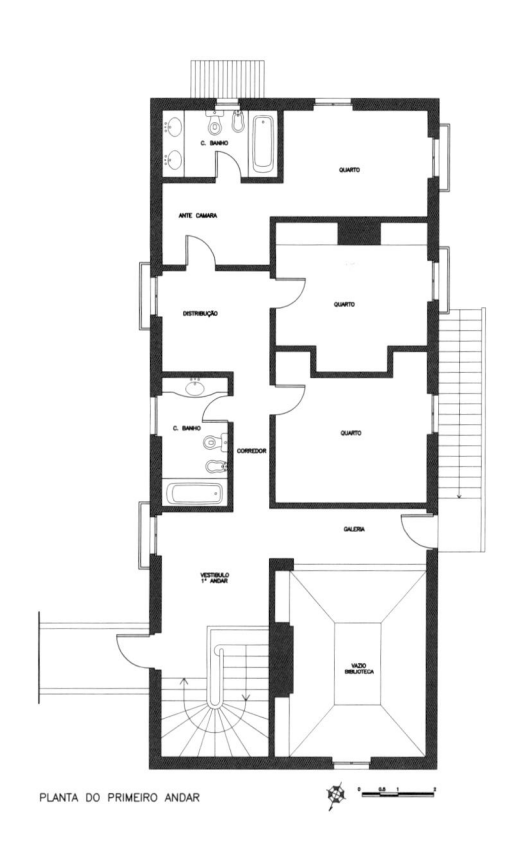

Planta Piso 1
1st Level Plan
Planta Primera

Planta Piso 0
Floor Level Plan
Planta Baja

104

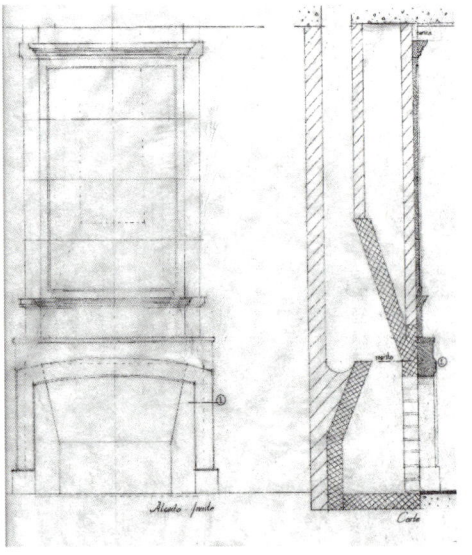

105

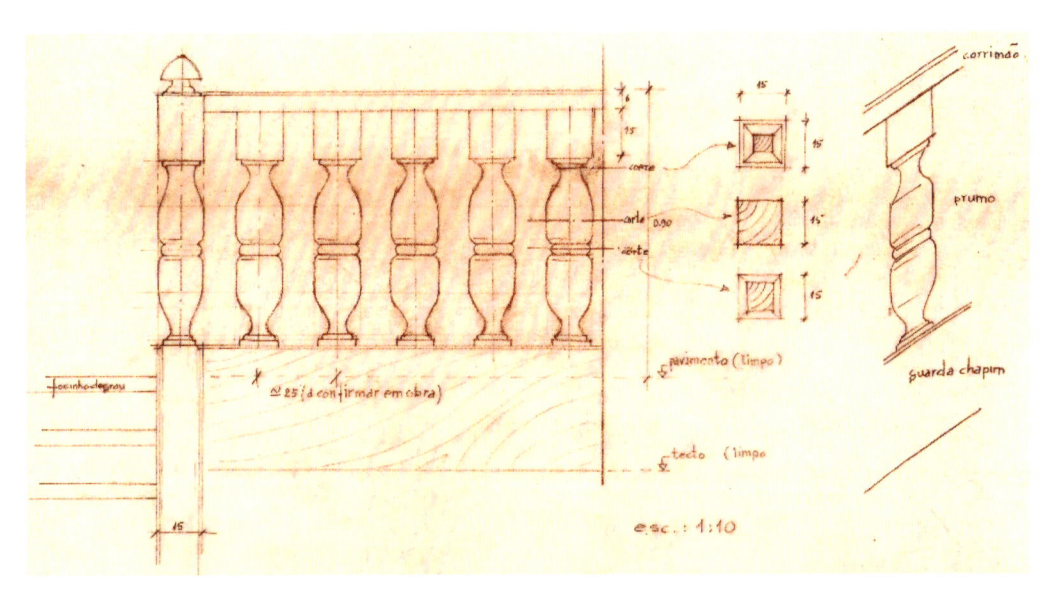

Casa da Quinta da Pedra Taboleira
House of the Quinta da Pedra Taboleira
Casa de Quinta da Pedra Taboleira

Viseu, 1999

Esta é uma casa que projectei para o meu Pai, na sua quinta em Moreira, povoação encostada a Santar, em Nelas. É uma quinta característica da região do Dão, onde também se produz vinho e que, ao tempo em que foi adquirida, incluía uma casa muito feia, ainda inacabada e muito mal construída – típico exemplar da chamada "casa do emigrante" dos nossos dias, seguindo modelos de outras paragens, a maior parte das vezes completamente desajustadas ao nosso clima, para já não falar naquilo que sempre acontece e que é a desadequação à nossa cultura – é uma espécie de fenómeno "pimba" da arquitectura contemporânea.

A tarefa de dar a volta a esta casa não foi portanto, como se adivinha, nada fácil. Para além da reformulação parcial da compartimentação interior e das infaestruturas, houve que alterar a forma da

I designed this house for my father, on his estate in Moreira, a village close to Santar, in Nelas.

The estate is typical of the Dáo region. Wine is produced here, and when it was bought it included a very ugly house that was unfinished and very badly built. It was a typical example of a so-called "émigré's house". These usually follow foreign patterns, and are generally totally unsuited to the Portuguese climate. And there was also that element which always emerges when something is not quite suited to the local culture – a kind of "tacky" phenomenon of contemporary architecture.

So, as can be imagined, it was no easy task to make something of the house. Along with partial restructuring of the infrastructure and interior compartments, the shape of the roof had to be changed, and the problem of thermal

Esta es una casa que proyecté para mi padre, en su finca en Moreira, población recostada a Santar, en Nelas.
Es una finca característica de la región de Dão, donde también se produce vino y que, cuando fue adquirida, incluía una casa muy fea, aún sin acabar y muy mal construida, típico ejemplar de la llamada "casa del emigrante" de nuestros días, siguiendo modelos de otros parajes, la mayor parte de veces completamente desajustadas a nuestro clima, sin hablar de aquello que siempre sucede y que es la inadecuación a nuestra cultura, una especie de fenómeno "cateto" de la arquitectura contemporánea.
La tarea de darle la vuelta a esta casa no fue por eso, como se adivina, nada fácil. Además de la reformulación parcial de la compartimentación interior y de las infraestructuras, se tuvo que alterar la forma de la cobertura y resolver el problema del aislamiento térmico en las paredes exteriores.

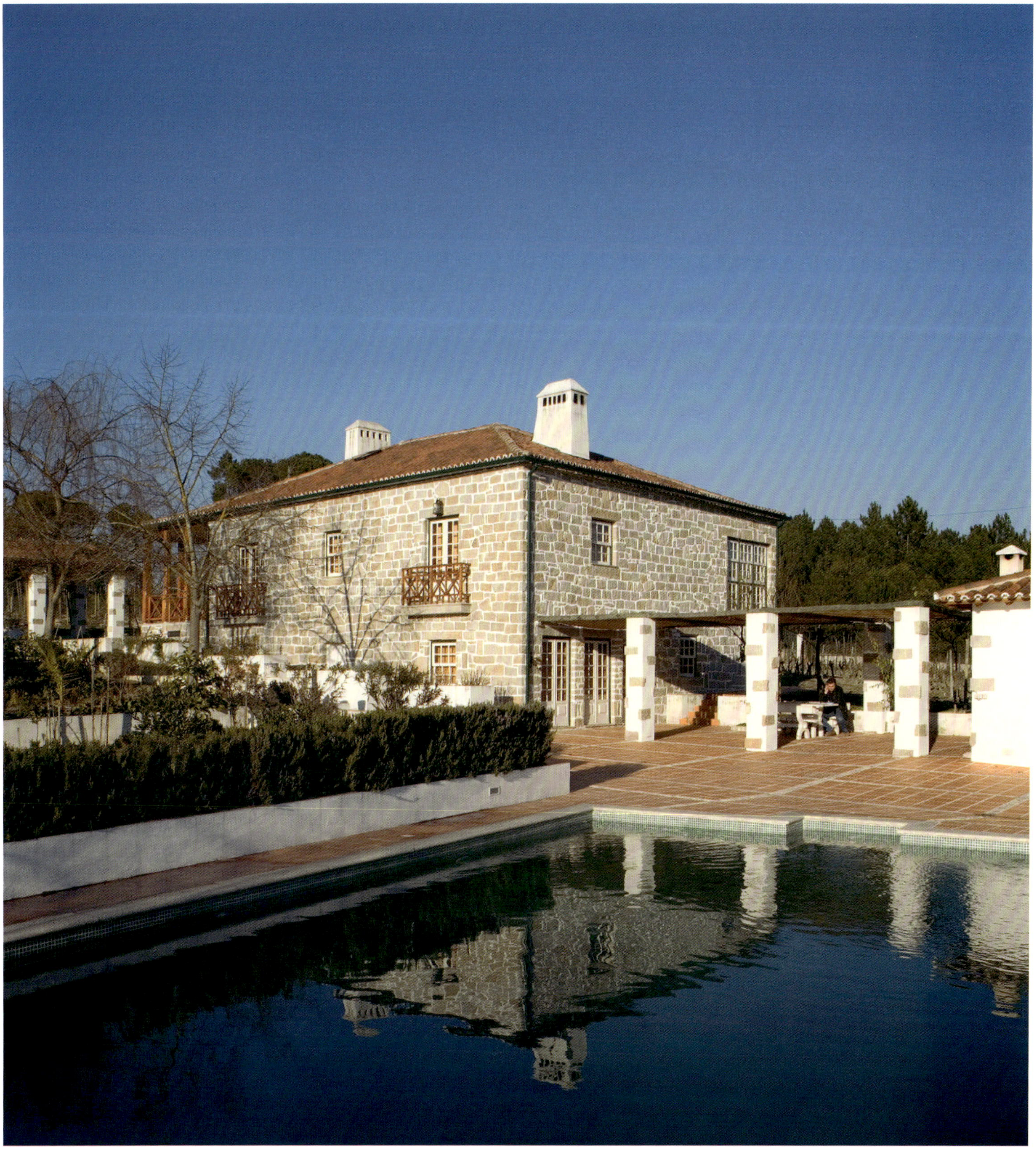

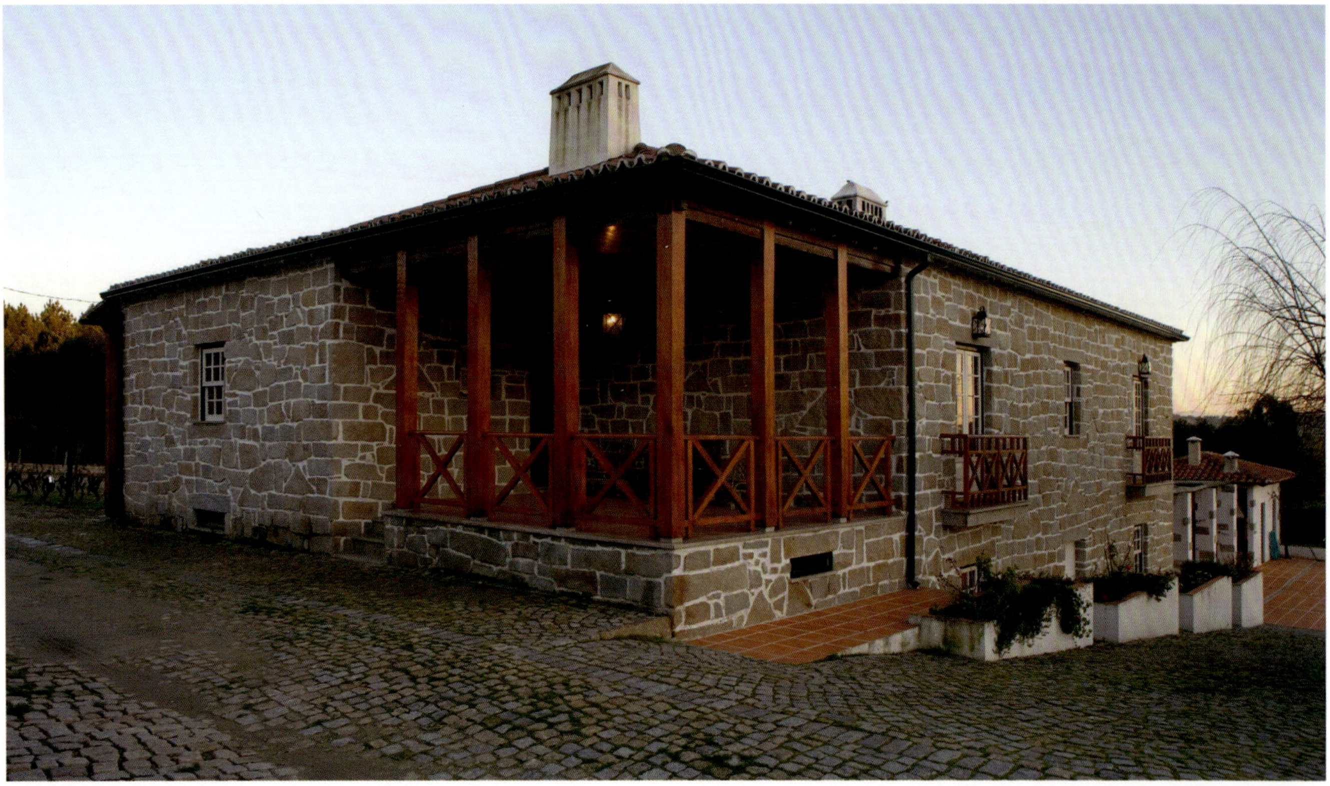

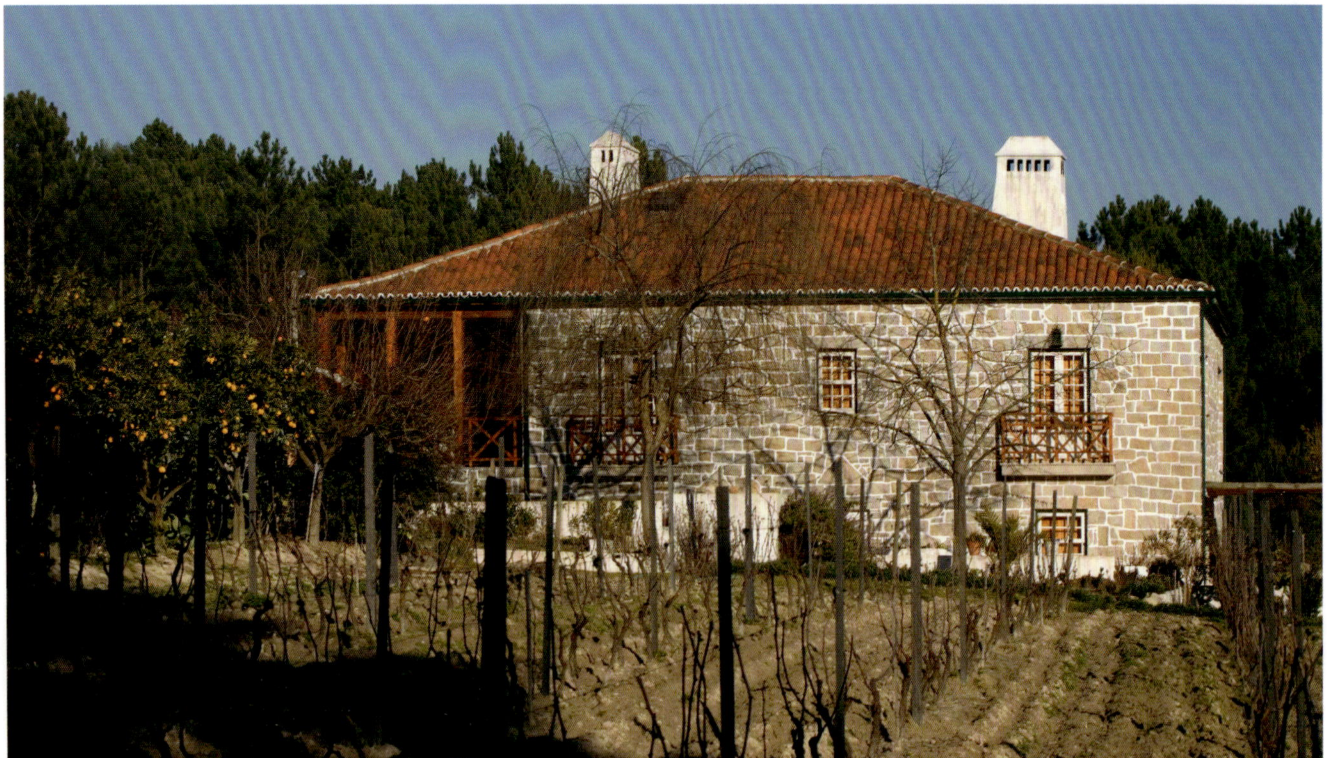

Implantação
Site
Implantación

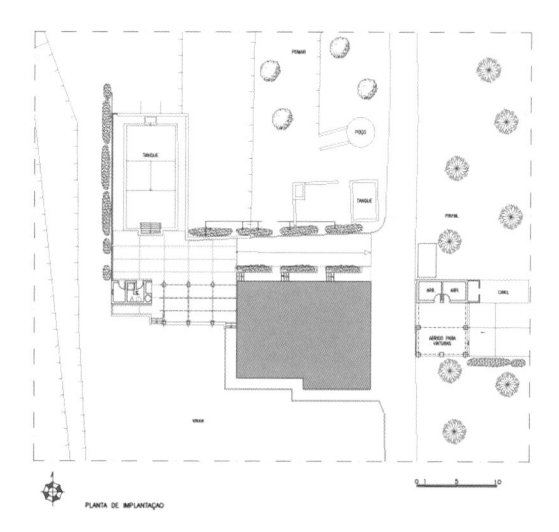

cobertura e resolver o problema do isolamento térmico nas paredes exteriores.
Fechou-se aqui, compôs-se acolá, acrescentaram-se materiais novos, caixilharias, etc..., tudo contribuindo para uma tipologia tradicional da região. As paredes revestidas a granito, os telhados de canudo, com beirado, as madeiras de castanho nas caixilharias, nas guardas e corrimãos de varandas e alpendres, uma varanda beirã, com as janelas de guilhotina encostadas umas às outras e, assim, resultando numa casa que, como alguém lá dizia, "parece que sempre aqui esteve".
Acrescentou-se ainda um terraço pérgolado e um tanque com espaldar que constituem uma área de estar exterior e um alpendre para os automóveis.
Com as vinhas em redor, a casa assume-se como o centro de um mundo distanciado do buliço, da agitação da vida na cidade grande. Aqui tudo parece ter mais força – os sabores, o descanso, o nascer e o crescer das coisas, o pulsar da vida, os ritmos da natureza reencontrados.
Acolhedora no Inverno e fresca no Verão, constitui hoje, para o meu Pai, um refúgio e um local para retemperar forças. Um "santuário" de reconciliação do Homem com a Natureza, do Homem com os Deuses.

insulation of the exterior walls had to be resolved.
An opening was closed here, something added there, new material s, frames and so on were added, all to create a traditionallocal dwelling.Granite-clad walls, overhanging half-pipe roof tiles, chestnut timbers for the frames, guards and handrails ofbalconies and porches, a balcony in the regional style, with side-by-side sash windows, all resulted in a house that, as someone there said, "looks as if it has always been he re".
A pergola terrace was also added, and a water basin with a backboard, forming an outside leisure area and a car port.
Surrounded by vineyards, the house becomes the centre of a world apart fram the hustle and bustle ofbig-city life. Everything here seems more intense – flavours, relaxation, the birth and growth of things, the pulse oflife, the rhythms of rediscovered nature.
Welcoming in winter and cool in summer, for my father it now constitutes a refuge and a place to re-gather his strength. A "sanctuary" reconciling mankind and nature – mankind and the gods.

Se cerro aquí, se compuso acullá, se añadieron materiales nuevos, marcos, etc., todo esto contribuyendo a una topología tradicional de la región. Las paredes revestidas de granito, los tejados redondos, con alero, las maderas de castaño en las carpinterías, en las barandillas y pasamanos de los balcones y alpendres, un balcón de Beira con las ventanas de guillotina arrimadas unas a las otras y, así, resultando en una casa que, como alguien allí decía, "parece que siempre estuvo aquí".
Se añadió además una terraza en Pérgola y un tanque con espaldar que constituyen un área de estar exterior y un alpendre para los coches. Con las viñas alrededor, la casa se asume como el centro de un mundo distanciado del bullicio, de la agitación de la vida en la gran ciudad. Aquí todo parece tener más fuera, los sabores, el descanso, el nacer y crecer de las cosas, el pulsar de la vida, los ritmos de la naturaleza reencontrados.
Acogedora en el invierno y fresca en el verano, constituye hoy, para mi padre, un refugio y un sitio para retomar fuerzas. Un "santuario" de reconciliación del hombre con la naturaleza, del hombre con los dioses.

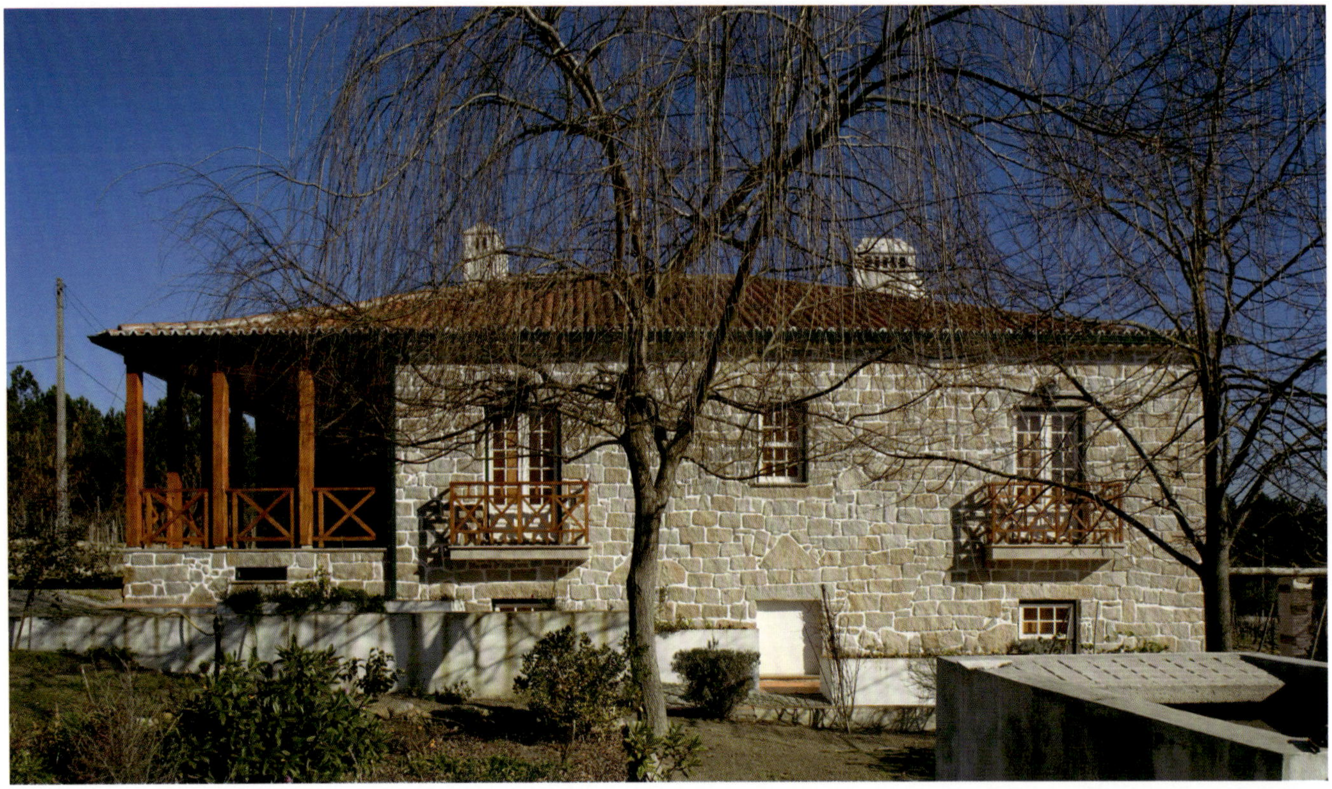

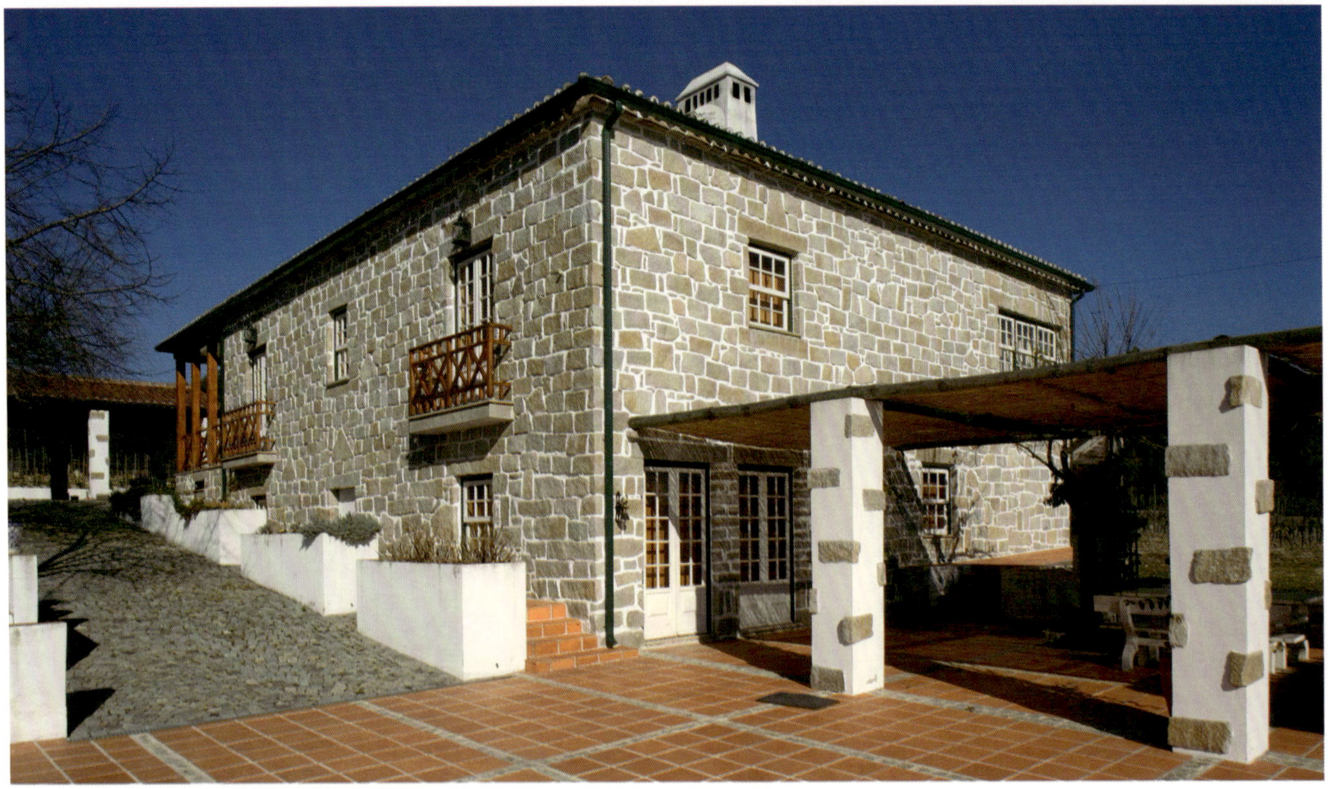

Alçados Nascente, Poente, Sul e Norte
East, West, South and North Elevations
Alzados Este, Oeste, Sur y Norte

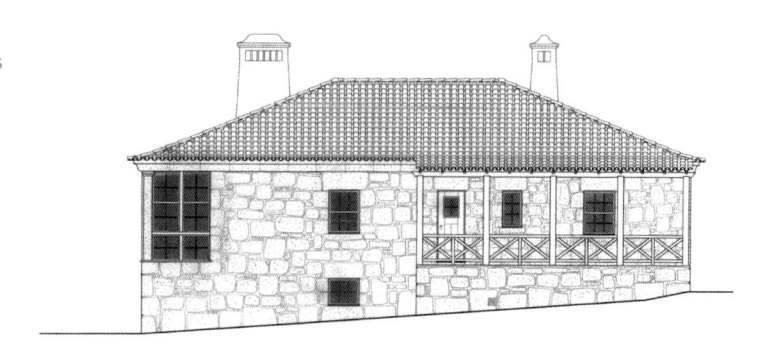

ALÇADO NASCENTE

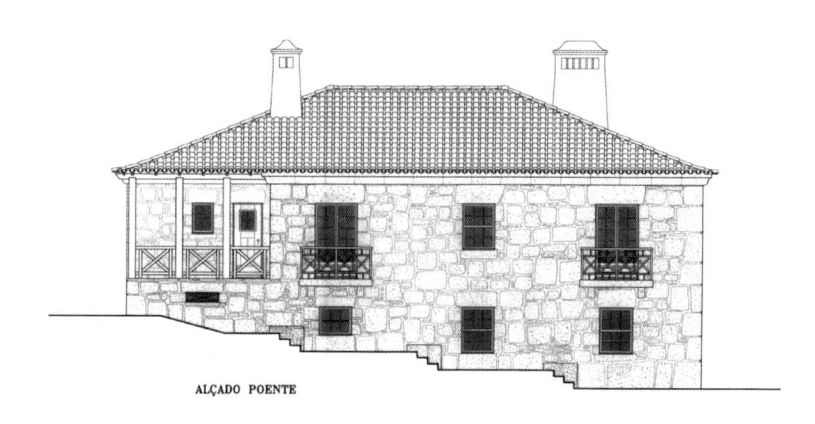

ALÇADO POENTE

ALÇADO SUL

ALÇADO NORTE

Plantas Piso 0 e Piso 1
Floor Level and 1st Level Plan
Plantas Baja y Primera

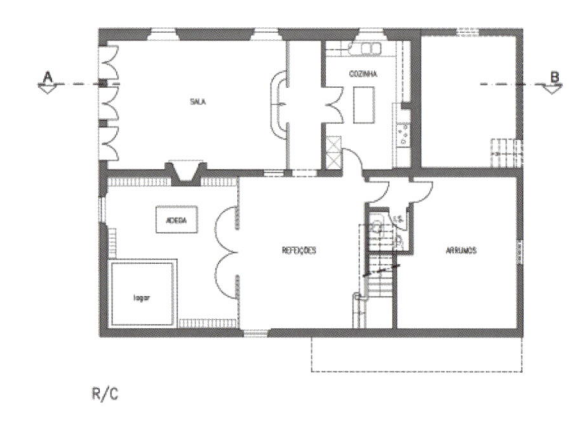

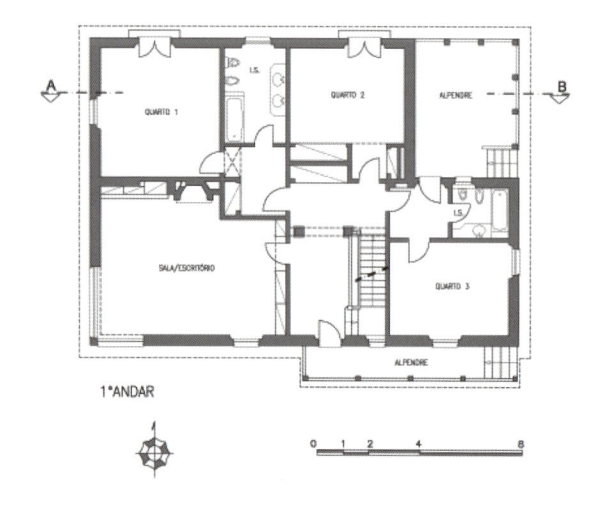

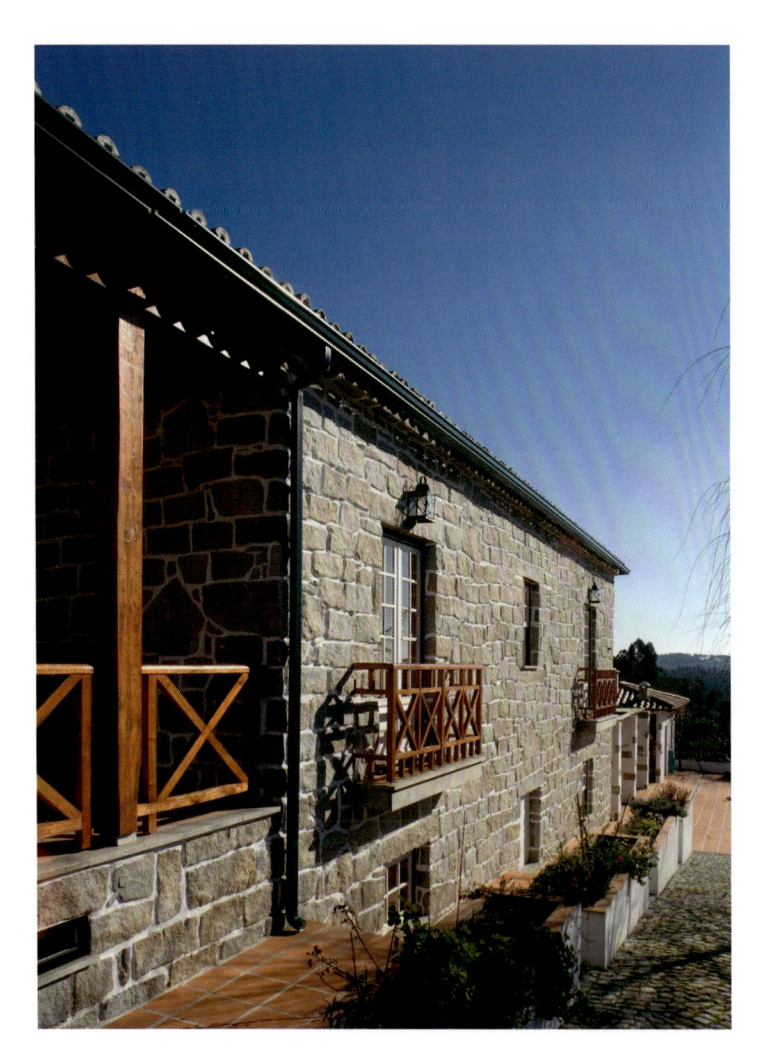

Plantas Piso 2 e Cobertura
2ˢᵗ Level Plan and Roof Plans
Plantas Segunda y Cubierta

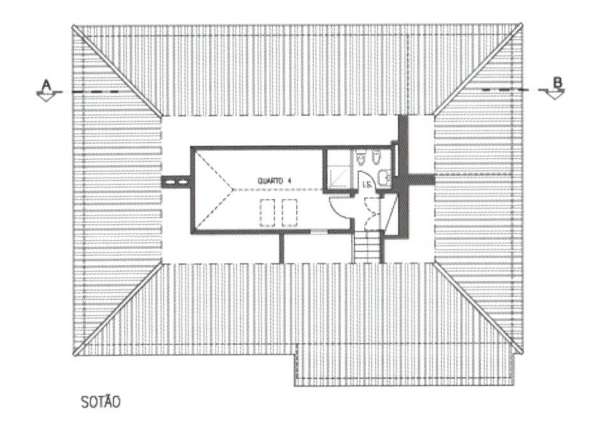

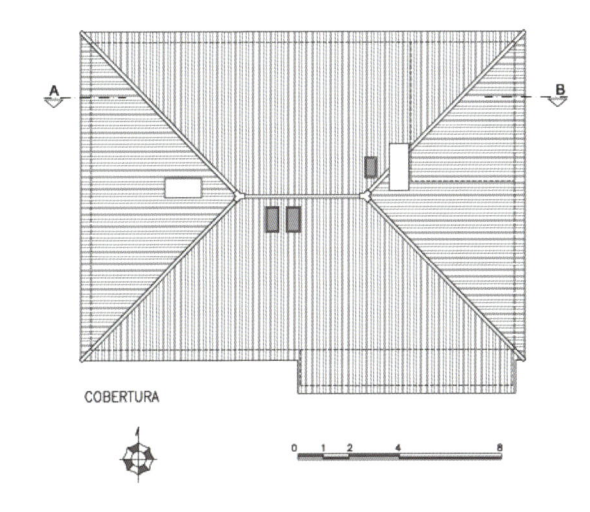

SOTÃO

COBERTURA

113

Monte do Carújo
Monte do Carújo
Monte do Carújo

Alvito, 2001

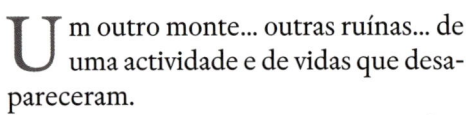

Um outro monte... outras ruínas... de uma actividade e de vidas que desapareceram.
Um lugar alto com uma vista magnífica sobre a planície alentejana, com o horizonte, lá longe e um ou outro salpisco do branco das casas ou dos lugarejos.
A ruína resumia-se quase só aos alicerces das antigas casas – duas construções longilíneas, paralelas, configurando uma espécie de pequena rua ou largo entre elas, e uma eira.
Um anterior proprietário tinha plantado alfazemas na encosta que se sobe até à casa, de um lado e outro do caminho, desde o pequeno bosque junto ao portão até ao ponto alto (a "acrópole"), por entre uma ou outra oliveira mais vetusta.
Este aspecto insólito das alfazemas, remetendo para outros lugares de Sul e de Sol, conferia ao conjunto um encanto muito especial.

Another monte... more ruins... of an activity and lives that have since passed on. This high point has a magnificent view over the Alentejo plain, with the horizon in the distance and lecked here and there with the white of houses or hamlets.
The ruin was little more than the foundations of the former houses – two long, parallel building s that created a kind of short street between them, and a threshing loor.
A previous owner had planted lavender on the hillside leading up to the house, on both sides of the driveway, from the small wood by the gate up to the high point (the "acropolis") between some of the old olive trees.
The unusual sight of lavender, more typical of the South and the sun, gave the whole appearance a very special charm.

Otro monte (casa rústica en Alentejo)... otras ruinas... de una actividad y de vidas que desaparecieron.
Un lugar alto con unas vistas magníficas sobre la planicie alentejana, con el horizonte, allí lejos y uno que otro chapoteo del blanco de las casas o de los lugarejos.
La ruina se resumía casi a los cimientos de las antiguas casas, dos construcciones longilíneas, paralelas, configurando una especie de pequeña calle o placeta entre ellas, y una era.
Un anterior propietario había plantado alhucemas en la cuesta por la que se sube hasta la casa,
a un lado y otro del camino, desde el pequeño bosque junto al portón hasta el punto alto (la acrópolis), entre uno y otro olivar más vetusto.
Este aspecto insólito de las alhucemas, remitiéndonos a otros lugares del sur y del sol, confería al conjunto un encanto muy especial.
La obra consistió en la reconstrucción de dos edificios ya casi desaparecidos, ligándolos en el

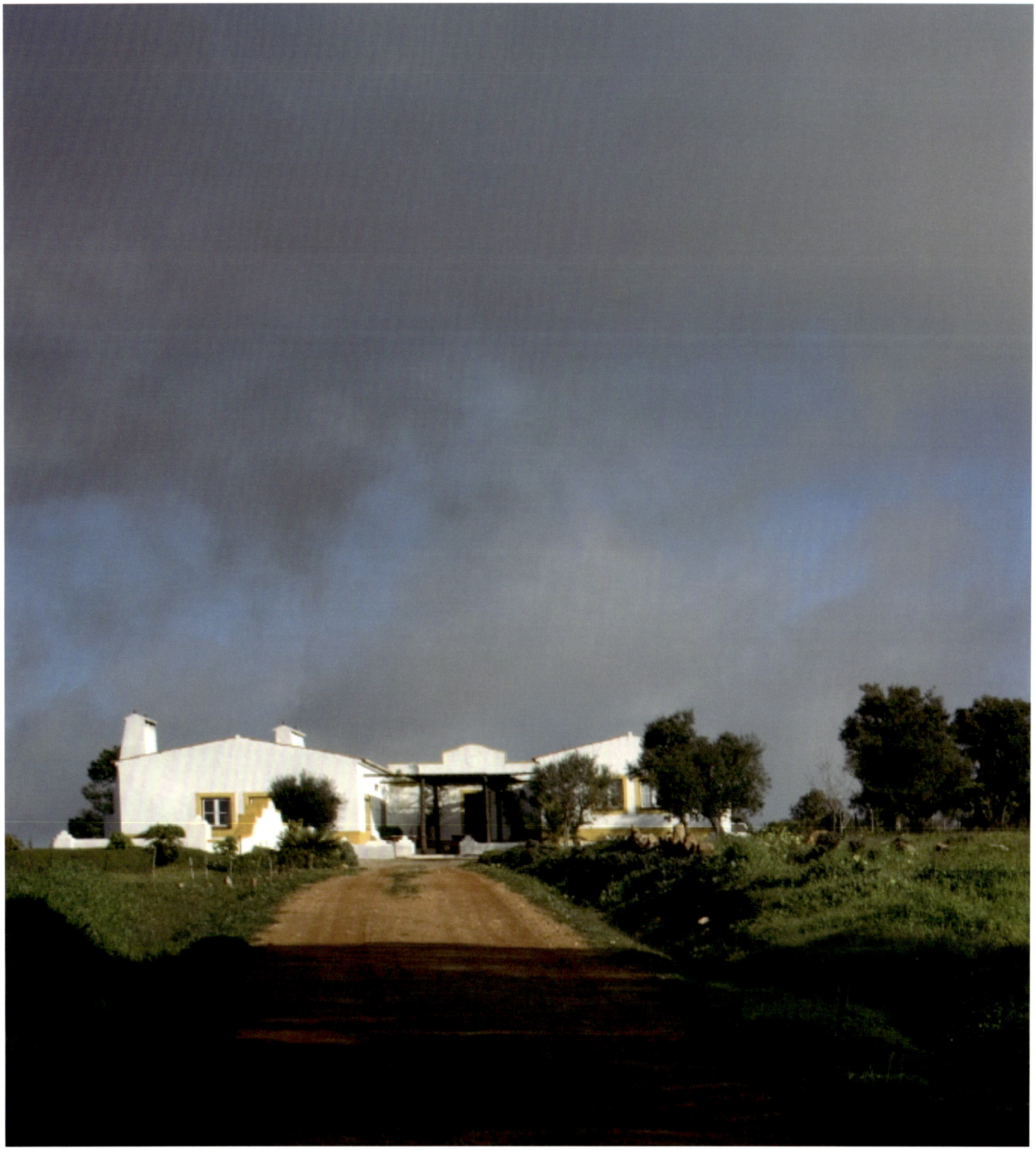

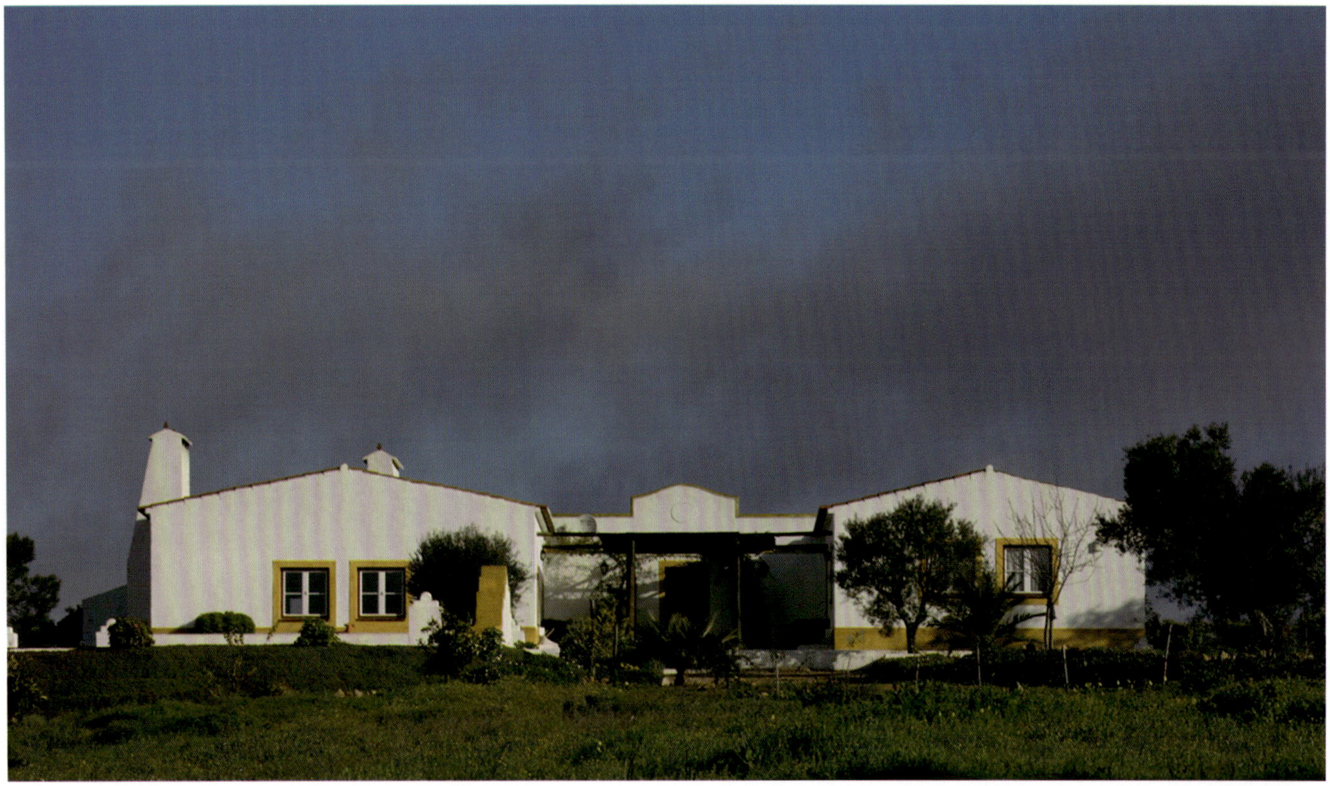

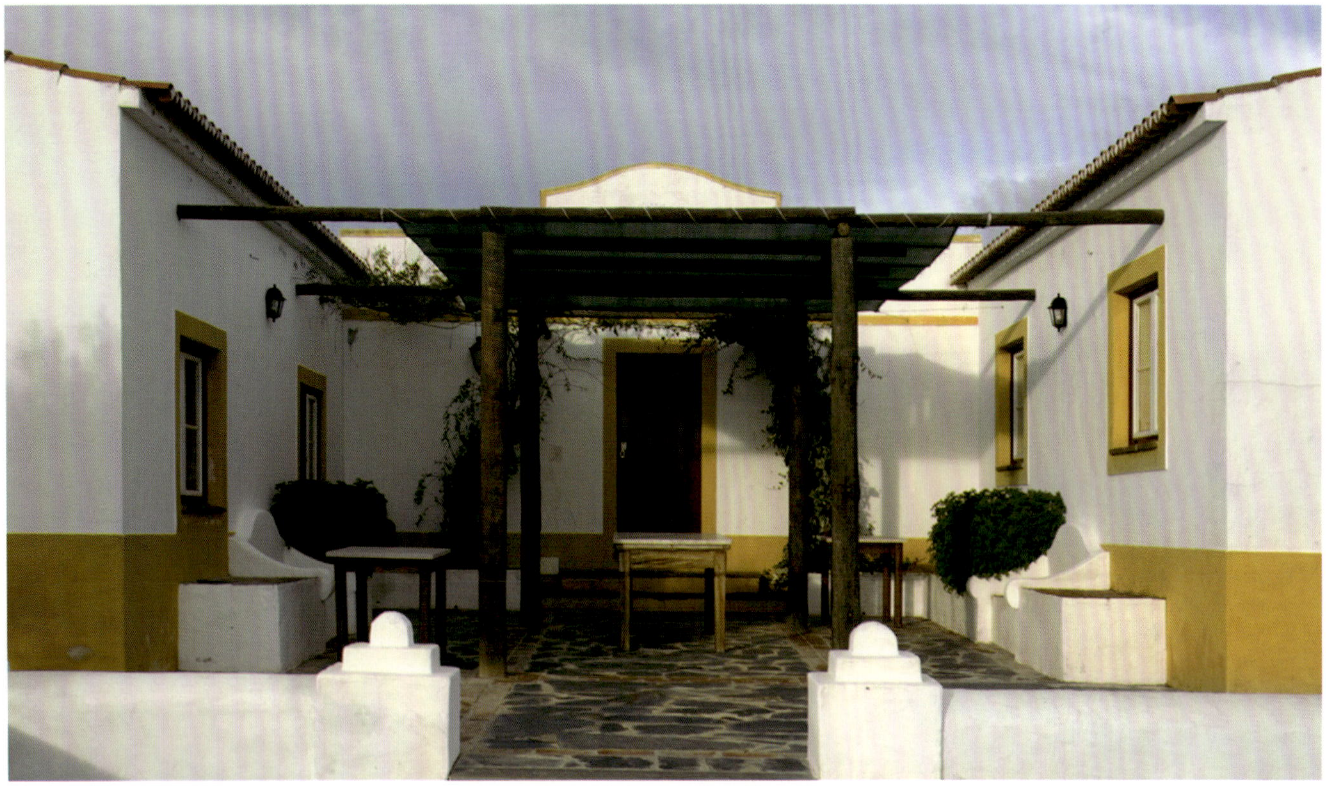

Implantação
Site
Implantación

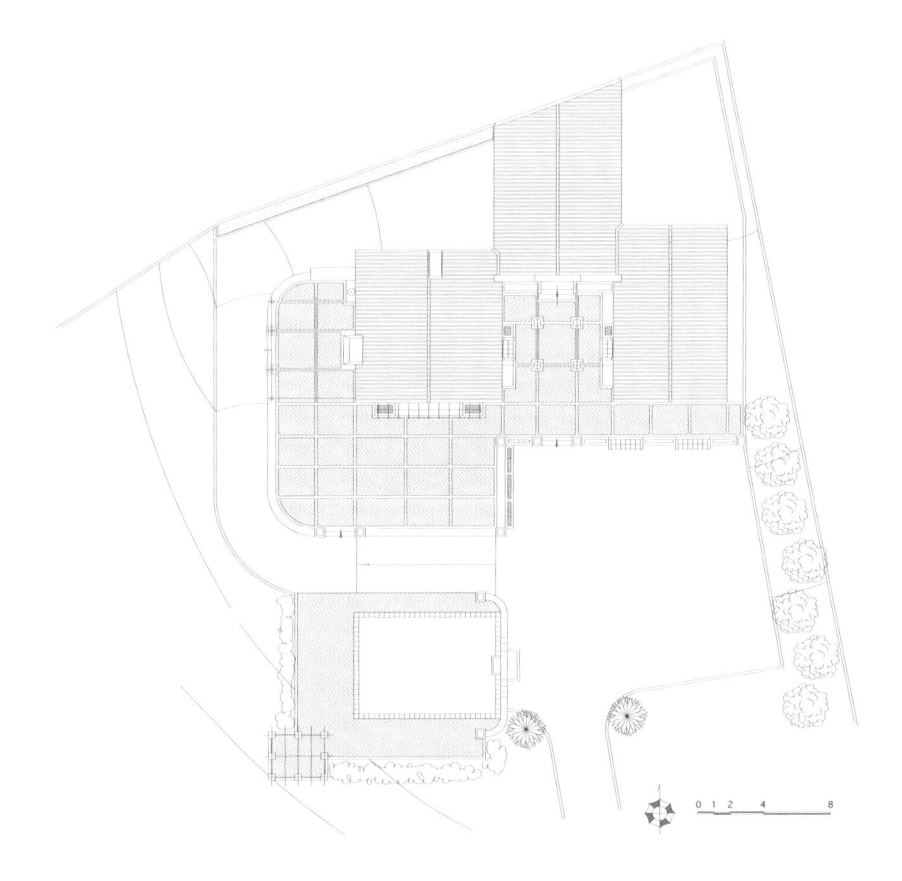

A obra consistiu na reconstrução dos dois edifícios já quase desaparecidos, ligando-os no extremo Norte, fechando assim o páteo e acentuando um efeito axial com o caminho de acesso. Acrescentou-se ainda o arranjo da eira – transformada em terraço –, muros de enquadramento, um alpendre para as alfaias, uma pérgula no páteo e um tanque com espaldar.

A nova construção, de estrutura de betão armado e alvenaria de tijolo cerâmico, conservou, no entanto, nas coberturas, a tecnologia tradicional – de barrotes de madeira sobre os quais assentam tijoleiras maciças, ligadas com uma lâmina de argamassa, formando uma "laje", sobre a qual se acrescentaram isolamentos, impermeabilização e a telha de canudo regional.

As paredes exteriores são caiadas de branco com amarelo ocre em socos e a emoldurar os vãos. Nos pavimentos usou-se o xisto e a tijoleira artesanal, for-

The task involved reconstructing the two almost non-existent buildings, connecting them at the north end, and thus closing in the courtyard and accentuating the axial effect with the driveway. The threshing floor was also transformed into a terrace, while framing walls, an equipment shed, a pergola in the courtyard and a water basin with a backboard were added. The new building has a reinforced concrete structure and ceramic brickwork, but the roof uses traditional technology – timber rafters covered in solid bricks set with a layer of mortar to form a "slab", over which insulation and weatherproofing are added. This is then covered with local half-pipe tiles.

The outer walls are whitewashed, with ochre plinths and door– and window-frames. Slate and hand-made brick were used for the loor, both materials being combined here and there.

extremo norte, cerrando así el patio y acentuando un efecto axial con el camino de acceso. Se añadió incluso el arreglo de la era, transformada en terraza, muros de encuadre, un alpendre para los aperos, una pérgola en el patio y un tanque con espaldar.

La nueva construcción, de estructura de hormigón armado y albañilería de ladrillo cerámico, conservó, sin embargo, las coberturas, la tecnología tradicional, de barrotes de madera sobre los cuáles se asientan ladrillos macizos, ligados con una lámina de argamasa, formando una "laja"; sobre la cual se afiadieron aislamientos, impermeabilización y le teja redonda regional.

Las paredes exteriores están creadas de capas de blanco con amarillo ocre en golpes moldeando los vanos. En los pavimentos se uso la pizarra el ladrillo artesanal, formando aquí y allí estereotomías con los dos materiales.

Uno u otro asiento de azulejo antiguo y de ladrillo o ladrillo de burro, un nicho acen-

117

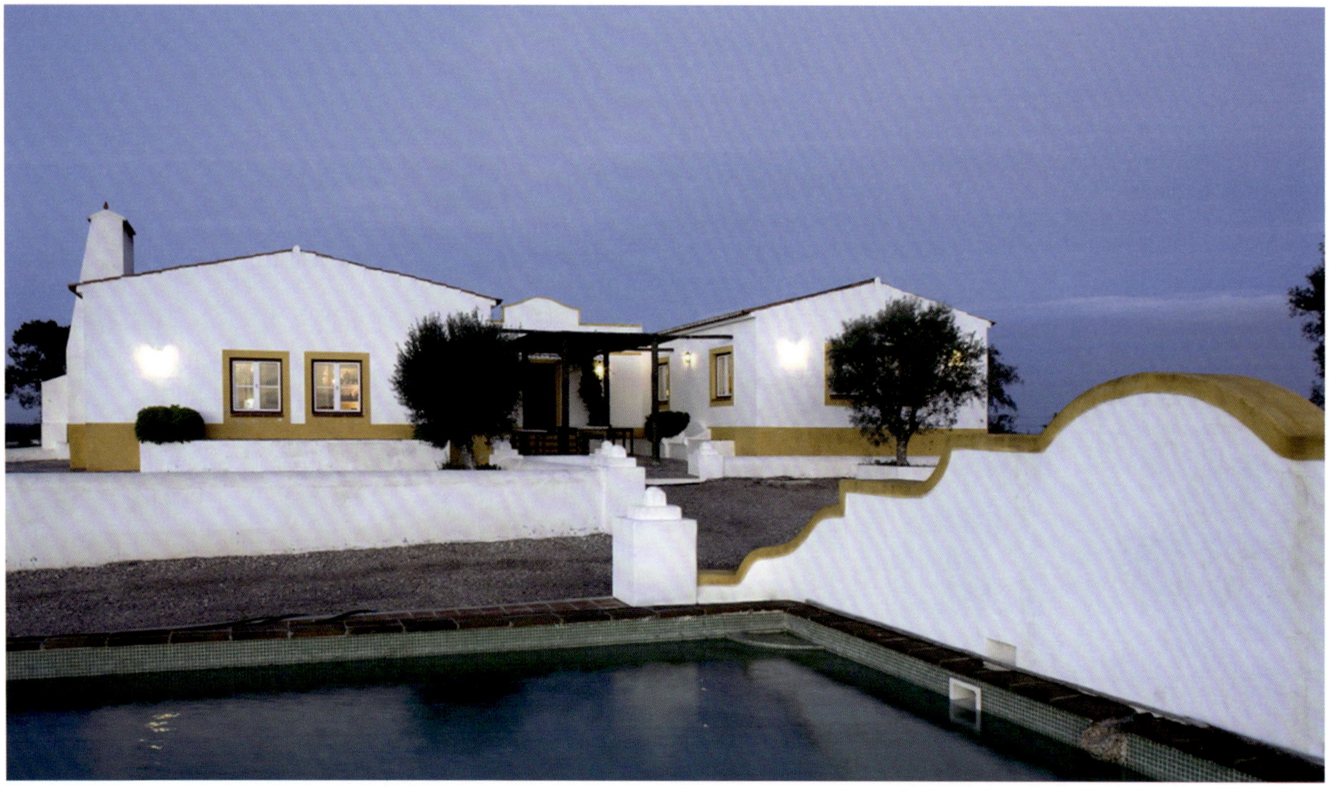

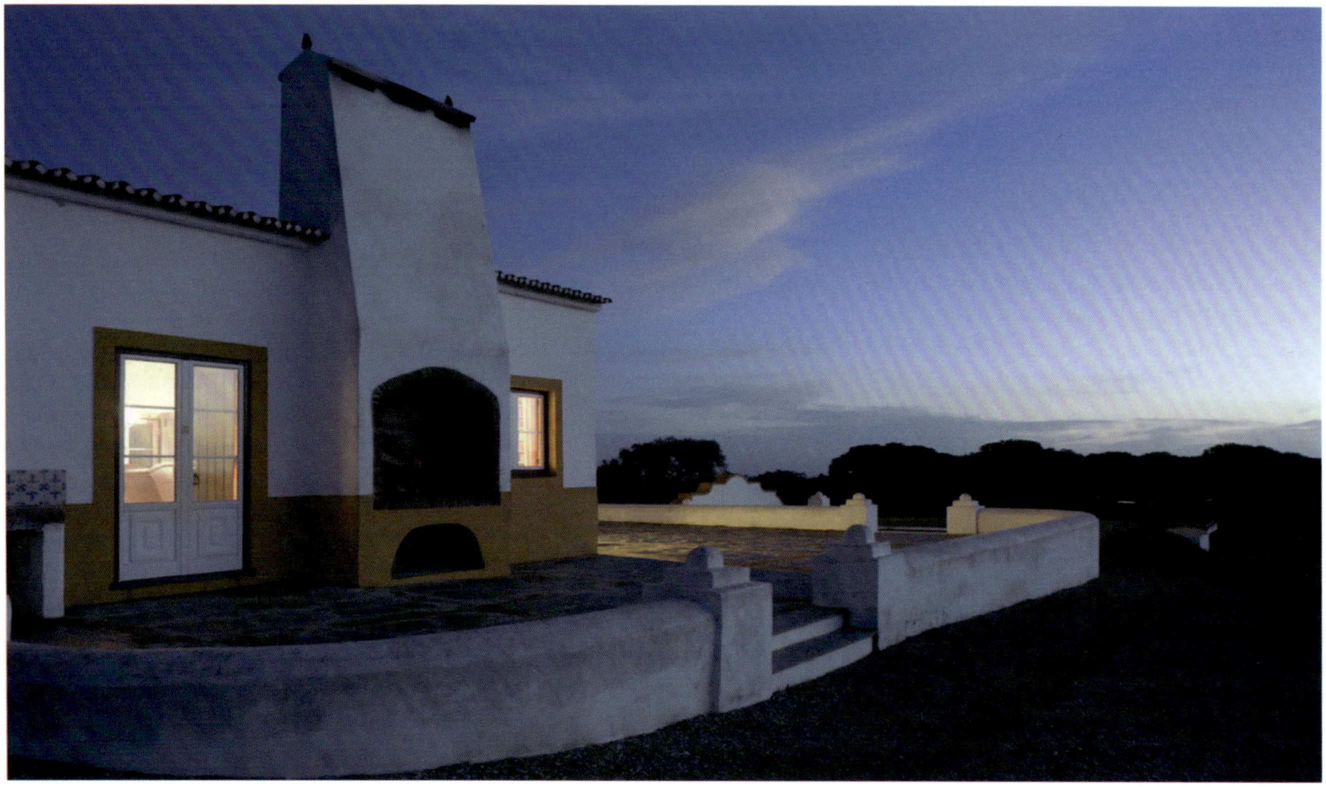

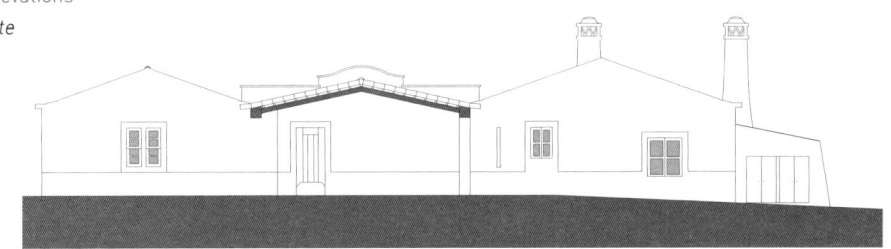

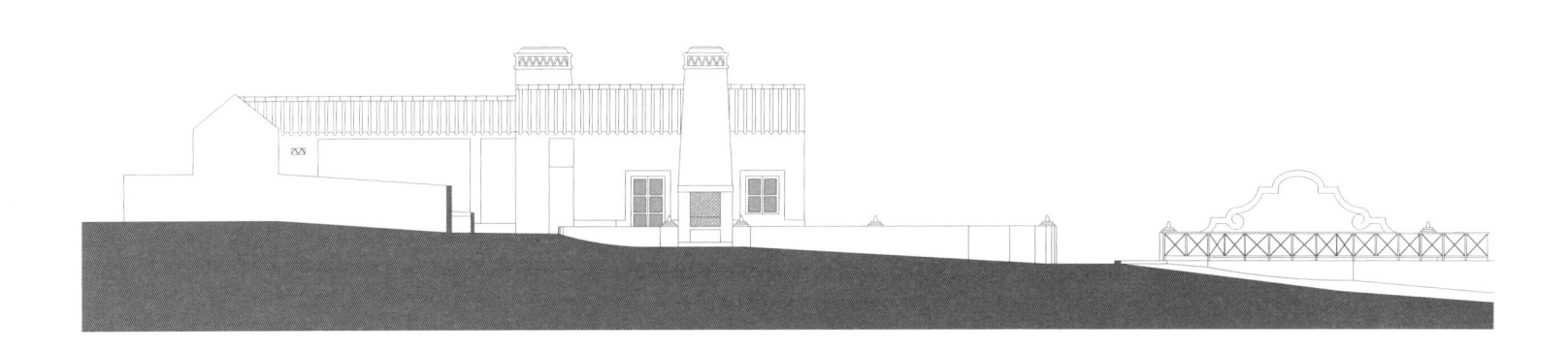

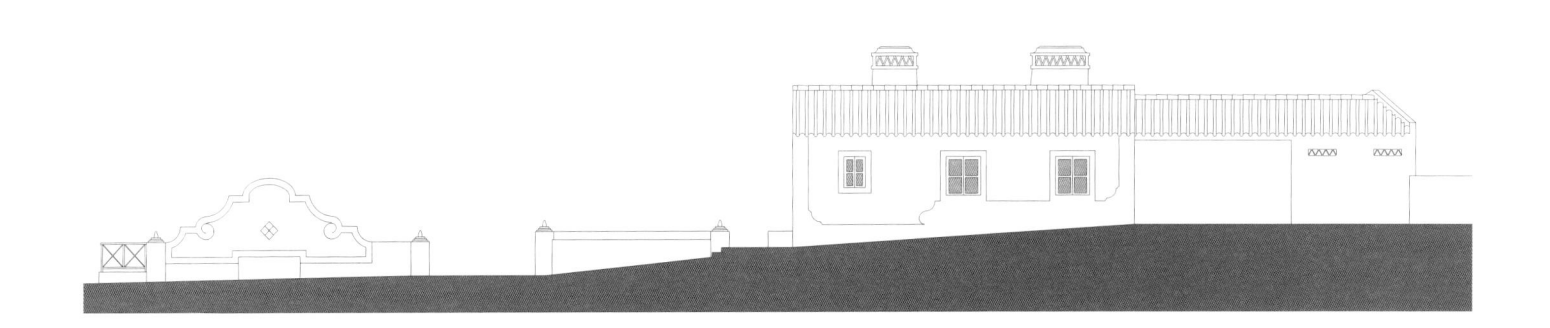

Alçados Norte, Poente, Sul e Nascente
North, West, South and East Elevations
Alzados Norte, Oeste, Sur y Este

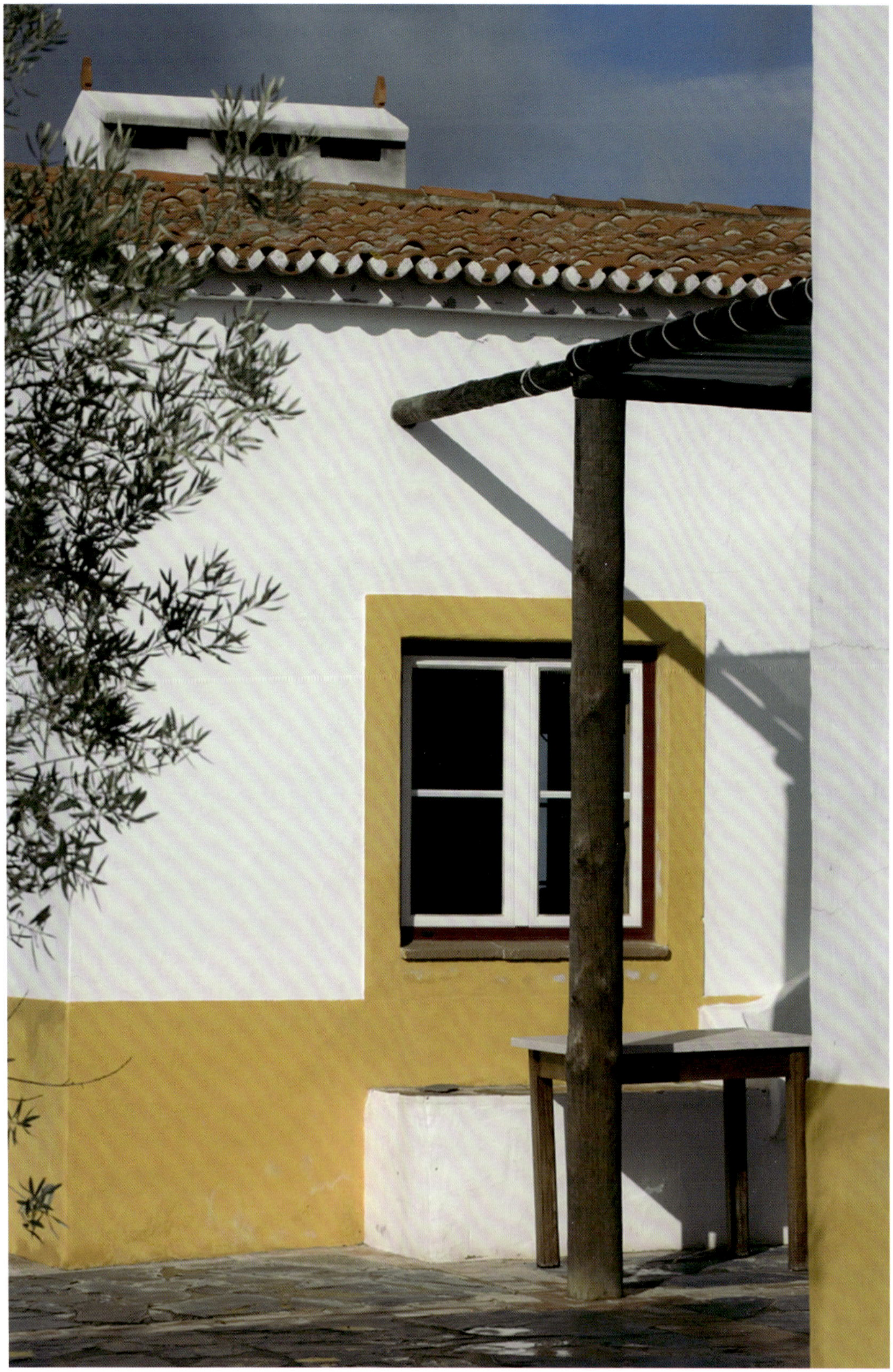

mando aqui e ali estereotomias com os dois materiais.

Um ou outro apontamento de azulejos antigos e de tijoleiras ou tijolo de burro, um nicho a acentuar uma perspectiva ou uma fresta a criar um efeito de luz, tudo numa poética do espaço, para a qual muito contribuiu a Madalena (entretanto já desaparecida), que aqui muito fez, com as próprias mãos, pintando, colando, acrescentando. Passava dias e dias na obra, apaixonadamente, e isso transparece no resultado final.

Por vezes, penso até se a sua alma não se fundiu com a casa, criando um ambiente simples, acolhedor, terno e, ao mesmo tempo requintado, com gosto, de beleza sofisticada, rara, com apontamentos subtis de "urbanidade", no contraponto com a paisagem envolvente – aberta, vasta, na plenitude da natureza, numa síntese de harmonia repousante.

Several old azulejos or brick features were added, a niche to accentuate a perspective, or an opening to create a lighting effect – spatial poetry. Madalena (who has since passed away) made a major contribution to this and did a great deal herself, painting, sticking and adding. She spent days and days passionately working on the house, evident in the final result.

Sometimes, 1 even wonder ifher soul became part of the house, creating an uncomplicated, welcoming, tender yet at the same time refined ambience, with taste, a sophisticated and rare beauty, and subtle "urbane" features to contrast with the surrounding landscape – open, vast, nature over lowing, in a restful and harmonious synthesis.

tuando una perspectiva o una lumbrera creando un efecto de luz, todo en una poética del espacio, para la cual contribuyó mucho Madalena (ahora desaparecida), que hizo mucho aquí, con sus propias manos, pintando, pegando, añadiendo. Pasaba días y días en la obra, apasionadamente, yeso trasluce en el resultado final.

A veces, pienso incluso que su alma no se fundió con la casa, creando un ambiente sencillo, acogedor, Tierno y, al mismo tiempo exquisito, con gusto, de belleza sofisticada, rara, con notas sutiles de "urbanidad"; en el contrapunto con el paisaje alrededor: abierta, vasta, en la plenitud de la naturaleza, en una síntesis de armonía descansada.

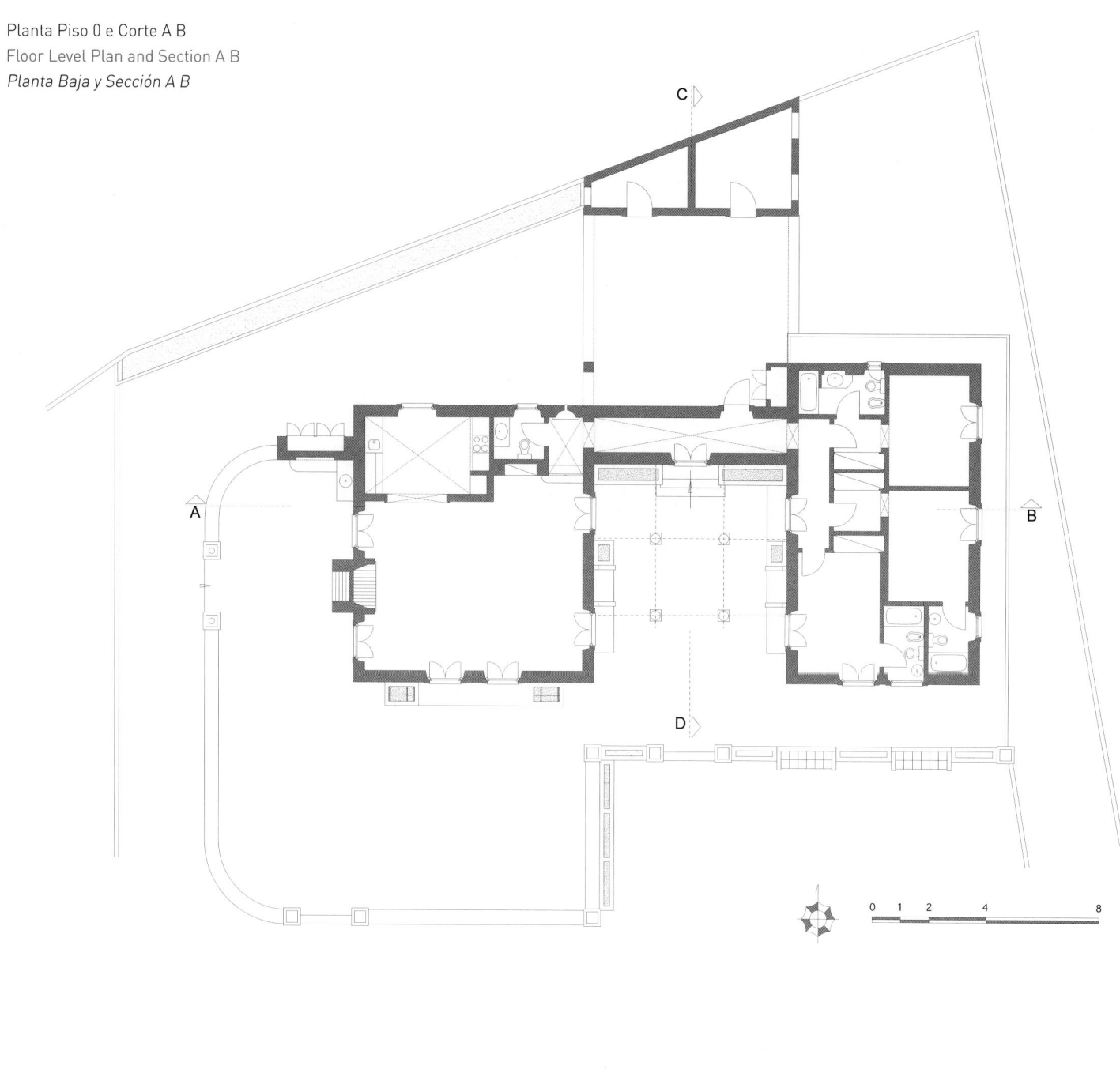

Planta Piso 0 e Corte A B
Floor Level Plan and Section A B
Planta Baja y Sección A B

Corte C D
Section C D
Sección C D

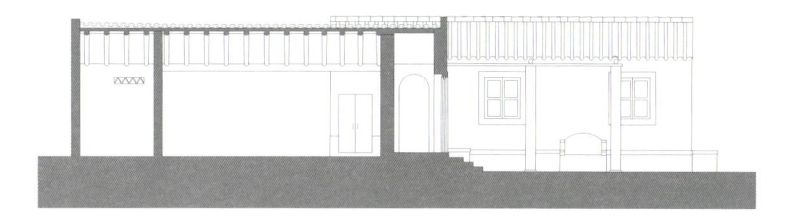

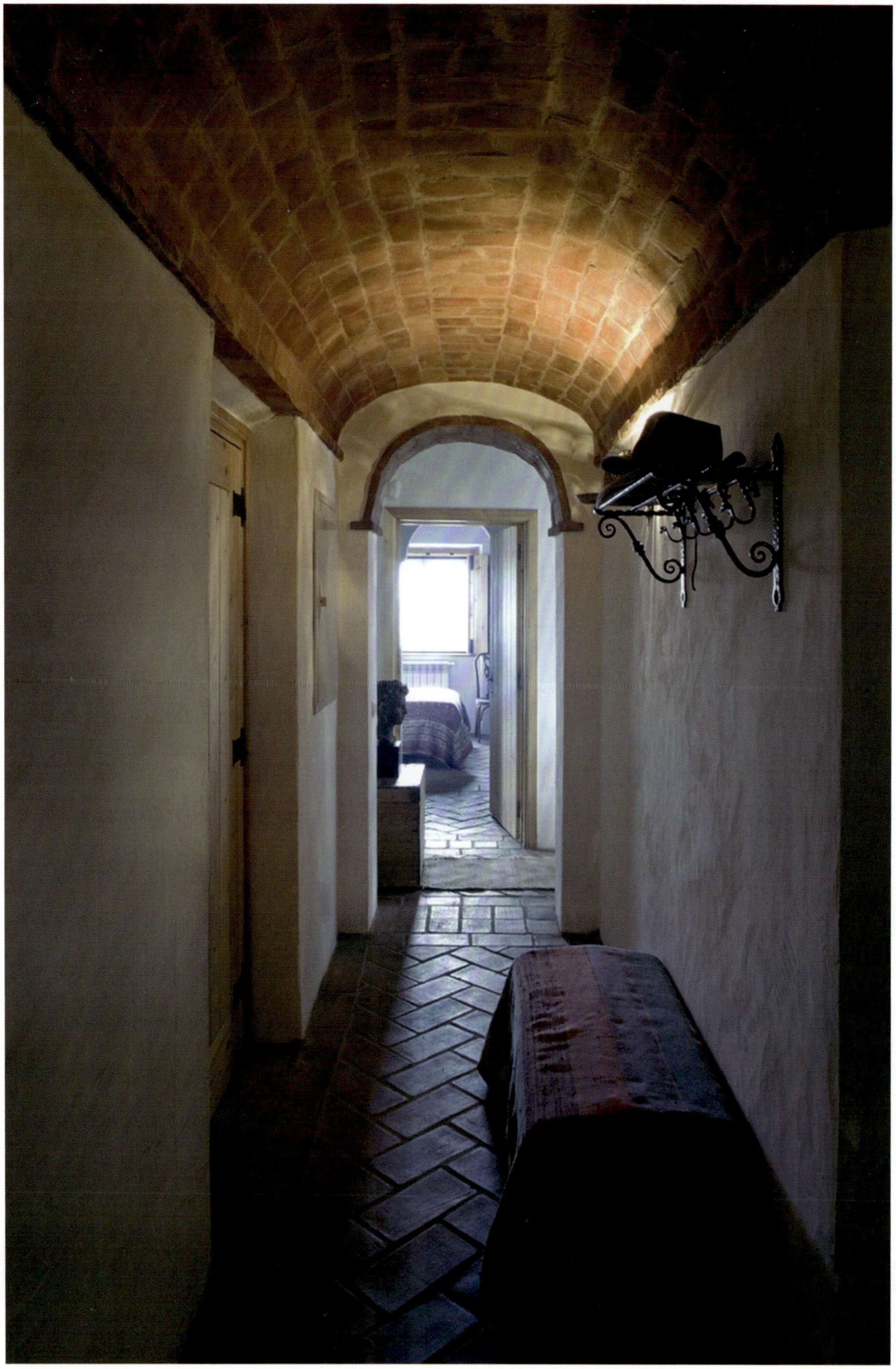

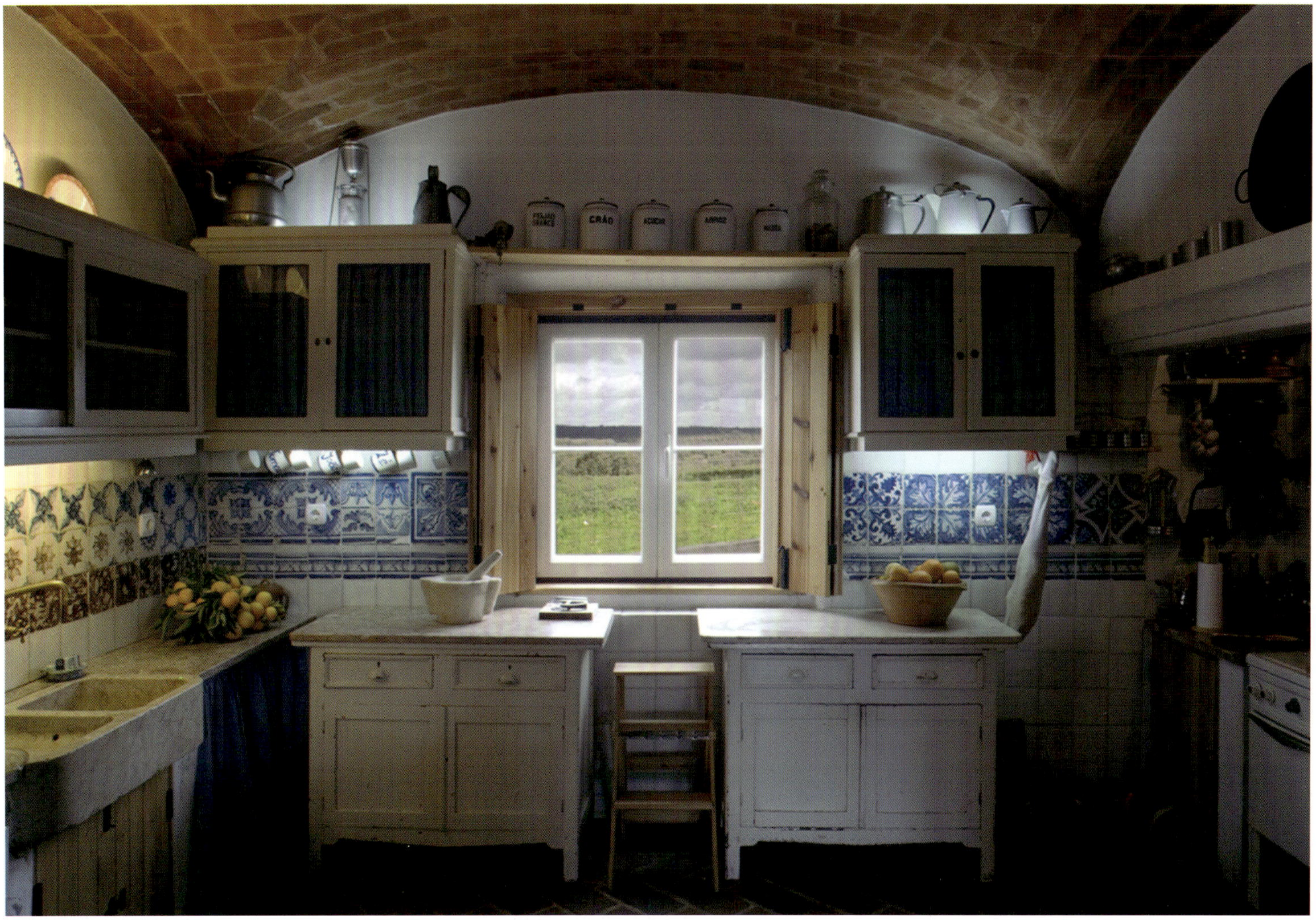
GRÃO

Monte da Herdade do Rego
Monte da Herdade do Rego
Monte de Herdade do Rego

Elvas, 2003

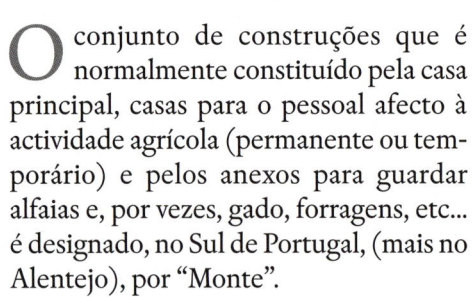

O conjunto de construções que é normalmente constituído pela casa principal, casas para o pessoal afecto à actividade agrícola (permanente ou temporário) e pelos anexos para guardar alfaias e, por vezes, gado, forragens, etc... é designado, no Sul de Portugal, (mais no Alentejo), por "Monte".

O Monte desta propriedade – "a Herdade do Rego" – encontrava-se bastante degradado quando os actuais proprietários a adquiriram e se decidiram pela sua renovação.

As estruturas ainda existentes deixavam perceber o tipo construtivo, muito característico da região, de paredes de taipa caiadas e coberturas de telha de canudo assentes em vigas de madeira – A "arquitectura de terra" da casa antiga aqui ainda demonstrando as suas boas qualidades de durabilidade, num diálogo com o terreno de tal forma ameno que os

The series of buildings normally comprising the main house, houses for permanent or temporary farm employees, and the annexes for storing equipment, and sometimes catde, feed, etc., is called a monte in Southern Portugal, and especially in the Alentejo region.

The monte of this property, the Herdade do Rego, was quite run-down when the current owners bought it and decided to renovate it.

The type of construction, using lath-and-plaster walls and half-pipe roof tiles laid on timber beams, very characteristic of the region, could be made out in the structures that remained.

The solid architecture of the old house still displayed its durability, and blended with the land so successfully that they seemed to merge. The impression they gave was that one could not exist without the other.

El conjunto de construcciones que normalmente está constituido por la casa principal, casas para el personal ligado a la actividad agrícola (permanente o temporal) y por los anejos para guardar aperos, a veces, ganado, forraje, etc., es designado, en el sur de Portugal (especialmente en Alentejo), por "Monte" El monte de esta propiedad "Herdade do Rego" – se encontraba bastante degradado cuando los actuales propietarios la adquirieron y decidieron su renovación.

Las estructuras aún existentes dejaban ver el tipo de construcción, muy característico de la región, de paredes de tabique blanqueadas y coberturas de teja redonda asentadas en vigas de madera. La "arquitectura de la tierra" de la casa antigua aquí demostraba sus buenas cualidades de durabilidad, en un diálogo con el terreno de tal manera ameno que los dos parecen fundirse en uno solo. Nos quedamos con la impresión de que no podría existir el uno sin el otro.

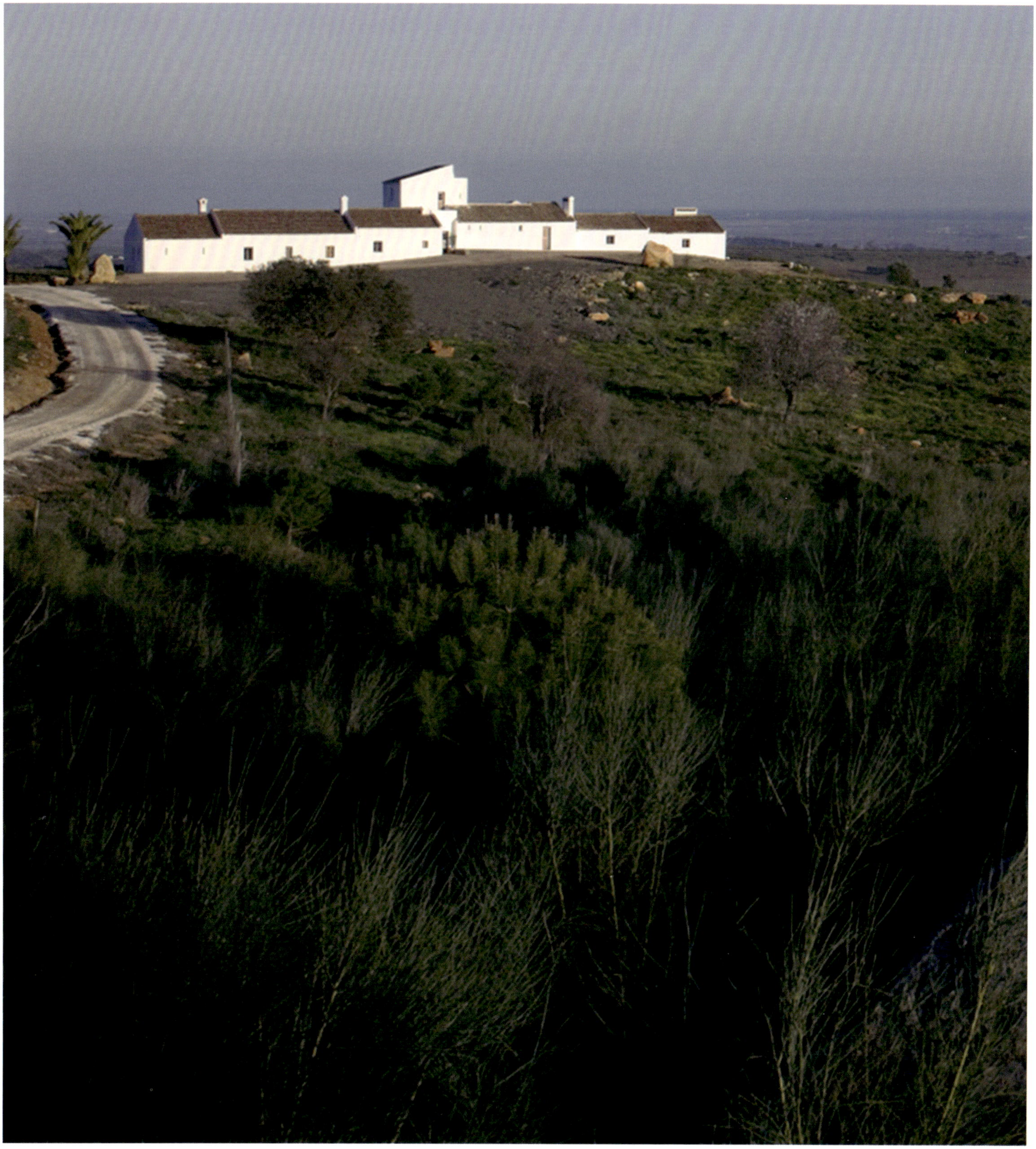

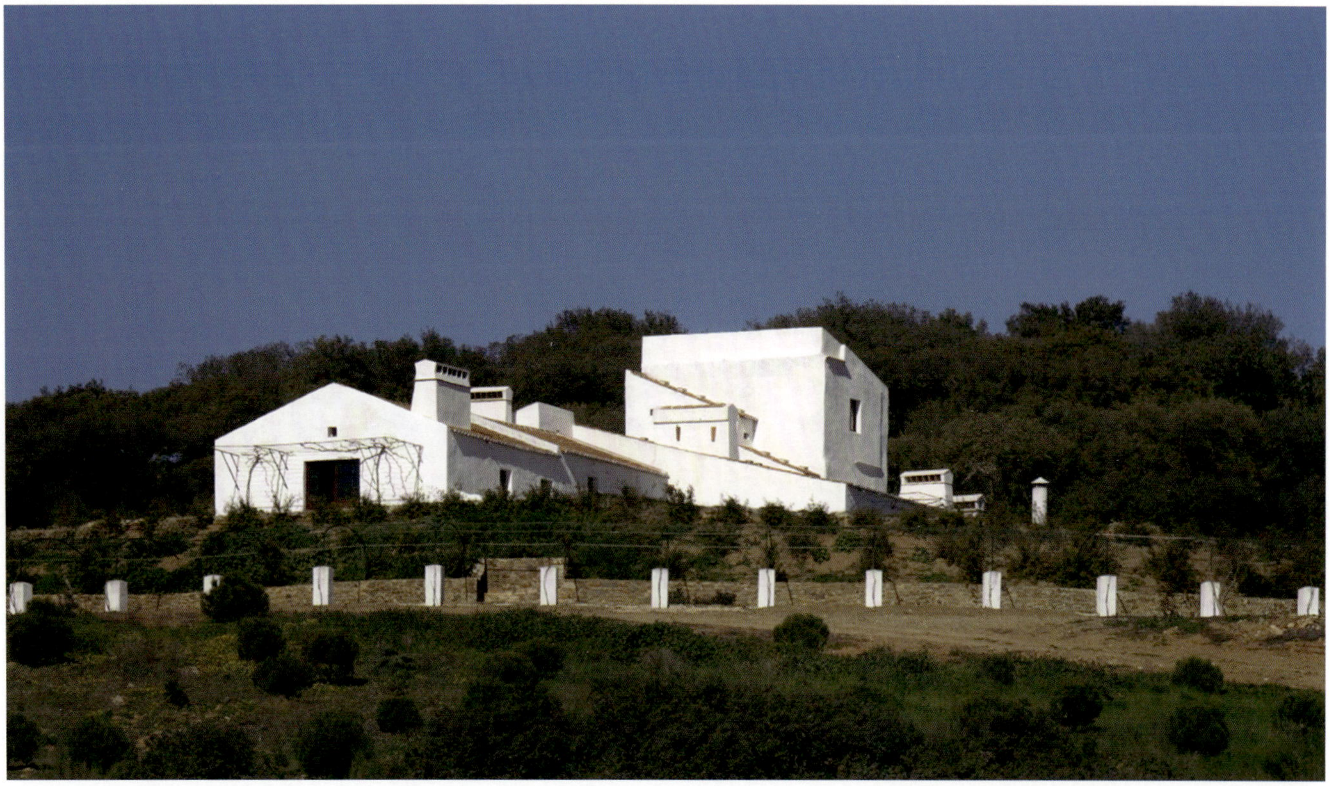

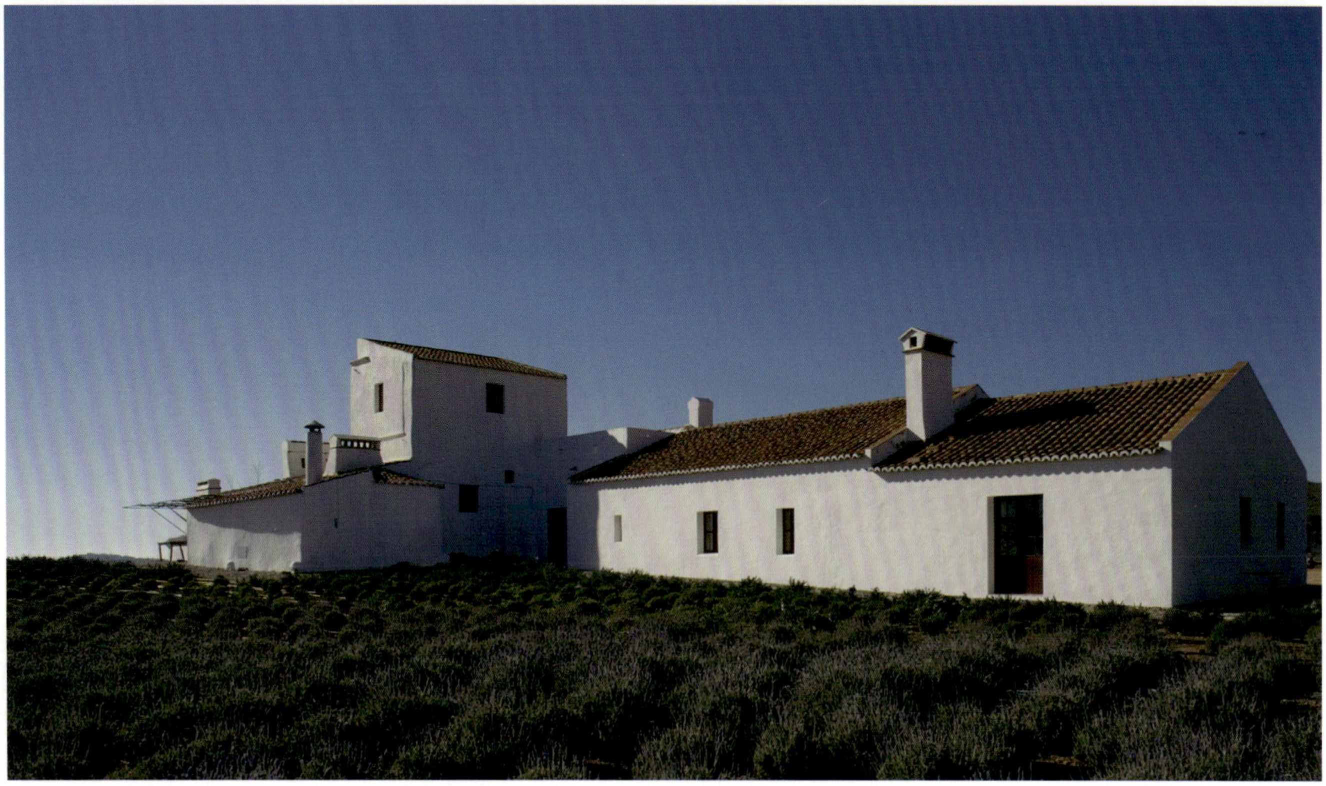

Implantação
Site
Implantación

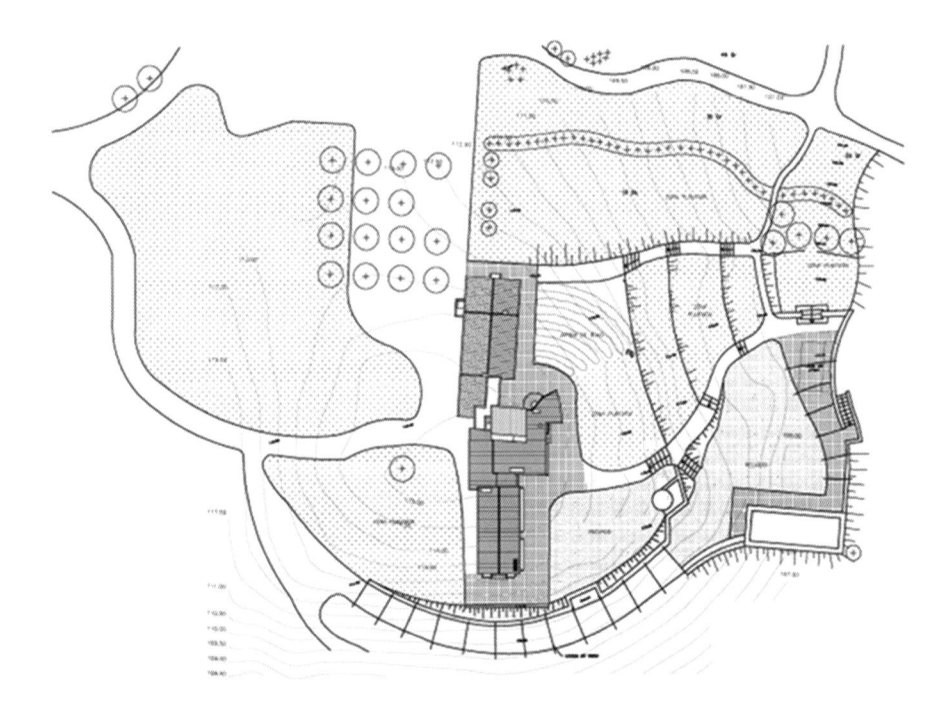

dois parecem fundir-se num só. Ficamos com a impressão que não poderiam existir um sem o outro.

O programa da renovação do monte era bastante complexo, uma vez que se pretendia integrar a casa principal com uma adega particular em cave (o que decorria de uma das principais culturas da Herdade – a vinha –, que aqui se pretendia desenvolver para níveis de produção já muito consideráveis e procurando a excelência que a competitividade, que hoje caracteriza o mundo do vinho, obriga a ter como objectivo primordial).

Esta compatibilização trazia alguma complexidade ao programa da casa, uma vez que era necessário pensar os acessos para os diferentes tipos de visitantes, sem que isso afectasse a privacidade da casa, por um lado e, por outro, prever também os aspectos técnicos necessários: de temperatura e grau de humidade, as cargas e descargas, etc...

Claro que o facto de a adega se situar em cave ajudou a resolver muitos desses aspectos, sem excessivo recurso a meios

The renovation plan was quite complex, aiming as it did to integrate the main house with a private underground wine vault (built for one of the estate's main crops, grapes: the aim was to raise output to a very high level, while aiming for the excellence that is an essential requirement of today's wine industry).

Making the two compatible made planning more complex, as access points had to be planned for the different types of visitor. On the one hand, access could not affect the privacy of the house, but on the other hand it could not get in the way of the necessary technical requirements: temperature and humidity, loading and unloading, etc. Of course, the fact that the wine vault is underground helped to solve many of these issues, without overuse of artificial solutions, and it was even possible to integrate the goods elevator reasonably well.

The decision was taken to refurbish and extend the main house. Old and new were integrated using the same architectural approach, the same typology, mak-

El programa de la renovación del monte era bastante complejo, ya que se pretendía integrar la casa principal con una bodega particular en sótano (el que transcurría de una de los principales cultivos de la Herdade, la viña, que aquí se pretendía desarrollar para niveles de producción mucho más considerables y buscando la excelencia que la competitividad, característica del mundo del vino de hoy, obliga a tener como objetivo primordial.

Esta hacer compatible traía alguna complejidad al programa de la casa, ya que era necesario pensar en los accesos para los diferentes tipos de visitantes, sin que eso afectara a la privacidad de la casa, por un lado, y por otro, prever también los aspectos técnicos necesarios: de temperatura y grado de humedad, las cargas y descargas, etc.

Claro que el hecho de que la bodega se situara en el sótano ayudó a resolver muchos de esos aspectos, sin el excesivo recurso a medios artificiales, e incluso el montacargas se logró integrar razonablemente.

Para la casa principal propiamente dicha, y en orden a cumplir el programa definido, e optó por la recuperación y ampliación, integrando

Alçados Norte, Sul, Nascente e Poente
North, South, East and West Elevations
Alzados Norte, Sur, Este y Oeste

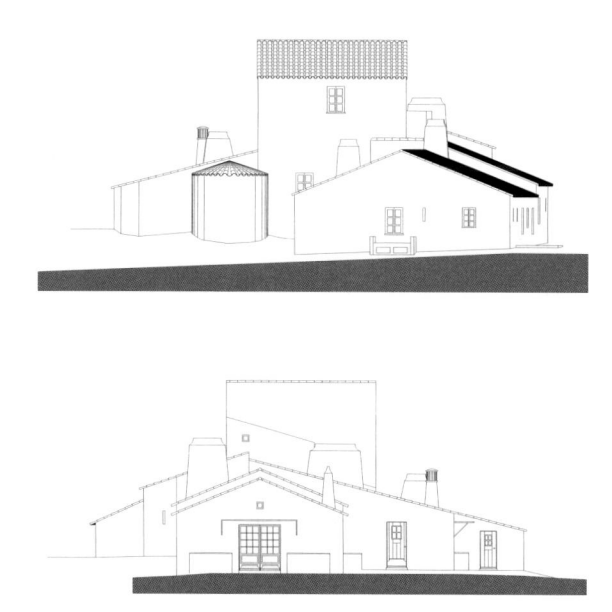

artificiais, e até o monta-cargas se conseguiu integrar razoavelmente.

Para a casa principal propriamente dita, e em ordem a cumprir com o programa definido, optou-se pela sua recuperação e ampliação, integrando o "velho" com o "novo" usando a mesma expressão arquitectónica, a mesma tipologia, valorizando e dotando o edifício das melhores condições de conforto e solidez.

Recuperaram-se, portanto, as paredes e estruturas existentes que era ainda possível recuperar, acrescentando-se novas em alvenaria de tijolo cerâmico, mantendo-se a estrutura de madeira e a telha de canudo na cobertura, acrescentando aqui os materiais de isolamento e de impermeabilização mais adequados ao clima local – chapas de cartão asfáltico, poliestireno extrudido e membrana de vapor.

As paredes novas são duplas, com caixa d'ar drenada e ventilada e todo o conjunto foi rebocado e caiado. O cimento, ligantes e demais componentes construtivos foram sempre escolhidos atendendo à sua natureza química e adequação dessa

ing the best use of the building and providing it with the utmost comfort and solidity. To that end, the existing structure and walls were restored, where possible, and new ceramic brick walls and structures were added. The roof's timber structure and half-pipe tiles were retained, and roof insulation and weatherproofing materials were added as appropriate to the local climate: asphalt sheets, extruded polystyrene and a vapour membrane.

The new walls are cavity walls, with a drained and ventilated air cavity, all of them clad and whitewashed. The cement, binders and other building components were always chosen according to the suitability of their chemical properties for wherever they were to be used.

Solid ceramic bricks were al so used for domed ceilings and arches. Floors were paved using clay tiles, slate and stone (old restored flagstones).

The wine vault mentioned at the start had bullet-proof drainage, and had an arch and dome structure, which is one of

lo "viejo" con lo "nuevo" usando la misma expresión arquitectónica, la misma tipología, valorizando y dotando el edificio de la mejores condiciones de comodidad y solidez. Se recuperaron, por tanto, las paredes y estructuras existentes que aún era posible recuperar, añadiendo nuevas en albañilería de ladrillo cerámico, manteniendo la estructura de madera y la teja redonda en la cobertura, poniendo aquí los materiales de aislamiento y de impermeabilización más adecuados al clima local, chapas de cartón asfáltico, poliestireno extrudido y membrana de vapor.

Las paredes nuevas son dobles, con cámara de aire drenada y ventilada y todo el conjunto fue revocado y blanqueado. El cimiento, ligaduras y demás componentes constructivos fueron siempre escogidos atendiendo su naturaleza química y adecuación de esa misma naturaleza a la del soporte donde se aplicaba.

Se utilizaron además, el ladrillo macizo, conocido como "ladrillo de burro"; en techos abovedados y en la construcción de los arcos.

En el revestimiento de pavimentos, se utilizaron las ladrilleras, las pizarras y la piedra (lajas antiguas recuperadas).

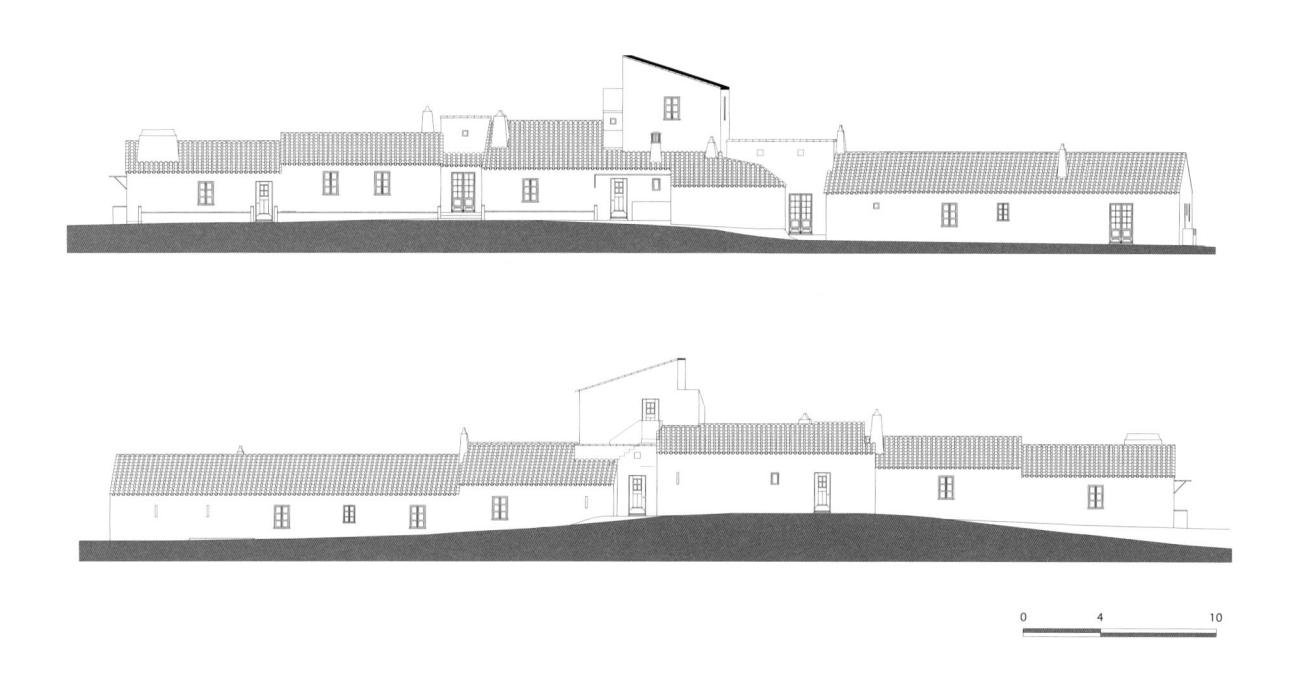

natureza à do suporte onde se aplicava. Utilizaram-se também, o tijolo cerâmico maciço – vulgarmente conhecido por "tijolo de burro" –, em tectos abobadados e na construção dos arcos. No revestimento de pavimentos, utilizaram-se as tijoleiras, os xistos e a pedra (lajes antigas recuperadas).

A cave (a tal adega de que falámos no início), possui uma drenagem à prova de qualquer risco e foi estruturada com arcos e abóbadas, seguindo um dos modelos ou arquétipos mais utilizados nestes espaços.

A caixilharia é nova, seguindo o desenho da que existiu, feita em madeira, integrando vidros duplos, veda-luzes e portadas. A carpintaria interior segue também os modelos característicos deste tipo de casas, nesta região, em casquinha velha, incluindo ferragens em ferro.

No início chegou-se a desenhar um outro edifício "chão", com um páteo para as alfaias, que se articulava com a casa principal e até um picadeiro que tinha a particularidade (julgo que única) de ser

the most common archetypes used for such spaces.

The frames are new, matching the existing design and timber-built, incorporating double glazing, sun shades and doorways. The interior woodwork is also typical of this type of house in this region, in old pine and with iron fittings.

The original idea was to design another simple building with an equipment yard, which adjoined the main house, and even a riding cirde with the unusual (I believe, unique) feature of being roofed, but open to the couniryside to benefit from the views, which as on the other side are absolutely stunning. Eventually we integrated these are as into a cellar abutting the hillside. It is barely noticeable and so leaves the surroundings of the existing house intact.

More recendy, wine production has been moved to an adjoining estate, Zambujal, which has been restored for that very purpose. It houses the estate wine vaults, transit and tasting areas, and so forth. Landscape designers dealt with matters

El sótano (la bodega que hablamos la inicio), posee un drenaje a prueba de cualquier riesgo y fue estructurada con arcos y bóvedas, siguiendo uno de los modelos o arquetipos más utilizados en estos espacios.

Los marcos son nuevos, siguiendo el diseño existente, hechos en madera, integrando cristales dobles, pantallas y portadas. La carpintería interior sigue también los modelos característicos de este tipo de casas en esta región, en cáscara fina vieja, incluyendo herrajes en hierro. Al inicio se diseñó otro edificio "bajo"; con un patio para los aperos, que se articulaba con la casa principal e incluso un picadero que tenía la particularidad (creo que única) de ser cubierto pero abierto al paisaje, hacia las vistas, que aquí son, como antes dije, deslumbrantes. Finalmente, se integraron esos espacios en un sótano adosado a la cuesta, pasando desapercibida y conservando así intacta el espacio alrededor existente a la casa.

Sin embargo, los aspectos relativos a la producción vitivinícola se concentraron en otro monte, contiguo, el de Zambujal – que fue recuperado para este fin, integrando la bodega

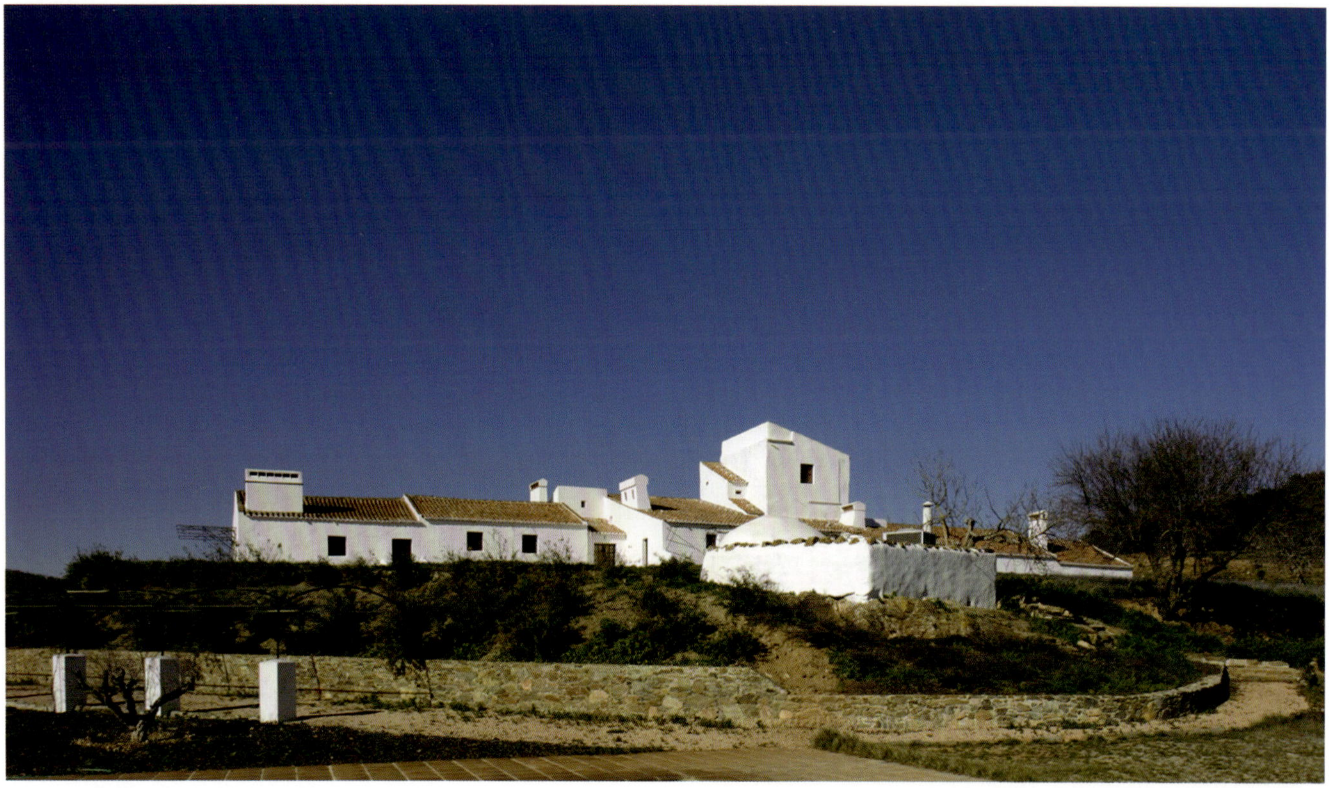

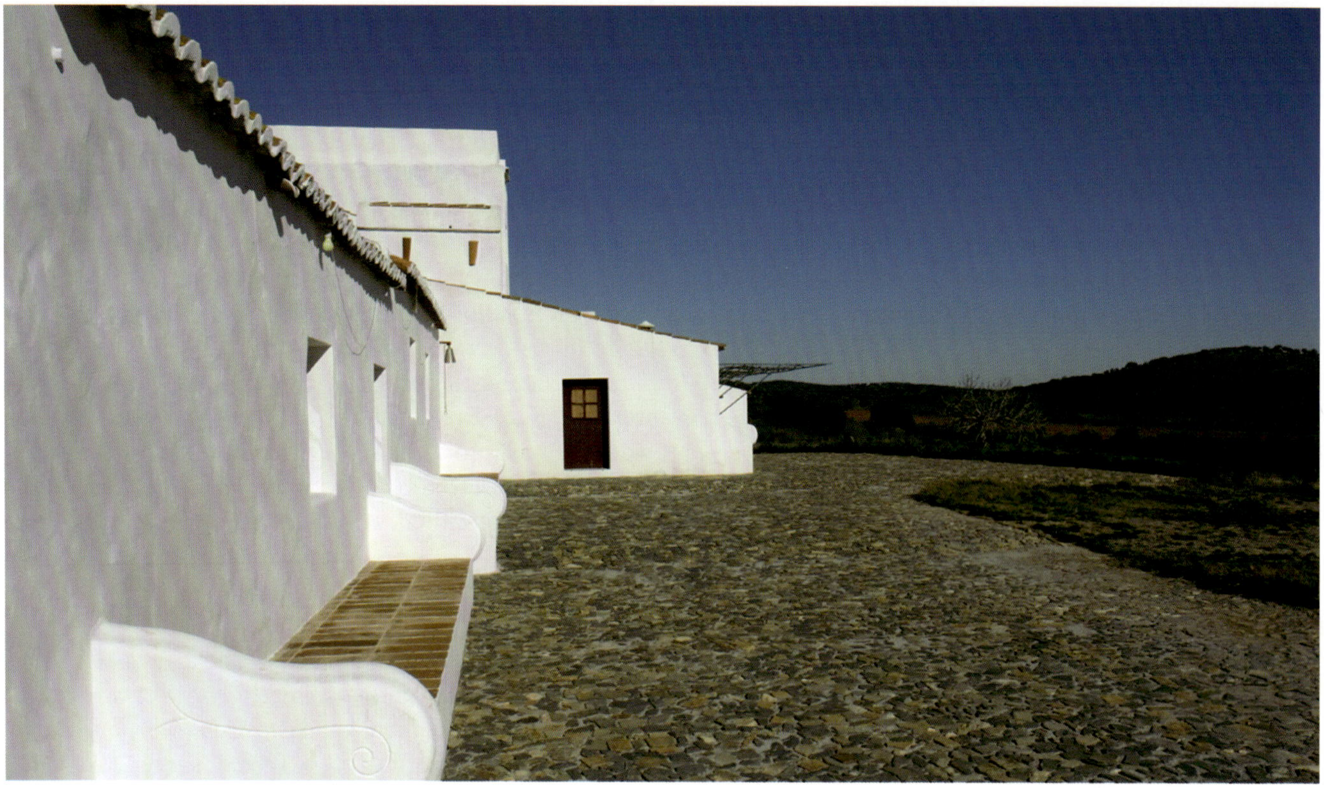

Planta Piso 0
Floor Level Plan
Planta Baja

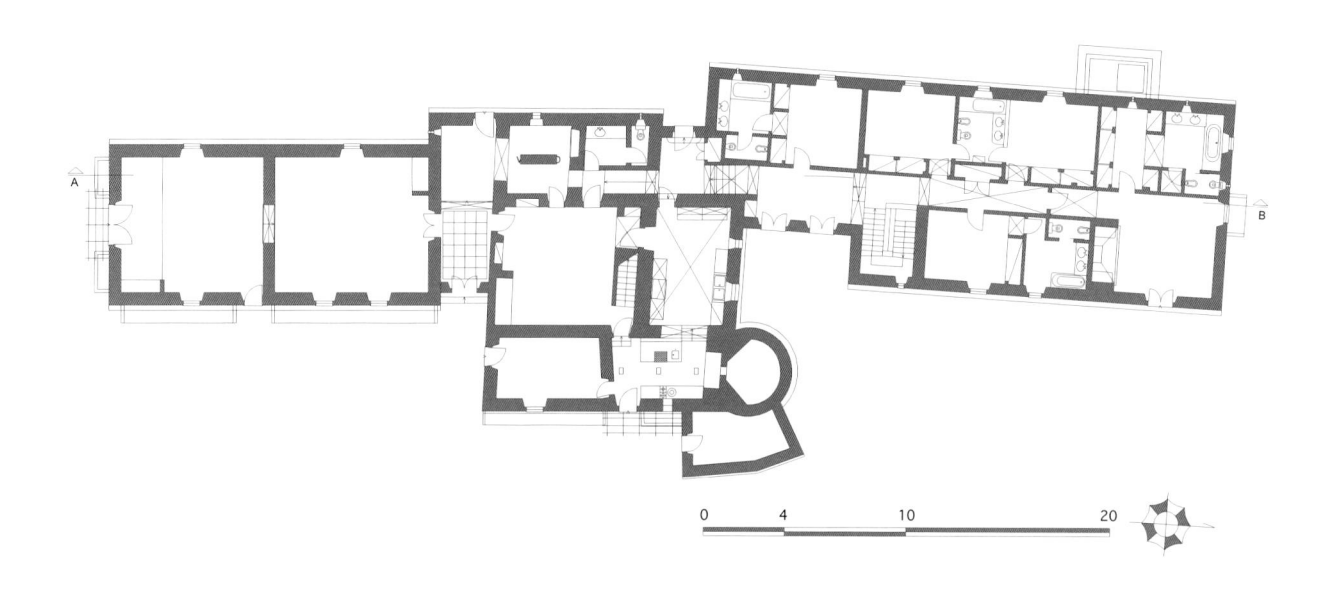

Planta Cave
Basement Plan
Planta Sótano

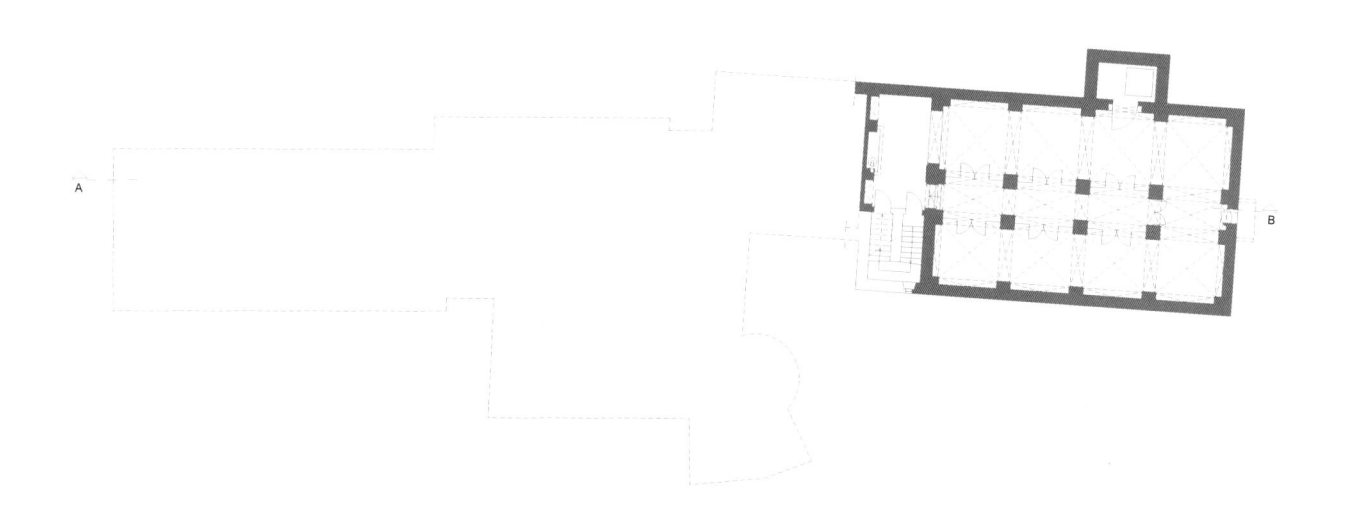

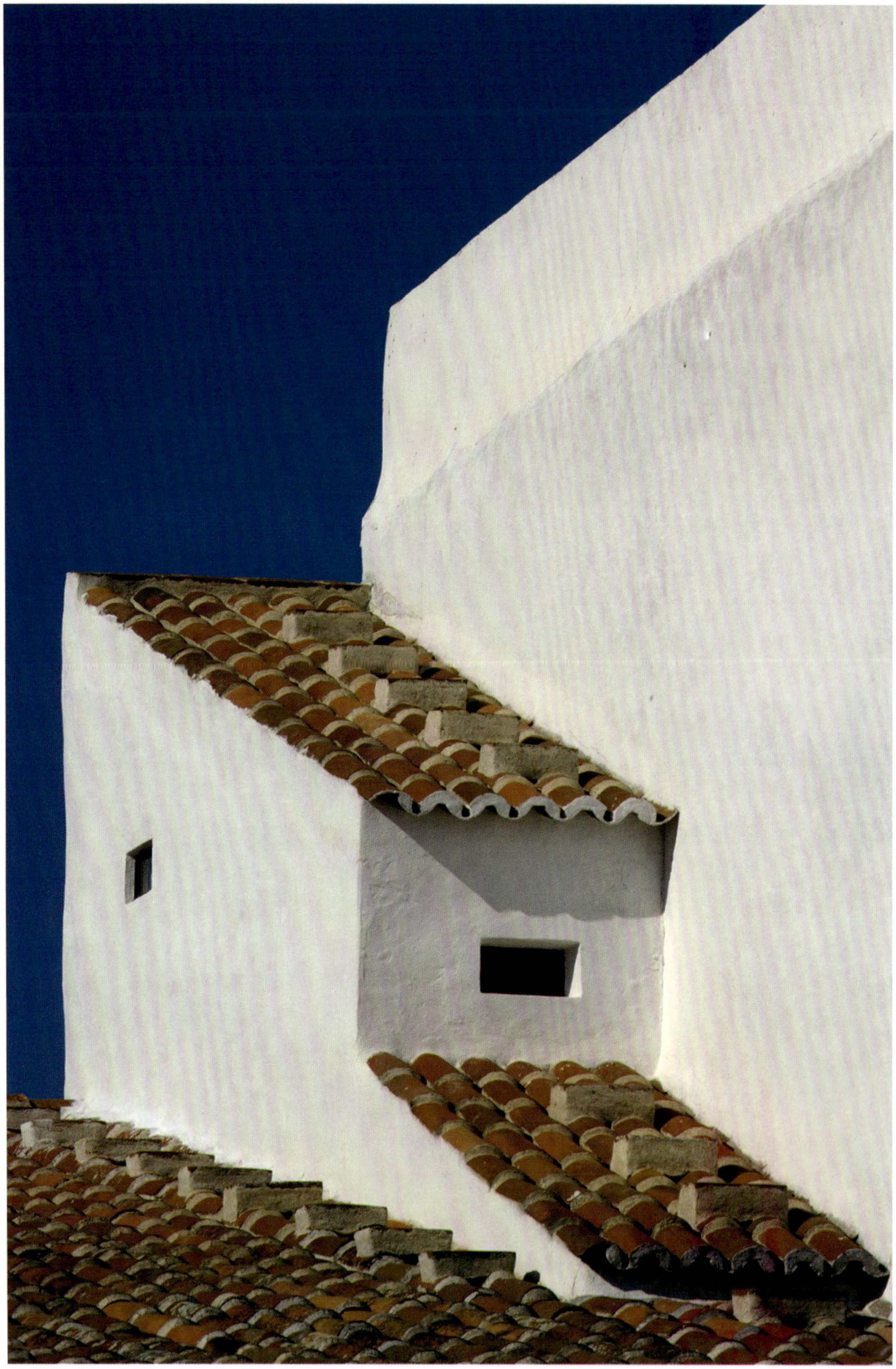

Corte A B
Section A B
Sección A B

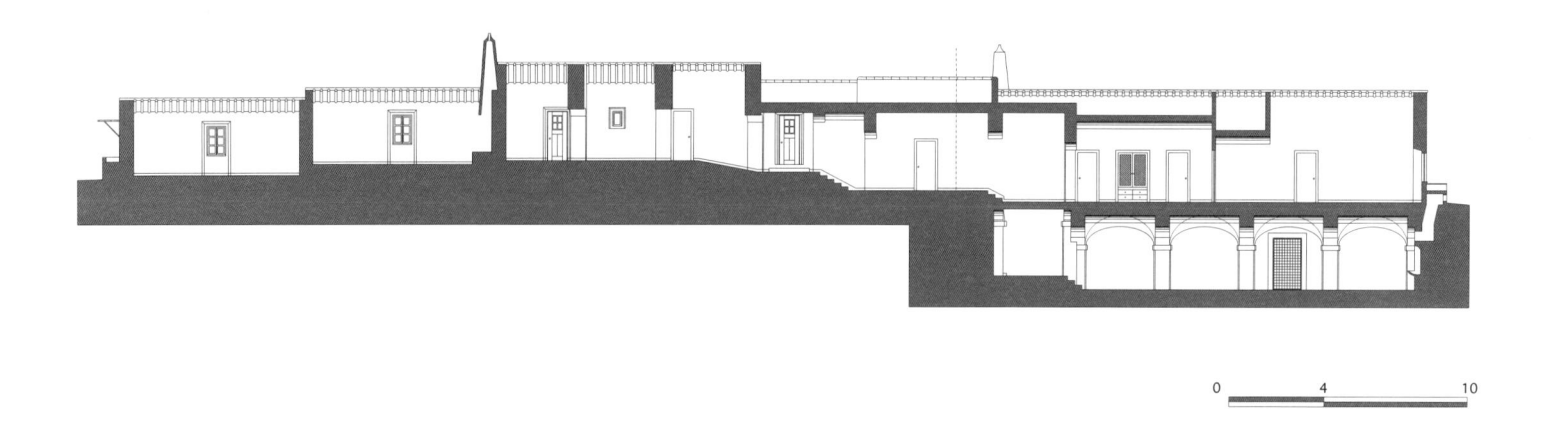

coberto mas aberto para a paisagem, para as vistas, que aqui são, como atrás disse, absolutamente deslumbrantes.
Finalmente, acabou-se por integrar esses espaços numa cave adossada à encosta, passando despercebida e conservando assim intacta a envolvente da casa existente.
Mais recentemente, os aspectos relativos à produção vitivinícola concentraram-se num outro monte, contíguo – o do Zambujal – que foi recuperado para este fim, integrando adega de produção, espaços de estágio, de provas e outros.
Os paisagistas resolveram os espaços exteriores, integrando espécies características da região com um ou outro elemento novo, num resultado muito feliz e de grande beleza, muito especialmente na Primavera, época do Ano em que o Alentejo desperta numa sinfonia de cores e aromas inebriantes.
No interior da casa principal, na escolha de cores, de um ou outro material de revestimento ou de equipamento, houve ainda o "toque" da decoração. de gosto irrepreensível, fazendo sobressair ainda mais as qualidades dos espaços.

outdoors, incorporating local plant species with one or two new additions to achieve a highly successful and very beautiful result, especially in ~Spring, when the Alentejo region breaks into a symphony of colour and intoxicating perfumes.
For the interior of the main house, the choice of colours and certain dadding materials or fittings means that the decoration is in the most irreproachable taste, which further highlights the quality of the building.

de construcción, espacios de prácticas, de pruebas y otros.
Los paisajistas resolvieron los espacios exteriores, integrando especies características de la región con otro elemento nuevo un resultado feliz y de gran belleza, muy especialmente de la primavera, época del año
en la que el Alentejo se despierta en una sinfonía de colores y aromas embriagantes.
En el interior de la casa principal, en la elección de colores, de otro material de revestimiento o de equipamiento, hubo un "toque" de la decoración, de gusto irreprensible, haciendo sobresalir aún más las cualidades de los espacios.

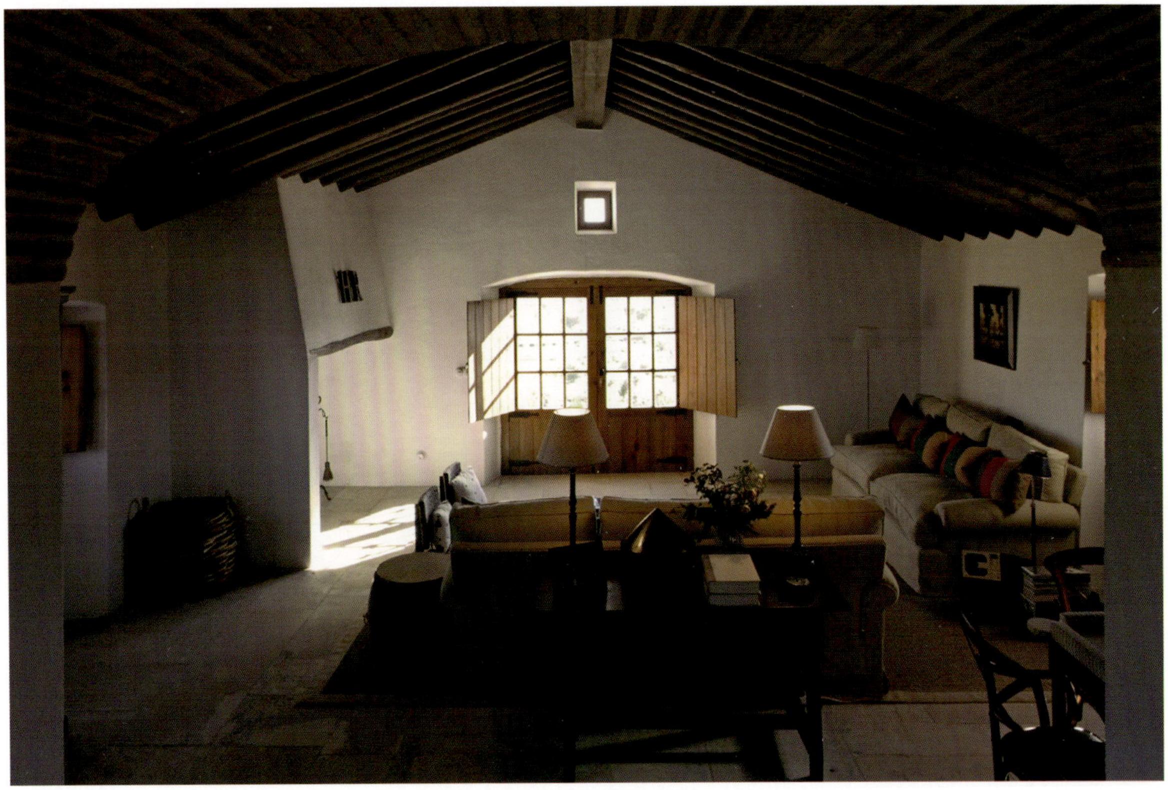

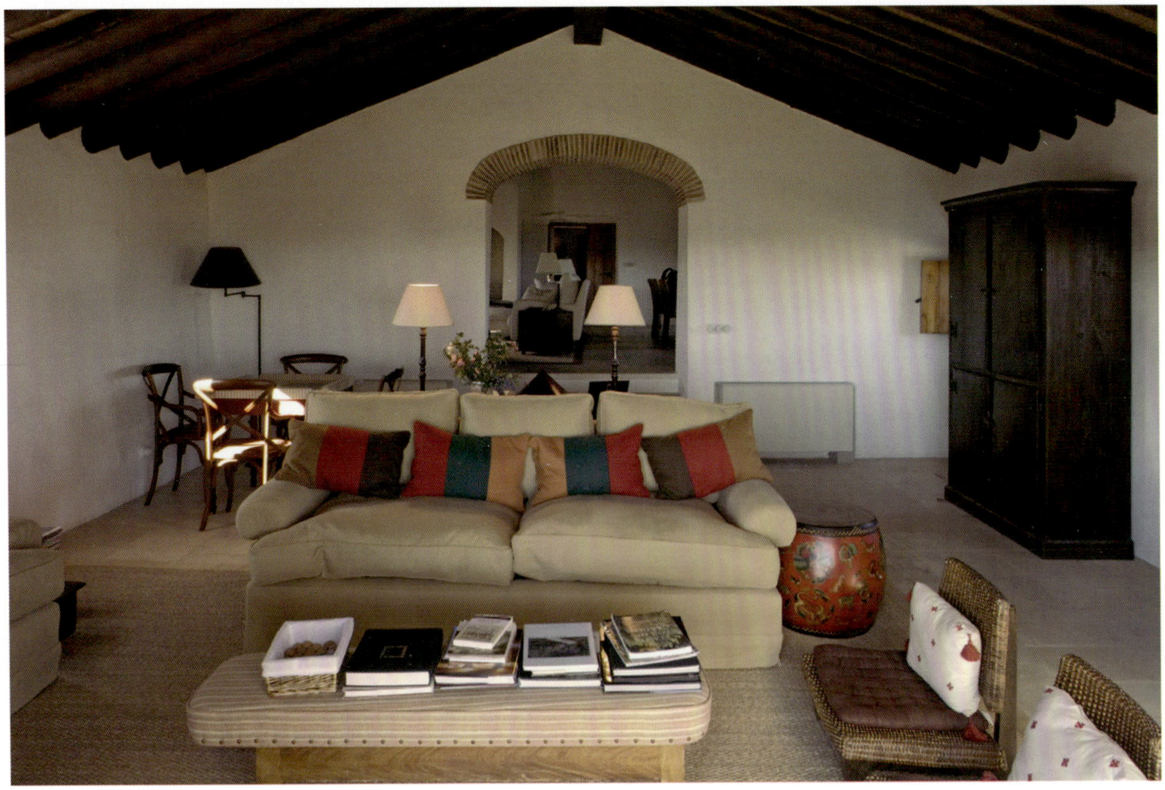

137

Casa na Quinta da Beloura
House in Quinta da Beloura
Casa en Quinta da Beloura

Sintra, 2003

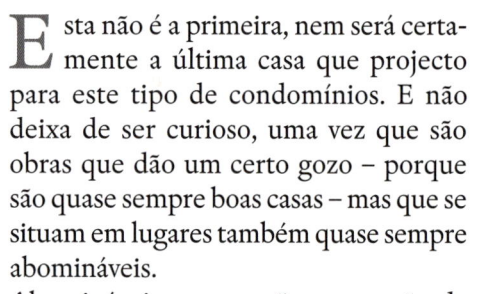

Esta não é a primeira, nem será certamente a última casa que projecto para este tipo de condomínios. E não deixa de ser curioso, uma vez que são obras que dão um certo gozo – porque são quase sempre boas casas – mas que se situam em lugares também quase sempre abomináveis.

Abomináveis porque são a negação da cidade, compostos de estradas e lotes em vez de ruas e quarteirões; porque as pessoas vivem de costas voltadas umas para as outras, sem se conhecerem, todas dependentes do automóvel para as tarefas mais simples, como para as complicadas.

São as cidades-jardim dos tempos modernos, pseudo-refúgios. Eu diria "lugares de fuga", de fuga da responsabilidade cívica, fuga da cidade a que voltamos cada vez mais as costas, em vez de contribuirmos para essa requalificação com o nosso esforço. Estes lugares são, por vezes e

This is not the first, and will certainly not be the last, house that 1 design for this kind of condominium. And it is curious –these projects being quite enjoyable, because they are almost always good houses – that they are almost always located in abominable places.

Abominable because they are the negation of the city, comprising highways and plots ofland rather than streets and blocks; and because people live with their backs turned to one another, without knowing each other, all dependent on their vehicles for every task, from the simplest to the most complicated.

They are the modern-day garden cities: pseudo-refuges. 1 should really say "escapes": escape from civic responsibility; escape from the city, on which we are increasingly turning our backs, rather than making an effort to aid its resurgence. Sometimes these places are dream

Esta no es la primera, ni será ciertamente la última casa que proyecto para este tipo de condominios. y no deja de ser curioso, ya que son obras que dan cierto gozo, porque son casi siempre buenas casas, pero que se sitúan en lugares casi siempre abominables.

Abominables porque son la negación de la ciudad, compuestos de entradas y lotes en vez de calles y manzanas; porque las personas viven de espaldas a las otras, sin conocerse, todas dependientes del coche tanto para las tareas más sencillas como para las más complicadas.

Son las ciudades jardín de los tiempos modernos, pseudo-refugios. Yo diría "lugares de fuga"; de fuga de la responsabilidad cívica, fuga de la ciudad a la cual damos más la espalda, en vez de contribuir para esa reclasificación con nuestro esfuerzo. Estos lugares son, a veces y de manera aparente, paisajes de sueño, llenos de facilidades y amenidades: golf

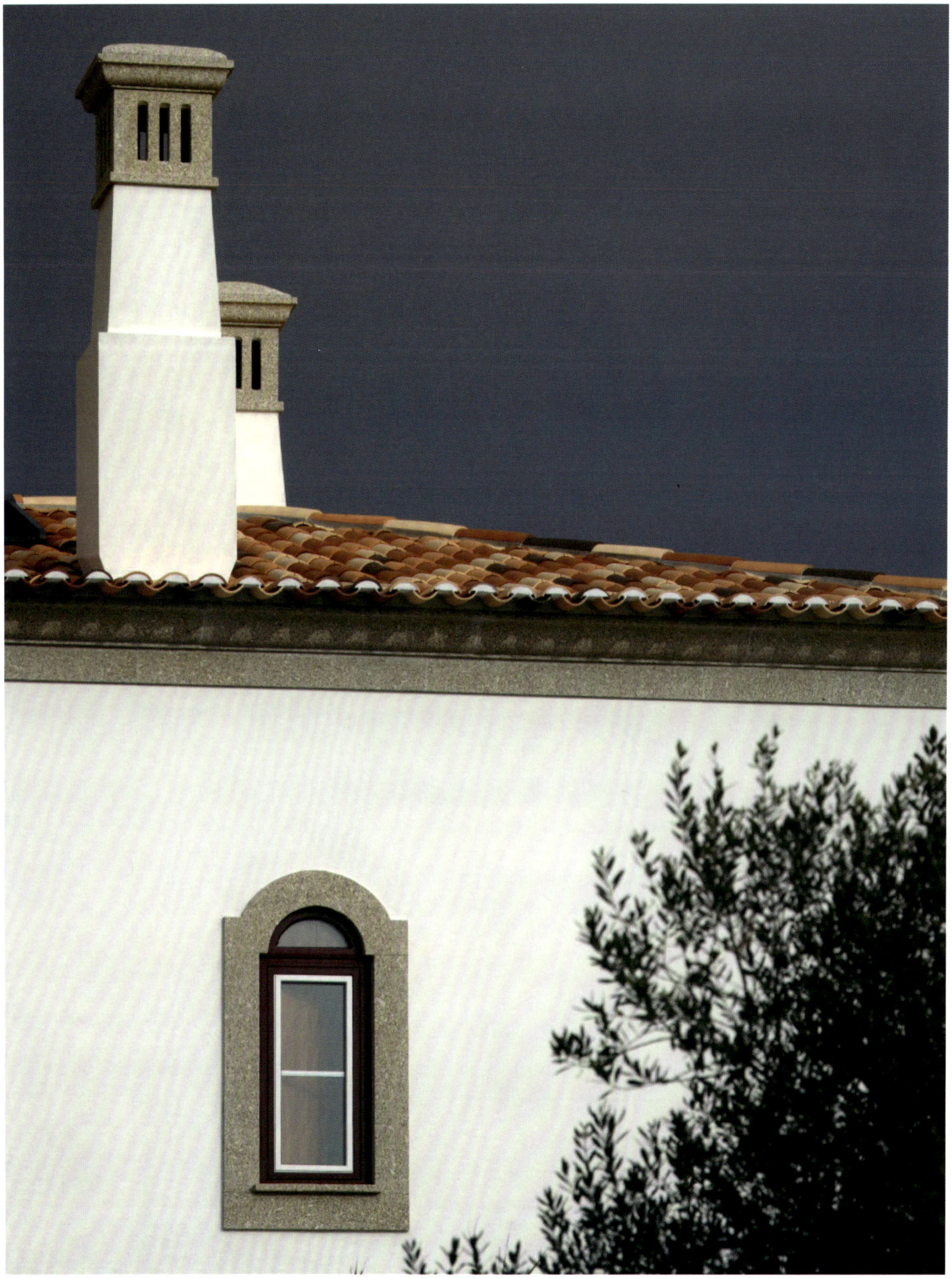

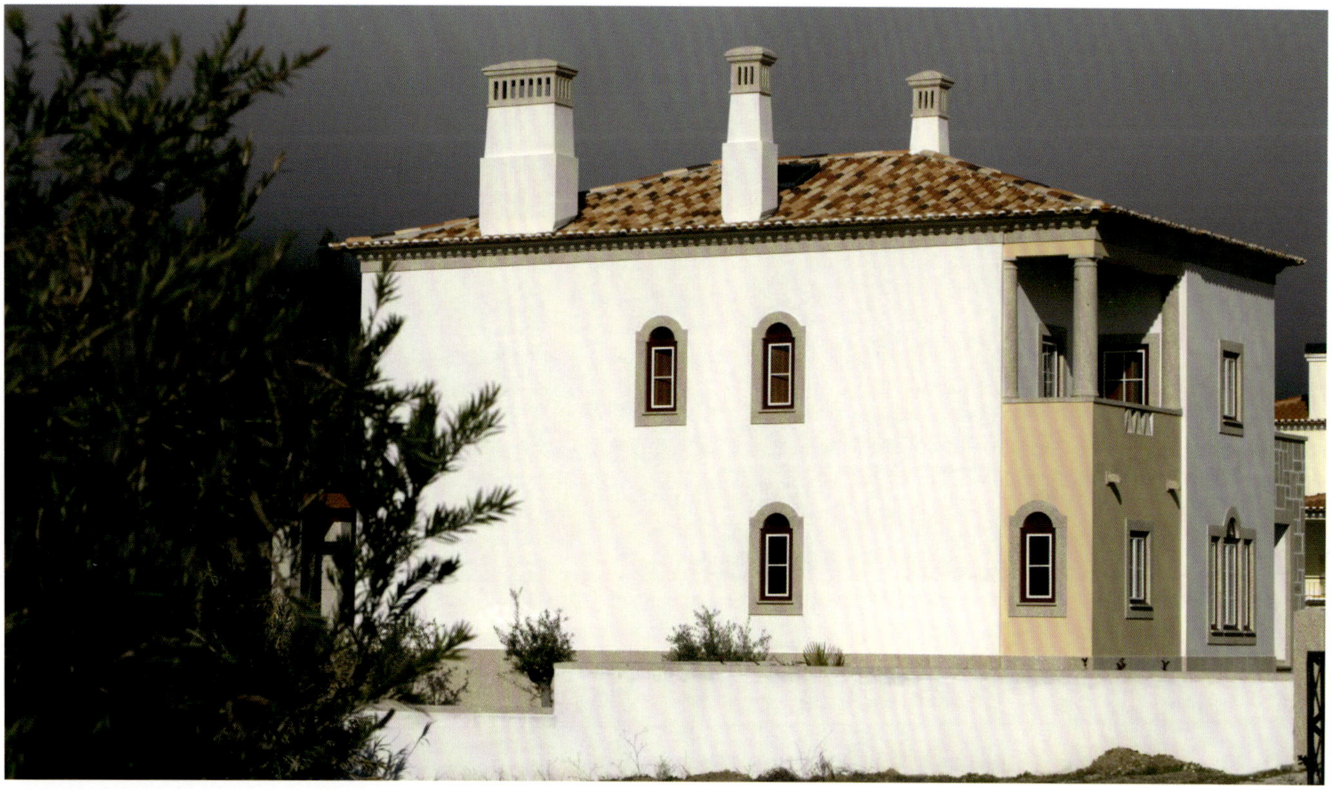

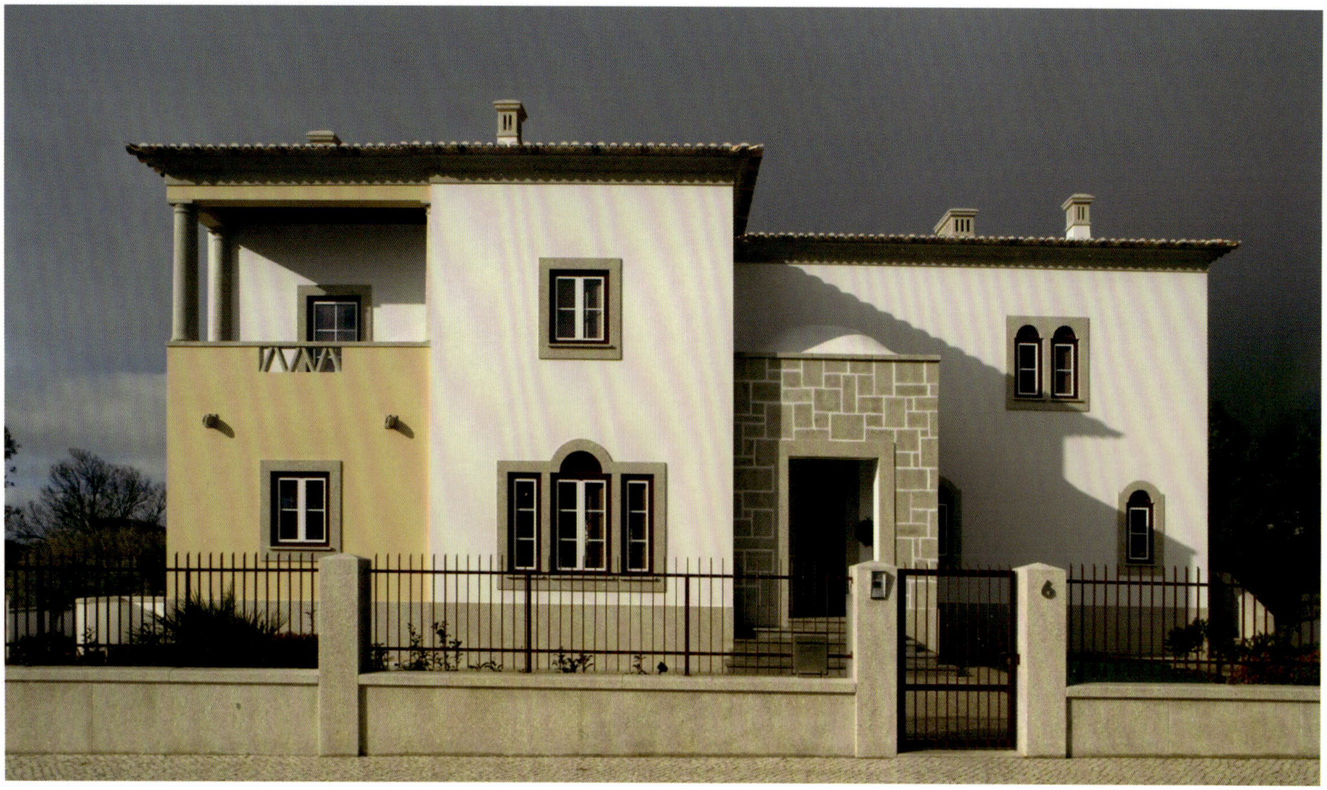
6

Implantação
Site
Implantación

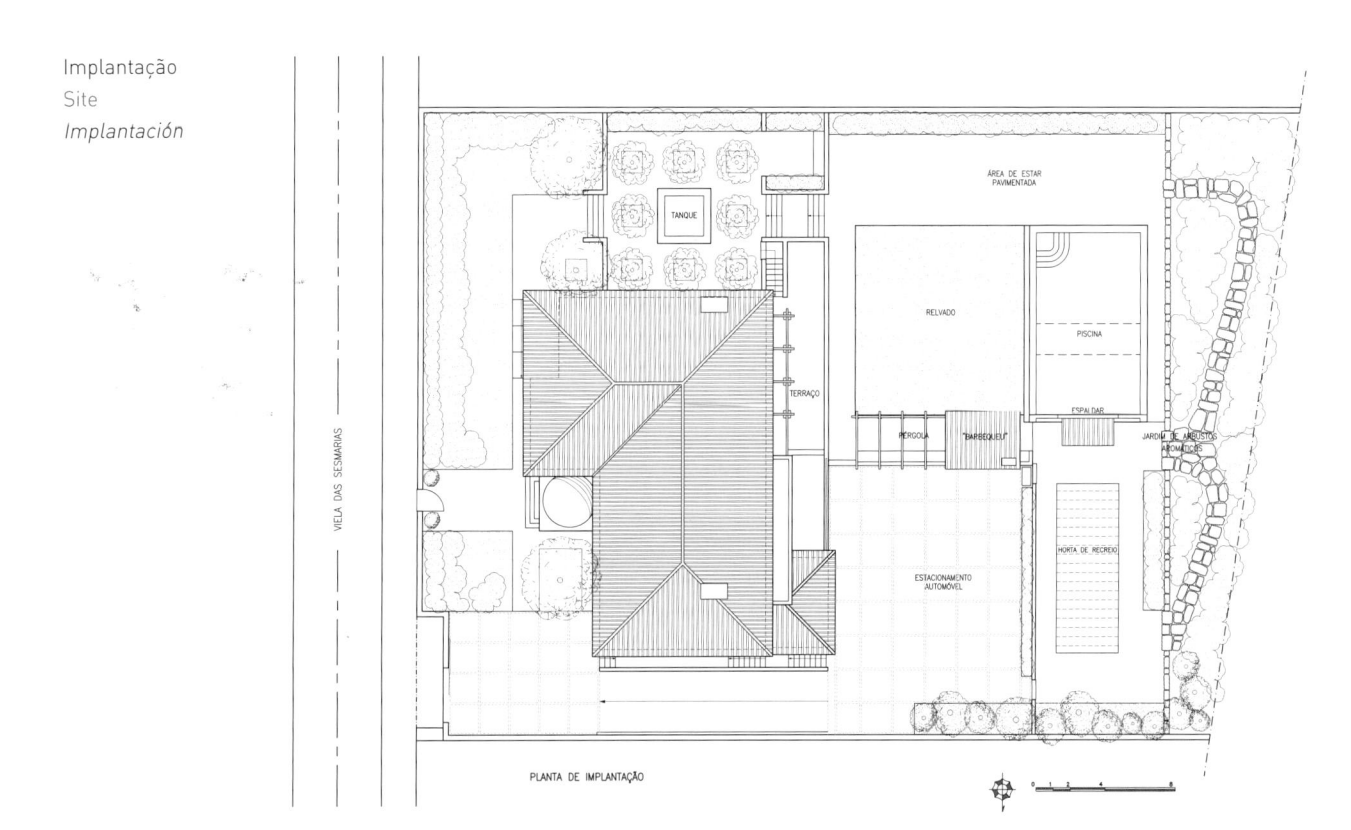

aparentemente, paisagens de sonho, cheios de facilidades e amenidades – golf, ténis, piscinas, shoppings, parques disto e daquilo; mas é tudo tão artificial, tão falso, tão provisório.

Ao contrário, as cidades verdadeiras, com as suas ruas, largos, praças, jardins, passeios, palácios, casas simples, com as lojas de bairro, com os serviços à mão de semear, essas cidades de que gostamos são fantásticas, porque são lugares de comunidade, de civilidade e, assim, são lugares seguros, limpos e agradáveis, porque tudo funciona, não falta nada.

Mas falando da casa propriamente dita, que foi um prazer fazer: era um programa muito bom, que se resolveu atendendo as condicionantes locais – as regulamentares e as que dizem respeito à natureza do sítio, do terreno, do seu contexto natural (já que o construído é para esquecer).

Optou-se por conceber uma casa que aproveita o desnível do terreno, mais alto do lado da entrada cerca de um piso do

landscapes, full offacilities and amenities: golf, tennis, swimming pools, shopping centres; and parks of one kind or another. But it is all so artificial, false and provisional.

In contrast, real cities, with their streets, squares, parks, pavements, palaces, simple houses, neighbourhood shops, and services within arm's reach, these cities that we love; are fantastic; because they are places of community, civility; and, so, are safe, clean and pleasant, because everything works and nothing is lacking.

But the house itself was a delight to design. The plan was very good, and took account

of local factors: planning regulations, and also the feactures of the site, the land and the natural setting (given that the man-made setting is best ignored).

I opted to design a house that makes use of the uneven land, higher by about a storey on the entrance side than on the garden site.

tenis, piscinas, centros comerciales, parques de esto y de aquello; pero todo es tan artificial, tan falso, tan temporal.

Al contrario, las ciudades verdaderas, con sus calles, plazas, parques, calzadas, palacios, casas sencillas, con tiendas de barrio, con los servicios a mano, esas ciudades que nos gustan son fantásticas, porque son lugares de comunidad, de civilidad y, así, son lugares seguros, limpios y agradables porque todo funciona, no falta nada.

Hablando propiamente de la casa dicha, que fue un placer hacer: era un programa muy bueno, que se resolvió atendiendo las condiciones locales, las reguladas y las que se refieren a la naturaleza del lugar, del terreno, de su contexto natural (ya que lo que está construido es para olvidar).

Se optó por concebir una casa que aprovecha el desnivel del terreno, más alto aliado de la entrada cerca al piso que aliado del jardín, éste mirando hacia uno de los "hoyos" del golf al oeste, con el recorte de la sierra de Sintra como tela de fondo.

que do lado do jardim este voltado a um dos "buracos" do golf, a poente, com o recorte da serra de Sintra como pano de fundo.

A casa tem uma cave, um piso térreo, um piso elevado e um sótão. Na sua concepção procura-se tirar o melhor partido possível do sol, minimizando a dependencia dos meios artificiais de conforto, colocando pérgulas, telheiros, terraços, vãos grandes ou pequenos, tudo consoante fosse mais aconselhável abrir ou fechar, deixar o sol entrar ou ensombrear.

O desenho da casa tem referências claras aos modelos tradicionais da região, com um certo "toque" mourisco – nos vãos e no alpendre da entrada. Os materiais contribuem também bastante para acentuar este aspecto – a madeira, o granito da região, os paramentos lisos, a telha cerâmica, a cor.

Há, no entanto, um certo sabor de depuração, de experimentação, que conferem ao conjunto uma identidade distinta.

The latter faces a golf-course hole to the west, with the Sintra hills as a backdrop. The house has a basement, ground floor, upper floor and loft. The design aimed to make the best use of the sun, reducing dependence on artificial sources of comfort, and placing pergolas, sheds, terraces, and large or small window openings according to whether it was best to open or close, allowing the sun to enter or creating shade.

The design of the house contains clear references to regional traditions, with a certain Moorish touch in the openings and the entrance porch. The materials also help to accentuate this – the wood, local granite, smooth facing-concrete, ceramic tiles and colour.

Nevertheless, there is a certain stroke of refinement and experimentation which gives the ensemble its own identity.

La casa tiene un sótano un piso térreo, un piso elevado y un ático. En su concepción se busca sacar el mejor partido posible del sol, minimizando la dependencia de los medios artificiales de comodidad, colocando pérgolas, tejeros, terrazas, vanos grandes o pequeños, todo de acuerdo a si es más aconsejable abrir o cerrar, dejar el sol entrar o sombrear.

El diseño de la casa tiene referencias claras a los modelos tradicionales de la región, con un cierto "toque" morisco. En los vanos y en el alpendre de la entrada. Los materiales contribuyen también bastante par acentuar este aspecto, la madera, el granito de la región, los paramentos lisos, la teja cerámica, el color.

Hay, sin embargo, un cierto sabor de depuración, de experimentación, que confieren al conjunto una identidad diferente.

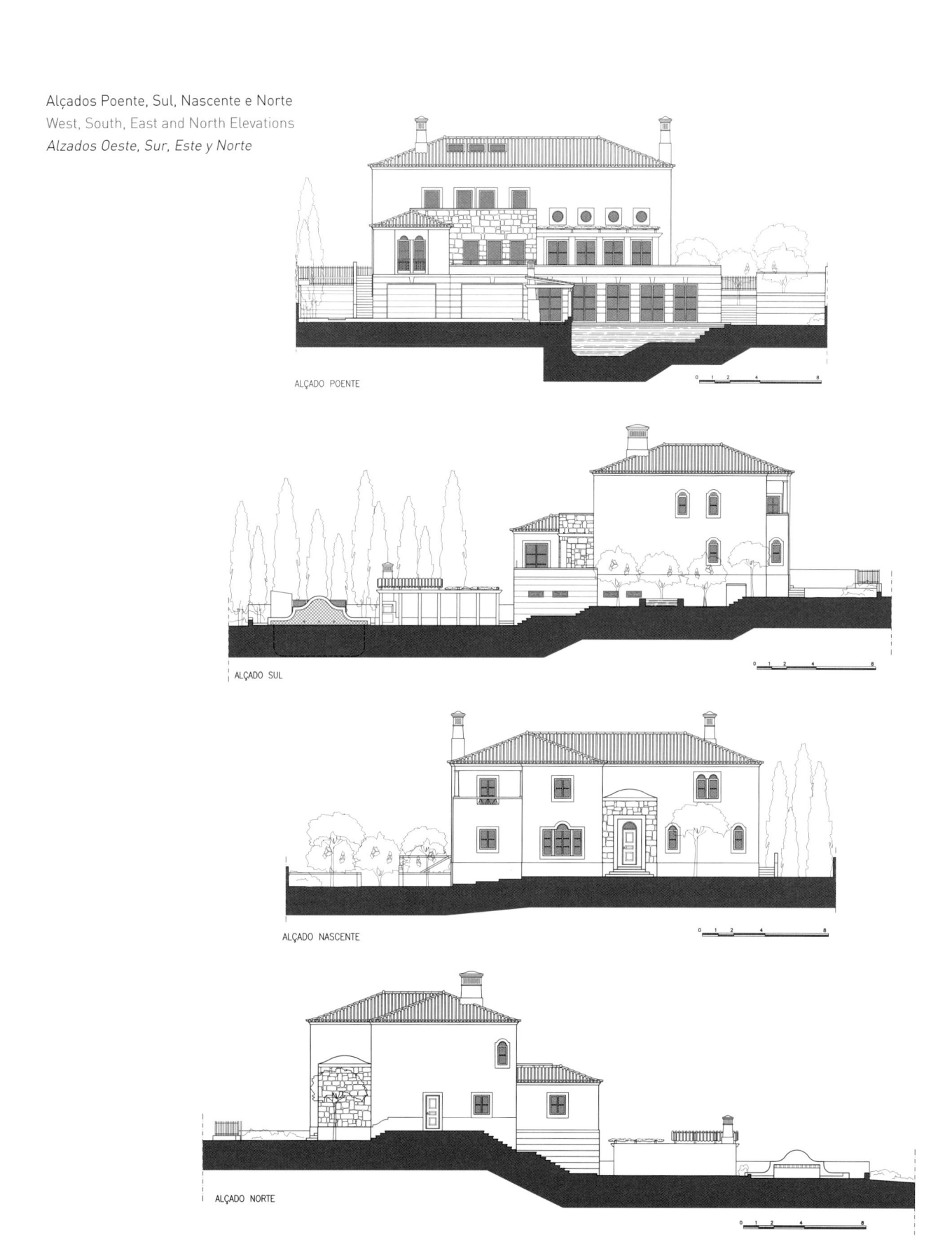

Alçados Poente, Sul, Nascente e Norte
West, South, East and North Elevations
Alzados Oeste, Sur, Este y Norte

ALÇADO POENTE

ALÇADO SUL

ALÇADO NASCENTE

ALÇADO NORTE

Planta Cave
Basement Plan
Planta Sótano

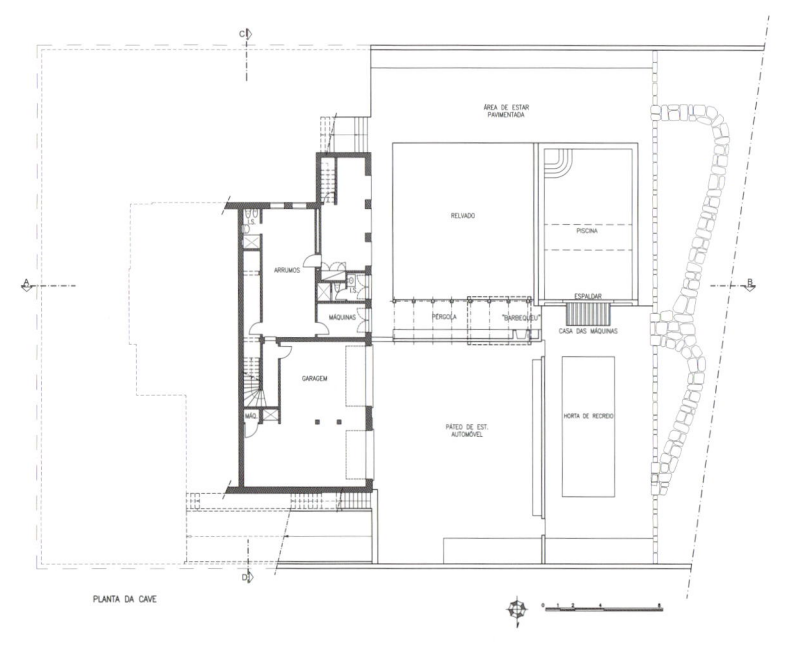

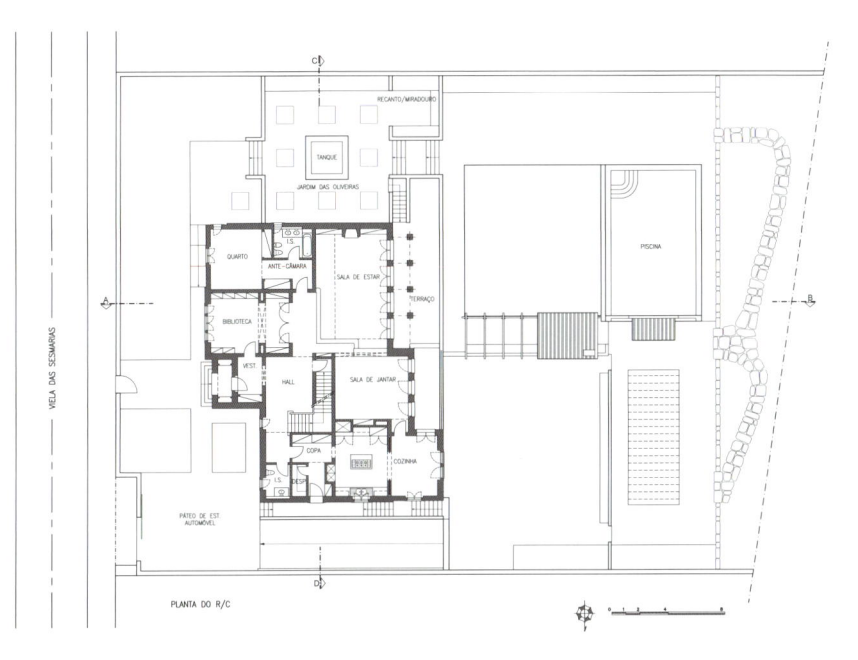

Planta Piso 0 e Piso 1
Floor Level and 1st Level Plans
Plantas Baja y Primera

145

Corte C D
Section C D
Sección C D

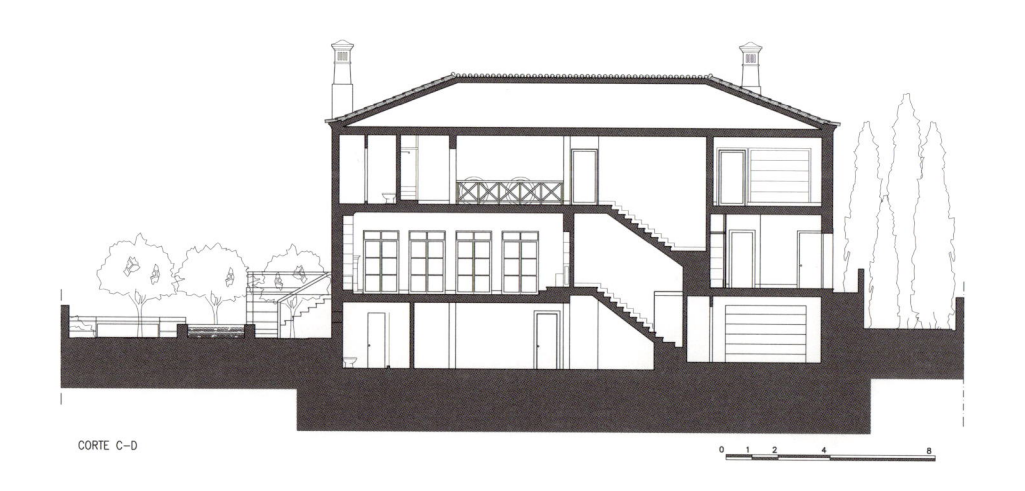

CORTE C-D

Corte A B
Section A B
Sección A B

CORTE A-B

147

Monte da Casa Alta
Monte da Casa Alta
Monte da Casa Alta

Grândola, 2004

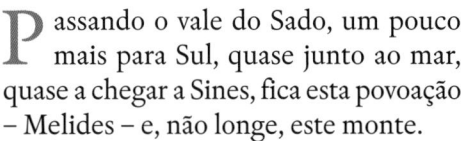

Passando o vale do Sado, um pouco mais para Sul, quase junto ao mar, quase a chegar a Sines, fica esta povoação – Melides – e, não longe, este monte.

Arranjei-o para um tio e sua família, que pretendiam uma casa de férias e de fins-de-semana, perto das praias desta região – ainda razoavelmente preservadas – e não demasiado longe de Lisboa.

Para além da casa, pretendiam um pouco de terra para se poderem dedicar, como passatempo, já se vê, a plantar e a amanhar a terra, a tratar de uma horta e de algumas árvores de fruto e pouco mais. Pretendia-se também um tanque para dar uns mergulhos quando o calor aperta – e aqui aperta e de que maneira! – mas isso ficará para mais tarde.

Existia já uma casa, inacabada, mal construída e distribuída – uma confusão. Reparámos, acrescentámos, corrigimos e lá conseguimos compor uma casa de

Just to the south of the Sado Valley, almost by the sea and a little before Sines, is the village of Melides. This monte is a short distance away.

I found it for an uncle and his family, who wanted a holiday and weekend home close to the local beaches – which are still fairly well preserved – and not too far fram Lisbon.

In addition to the house, they wanted a little land on which they could dabble at planting and tending a vegetable garden and a few fruit trees.

They al so wanted a small pool, so that they could take a dip when the heat built up – and here it really builds up! – but that can wait for later.

There was already a house here – unfinished, badly built and laid-out: a mess. We repaired it, added bits, impraved other parts and created a dazzling white Alentejo farmhouse.

Pasando el valle del Sado, un poco más hacia el sur, casi junto al mar, casi llegando a Sines, queda este pueblo – Melides – no está lejos, este monte.

Lo arreglé para un tío y su familia, que pretendían una casa de vacaciones y de fines de semana, cerca de las playas de esta región, aún razonablemente conservadas, y no demasiado lejos de Lisboa.

Además de la casa, querían un poco de tierra para dedicarse, como pasatiempo, puede verse, a plantar y a cuidar la tierra, trabajando la huerta y de algunos árboles de fruto y poco más.

Se deseaba además un estanque para darse unas zambullidas cuando el calor prieta, y aquí lo hace y de qué manera!, pero eso se queda para después.

Existía ya una casa, inacabada, mal construida y distribuida – un lío. Nos dimos cuenta, añadimos, corregimos y logramos componer una casa de monte alentejano, blan-

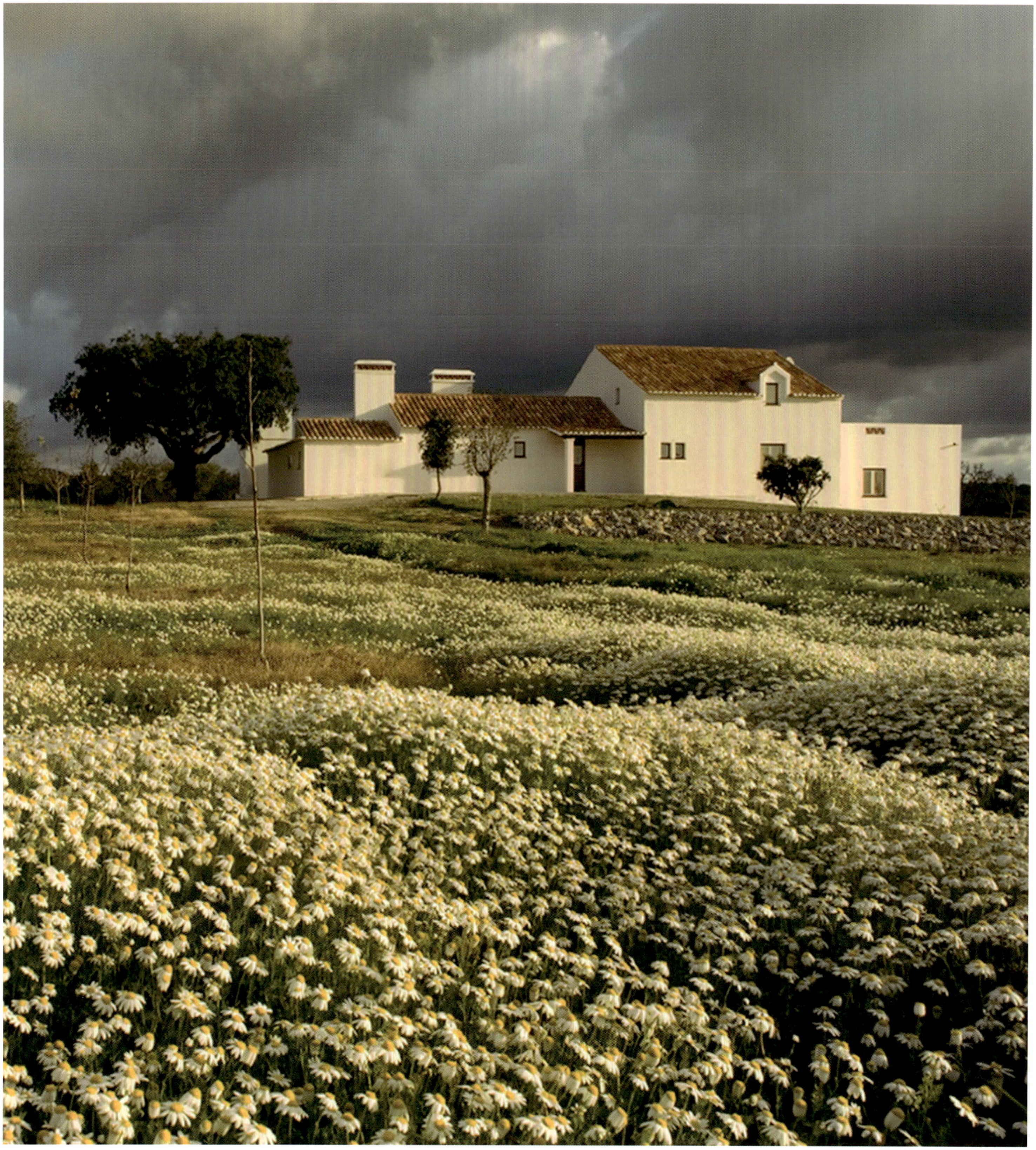

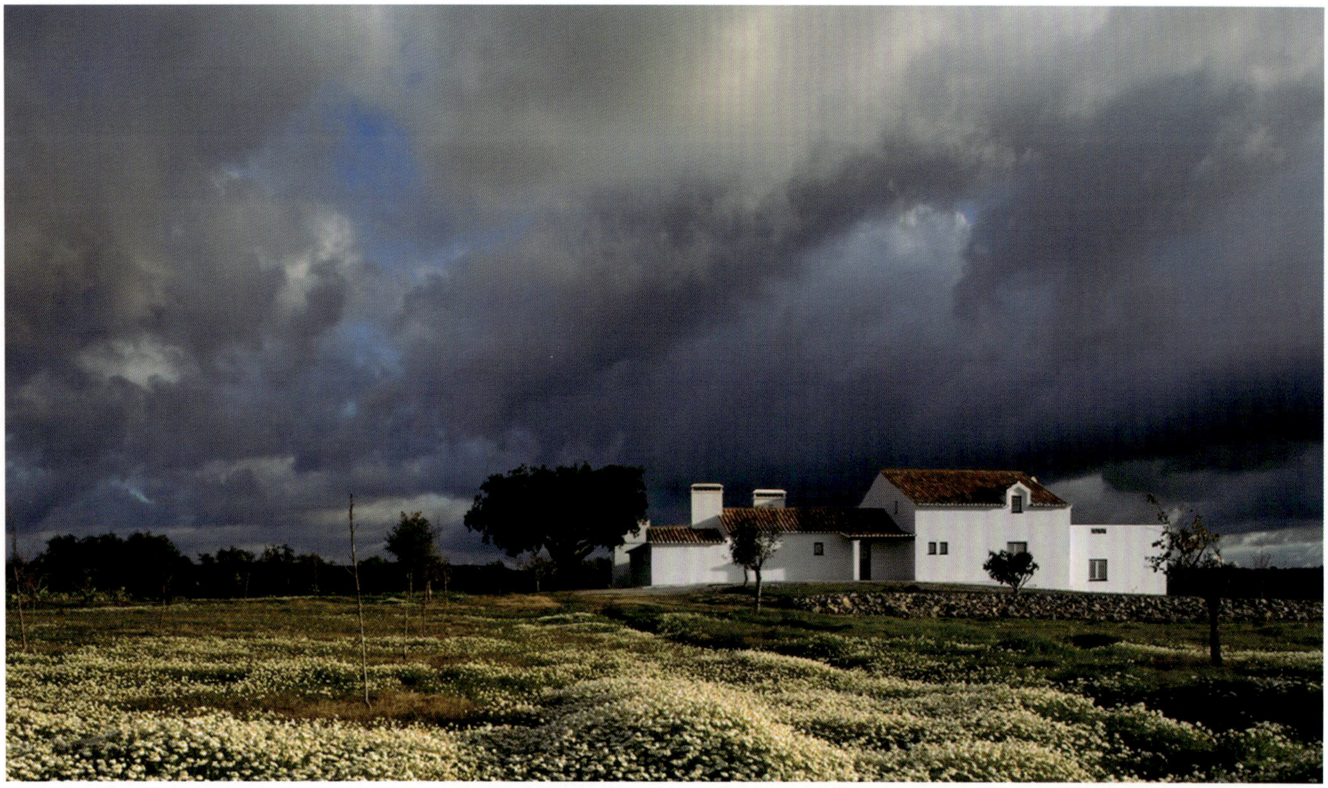

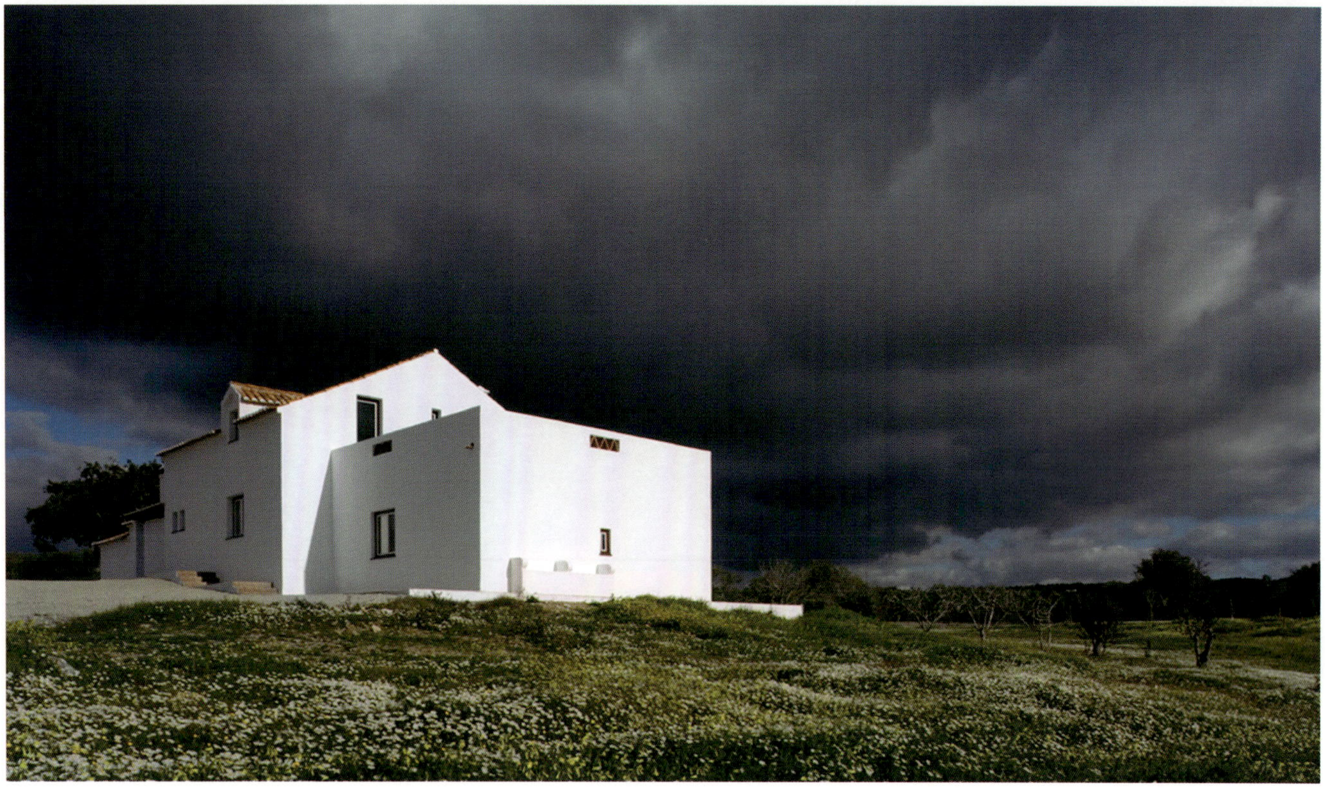

Implantação
Site
Implantación

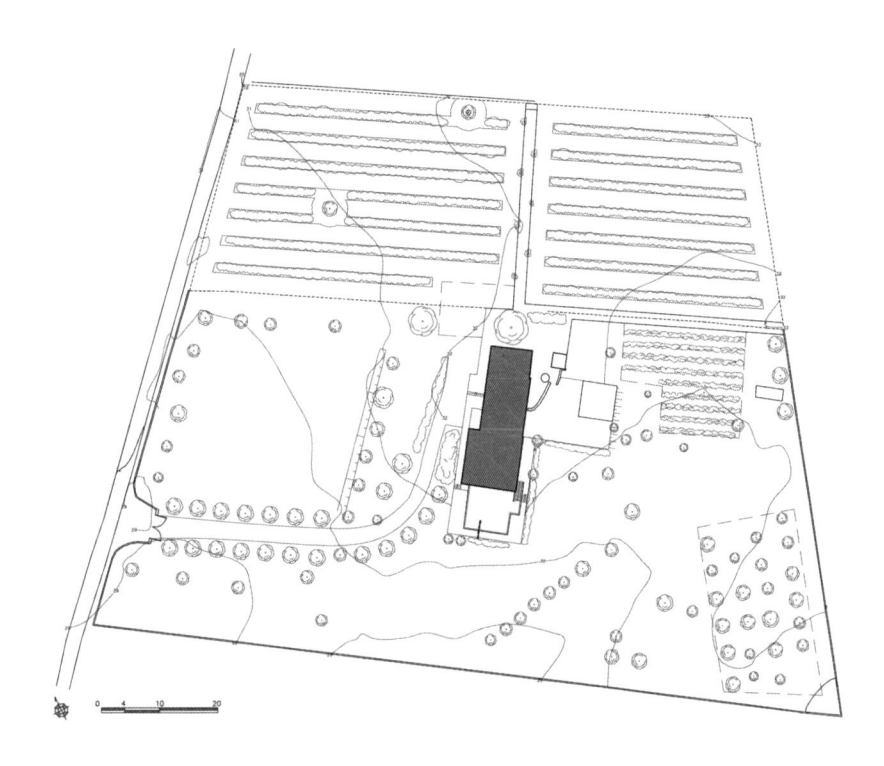

monte alentejano, branquinha, com os telhados de telha de canudo velha (limpa e tratada), integrando-se na paisagem da forma mais natural possível, procurando essa harmonia entre a natureza e a especificidade cultural da região.

A casa é quase toda ela de um só piso, térreo, apenas com uma parte central mais alta, em que se faz um aproveitamento de sótão e se introduzem 3 janelas de forma um pouco invulgar para a tipologia adoptada, muito embora não se oponha ao conjunto construído, pelo contrário, integram-se com respeito pelo tema-geral ou tipologia dominante, afirmando-se como um ligeiro improviso quase imperceptível e muito subtil – e é essa característica um pouco inédita que dá o nome à casa.

Destacam-se as zonas de estar exteriores, os alpendres, voltados ao Sul, que prolongam a sala e proporcionam

Its raof tiles are cleaned and treated half-pipes, which blend into the countryside in the most natural way. We sought to create this harmony between nature and the style of the region.

The house is almost entirely ground-floor, with just the central part raised. This was converted into a loft, and three windows were added, in a rather unusual style for this type ofhouse, although it does not clash with the rest of the building. On the contrary, the windows blend in with the overall themeand dominant style, as a small, virtually unnoticeable and very subtle improvisation. In fact, the upper floor being a slightly unusual feature gives the house its name: *casa alta* means 'tall house'.

The outdoor leisure areas are an important feature, as are the south-facing porches, which extend the lounge and

quita, con los tejados de teja redonda (limpia y cuidada), integrándose en el paisaje de la forma más natural posible, intentando esa armonía ente la naturaleza y la especificidad cultural de la región.

La casa es casi toda de una sola planta, térrea, solo con una parte central mas alta, en la que se hace un aprovechamiento del ático y se introducen 3 ventanas de forma un poco inusual para la topología adoptada, aunque no se oponga al conjunto construido, por el contrario, se integran con respeto por el tema general o topología dominante, afirmándose como un ligero improviso caso imperceptible y muy sutil, esa es una característica poco inédita que da el nombre a la casa.

Se destacan las zonas de estar exteriores, los alpendres, mirando al sur, que prologan la sala y proporcionan espacios de fresco para usufructuar del descanso en condiciones confortables.

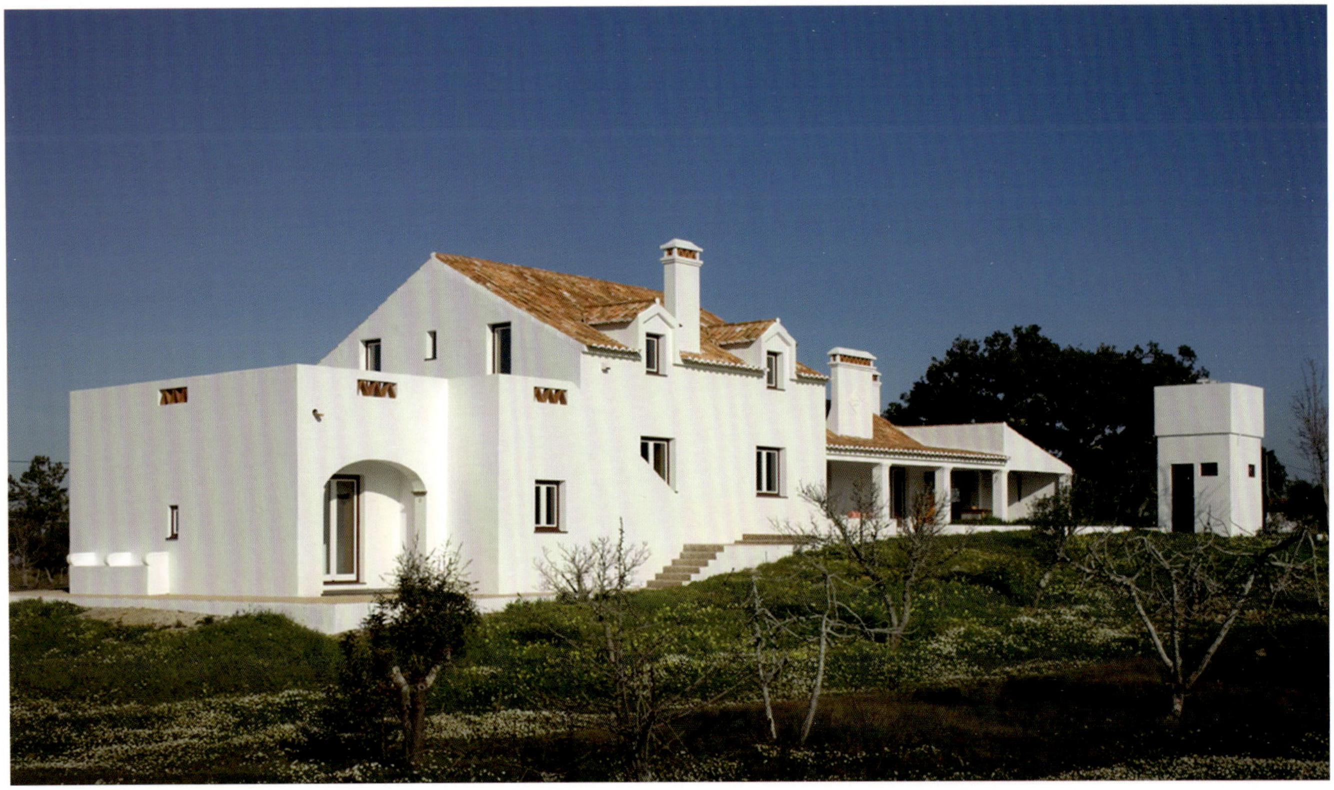

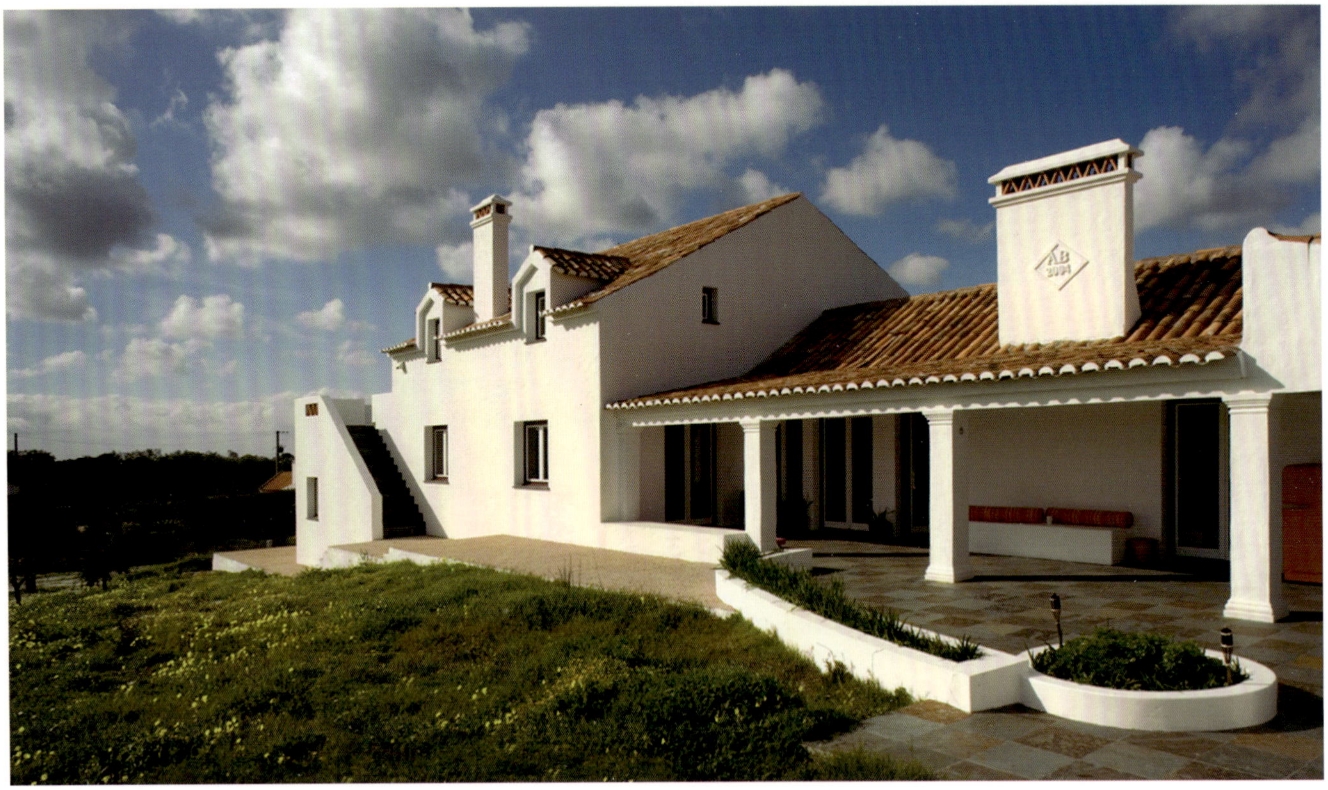

Alçados Nascente e Poente
East and West Elevations
Alzados Este y Oeste

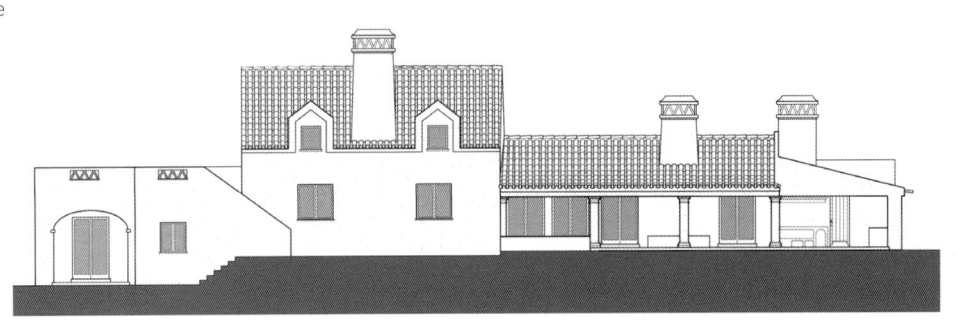

espaços de fresco para usufruir do descanso e do convívio em condições mais confortáveis.

A caixilharia, mais depurada e com um toque mais "industrial", confere ao conjunto um aspecto um pouco mais urbano.

As paredes foram rebocadas e esboçadas com argamassa lisa acabada a colher – a talocha foi proibida na obra – por forma a conferir à casa, às suas paredes, uma plasticidade semelhante à que resulta da justaposição de camadas sucessivas de cal.

O resultado é, portanto, uma mistura de soluções e materiais – os mais tradicionais com um ou outro mais "industrial" – numa síntese que, sendo intemporal, é também marcadamente actual.

provide cool areas for relaxing and socialising in comfort.

The door and window frames, which are more refined and have a more "industrial" feel, give the house a slightly more urban look.

The walls were clad and textured with smooth mortar and finished using a spoon –a plasterer's trawel was not allowed – to give the house and its walls a plasticity similar to that created by the juxtaposition of successive layers oflime. So the result is a combination of solutions and material s – traditional and more "industrial" ones – in a timeless and yet markedly modern blend.

Los marcos, más depurados y con un toque más "industrial"; confiera al conjunto un aspecto un poco más urbano.

Las paredes fueron revocadas y esbozadas con argamasa lisa acabada a llana, la talocha fue prohibida en la obra, para dar a la casa a sus paredes, una plasticidad semejante a la que resulta de yuxtaposición de capas sucesivas de cal.

El resultado es, por tanto, una mezcla de soluciones y materiales con otro más "industrial"; una síntesis que, siendo atemporal, es también marcadamente actual.

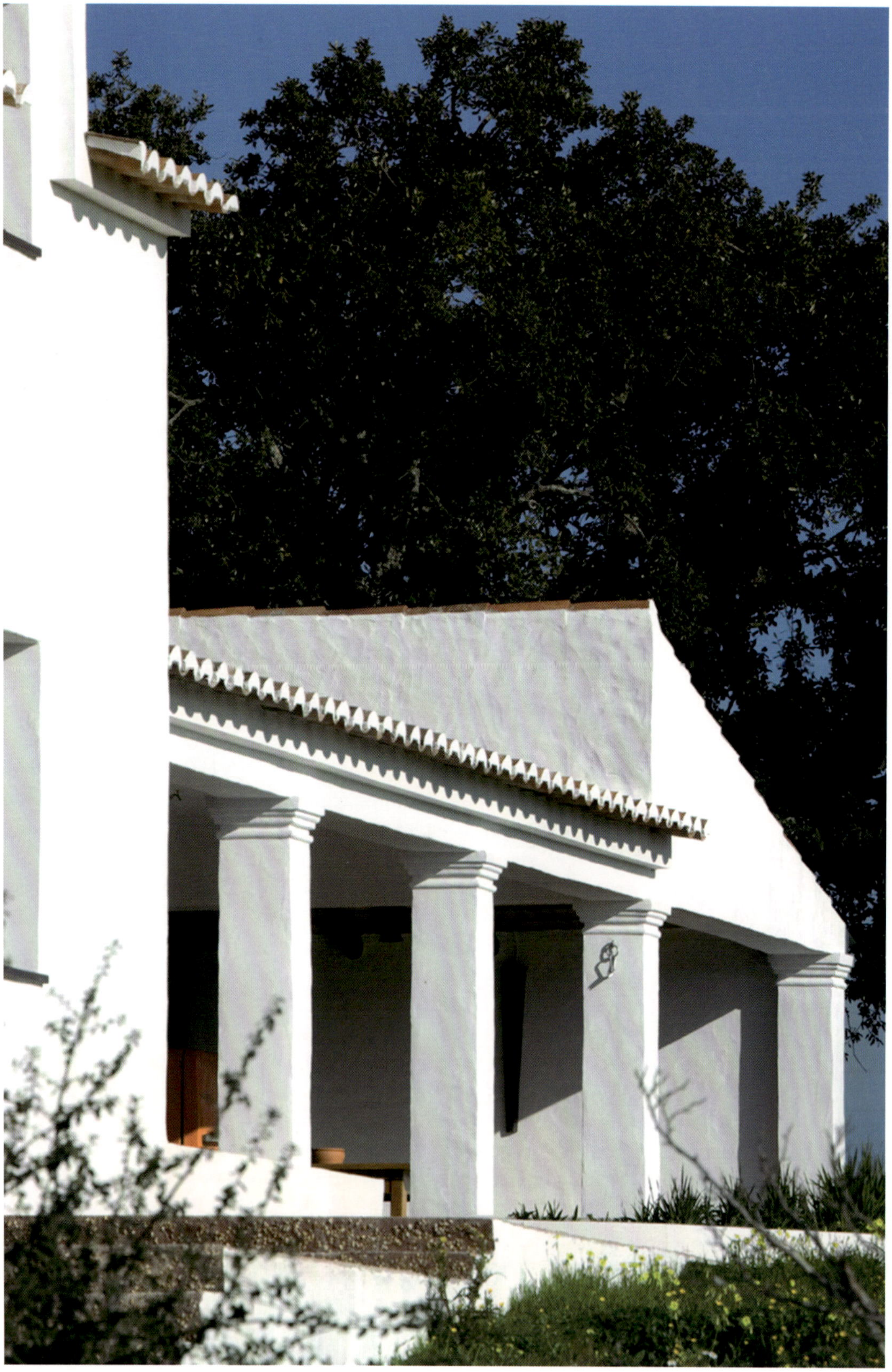

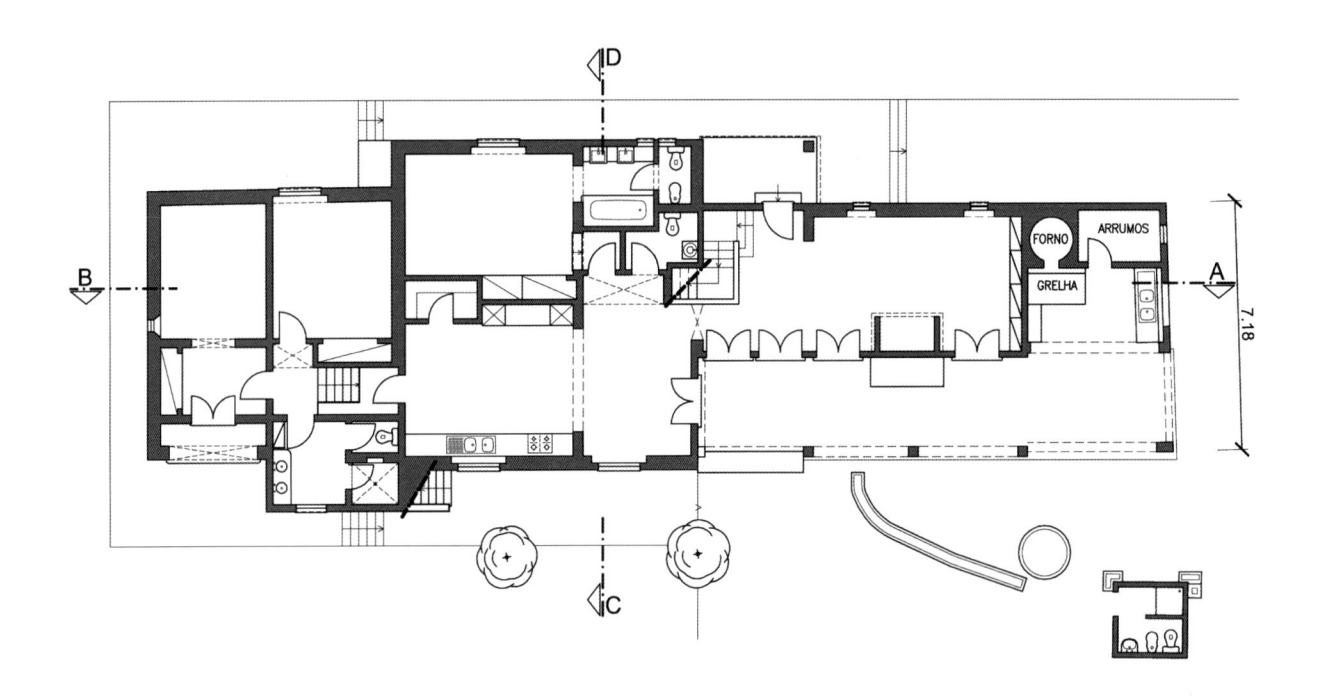

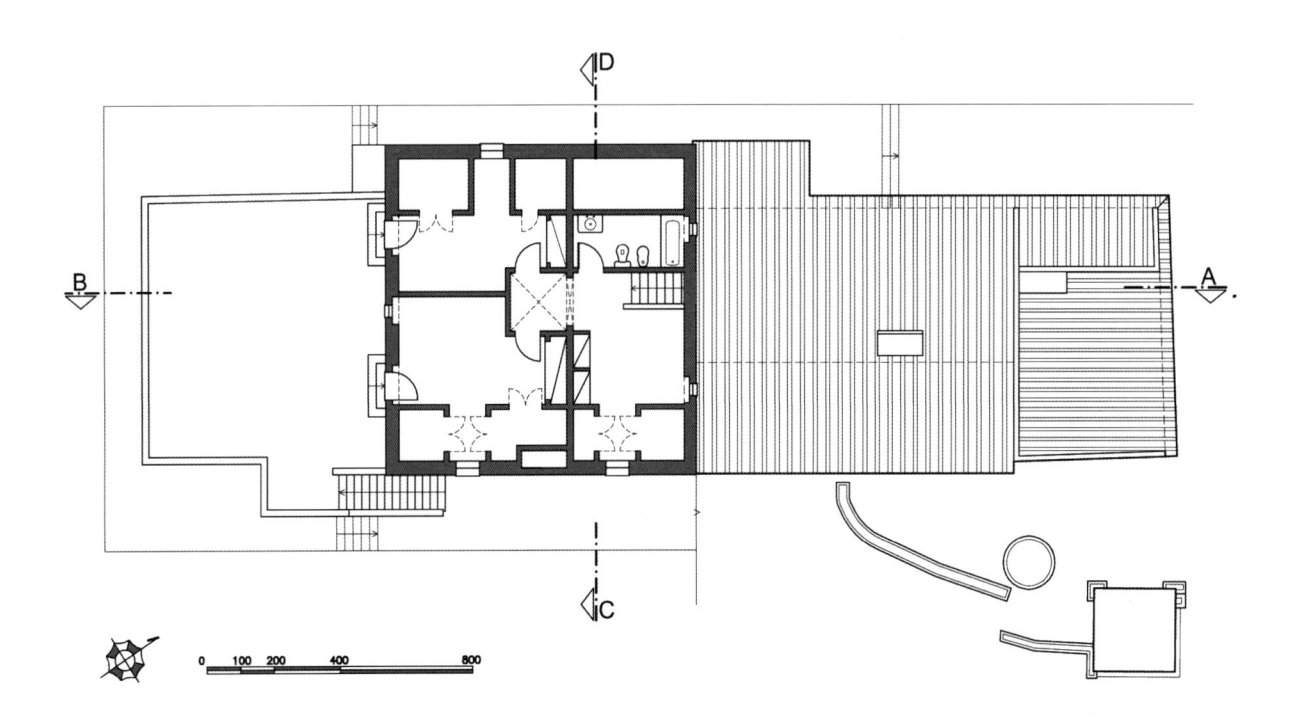

Plantas Piso 0 e Piso 1
Floor Lever and 1st Level Plans
Plantas Baja y Primera

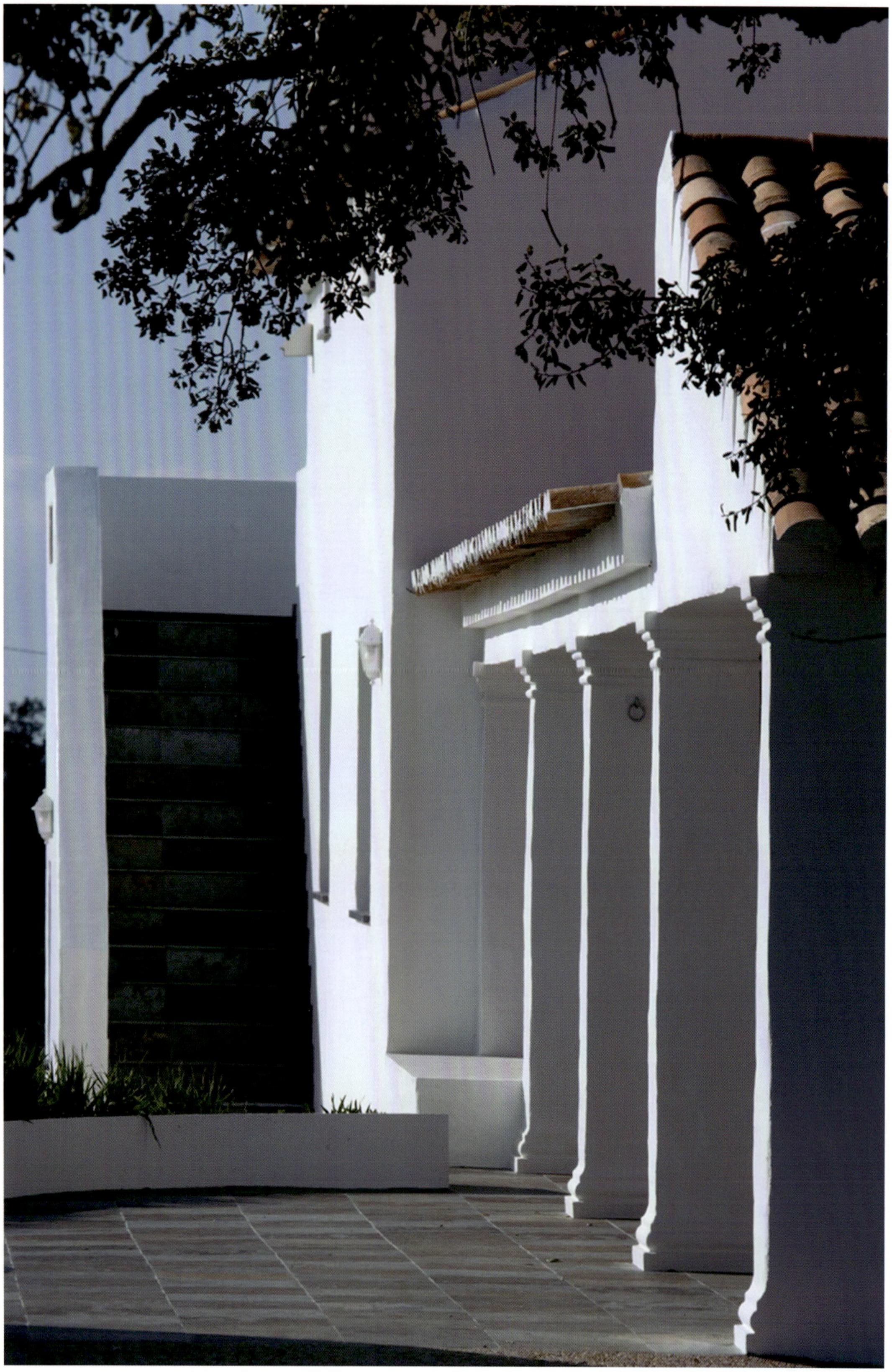

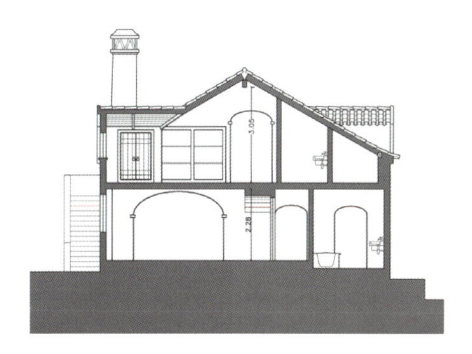

Cortes C D e A B
Section C D and A B
Sección C D y A B

Reabilitação de Prédio Unifamiliar
Remodelling of a One-family Building
Regeneración de Edifício Unifamiliar

Figueira da Foz, 2005

Esta é uma casa que arranjei para nós (para mim e para a minha mulher) na Figueira da Foz, cidade com a qual tenho uma ligação afectiva muito forte. Era lá que passava as férias de Verão em miúdo e lá continuei a voltar com mais ou menos regularidade, ao longo dos anos. Fiz lá muitas amizades, algumas das quais são daquele tipo que dura para o resto da vida. É uma cidade que, apesar das barbaridades a que tem estado sujeita – construção feia e má, infraestruturas mal planeadas (veja-se o que as obras do porto fizeram à praia!), incêndios... eu sei lá, apesar de tudo, dizia, continua a ser um lugar agradável.
E realmente, muitos de nós que lá continuamos a viver ou a passar tempos livres, teimosamente, perguntamo-nos: porquê? O que é nos atrai? É só a nostalgia dos tempos da juventude?.. Uhm! Não me parece, senão também poderia escolher o

I found this house for my wife and myself in Figueira da Foz, a city which is very close to my heart.
As a child 1 spent my summer holidays there, and 1 have returned fairly regularly over the years ever since. I have made a lot of friends there, including so me that willlast for the rest of my life.
Despite a certain amount of shockingly bad and ugly construction, poorly planned infrastructure (one only has to look at what work on the port has done to the beach), fires, and who knows what else, 1 would still say that the city is still a pleasant place.
In fact, many of us who still insist on living or spending our time there ask ourselves why.
What attracts us? It just nostalgia for our childhood? 1 think noto If that were so, I could also choose the Algarve, where I spent some wonderful times as a child.

Esta es una casa que reparé para nosotros (mi mujer y yo) en Figueira da Foz, ciudad con la cual tengo una ligación afectiva muy fuerte.
Era allí que pasaba las vacaciones de verano cuando era chico y allí continué a volver más o menos con regularidad, a o largo de los años. Hice allí muchas amistades, algunas de las cuáles son de aquel tipo que dura para el resto de la vida.
Es una ciudad que, a pesar de las barbaridades a la que ha estado sometida: construcción fea y mala, infraestructuras mal planeadas (observen lo que las obras del puerto hicieron a la playa!), incendios... ¡sabré yo!; a pesar de todo, decía, continúa siendo un lugar agradable.
Y realmente, muchos de nosotros que allí continuamos viviendo o pasando nuestros tiempos libres, tercamente, nos preguntamos ¿por qué? ¿Por qué nos atrae? ¿Es solo la nostalgia de los tiempos de juventud?.. uumm, no, no me parece, si no, podría escoger el Algarve (donde

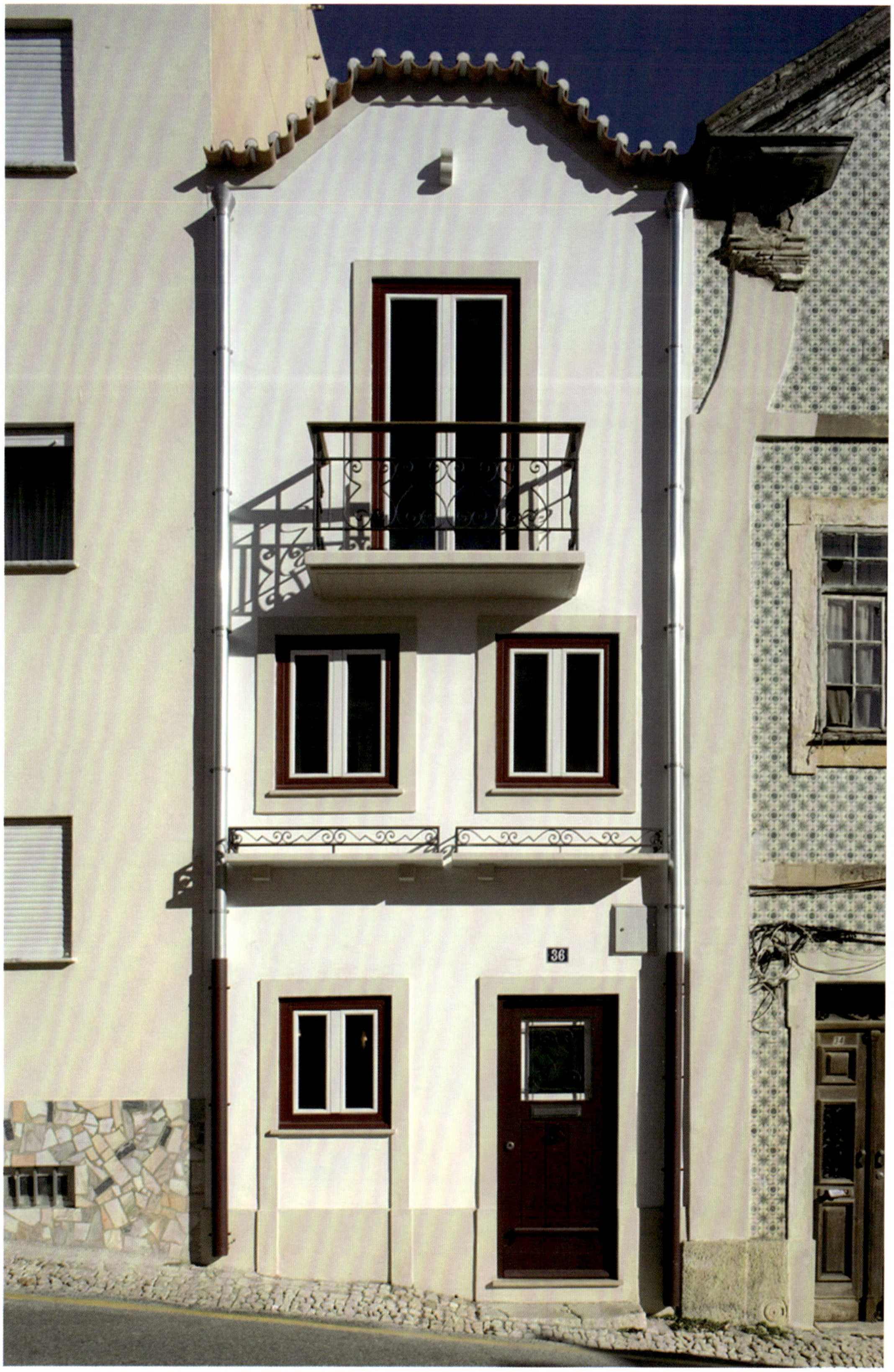
36

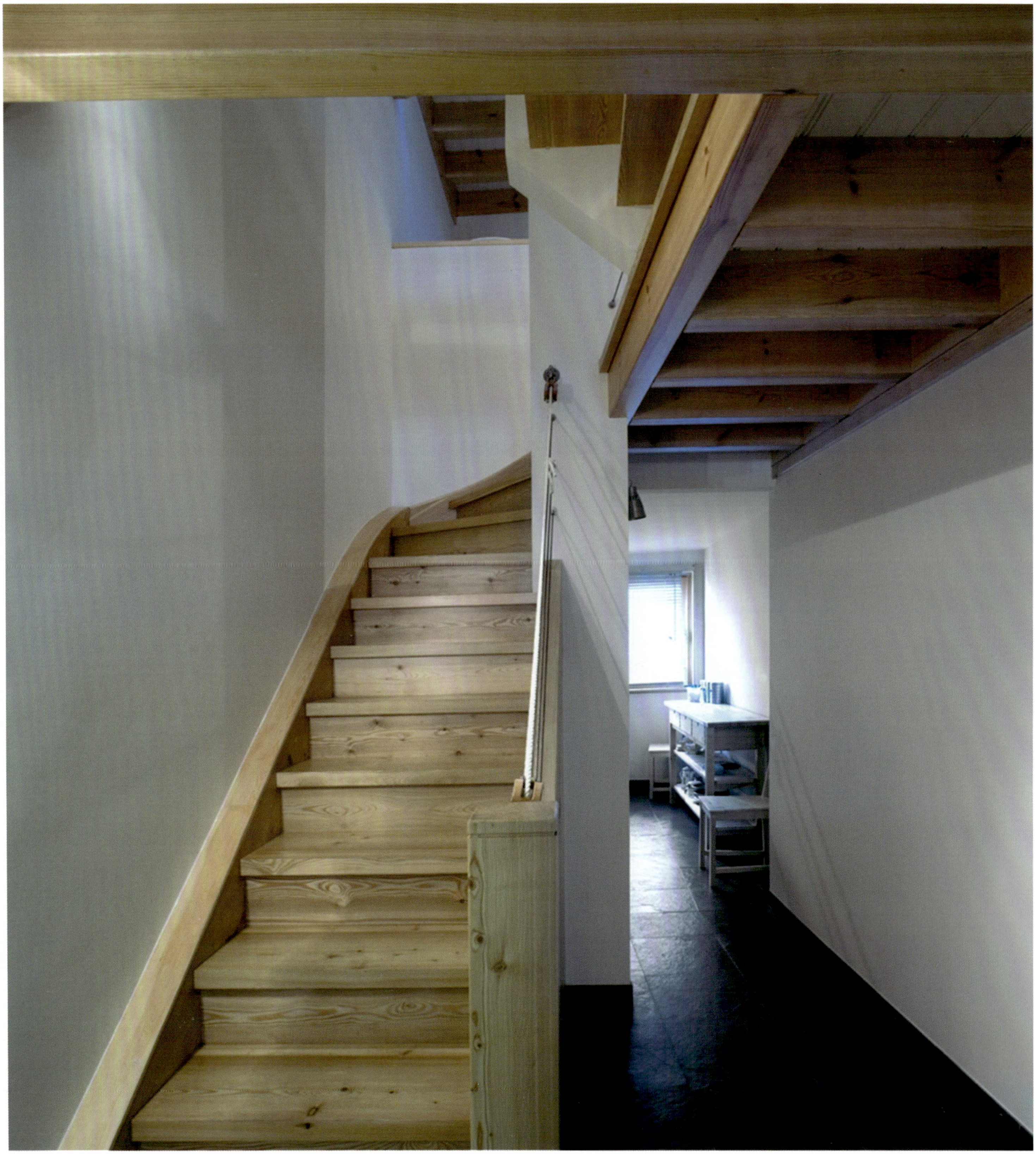

localização
Location
Situación

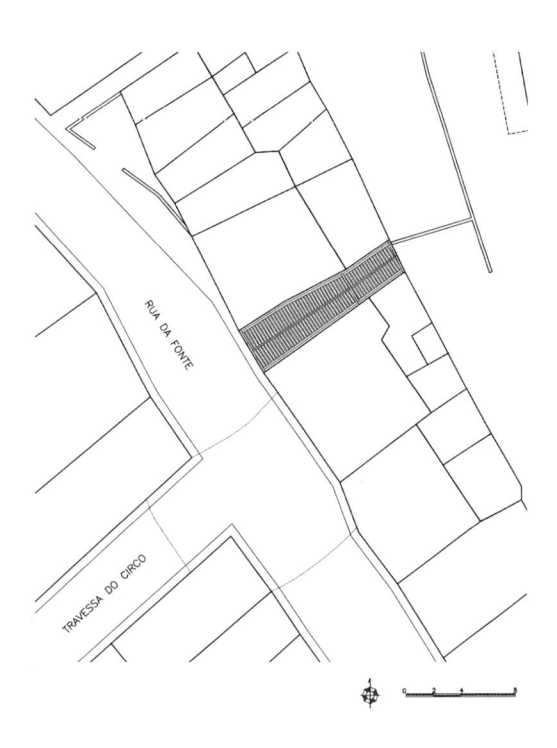

Algarve (onde passei momentos gloriosos da juventude) e onde não tenho vontade nenhuma de ir hoje em dia.
Então o que será? O que nos leva a mim e a tantos outros amigos e conhecidos que, como eu, por lá passaram na juventude, a voltar, mesmo com as tais "barbaridades"?
Bom, os que tem miúdos pequenos, gostam da proximidade, da vizinhança, da dimensão que permite que as brincadeiras se façam sempre de modo mais atento por parte dos adultos, e depois há o rio, o mar, as praias, a serra (que agora ardeu completamente), mas também é tudo tão perto, está tudo à "mão de semear", nem precisamos de nos meter no carro.
Em 10 minutos estamos em todo o lado a pé. Há infraestruturas bastante razoáveis – jardins óptimos, marina, ténis, ruas pedonais, passeio marginal, esplanadas, centro de espectáculos de qualidade invulgar, etc.., etc.., etc..
E depois há a Figueira velha, com as ruelas, as praças e o Paço inconfundível, a

But nowadays 1 have absolutely no desire to return.
So what is it? What carries me back –just like so many of my friends who, like me, spent their early years there – des pite the blights it has suffered?
Well, anybody with young children appreciates the closeness, neighbourliness and scale, which means that they can play under their parents' watchful eye. Then there are the river, sea, beaches and mountains (although these are now burnt bare). And it is all within a stone's throw.
You do not even need a caro You can walk anywhere in 10 minutes. The infrastructure is reasonably good – fine parks and gardens, a marina, tennis courts, pedestrianised streets, a riverside esplanade, café terraces, a surprisingly good entertainment centre, etc., etc., etc.
Then there is old Figueira, with its narrow streets, squares and unmistakable palace; and Bairro Novo, an unusually

pasé momentos gloriosos de la juventud) y donde no tengo ningunas ganas de ir hoy en día.
Entonces, ¿qué será? ¿Lo que nos lleva a mí y a tantos otros amigos y conocidos que, como yo, por allí pasaron en la juventud, a volver, incluso con tales "barbaridades"?
Bien, a los que tienen niños pequeños les gusta la cercana, la vecindad, la dimensión que permite que los juegos se hagan de modo más atento por parte de los adultos; y luego tenemos el río, el mar, las playas, la sierra (que ahora se quemó completamente), además la proximidad, está todo a mano, ni necesitamos meternos en el coche.
En 10 minutos estamos en todo lado a pie.
Hay infraestructuras bastante razonables: jardines y parques estupendos, puerto marino, tenis, calles peatonales, paseo marítimo, terrazas, centro de espectáculos y calidad inusual, etc.
Y luego tenemos a la vieja Figueira, con sus callejuelas, las plazas y el Paſo inconfundible, la Figueira del Bairro Novo – conjunto aún

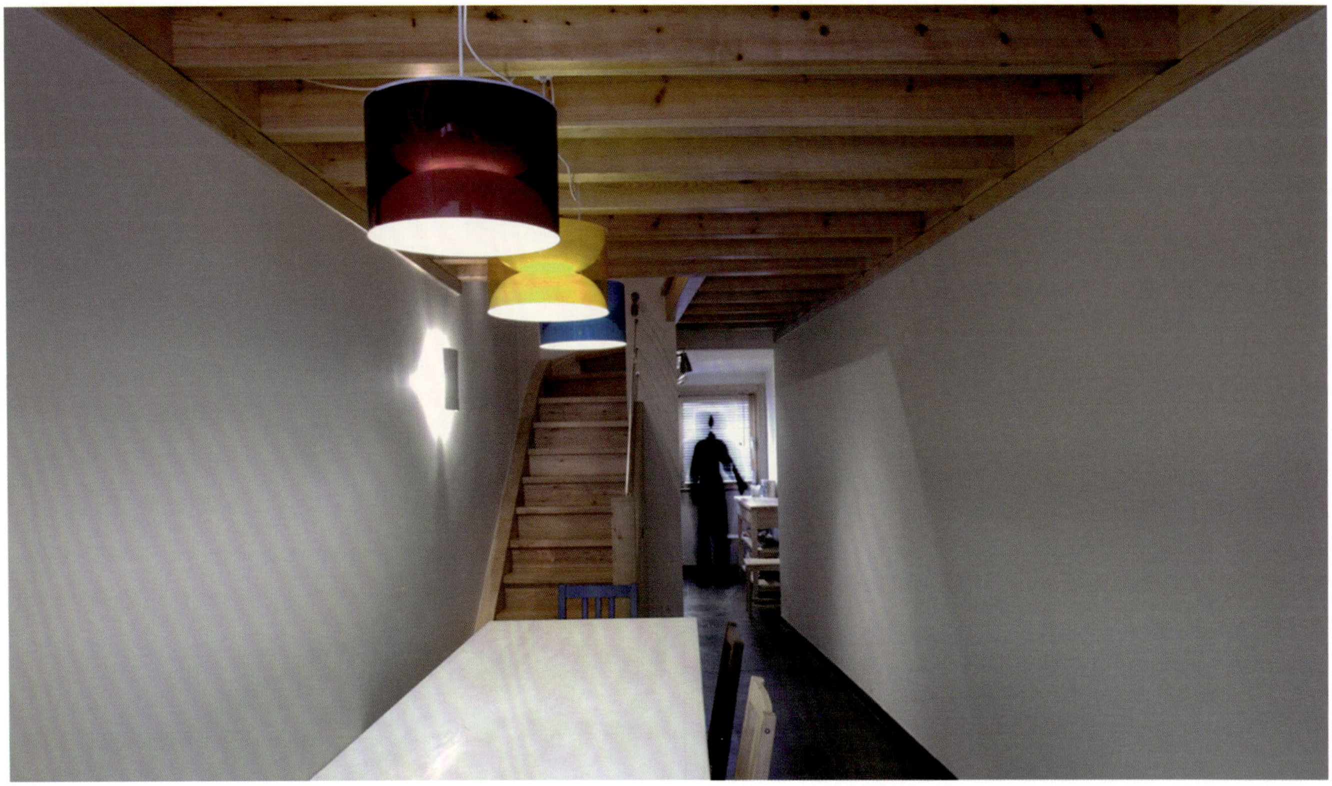

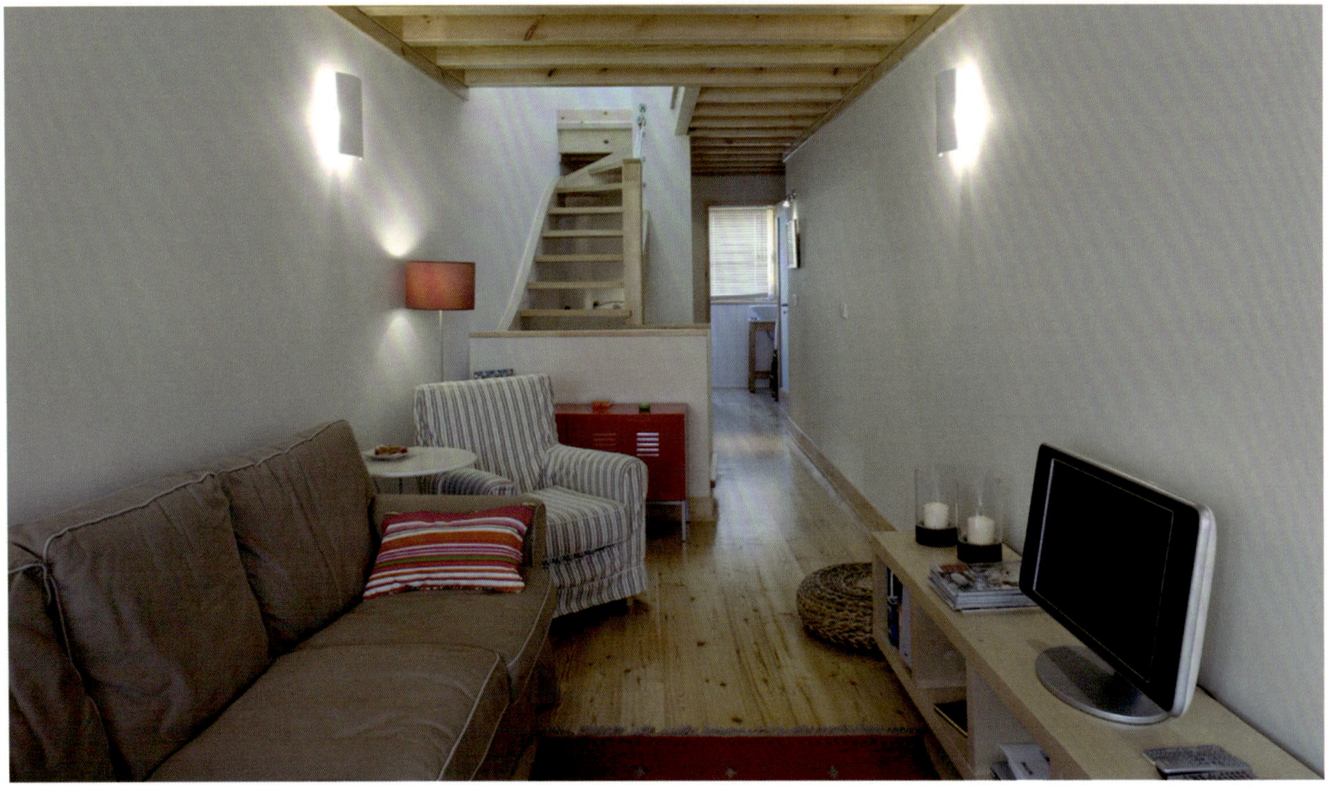

Alçados Nascente e Poente / Cortes A e B
East and West Elevations / Sections A and B
Alzados Este y Oeste / Secciones A y B

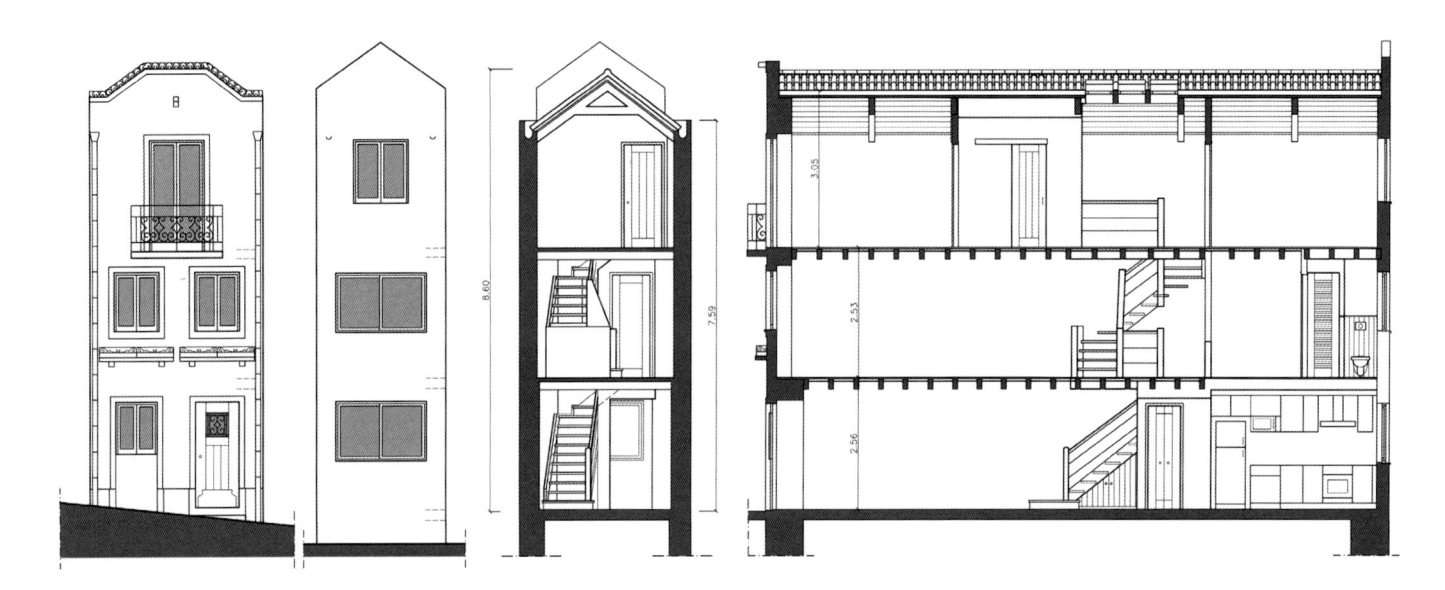

Figueira do Bairro Novo – conjunto ainda invulgarmente preservado (até quando?) de arquitectura dos anos 20-30 do séc. XX. É na fronteira entre estes dois bairros da Figueira que se situa a casa.
É uma construção de 1940 e poucos, com a característica muito peculiar de ter 3,00 m na frente (para a rua), 13 m de profundidade e 2,40 m no tardoz, isto em 3 pisos. Foi portanto um verdadeiro desafio e um exercício de arquitectura de interiores muito divertido.
Os espaços sao muito fluidos, quase sem compartimentação, deixando entrar a luz o mais possível, jogando com a escada que liga os 3 pisos. No piso mais elevado, mais compartimentado, onde ficam os quartos, colocaram-se janelas de sótão que contribuem mais ainda para a entrada de luz natural, que jorra de cima para baixo, pela escada que propositadamente se deixou muito "aberta".
A estrutura é inteiramente tradicional – de paredes "mestras" de alvenaria preserved district (how long will that last?) of 1920s and 1930s architecture.
The house is on the border between these two districts. It was built just after 1940 and, unusually, is 3.00 m at the front (facing the street), 13 m deep and 2.40 m at the back, on three £loors. So it was a real challenge and great fun to design the interiors, from an architectural viewpoint.
The spaces are very fluid, almost without divisions, allowing as much light as possible to enter, combining with the stairway connecting the three floors.
The top floor, which is more compartmentalised and which contains the bedrooms, has been fitted with loft windows to help let in even more natural light. This shines down the stairway, which was deliberately left more "open".
The structure is entirely traditional: stone main walls, and timber floors and ceilings. The roofis covered with ceramic tiles, and the ground floor is slate. All of

(poco común) preservado (¿hasta cuándo?) de arquitectura de los años 20 y 30 del siglo XX. Es en la frontera entre estos dos barrios de Figueira que se sitúa la casa. Es una construcción de 1940 y algo, con la característica muy peculiar de tener 3,00 m. de frente (para la calle), 13 m. de fondo y 2,40 m. en la faz interior, esto en tres pisos. Fue, por lo tanto, un verdadero desafío y un ejercicio de arquitectura de interiores muy divertido.
Los espacios son muy fluidos, casi sin compartimentos, dejando entrar la luz lo más posible, jugando con la escalera que conecta las 3 plantas. En la planta más elevada, con más compartimentos, donde quedan los cuartos, se colocaron ventanas de ático que contribuyen aún más a la entrada de luz natural, que chorrea de arriba hacia abajo, por la escalera que adrede se dejó "abierta":
La estructura es enteramente tradicional, de paredes "maestras" de albañilería de piedra y pavimento y techos de madera La cobertura está revestida de teja cerámica y el piso térreo de pizarra. Los materiales son, todos, natura-

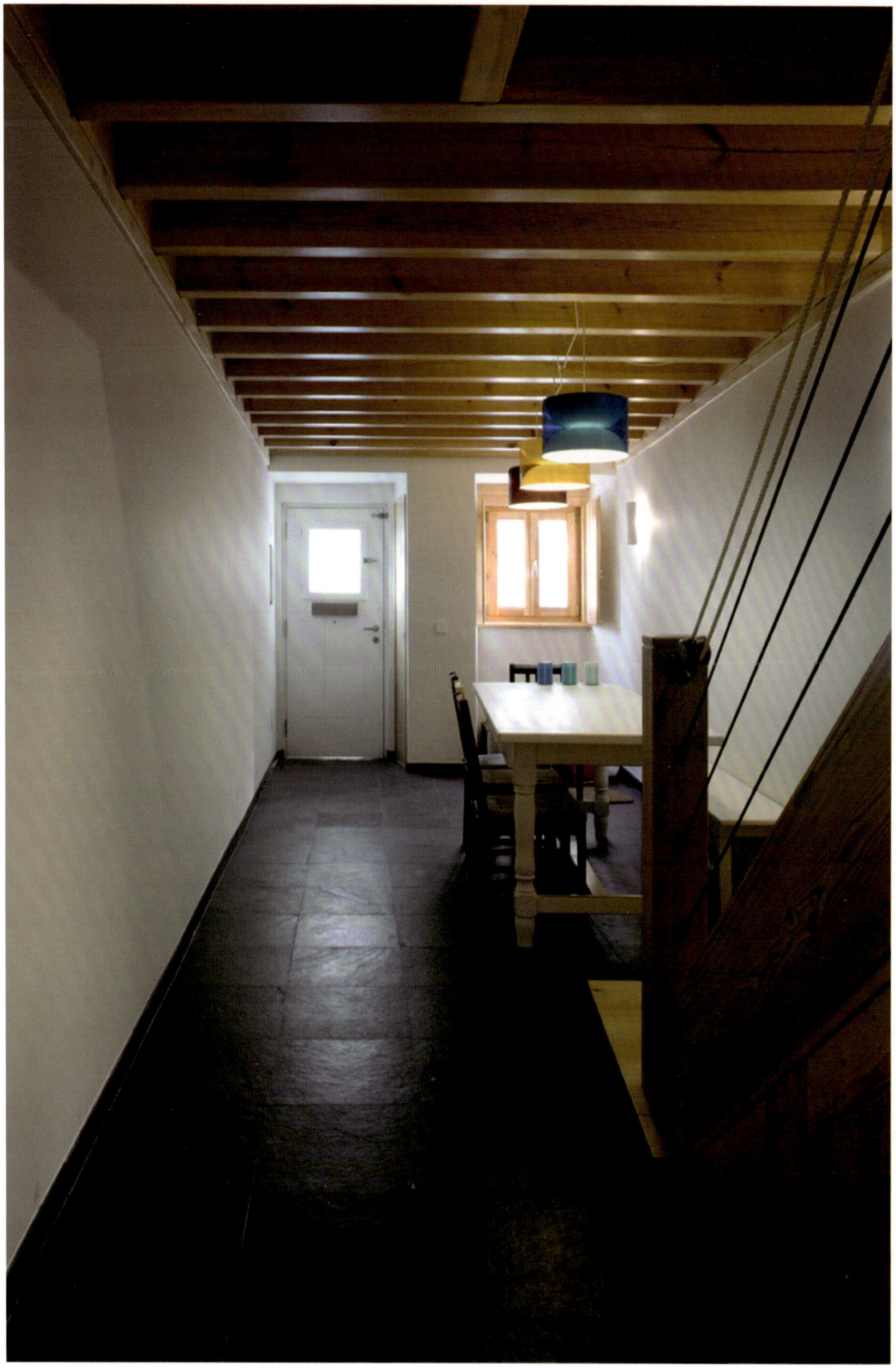

de pedra e pavimento e tectos de madeira.

A cobertura é revestida de telha ceramica e o piso térreo de ardósia. Os materiais são, todos, naturais, tradicionais, numa composição ou desenho de interiores não tão clássica e na qual se acrescentou o conforto dos isolamentos e equipamentos mais recentes.

As fachadas foram integralmente restauradas, utilizando os materiais e processos compatíveis com a construção original.

the materials are natural and traditional, but not so the interior layout and design. These have the added comfort of insulation and more modern fixtures and fittings.

The façades have been fully resto red using materials and processes compatible with the original building.

les, tradicionales, en una composición o diseño de interiores no tan clásica y en la cual se añadió la comodidad de los aislamientos y equipamientos más recientes. Las fachadas fueron integralmente restauradas, utilizando los materiales y procesos compatibles con la construcción original.

Plantas Piso 0, Piso 1 e Piso 2
Floor Lever, 1st Level and 2nd Level Plans
Plantas Baja, Primera y Segunda

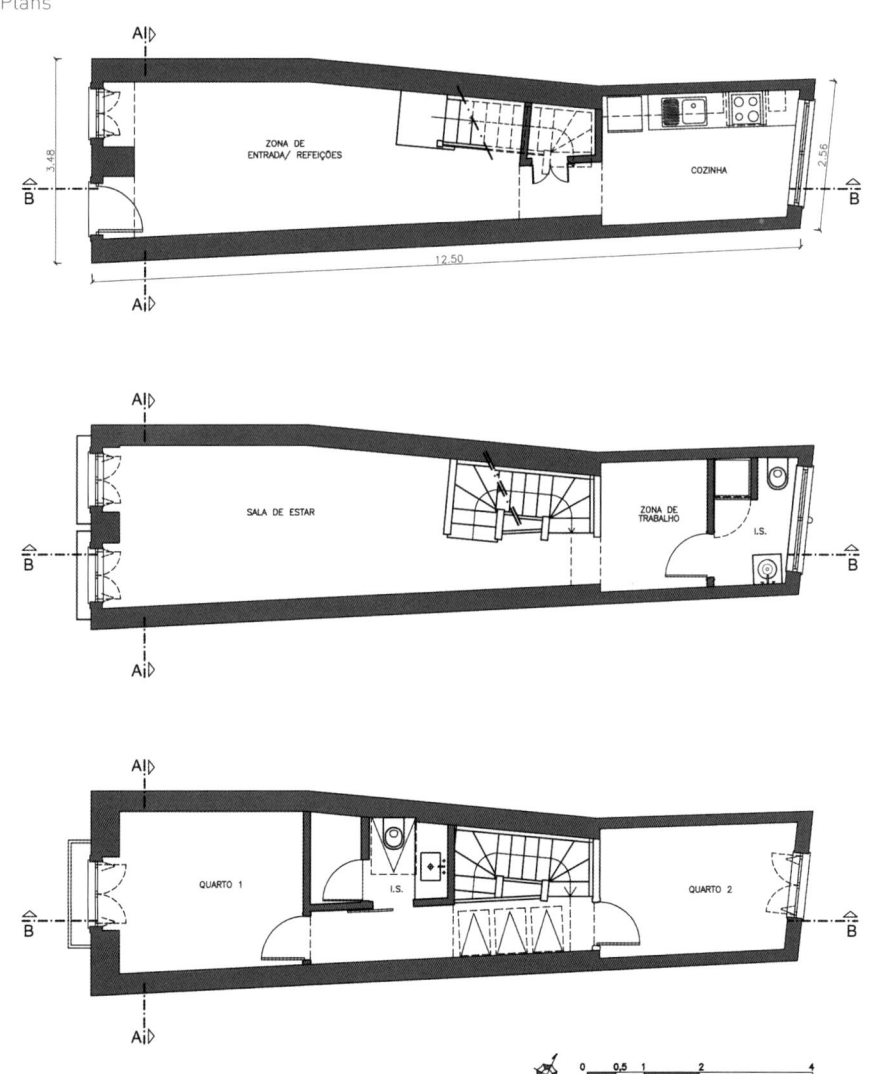

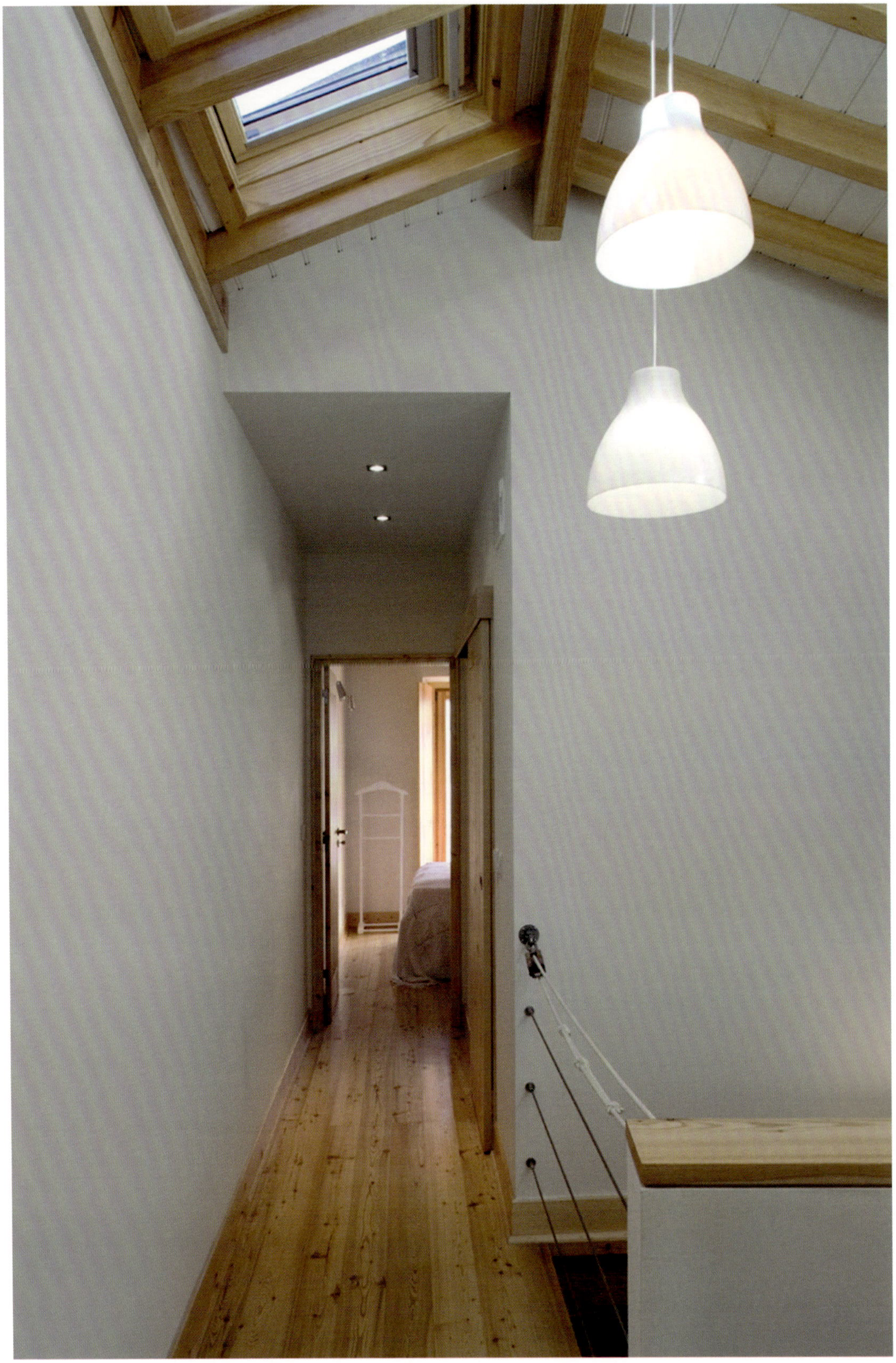

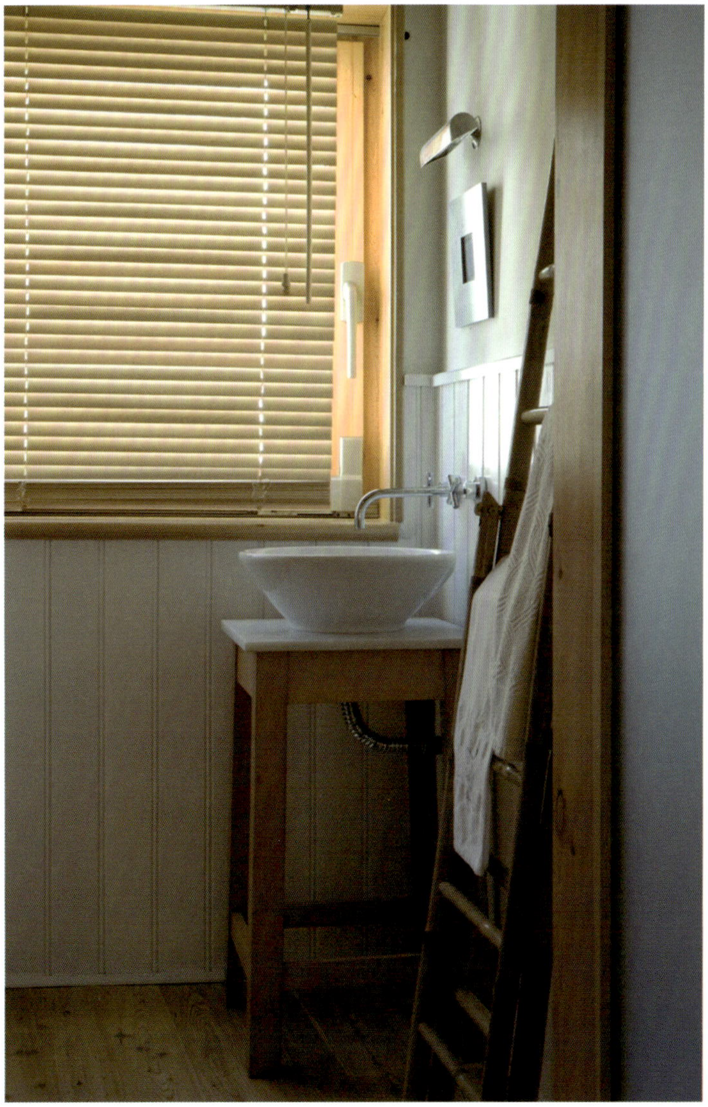

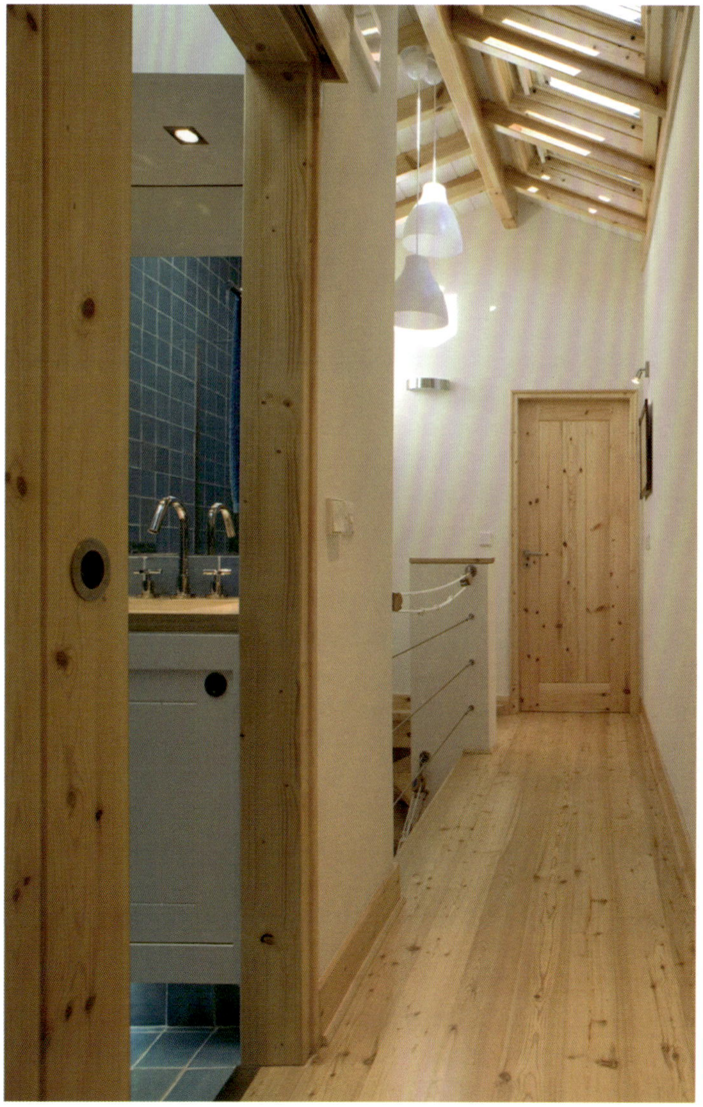

Edifício de Apartamentos "As Janelas Verdes"
Residence Quarter at Janelas Verdes
Edifício de Viviendas "As Janelas Verdes"

Lisboa, 2005-2006

O edifício que designamos "das Janelas Verdes" situa-se no gaveto da rua Presidente Arriaga com a Travessa D. Brás e a rua do Olival, junto ao Museu de Arte Antiga, em Lisboa.
O edifício é de planta trapezoidal e remata um quarteirão. Possui três fachadas à face da rua, encerrando um pátio interior.
Na volumetria proposta, consideramos 3 "blocos" (A, B e C) que, muito embora constituam um conjunto, se diferenciam entre si em alguns aspectos, tais como côr, beirados, gradeamentos, entre outros, com desenho consentâneo com a tipologia dominante na área, contribuindo assim para uma imagem mais diversificada e de escala urbana mais adequada ao local, feito de um somatório de "pequenas" fachadas em sequência, interrompidas pontualmente por um edifício mais significativo – igreja, palácio – ou espaço aberto – largos, ruas, praças.

The building called "das Janelas Verdes" is located at the corner of Rua Presidente Arriaga, Travessa D. Brás and Rua do Olival, next to the Museum of Ancient Art in Lisbon.
The building is trapezium in shape and takes up a block. It has three facades facing the street, and an enclosed inner courtyard.
In this proposal there are three "blocks" (A, B, and C) that, while constituting a whole, differ from each other in some aspects, such as colour, eaves, railings, etc, with designs in keeping with the type dominant in the area, thereby contributing to a more diverse image and an urban scale that is more suitable for the site, being the sum of "small" facades in a sequence, interrupted occasionally by a more significant building – a church or villa – or by an open space – a square, park or street.

El edificio que designamos "De las Ventanas Verdes" se sitúa en el encuentro de Rua Presidente Arriaga con Travessa D. Brás y Rua do Olival, junto al Museo de Arte Antiguo, en Lisboa.
El edificio es de planta trapezoidal y completa una manzana. Tiene tres fachadas a la calle, encerrando un patio interior.
En la volumetría propuesta consideramos tres "bloques" (A,B y C) que aún constituyendo un conjunto, se diferencian entre sí en algunos aspectos, como el color, el alero, la herrería, entre otros, con diseño acorde con la tipología dominante en la zona, contribuyendo así, a una imagen más diversificada y de escala urbana más adecuada al lugar, que está hecha de un sumatorio de "pequeñas" fachadas en secuencia, interrumpidas puntualmente por un edificio más significativo – iglesia, palacio – o espacio abierto – parque, calles plazas.
En este proyecto procuramos adaptar el edificio a la configuración del terreno, conside-

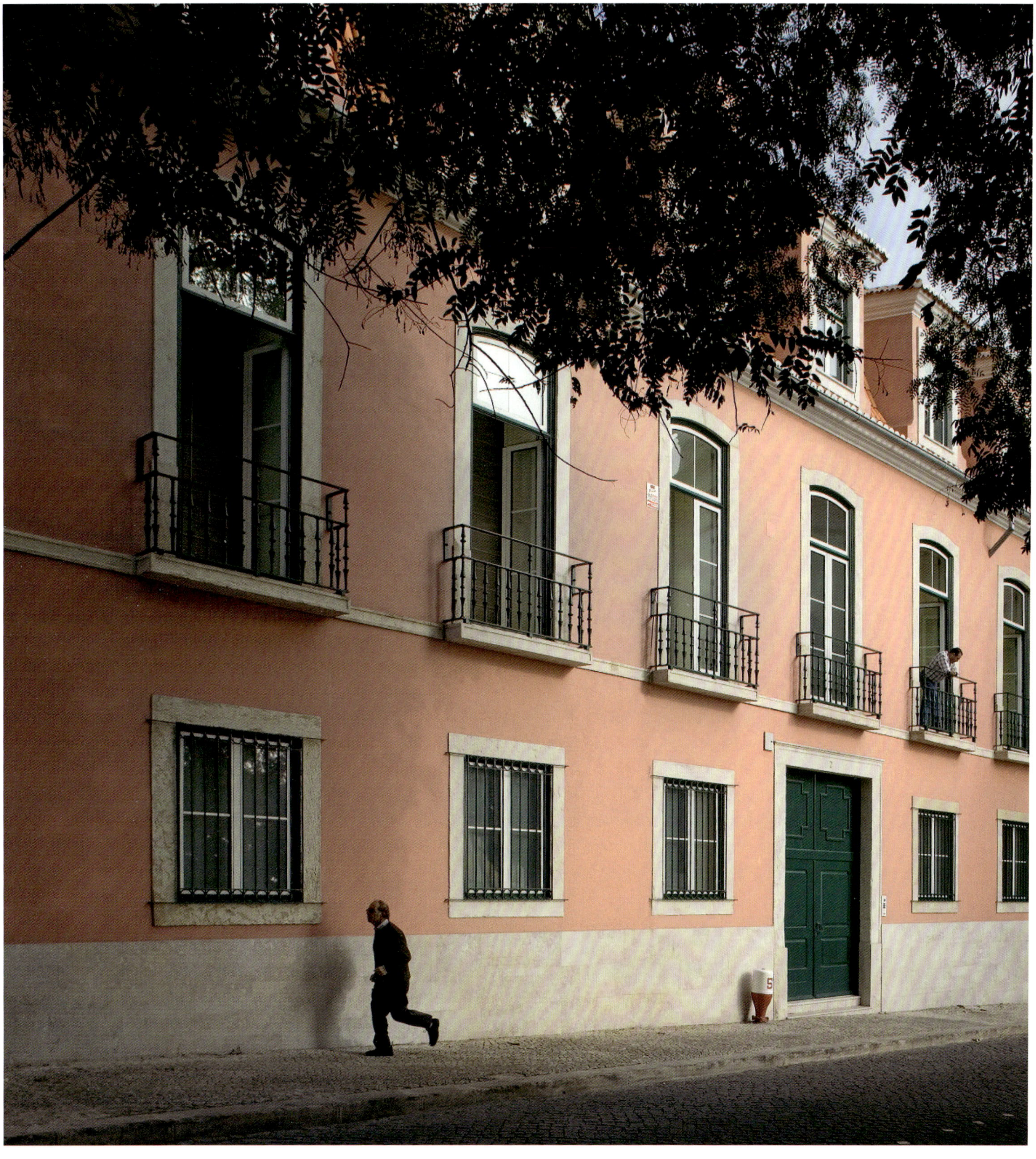

170

Implantação
Site
Implantación

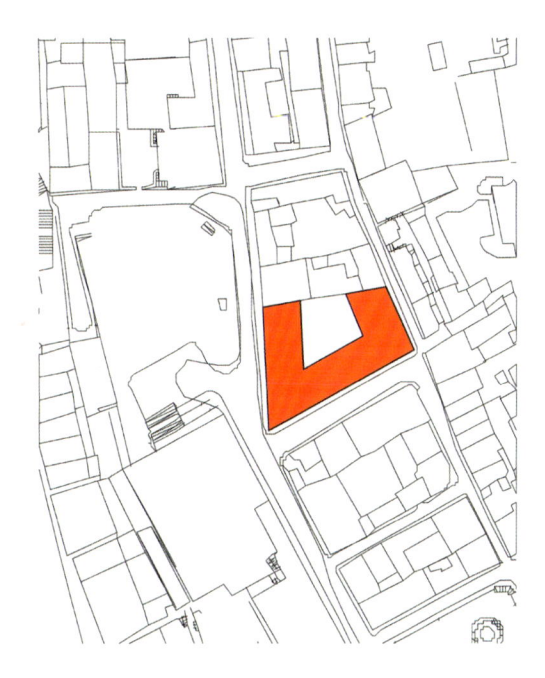

Neste projecto procuramos adaptar o edifício à configuração do terreno, e considerando a possibilidade de aproveitamento dos espaços de sótão do bloco com frente para a rua Presidente Arriaga, com qualidades excelentes de exposição e vistas.

Para efeitos deste aproveitamento dos espaços de sótão, projetamos dois fogos "duplex" para o último piso deste bloco, sendo os inferiores fogos de um único piso. Considerou-se igualmente a reformulação do último piso das fachadas deste bloco, transformando-o em "mansarda", preservando assim de forma mais eficaz a memória da anterior volumetria, e de modo mais consentâneo com a tipologia em presença.

É necessário assinalar o nível de respeito pelas tipologias arquitectónicas presentes no bairro em que este novo edifício se insere. Todos os elementos de composição das fachadas, as suas aberturas, a serralharia das varandas, a carpintaria utilizada, o tipo de trapeiras, as cornijas, as cores, etc. ... todos nos soam familiares.

O edifício apresenta uma área bruta de construção total de 6.476 m2.

In this project we seek to adapt the building to the terrain, and consider the possibility of using the attic of the block facing on to R. Presidente Arriaga, which offers excellent exposures and views.

To exploit the attic spaces we designed two duplexes on the top floor of this block, with the lower flats occupying a single level. We also considered redesigning the top floor of this block's frontage, creating a mansard roof that would preserve the previous space more effectively and would be more in keeping with surrounding buildings.

It is important in this new building to respect the surrounding architectural typologies. Each of the elements in the facades: their windows, the ironwork on the balconies, the carpentry, the skylights, the cornices and the colours, etc. ... they are all familiar to us.

The total construction area is 6,476 m2.

rando la posibilidad de aprovechamiento de los espacios de ático del bloque con frente a la calle Presidente Arriaga, con excelentes cualidades de exposición y de vistas.

Para este aprovechamiento de los espacios de ático, proyectamos dos "duplex" para el último piso de este bloque, siendo los pisos inferiores de un único nivel. Se consideró también la reformulación del último piso de las fachadas de este bloque, transformandolo en "mansarda", preservando de ese modo de una forma más eficaz, la memoria de la anterior volumetría, y de manera más acorde con la tipología circundante.

Es necesario señalar el nivel de respeto por las tipologías arquitectónicas presentes en el barrio en el que este edificio se inserta. Todos los elementos de la composición de las fachadas, sus aperturas, la herrería de las barandillas, la carpintería utilizada, el tipo de claraboya, las cornisas, los colores, etc. ... todos nos son familiares.

El edificio presenta un área bruta de construcción total de 6.476 m2.

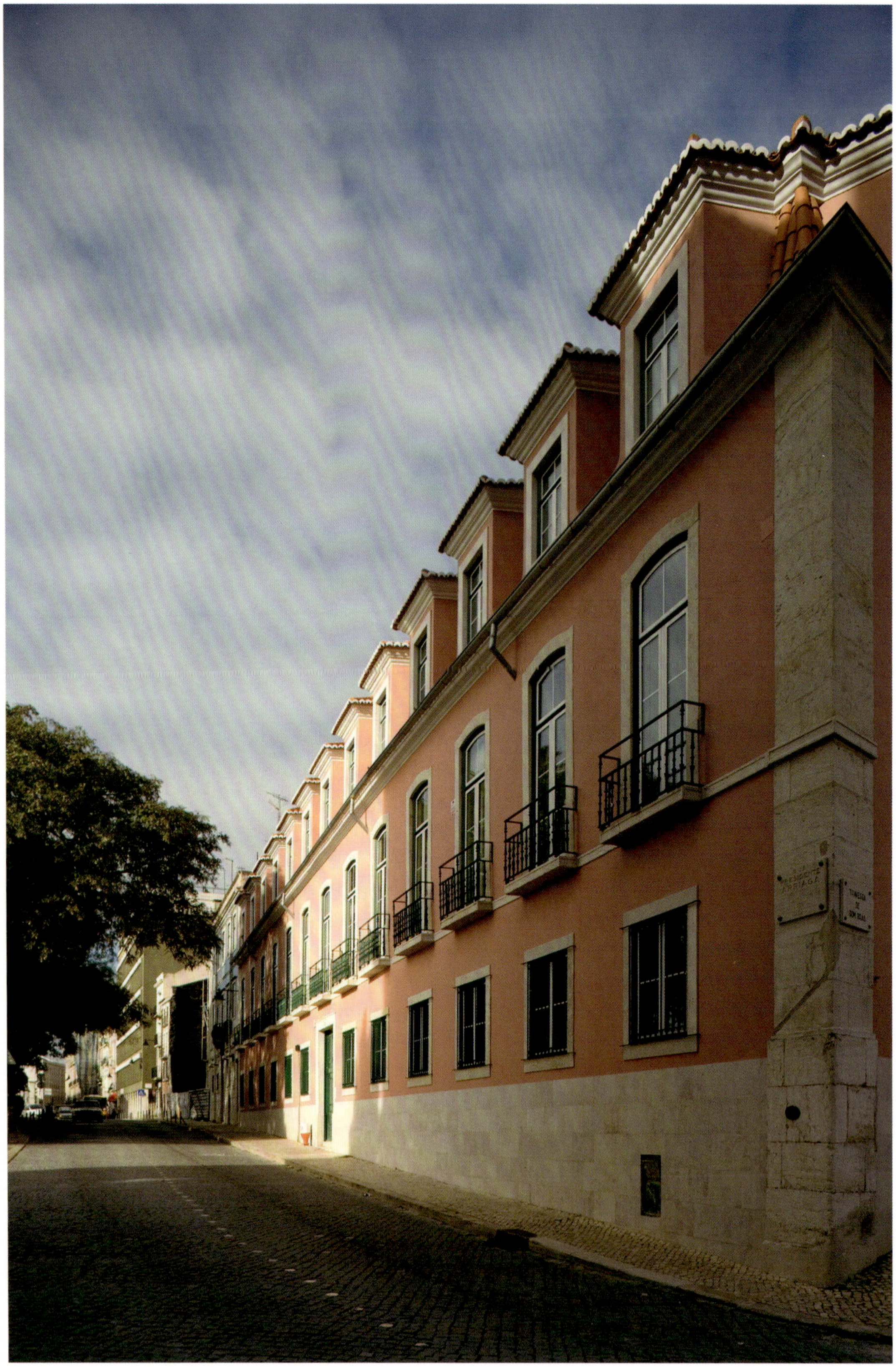

Alçado Norte
North Elevation
Alzado Norte

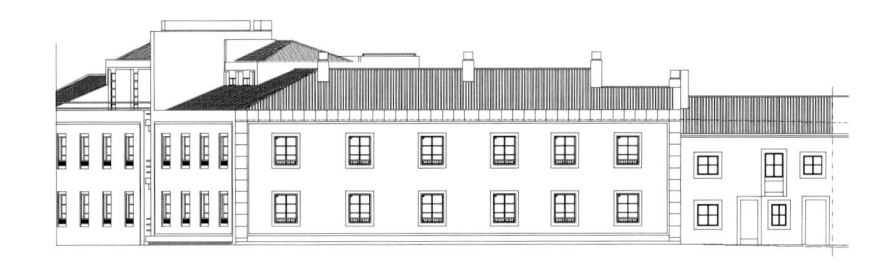

Alçado Norte de logradouro & Corte FF
Section FF and North Elevation
Alzado Norte & Sección FF

Alçado Sul
South Elevation
Alzado Sur

Alçado Sul de logradouro & Corte GG
Section GG and South Elevation
Alzado Sur & Sección GG

Alçado Poente de logradouro & Corte HH
Section HH and West Elevations
Alzado Oeste & Sección HH

Alçado Nascente
East Elevations
Alzado Este

175

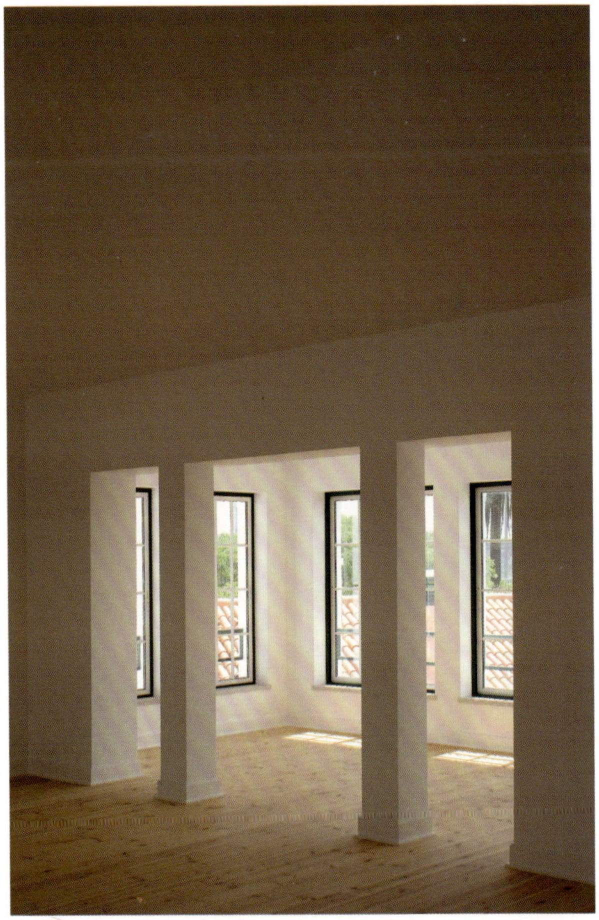

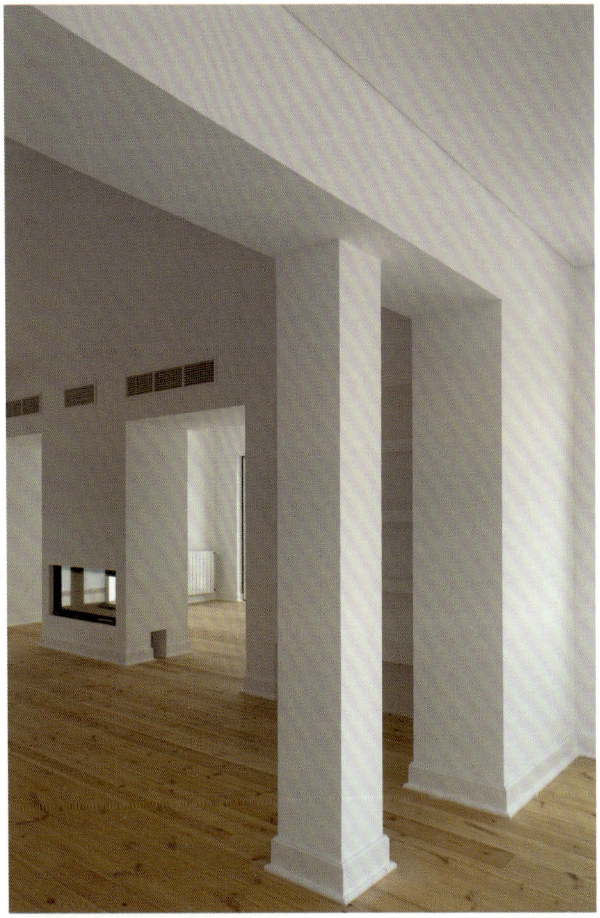

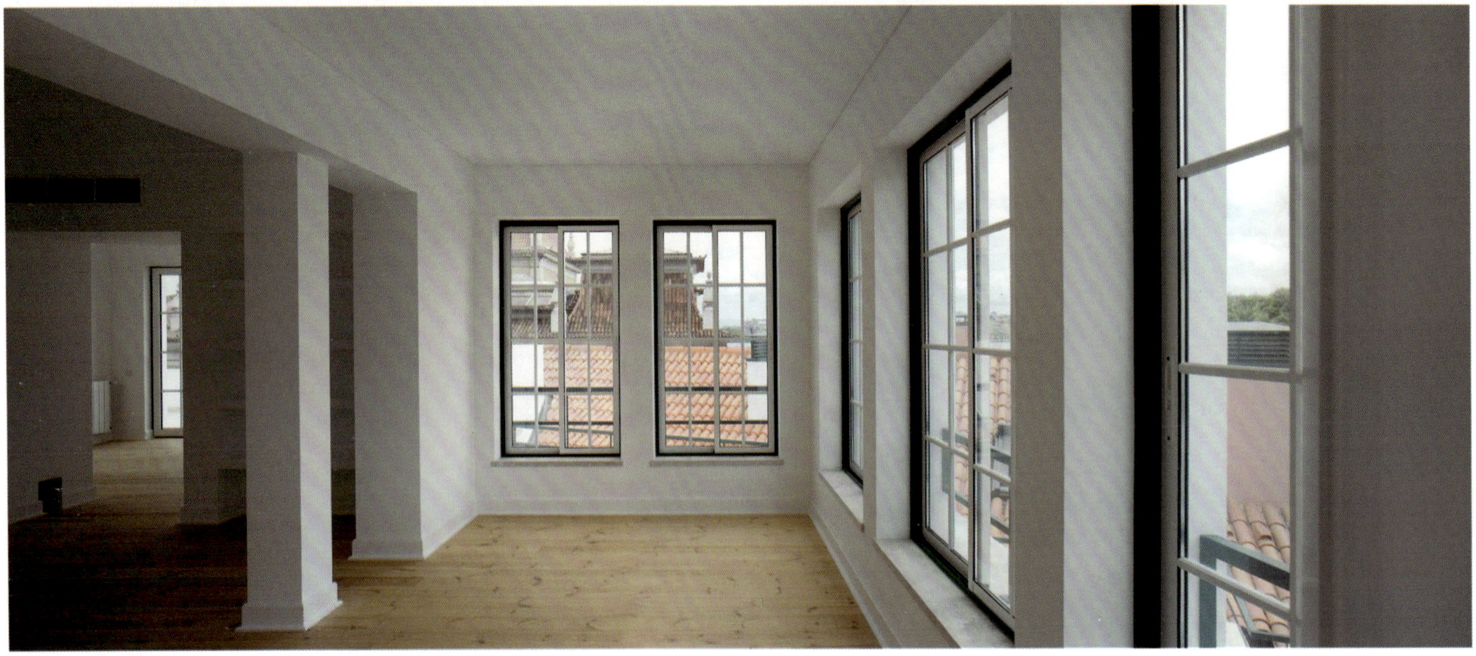

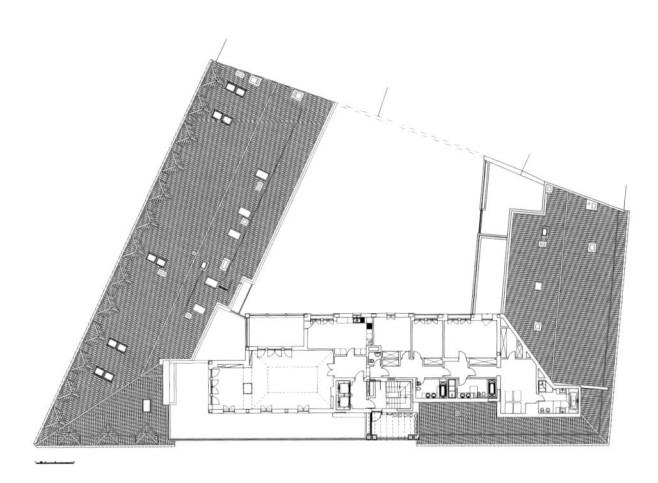

Planta Piso 5
5th Floor Plan
Planta 5

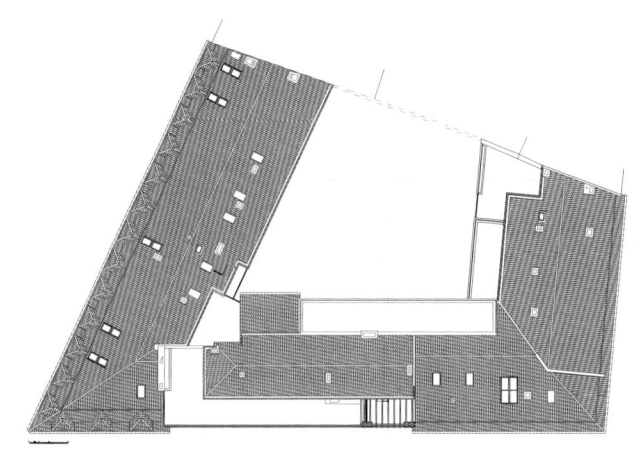

Planta Cobertura
Roof Plan
Planta Cubierta

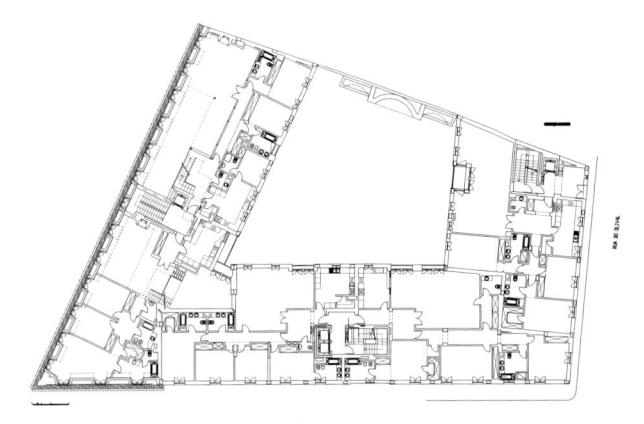

Planta Piso 3
3rd Floor Plan
Planta Tercera

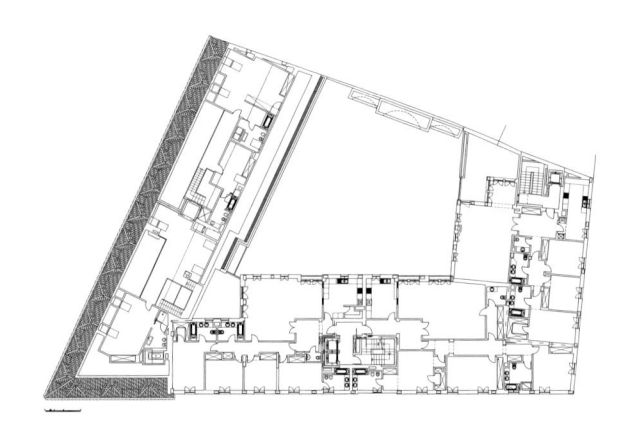

Planta Piso 4
4th Floor Plan
Planta Cuarta

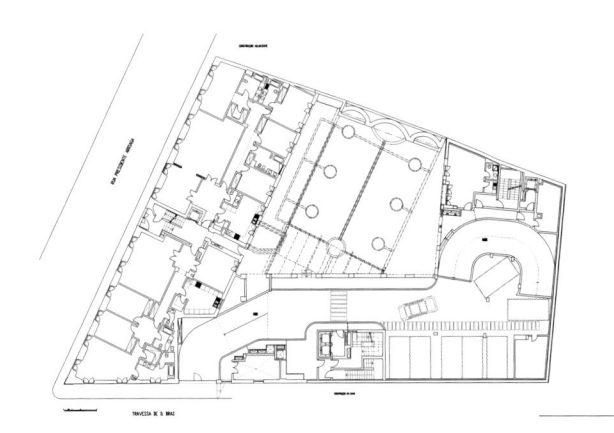

Planta Piso 1
Ground Floor Plan
Planta Primera

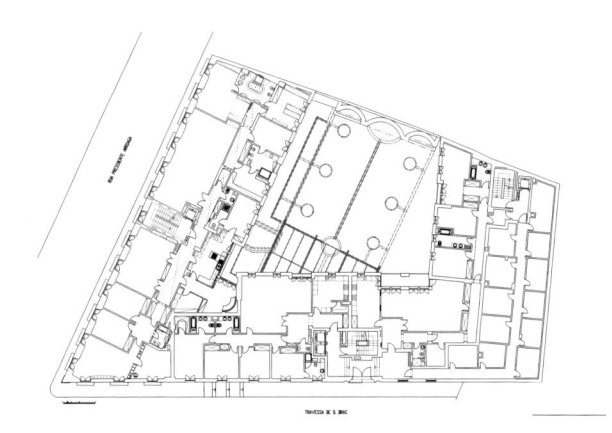

Planta Piso 2
2nd Floor Plan
Planta Segunda

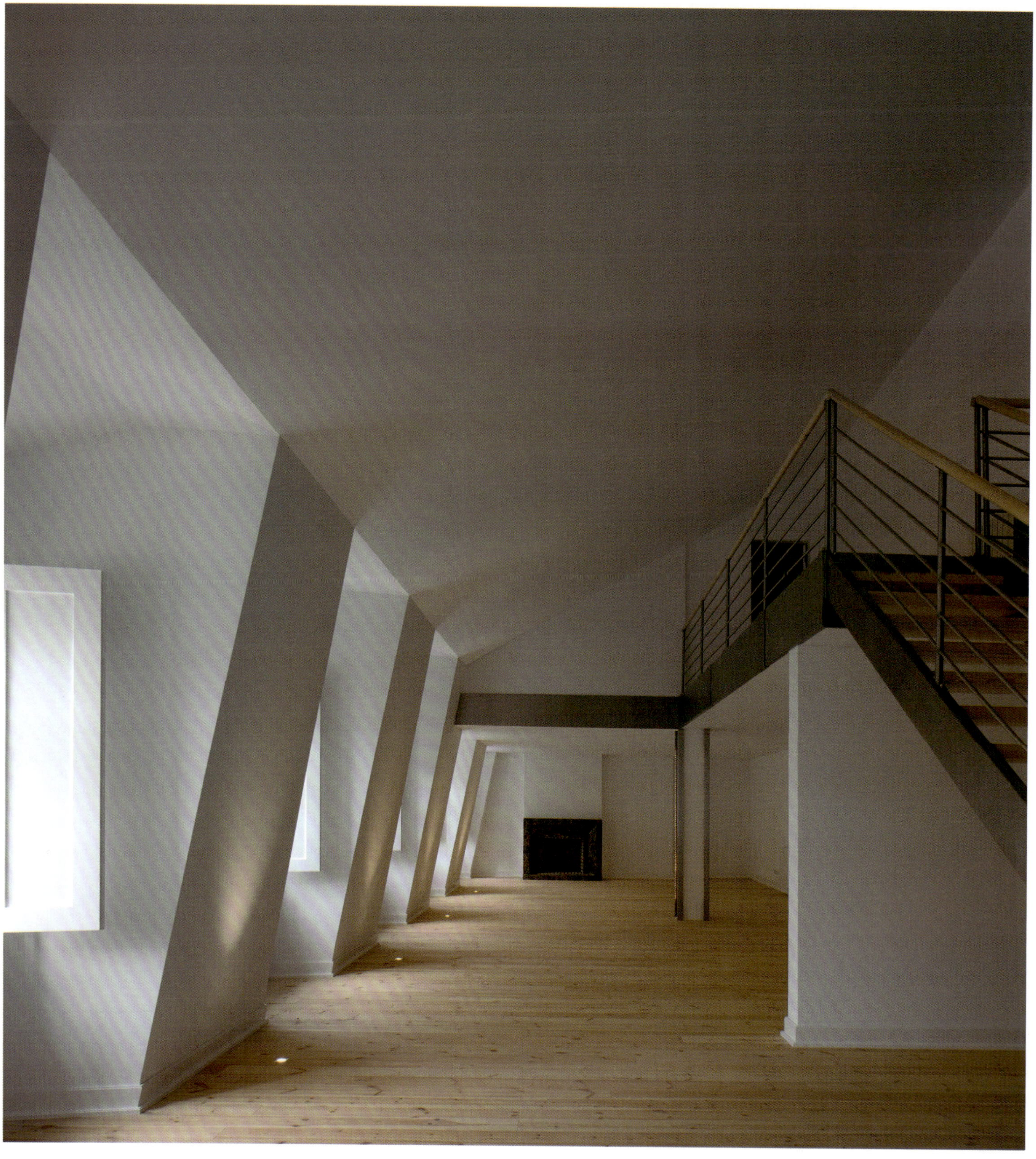

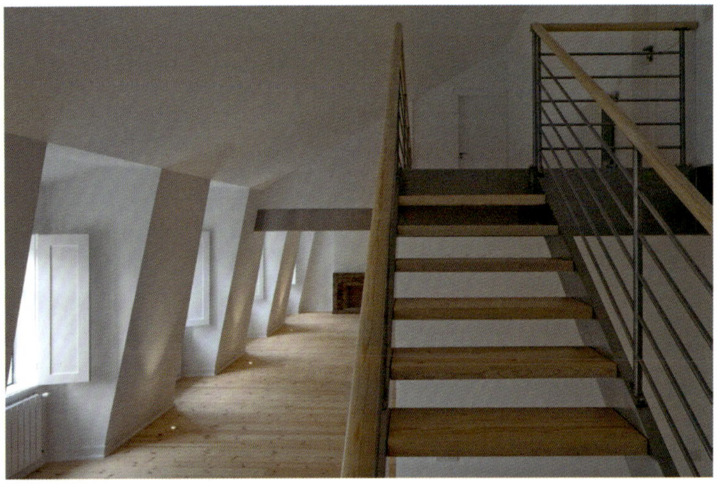
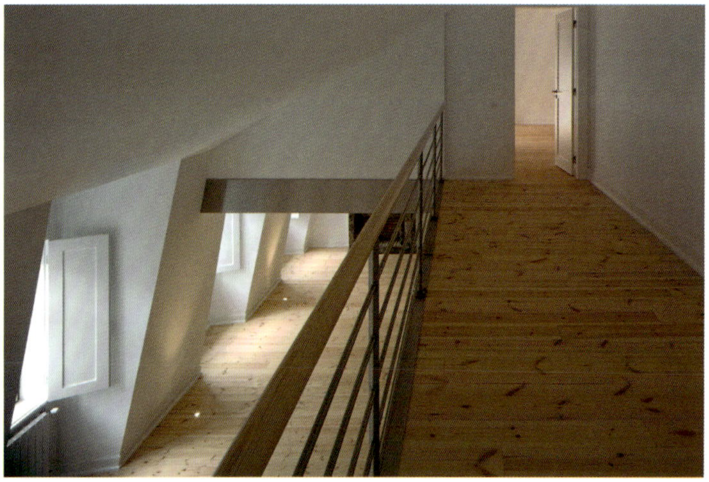
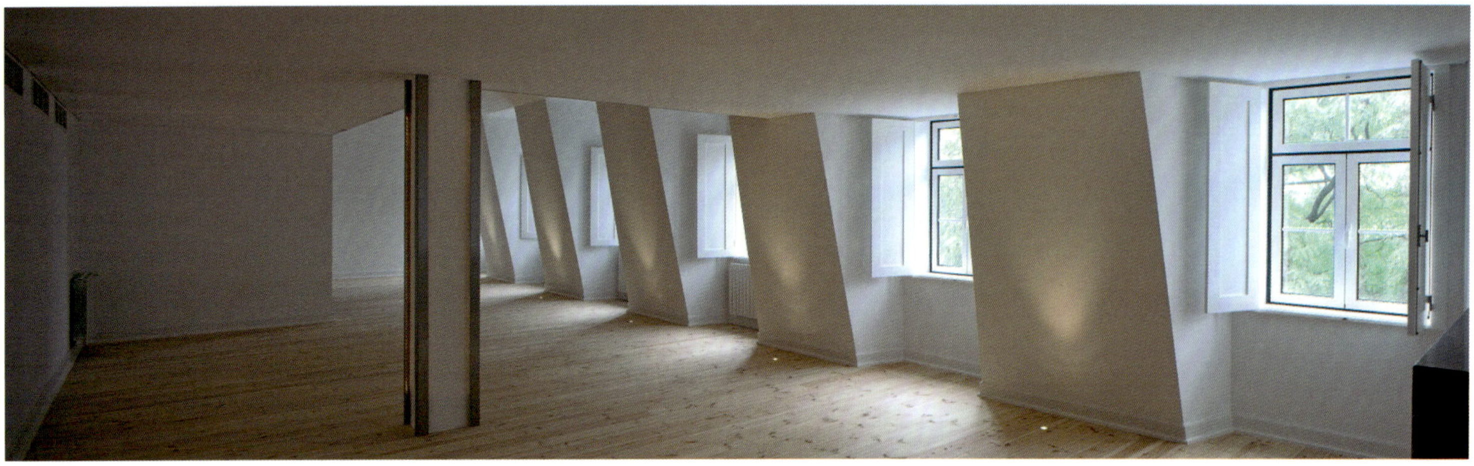
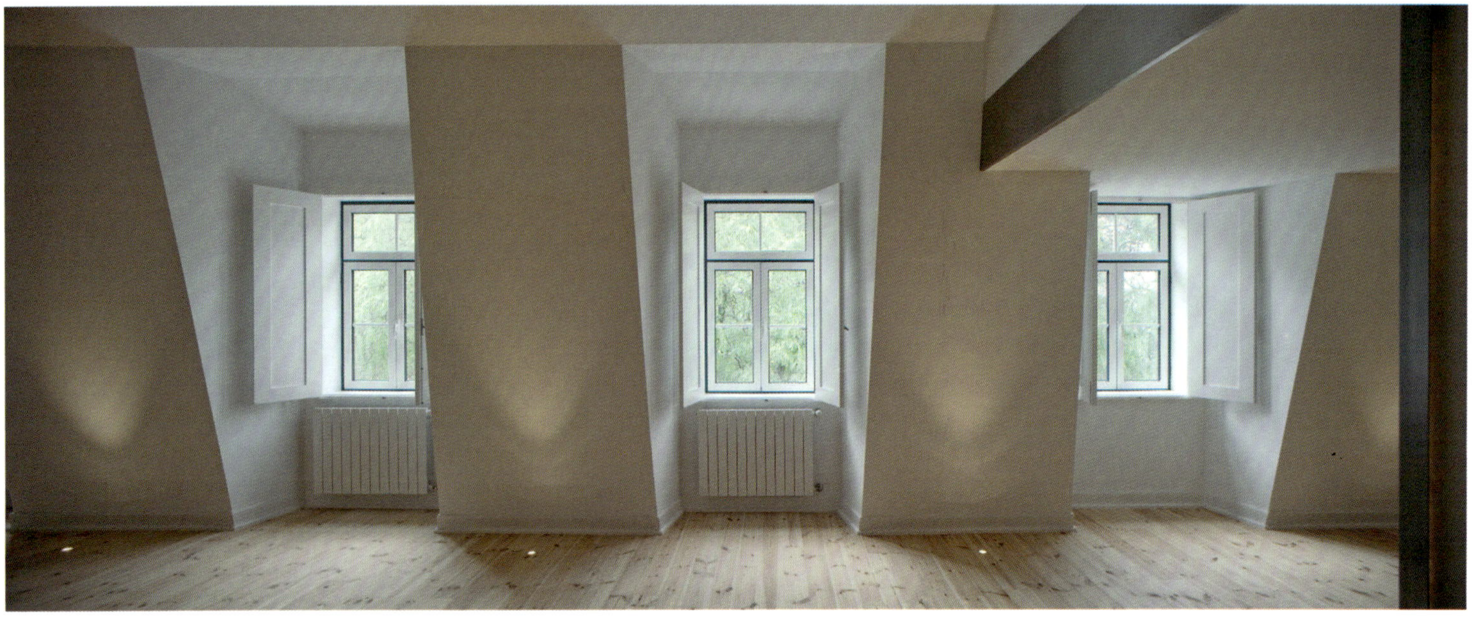

A "Casa do Médico de S. Rafael"
The "Casa do Médico de S. Rafael"
"Casa do Médico de S. Rafael"

Alentejo, 2005-2006

A "Casa do Médico de S. Rafael" situa-se na Vila de Sines, na província do Alentejo, no litoral Sul de Portugal. A condição geográfica da falésia conjugada com o porto de abrigo, natural, fizeram com que este local seja ocupado pelo Homem desde tempos pré-históricos e, ao longo dos séculos, como porto de pesca e comercial, escoando minérios e produtos agrícolas da região do Alentejo. Já no Séc. XX constituiu local de veraneio de famílias oriundas do interior do Alentejo, à procura do fresco da sua brisa e das suas praias oceânicas.

Foi também neste século que o regime designado de "Estado Novo", anterior à revolução de abril de 1974, deu início à construção de um grande porto industrial que se destinava, principalmente, a receber o petróleo que se havia descoberto por início dos anos 60 em Angola (à época província do ultramar português).

The "Casa do Médico de S. Rafael" facility is located in the town of Sines, Alentejo province, on the southern coast of Portugal. The geographical form of the cliff together with the natural anchorage have ensured that – this site has been occupied by man since prehistoric times and throughout the centuries as a fishing and commercial port, through which minerals and agricultural products of the Alentejo region are channelled.

In the twentieth century it was a place for families from the inland areas of Alentejo to spend the summer, seeking out its fresh breeze and ocean beaches.

It was also in the twentieth century that the political regime referred to as the "Estado Novo", which was in power prior to the revolution of April 1974, began construction of a major industrial port that was primarily intended to process the oil that had been discovered at the

La "Casa do Médico de S. Rafael" se sitúa en la villa de Sines, en la provincia del Alentejo, en el litoral Sur de Portugal. La condición geográfica de acantilado conjugada con el puerto de abrigo, natural, hicieron que este lugar sea ocupado por el hombre desde tiempos prehistóricos y, a lo largo de los siglos, como puerto de pesca y comercial, canalizando productos minerales y agrícolas de la región del Alentejo.

Ya en el siglo XX constituía un lugar de veraneo de las familiar oriundas del interior del Alentejo, buscando el fresco de su brisa y sus playas oceánicas.

Fue también en ese siglo cuando el régimen conocido como "Estado Novo", anterior a la revolución de abril de 1974, dio inicio la construcción de un gran puerto industrial que se destinaba, principalmente, a recibir el petróleo que se había descubierto a comienzos de los años 60 en Angola (en esa época provincia portuguesa de ultramar).

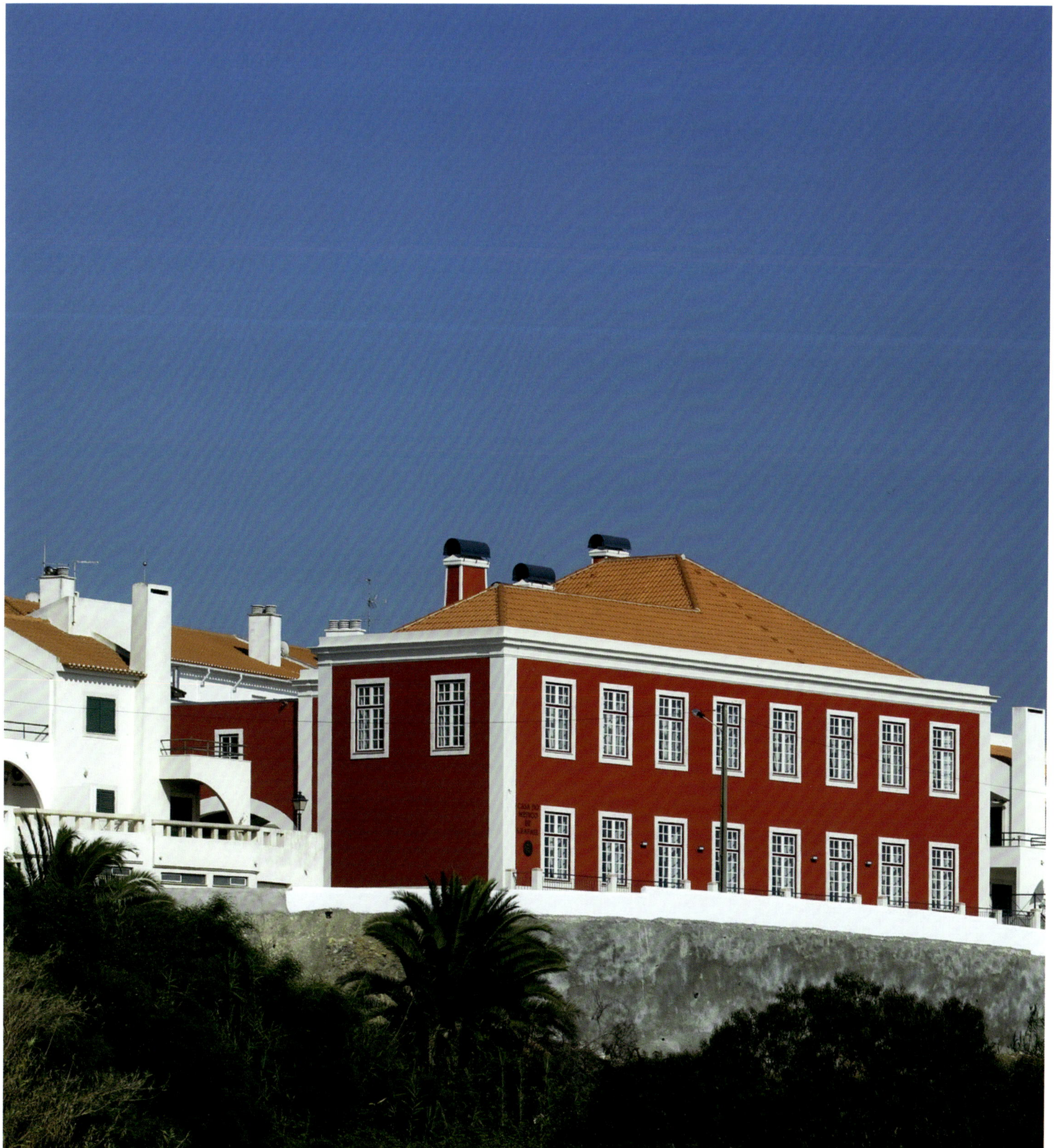

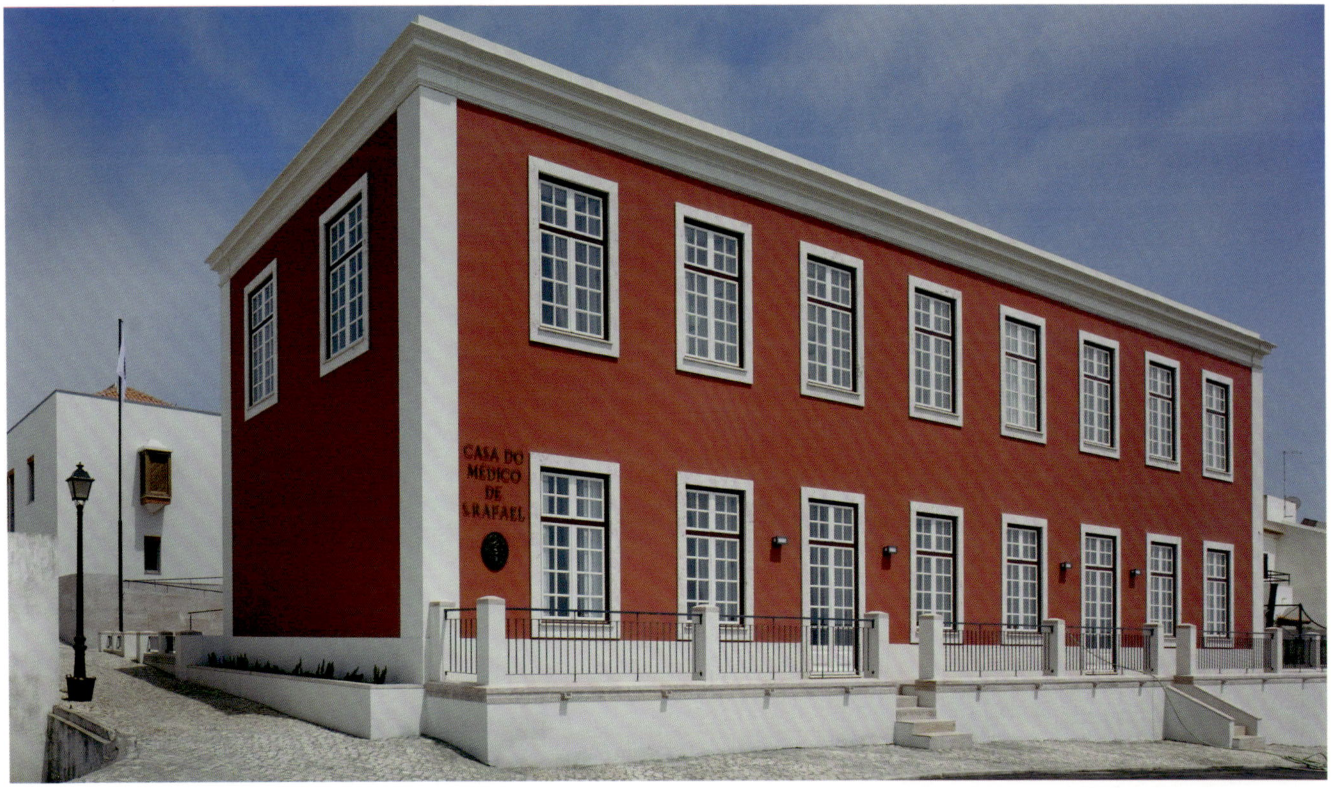
CASA DO
MÉDICO
DE
S. RAFAEL

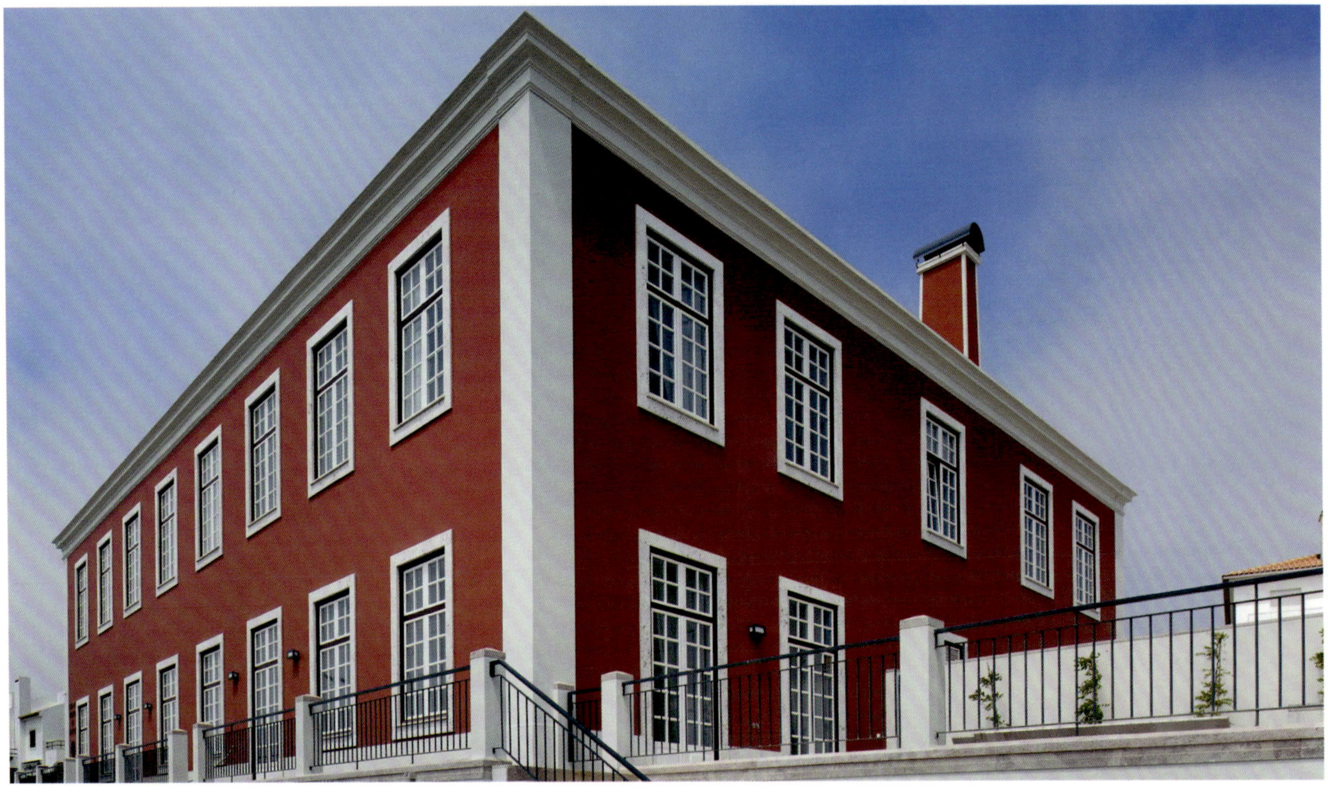

Implantação
Site
Implantación

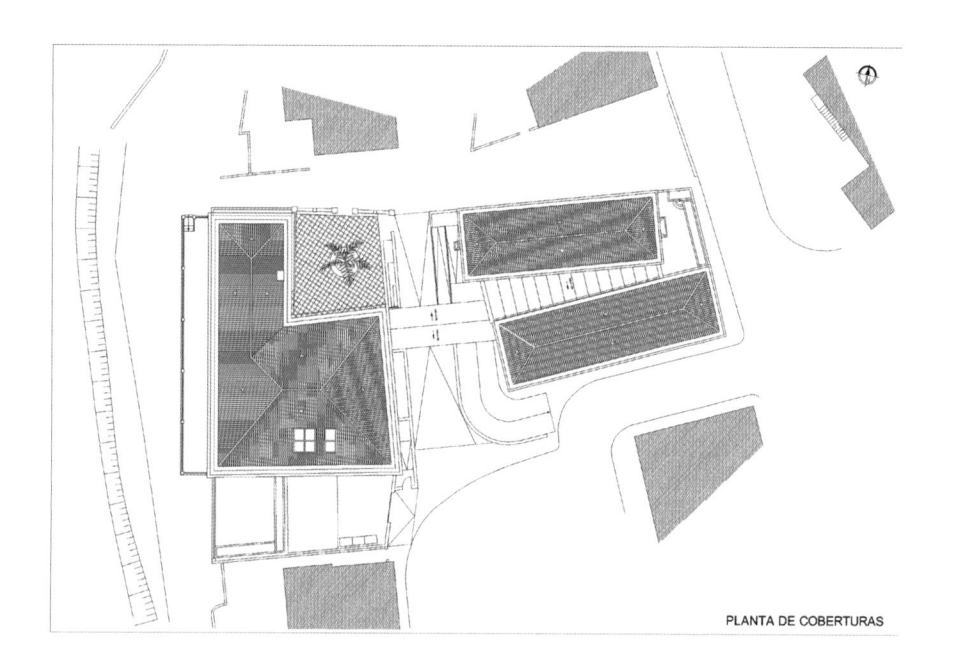

PLANTA DE COBERTURAS

Essa matéria-prima seria aqui recebida, refinada e distribuída já nas formas mais diversas, para o Mundo, igualmente a partir deste porto.

Este projeto, de dimensões verdadeiramente gigantescas, que incorporaria outras indústrias, implicava igualmente a construção de habitações e equipamentos para servir as populações que para aqui inevitavelmente se viriam a deslocar. Isto a par de outras infraestruturas – viárias, de transportes, etc...

Tudo ficou suspenso, desde abril de 1974, até muito recentemente – anos em que se retomou a obra, talvez não já com a dimensão que se previa inicialmente, mas ainda assim com uma importância muito significativa para a economia portuguesa, acabando por se realizar a refinaria – com os petróleos que continuam a vir de Angola, agora já num âmbito estritamente comercial, entre dois países independentes e fruto de acordos empresariais, juntando a esta atividade outras de que se destacam, por exemplo, o gás natural, a produção de polímeros, de energia elétrica e outras.

start of the 1960s in Angola (a Portuguese overseas province at the time). This raw material would be delivered to the port, refined and then distributed in its various forms to the world, also through this port.

This project of truly gigantic dimensions, which would incorporate other industries, also involved the construction of housing and facilities to serve the workers that would inevitably have to move to the area. Other infrastructures such as roads and transport links would also be built.

All work was suspended from April 1974 until very recently, when the project started up again, maybe not with the size initially anticipated, though still of very significant importance for the Portuguese economy. The refinery was completed – and the oil continued to come from Angola, although now on a strictly trade basis, between two independent countries and resulting from business agreements. The oil activity is now supplemented by others, including, for example, natural gas, the production of polymers and electricity, and other industries.

Esa materia prima era aquí recibida, refinada y distribuida entonces por todo el mundo de las formas más diversas, también desde este puerto.

Este proyecto, de dimensiones verdaderamente gigantescas, que incorporaría otras industrias, implicaba igualmente la construcción de viviendas y equipamientos para servir a la población que vendrían a localizarse en este lugar. Esto, además de otras infraestructuras – viarias, de transporte, etc...

Todo quedó suspendido después de abril de 1974, hasta muy recientemente – años en que se retomó la obra, tal vez no ya con la dimensión que inicialmente se preveía, pero aún así, con una importancia muy significativa para la economía portuguesa, acabando por realizarse la refinería – con los petróleos que continuaban viniendo de Angola, ahora ya en un ámbito estrictamente comercial, entre dos países independientes y fruto de acuerdos empresariales, juntando a esta actividad otras, de las que se destacan, por ejemplo, el gas natural, la producción de polímeros, de energía eléctrica y otras.

Ahora, toda esta actividad generó, de hecho, nuevas urbanizaciones y las lotificaciones de viviendas que proliferaron en los años 60, y

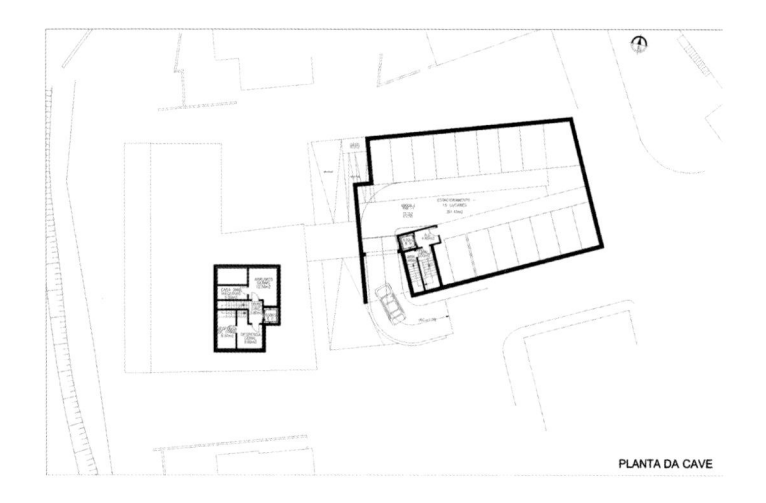

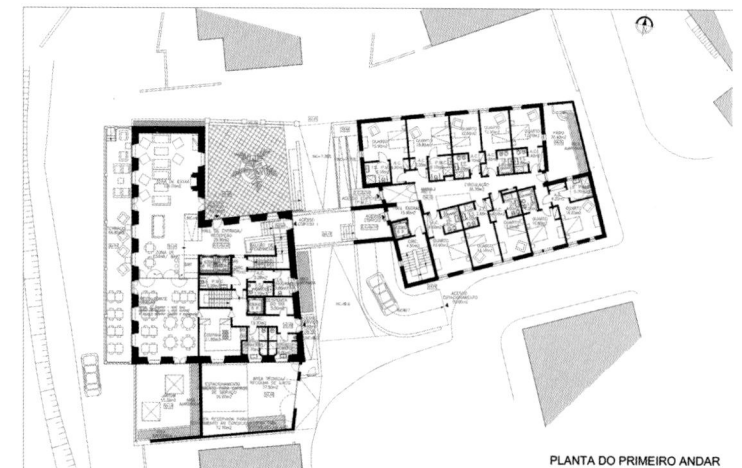

Plantas Cave, Piso 1, Piso 2 e Piso 3
Floor Lever, 1st Level, 2nd Level and 3rd Level Plans
Plantas Baja, Primera, Segunda y Tercera

Ora, toda esta atividade gerou, de facto, novas urbanizações e os loteamentos habitacionais que proliferaram nos anos 60 – início de 70 do Séc. XX e que haviam ficado suspensos, acabaram por dar lugar a construções e novos "bairros", que, mesmo aquém da dimensão que se previa no início deste "planeamento", constituem impacto significativo na paisagem e na vida deste povoado, quase sempre, para não dizer mesmo "sempre", sem qualidade urbana e arquitectónica, tendo ocupado terrenos agrícolas e antigas quintas de produção.

É o caso da Quinta de S. Rafael onde se situa esta nossa obra da "Casa do Médico", a que esta propriedade veio dar o nome.

Esta quinta de produção existia já desde tempos antigos, tendo sido erigida a sua construção principal que chegou aos nossos dias – a casa dos proprietários, de características solarengas, no Séc. XVIII, num estilo característico da arquitectura portuguesa dos anos que se seguiram ao Grande terramoto de 1755 e que se convencionou designar, mais popularmente, de "pombalina", numa referência ao Ministro do Reino à época dessa catástrofe – Sebastião José de Carvalho e Mello –,

All this activity has in fact generated new housing developments that proliferated in the 1960s and early 1970s and which, having been suspended, eventually gave rise to buildings and new "neighbourhoods" that, even though smaller than initially forecast when planned, have still a significant impact on the landscape and life of this town. They have almost always, if not always, been of low architectural and urban quality, occupying farmland and former agricultural estates.

This is the case with Quinta de S. Rafael, where our "Casa do Médico" property is located and from which it takes its name.

This estate has existed since ancient times. Its main building that has survived to our time – the home of the land owners, in the form of a manor house – was erected in the eighteenth century, in a style that is characteristic of Portuguese architecture in the years following the great earthquake of 1755, popularly termed the "Pombaline" period, in reference to the Minister of State at the time of this catastrophe – Sebastião José de Carvalho e Mello – better known as the Marquis of Pombal.

comienzo de los 70 del siglo XX y que habían quedado suspendidas, acabaron por dar lugar a construcciones y nuevos "barrios", que, aún por debajo de la dimensión que al inicio de este "planeamiento" se preveía, constituyen un impacto significativo en el paisaje y en la vida de este poblado, casi siempre, por no decir "siempre", sin calidad urbana y arquitectónica, habiendo ocupado terrenos agrícolas y antiguas quintas de producción.

Y en el caso de la Quinta de S. Rafael donde se sitúa esta obra nuestra de "Casa do Médico", la que vino a dar el nombre a esta propiedad.

Esta quinta de producción existía ya desde tiempos antiguos, habiendo sido erigida su construcción principal que ha llegado a nuestros días – la casa de los propietarios, de características solariegas, en el siglo XVIII, en un estilo de arquitectura portuguesa de los años que siguieron al Gran Terremoto de 1755 y que se convino designar, más popularmente, de "pombalina", en una referencia al Ministro del Reino en la época de esa catástrofe – Sebastião José de Carvalho e Mello – más conocido por Marqués de Pombal.

Esta casa llegó todavía a servir como unidad hotelera (Estalagem) durante algunas décadas del siglo XX.

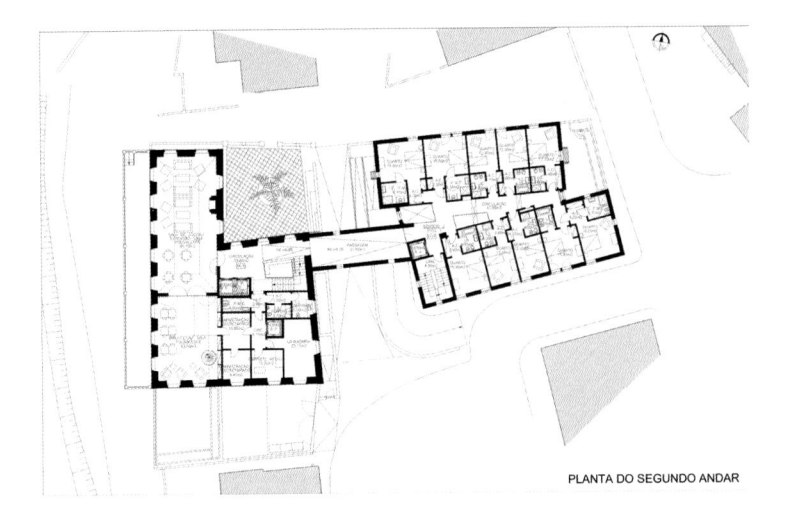

PLANTA DO SEGUNDO ANDAR

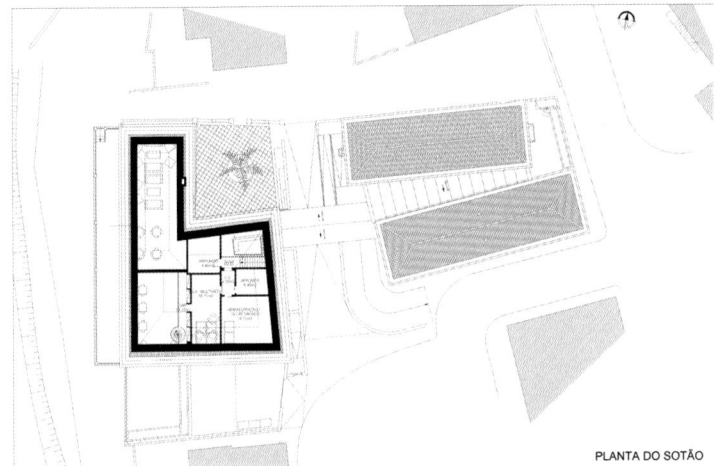

PLANTA DO SOTÃO

mais conhecido por Marquês de Pombal. Esta casa veio ainda a servir como unidade hoteleira (Estalagem) durante algumas décadas do Séc. XX.

O projeto de loteamento da Quinta de S. Rafael, não fugiu à regra atrás mencionada no que diz respeito às intervenções urbanísticas mais recentes, em Sines e apresenta uma qualidade muito precária em todos os aspetos. Trata-se de uma mera divisão do terreno em parcelas para construção de moradias em banda, sem qualquer vestígio de urbanidade no desenho do espaço público e do tecido edificado. A antiga casa principal da Quinta e algumas construções anexas – de funcionários e de armazéns agrícolas – permaneceram, rodeadas pelo casario incaracterístico, aguardando a possibilidade de virem a ser transformadas em unidade hoteleira. E assim permaneceram por mais de uma década, acentuando-se a sua degradação ao ponto de quase ruírem, até ao ano de 2005, data em que estas parcelas remanescentes do loteamento foram adquiridas pela "Ordem dos Médicos Portugueses".

Pretendeu esta Instituição, com esta aquisição, desenvolver um projeto social

The building functioned as a hotel (inn) for a few decades of the twentieth century.

The Quinta de S. Rafael land parcelling project in Sines was no exception to the above-mentioned rule regarding more recent urban developments, possessing very poor quality in all aspects. It consists of a mere division of the land into plots for the construction of row housing, without any trace of urban consideration in the design of public spaces and the building fabric. The former manor house of the Quinta and some outbuildings – workers' housing and agricultural warehouses – remained, surrounded by uncharacteristic housing, awaiting the possibility of their being transformed into a hotel. That is how they remained for more than a decade, becoming more dilapidated to the point of almost crumbling, until 2005 when the remaining plots of the land parcelling project were acquired by the "Ordem dos Médicos Portugueses" [Portuguese Medical Association].

This institution made this purchase to develop a social project which would consist of creating a facility for doctors of retirement age in need of support, on a

El proyecto de lotificación de la Quinta de S. Rafael, en Sines no fue una excepción a la regla antes mencionada en relación a las intervenciones urbanísticas más recientes, y presenta una calidad muy precaria en todos los aspectos. Se trata de una mera división del terreno en parcelas para la construcción de viviendas en hilera, sin ningún vestigio de urbanidad en el diseño del espacio público y del tejido edificado.

La antigua casa principal de la Quinta y algunas construcciones anexas – de empleados y de almacenes agrícolas – permanecieron, rodeadas por el caserío sin carácter, aguardando la posibilidad de llegar a ser transformadas en hotel. Y así permanecieron durante más de una década, acentuándose su degradación hasta el punto de casi arruinarse, hasta el año 2005, fecha en que estas parcelas residuales de la lotificación fueron adquiridas por la "Orden de los Médicos Portugueses".

Con esta adquisición, esta institución pretendía desarrollar un proyecto social que consistía en la creación de un equipamiento que viniese a servir a los médicos en edad de jubilación y con necesidad de apoyo, en un espacio que contuviera igualmente otros usos – como la organización de actividades (en el área de la medicina y de la salud en general), restau-

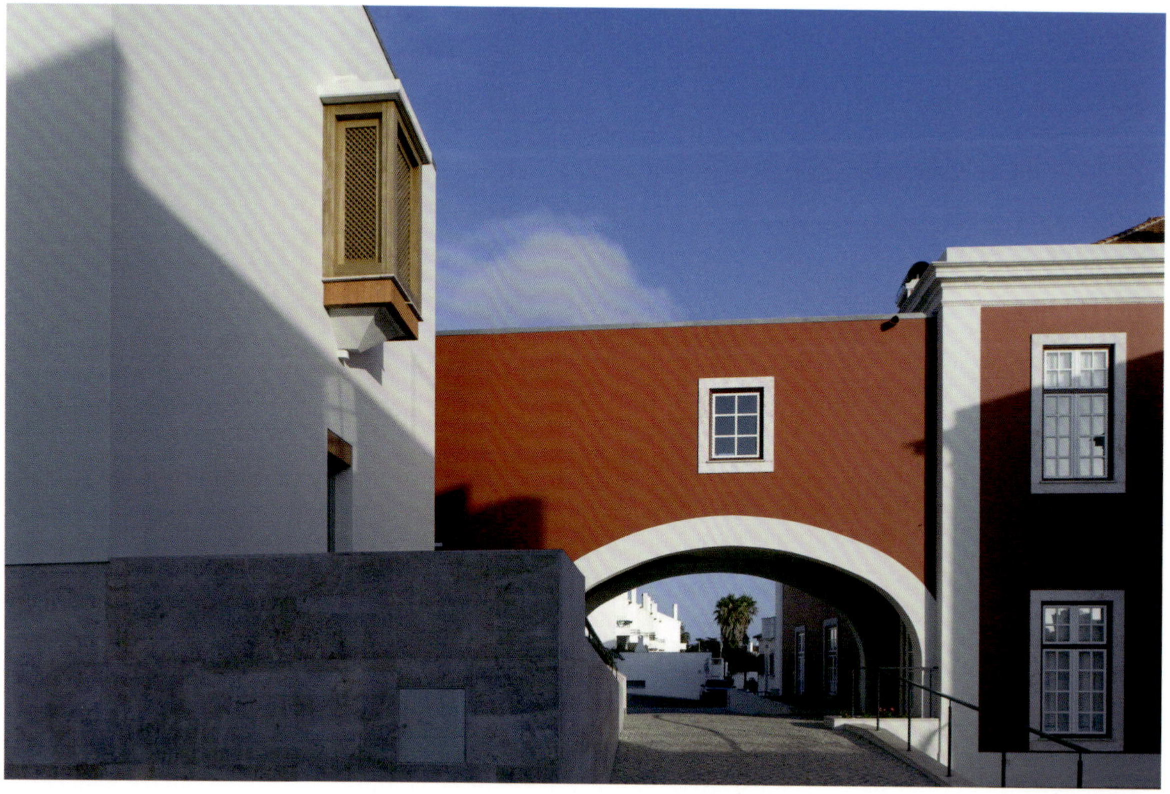

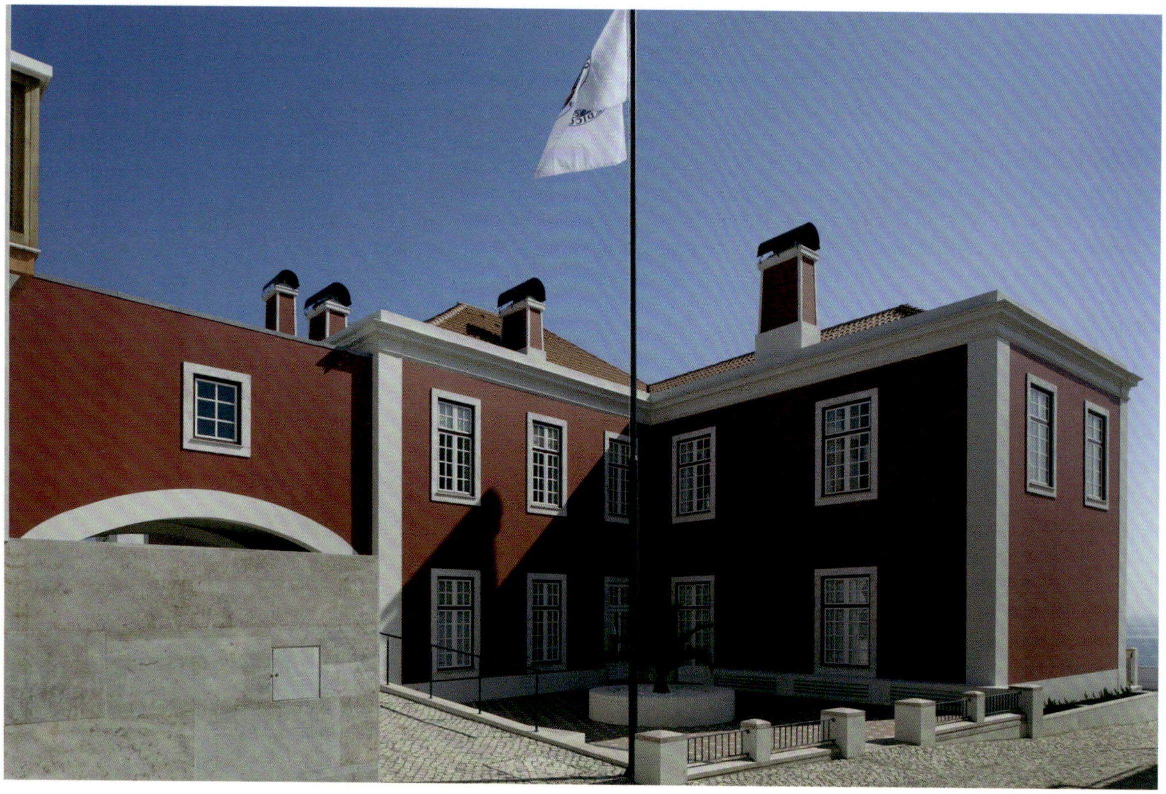

que consistia na criação de um equipamento que viesse a servir médicos em idade de reforma e com necessidade de apoio, num espaço que contivesse igualmente outras valências – como a organização de eventos (na área da medicina e da saúde em geral), restaurante, biblioteca e outros – e ainda, a possibilidade de prestar serviços de residência assistida aos associados que viessem a residir na proximidade, aproveitando assim a oferta de lotes de terreno e de habitações para venda que este grande projeto do porto de Sines veio a proporcionar e que, pelas razões expostas, está longe de se esgotar.

O local afigura-se muito adequado para este empreendimento. De facto, não faltam atributos, tais como o excelente clima desta região, a proximidade do centro urbano com o aglomerado do casario da cidade antiga à distância de um passeio a pé, o seu magnifico enquadramento paisagístico, na falésia, dominando o Oceano Atlântico, num ambiente urbano tranquilo, seguro, muito agradável e, depois, a proximidade das praias – quer para Norte, para o lado de Melides e da Comporta, até ao estuário do rio Sado, quer para Sul, para as áreas protegidas da costa alentejana – e ainda a proximidade do Alentejo interior, com a sua cultura tão singular, tão autêntica, com povoados de uma beleza estarrecedora e o calor das suas gentes.

Com este programa ambicioso, mas muito aliciante, até pela "novidade" que viria a constituir no âmbito dos equipamentos deste tipo em Portugal – habitualmente apenas de caráter residencial, em locais isolados ou "desligados" do contacto mais próximo com a comunidade –, a Ordem dos Médicos Portugueses promoveu um concurso para o respetivo Projeto de Arquitectura, concurso esse que culminou com a seleção desta nossa equipa projetista.

premises also used for other purposes, such as organising events (in the medicine and general health fields), restaurant, library and others. A further aim is to provide assisted residence services to members residing in the vicinity, taking advantage of the supply of plots of land and housing for sale that this great project of Sines port has provided and which, for the above reasons, is far from exhausted. The site is very appropriate for this development. In fact, it has all the desirable features, such as excellent climate, proximity to the town centre with the houses of the old town within walking distance, its magnificent landscape on the cliffs overlooking the Atlantic Ocean, an urban environment that is quiet, safe and pleasant. The site is also close to the beaches – to the north there is Melides and Comporta and the Sado estuary, or to the south, to the protected areas of the Alentejo coast, and inland Alentejo is nearby, with its very unique and authentic culture, with villages of startling beauty and the warmth of its people.

The Portuguese Medical Association issued a call for tenders for the Architectural Design of this ambitious but very exciting project, which is all the more so for its "novelty" given the scope of such facilities in Portugal – usually they are solely for residential purposes and located in isolated places or 'disconnected' from the closest contact with the community. The call for tenders culminated in the selection of our design team.

This proposal was governed by some key ideas or assumptions, such as: – The reconstruction of the eighteenth century manor house in its original form, its articulation with the new buildings to be created in place of the old outbuildings, which are complete ruins, in order to preserve a pedestrian path from the surrounding urban area. The harmonious integration with the site. A clear refer-

rante, biblioteca y otros – e incluso, la posibilidad de prestar servicios de residencia asistida a los asociados que fueran a residir en la proximidad, aprovechando así la oferta de lotes de terreno y de habitaciones para la venta que este gran proyecto del puerto de Sines viene a proporcionar y que, por las razones expuestas, está lejos de agotarse. El local es muy adecuado para esta empresa. De hecho, no faltan atributos, como el excelente clima de esta región, la proximidad del centro urbano, con el aglomerado del caserío de la ciudad antigua a distancia de un paseo a pie, o su magnífico encuadramiento paisajístico, en el acantilado, dominando el Océano Atlántico, en un ambiente urbano tranquilo, seguro, muy agradable, y además en la proximidad a las playas – si se quiere para el Norte, para el lado de Melides y de Comporta, hasta el estuario del río Sado, si quieres al Sur para las áreas protegidas de la costa Alentejana – y también la proximidad con el Alentejo interior, con su cultura, tan singular, tan auténtica, con poblados de una belleza estremecedora y el calor de sus gentes.

Con este programa ambicioso, pero muy atractivo, hasta por la "novedad" que venía a constituir en el ámbito de los equipamientos de este tipo en Portugal – habitualmente apenas de carácter residencial, en lugares aislados o "desligados" del contacto más próximo con la comunidad – la Orden de los Médicos Portugueses promovió un concurso para el respectivo Proyecto de Arquitectura, concurso que culminó con la selección de nuestro equipo proyectista.

En esta propuesta se presentan algunas ideas o presupuestos esenciales, tales como: La reconstrucción de la antigua casa del siglo XVIII con su imagen original; su articulación con los edificios nuevos a crear en el lugar de los antiguos anexos, ya completamente arruinados, de modo que se reserva un recorrido peatonal de la urbanización envolvente; una integración armoniosa en el lugar; una referencia clara a las tipologías urbanas tradicionales de la región y a la rehabilitación del recorrido peatonal por lo alto del acantilado, poniendo

Nesta proposta presidiram algumas ideias ou pressupostos essenciais, tais como:

– A reconstrução da antiga casa do Séc. XVIII com a sua imagem original; a sua articulação com os edifícios novos a criar no lugar dos antigos anexos, já completamente arruinados, de forma a preservar um percurso pedonal da urbanização envolvente; a integração harmoniosa no lugar; uma referência clara às tipologias urbanas tradicionais da região e a reabilitação do percurso pedonal pelo topo da falésia, valorizando a tomada de vistas para Poente, para o Oceano Atlântico.

A opção pela reconstrução da casa da Quinta afigurou-se polémica, dada a inicial oposição dos técnicos da Câmara Municipal de Sines – que defendiam a construção de um edifício de linguagem modernista. Mas o significado que o edifício continha para a memória coletiva dos sineenses, pela sua história, pela sua presença nobre no topo da falésia, levou a que os responsáveis da Autarquia aceitassem a nossa proposta.

E assim nasceu, ou melhor, "renasceu" esta "Casa de S. Rafael".

Com efeito, e verificando-se o estado muito adiantado de ruína das estruturas (paredes portantes) da mencionada casa e a existência de graves assentamentos estruturais; constatando-se também que todos os demais elementos da casa em questão ruíram ou se deterioraram sem qualquer hipótese de restauro ou reabilitação, não existindo já cobertura, pavimentos e paredes interiores, cantarias, caixilharias, etc…, constatando-se tudo isto, portanto, acordaram a Câmara Municipal de Sines e a Ordem dos Médicos em realizar a obra com base no projeto por nós proposto, reconstruindo a arquitectura exterior (paredes exteriores e cobertura) do edifício da casa da antiga quinta de S. Rafael sendo o interior completamente renovado, adaptando-o à sua

ence to the region's traditional urban typologies and the rehabilitation of the pedestrian path along the cliff top, enhancing the viewpoints to the west, over the Atlantic Ocean.

The decision to rebuild the manor house proved to be controversial and it was initially opposed by Sines Council, who wanted a modern-style building. But the significance of the building in the collective memory of the people of Sines due to its history and its noble presence on the cliff top, led to the Council accepting our proposal.

And so "Casa de S. Rafael" was born, or rather reborn.

Sines Council and the Portuguese Medical Association agreed to undertake the work based on the design we proposed, aware of the very advanced state of ruin of the structures (load bearing walls), severe structural subsidence, and the fact that all other elements of the house had either collapsed or deteriorated to a point where restoration or rehabilitation was not possible, and the roof, floors and interior walls, masonry, joinery, etc. no longer existed. The old Casa de S. Rafael farmhouse's external architecture (external walls and roof) was rebuilt and the interior completely renovated, tailoring it to its new role but using materials and an architectural language appropriate to the typology of the former building.

This reconstructed building contains the living rooms and meeting rooms, a library, a medical office and a physiotherapy room, administrative areas, the restaurant, catering support areas (public toilets, kitchen, storage rooms, etc …), the spaces for staff (including changing rooms and toilets) and laundry. The building has two floors above ground, basement and attic and also includes outdoor areas: a sea-facing terrace, a lateral, more private and protected garden, and a service area connected to the paved roads.

en valor las vistas a poniente, al Océano Atlántico.

La opción para la reconstrucción de la casa de Quinta se presentó polémica, dada la inicial oposición de los técnicos de la Cámara Municipal de Sines – que defendían la construcción de un edificio de lenguaje moderno. Pero el significado que el edificio contenía para la memoria histórica de los sineenses, por su historia, por su noble presencia en lo alto del acantilado, llevó a los responsables de Autarquía aceptasen nuestra propuesta. Y así nació, o mejor "volvió a nacer" esta "Casa de S. Rafael".

Viendo el avanzado estado de ruina de las estructuras (paredes portantes) de esta casa, y la existencia de graves asentamientos estructurales; constatando también que todos los demás elementos de la casa en cuestión se desmoronaban o se deterioraban sin una hipótesis de restauración o rehabilitación, no existiendo ya cubierta, pavimentos, paredes interiores, canterías, marcos, constatandose todo esto, acordaron la Cámara Municipal de Sines y la Orden de los Médicos Portugueses, realizar el proyecto según nuestra propuesta, reconstruyendo la arquitectura exterior (paredes exteriores y cubierta) del edificio de la antigua Quinta de S. Rafael, siendo el interior completamente renovado, adaptándose a la nueva función, pero utilizado materiales y lenguajes arquitectónicos propios de la tipología del edificio anterior.

En este edifico que se reconstruyó, se sitúan la sala de estar, la de reuniónes, la biblioteca, un gabinete de apoyo médico y una sala de fisioterapia, las áreas administrativas, el restaurante, la áreas de apoyo al restaurante (instalaciones sanitarias del público, cocina, despensas, etc…) los espacios destinados al personal (incluidos vestuarios e instalaciones sanitarias) y la lavandería. Este edificio se desarrolla en dos pisos sobre el suelo, bodega y sótano, e incluye también áreas exteriores: Una explanada hacia el mar, un jardín lateral – más intimista y resguardado – y un área de servicio, vinculado a las calles pavimentadas.

nova função, mas utilizando materiais e linguagem arquitectónica próprios da tipologia do edifício anterior.

Neste edifício que se reconstruiu situam-se as salas de estar e de reuniões, a biblioteca, um gabinete de apoio médico e uma sala de fisioterapia, as áreas administrativas, o restaurante, as áreas de apoio ao restaurante (instalações sanitárias do público, cozinha, despensas, etc...), os espaços destinados ao pessoal (incluindo vestiários e instalações sanitárias) e a lavandaria. Este edifício desenvolve-se em dois pisos acima do solo, cave e sótão e inclui ainda áreas exteriores: Uma esplanada voltada ao mar, um jardim lateral – mais intimista e resguardado – e uma área de serviço, com ligação aos arruamentos a tardoz.

O outro edifício é totalmente novo, situa-se sensivelmente no local em que outrora existiam construções da Quinta de S. Rafael, de apoio à casa principal e está ligado ao 1º. por passagem superior fechada, deixando uma servidão pedonal, entre os dois edifícios, mantendo assim o caminho existente. Esta passagem superior forma um arco sobre o caminho pedonal, mantendo assim, também, a memória da antiga construção. Neste novo edifício situam-se os (20) quartos, de dimensões variadas para possibilitar os vários tipos de utilização (mais permanente ou ocasional) incluindo todos instalações sanitárias privativas e arrumos.

Dos vinte quartos previstos, seis estão preparados para receber pessoas com mobilidade condicionada. Destes seis, dois são duplos, um de casal e dois são individuais. Os restantes catorze são quartos para pessoas sem condicionamento de mobilidade e, destes, dez são de casal e quatro individuais, para um total de trinta e quatro utentes.

Este edifício desenvolve-se em dois pisos acima do solo e cave destinada a estacionamento automóvel (15 lugares).

The other building is entirely new, located roughly in the place where the outbuildings of Quinta de S. Rafael used to be, connected on the first floor by a covered overpass, leaving a pedestrian footpath between the two buildings, thus maintaining the existing path. This overpass forms an arch over the footpath, thereby also maintaining the memory of the old building. The new building has the (20) rooms of various sizes to enable various types of use (more permanent or temporary use), all with private bathroom facilities and storage zones.

Six of the twenty planned rooms are equipped to receive disabled guests. Two of these six are double rooms, one is a room for a married couple and two are single rooms.

The remaining fourteen rooms are for people without mobility disabilities, ten of which are for married couples and four singles, giving a total of thirty-four guests.

This building has two floors above ground and a basement for car parking (15 spaces).

The architecture of this new building is differentiated from the other building, with a contemporary language inspired by the traditional models of the region. Two longilinear bodies were conceived (the "Agricultural Warehouse") covered by a glass structure forming an indoor "street" with clear references to the typical Alentejo village street. It also includes a small garden enclosed by walls, which is a cooler and more reserved space for resting.

In the façades of this building we used references to the Manueline era (reign of King Manuel I (1469-1521), a very unique style that had a heavy influence on Portuguese architecture, by reinventing its elements – with double colonelo windows, exterior shutters with wooden trellis for natural ventilation (a Mediterranean heritage), etc...

El otro edificio es totalmente nuevo, se sitúa sensiblemente en el lugar en que antaño existían construcciones de la Quinta de S. Rafael, de apoyo a la casa principal y está ligado al primero, por un pasaje superior en la fachada, manteniendo de este modo el camino existente. Este pasaje superior forma un arco sobre el camino peatonal, manteniendo así, también, la memoria de la antigua construcción. En este nuevo edificio se sitúan los cuartos (20), de dimensiones variadas para posibilitar los diversos tipos de utilización (más permanente u ocasional) incluyendo todos instalaciones sanitarias privadas y almacenamiento.

De los veinte cuartos previstos, seis están preparados para recibir peruanas con movilidad condicionada. De estos seis, dos son dobles, uno de matrimonio y dos son individuales. Los restantes catorce son cuartos para peruanas sin condicionamientos de movilidad y, de éstos. Diez son de matrimonio y cuatro individuales, para un total de treinta y cuatro usuarios. Este edificio se desarrolla en dos pisos sobre la cota de suelo y bodega destinada al estacionamiento de automóviles (15 plazas).

La arquitectura de este nuevo edificio se diferencia del primero, en un lenguaje contemporáneo inspirado en los modelos tradicionales de la región. Se conciben dos cuerpos alargados (el "Almacén Agrícola") cubiertos por una estructura acristalada, formando una "calle" interior con claras referencias a la calle de la aldea alentejana. Incluía además un pequeño jardín delimitado por muros, que constituía un espacio de descanso y de frescor más reservado.

En la composición de las fachadas de este edificio recurrimos a referencias manuelinas (reinado de D. Manuel I, 1469-1521, en un estilo muy singular que marcó muy fuertemente la arquitectura portuguesa, reinventando sus elementos – ventanas colonelo dobles, portadas exteriores con rejas en madera para ventilación natural (una herencia mediterránea), etc...

La Cámara Municipal de Sines y la Orden de los Médicos aceptaron también incluir.

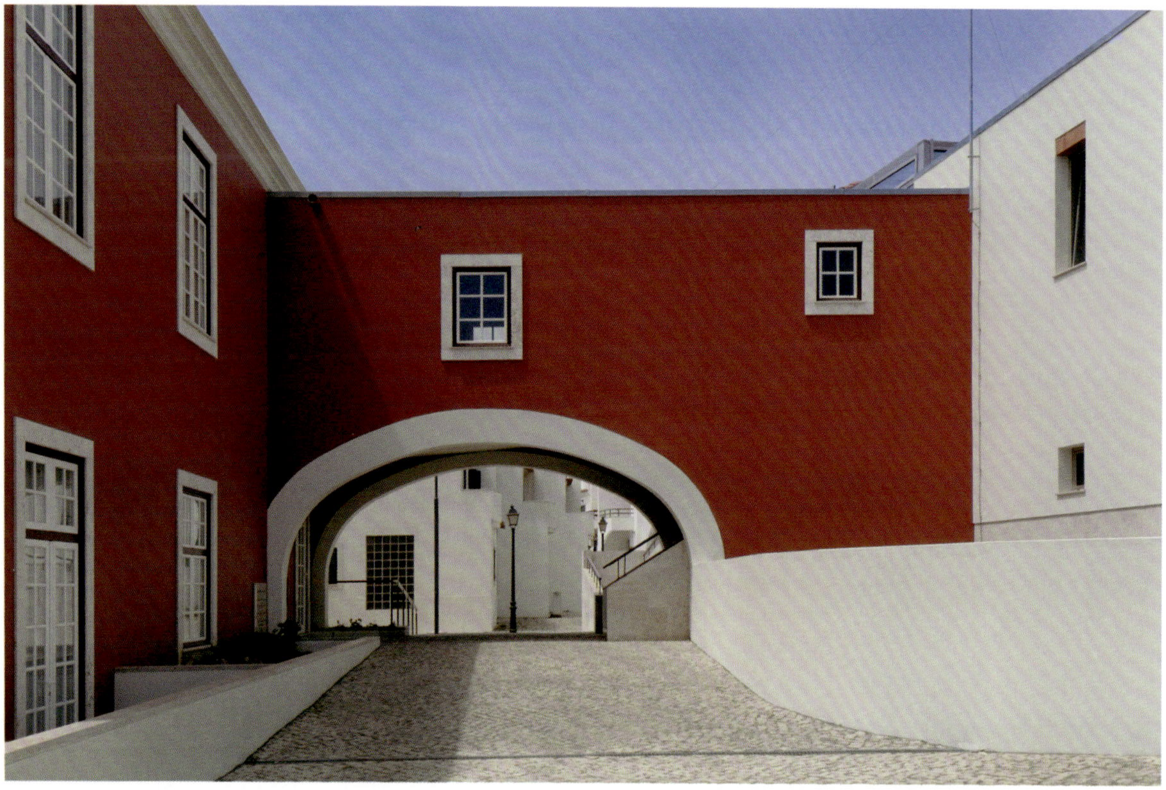

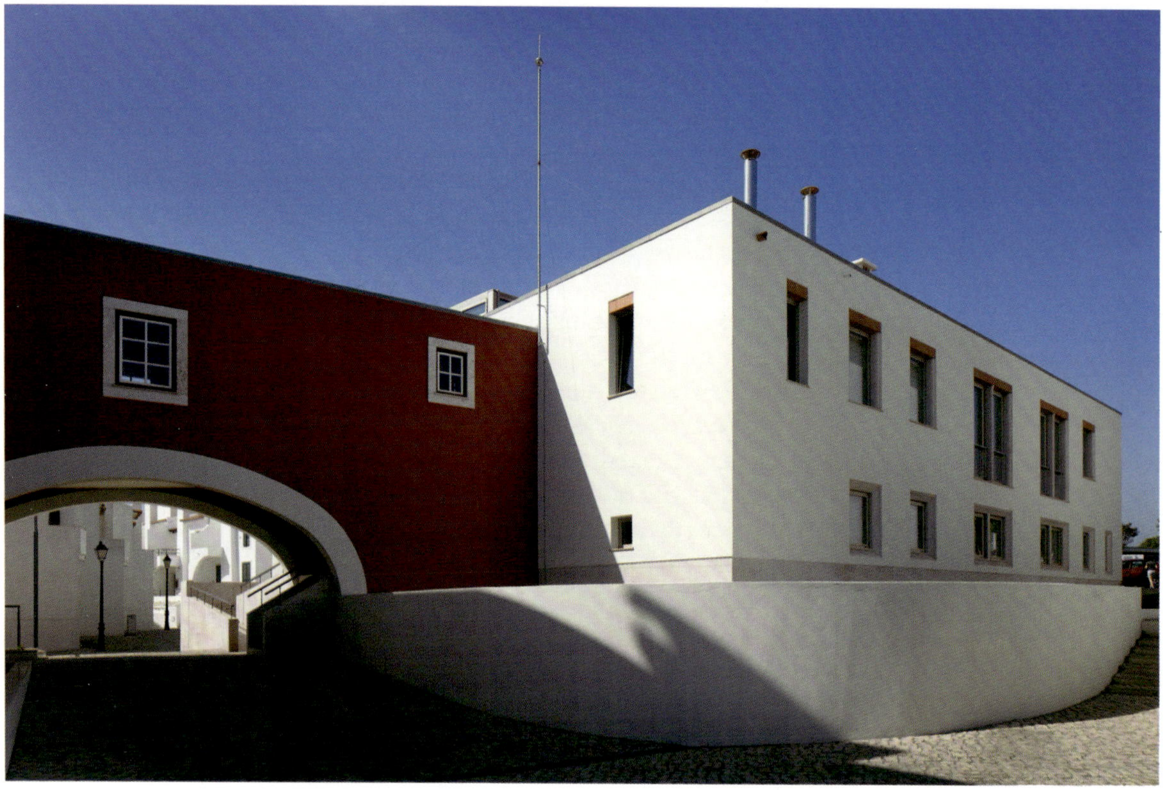

Alçados
Elevations
Alzados

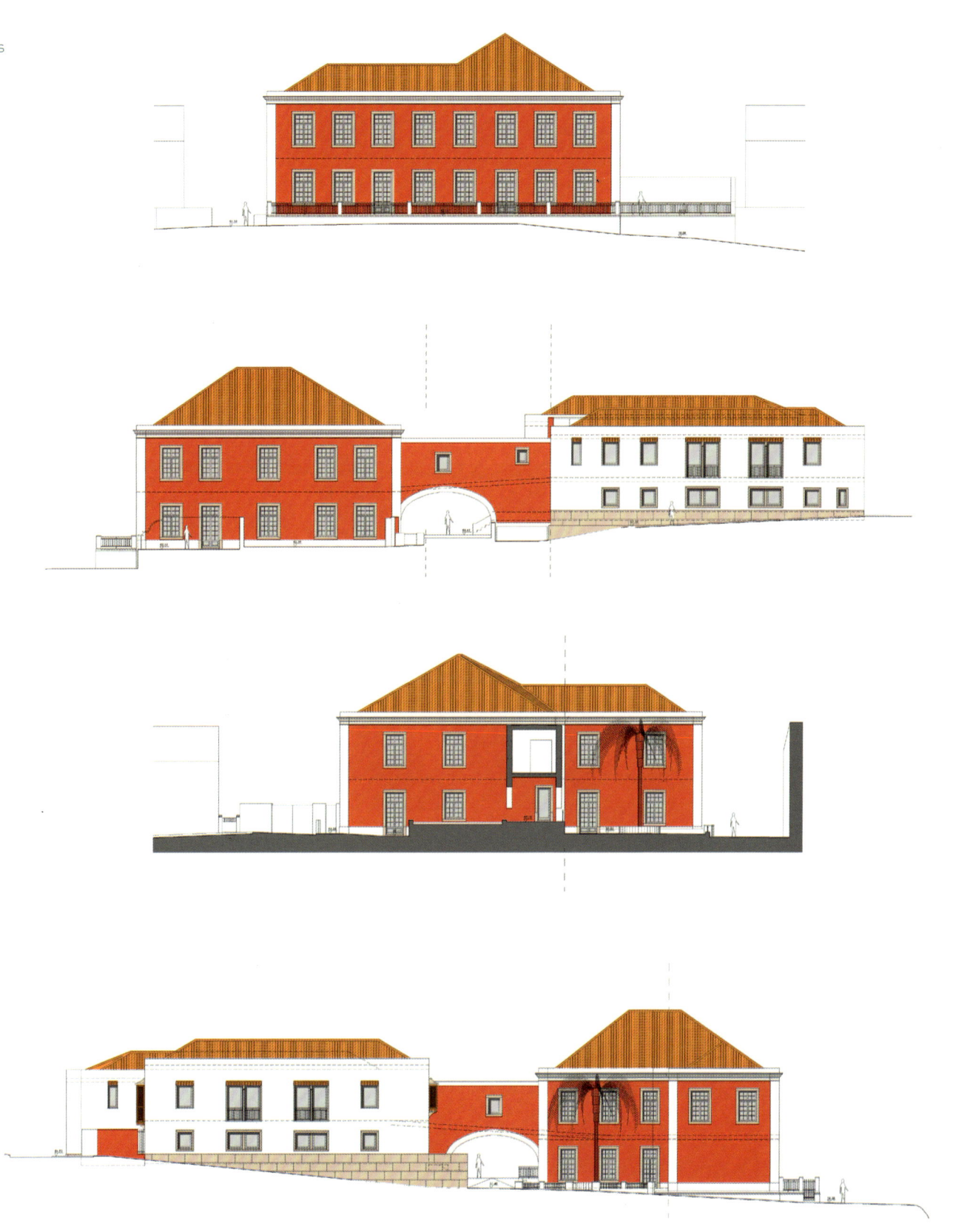

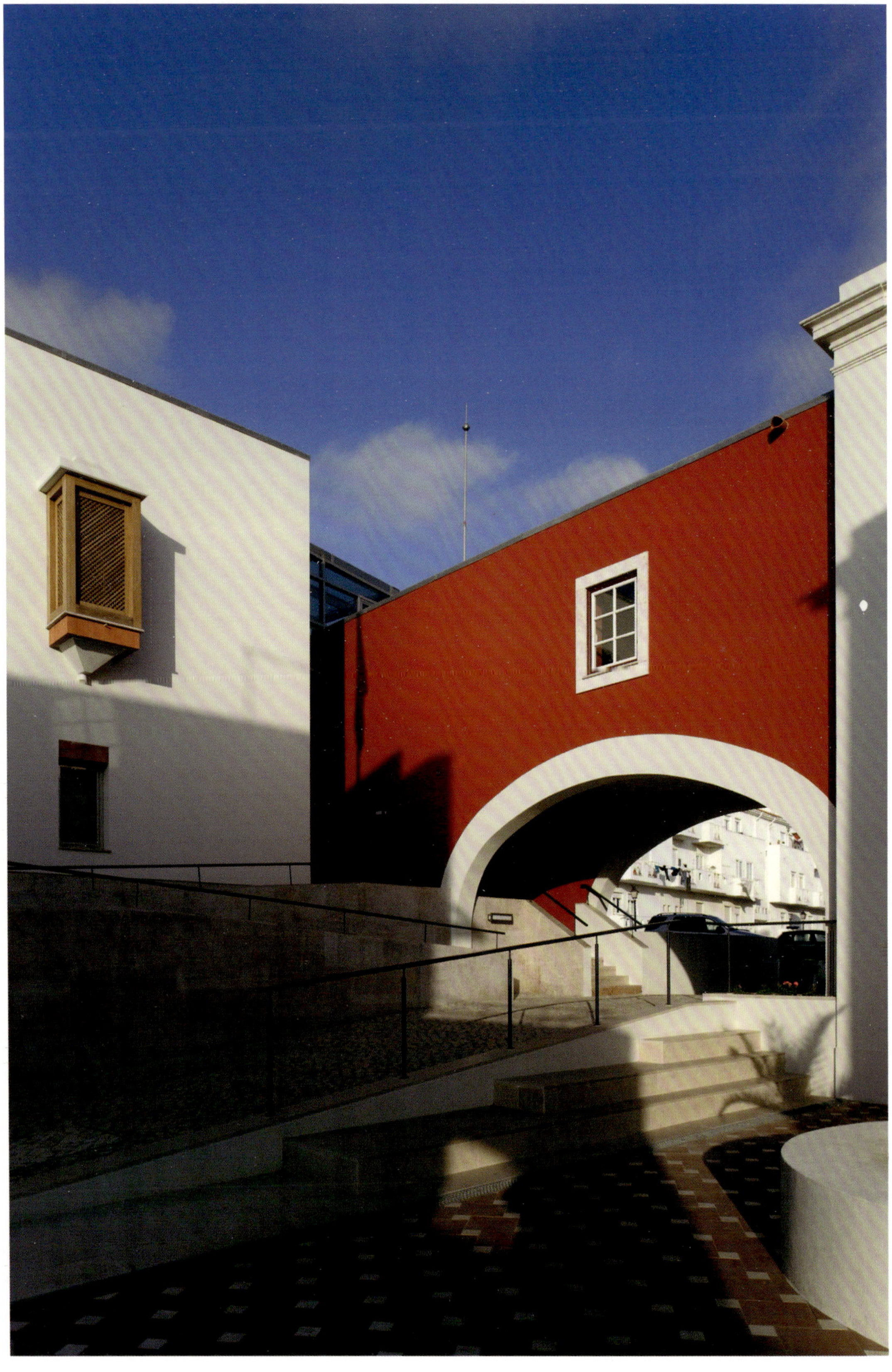

A arquitectura deste novo edifício diferencia-se da do 1º, com uma linguagem contemporânea inspirada nos modelos tradicionais da região. Conceberam-se dois corpos longilíneos (o "Armazém Agrícola") cobertos por estrutura envidraçada, formando uma "rua" interior com referências claras à rua de aldeia alentejana. Inclui ainda um pequeno jardim delimitado por muros, que constitui um espaço de descanso e de fresco mais reservado.

Na composição das fachadas deste edifício recorremos a referências da época manuelina (reinado de D. Manuel I (1469 a 1521), num estilo muito singular que marcou muito fortemente a arquitectura portuguesa, reinventando os seus elementos – janelas duplas com colonelo, portadas exteriores com reixas em madeira para arejamento natural (uma herança mediterrânea), etc...

A Câmara Municipal de Sines e a Ordem dos Médicos aceitaram ainda incluir nesta empreitada a nossa proposta de reperfilamento, pavimentação, iluminação e escoamento das respetivas águas pluviais do arruamento desta urbanização, então por concluir, com frente para o mar, constituindo um "passeio público" com possibilidade de circulação automóvel para os moradores deste loteamento, utentes da Casa do Médico de S. Rafael e, claro está, viaturas de emergência e/ou de serviço, arruamento este que, para efeitos desta obra, designamos de "Arruamento de Frente mar da Quinta de S. Rafael".

A preocupação com a acessibilidade foi também uma constante que norteou este projeto, assegurando-se, assim, o acesso de pessoas com mobilidade condicionada a todos os compartimentos habitáveis da Casa.

O nível de conforto é também excecional, tanto no que diz respeito à térmica e à acústica, como à decoração e outros aspetos, começando nos sistemas construtivos

Sines Council and the Portuguese Medical Association also agreed to include in the tender our proposals as regards reshaping, flooring, lighting and rainwater runoff from this development's road network along the seafront, which had yet to be built. That road would be a "public footpath" permitting vehicle traffic for residents of this housing development, users of Casa do Médico de S. Rafael and, of course, emergency and service vehicles. We have called this road, for the purposes of this project, "Arruamento de Frente mar da Quinta de S. Rafael" [Quinta de S. Rafael seafront road].

Concern for accessibility was also a factor that steered this project, in order to ensure that persons with mobility disabilities had access to all habitable rooms of the facility.

The thermal and acoustic comfort level is also exceptional, in addition to the decoration and other aspects, from its building systems through to the installed facilities. Concerns over energy consumption (and energy sources) were also a factor of this project. A solar power station was installed on the residential building's roof, which provides about 60% of the hot water for sanitary use and a more economical and environmentally friendly energy balance.

The most significant building systems and materials used were, briefly, the following: The built structure is a composite of reinforced concrete and steel. Outside and inside walls are built of ceramic brick covered with plaster (stucco plaster on the inside) and painted with smooth and porous water-based paints. The roof is covered with traditional ceramic tiles, laid on treated wood battens and with thermal insulation. The floors are made of black pine (from Riga) and all other woodwork, including trimmings of door and window openings, ceilings, banisters, shelving, counters,

En esta contrata, nuestra propuesta de reorganización de la forma, pavimentación, iluminación y desagües de las respectivas aguas pluviales de los calles trazadas en esta urbanización, entonces por concluir, con frente al mar, constituyendo un "paseo público", con la posibilidad de circular en automóvil, para los residentes de este fraccionamiento, usuarios de la Cada del Médico de S. Rafael, y para las emergencias y/o servicio, trazado de calles, que a los efectos de esta obra, designamos como "Calles frente al mar de la Quinta de S. Rafael. La preocupación por la accesibilidad fue también una constante, como norte de este proyecto, asegurando de este modo, el acceso de las peruanas con movilidad condicionada a todos los compartimentos habitables de la Casa.

El nivel de confort es también excepcional, tanto respecto a lo térmico y a lo acústico, como a la decoración y otros aspectos, comenzando por los sistemas constructivos y terminando por los equipos instalados. La preocupación con los consumos energéticos (y fuentes de energía) fue también una constante en este proyecto, habiendose instalado una central solar en la cubierta del edificio de los cuartos, asegurando este equipo cerca del 60% del calentamiento de agua para uso sanitario y un balance energético más económico y ambientalmente correcto.

En cuanto a los sistemas constructivos y materiales utilizados, es importante destacar resumidamente lo siguiente:

La estructura del conjunto edificado es mixta, de hormigón armado y acero; las paredes exteriores e interiores son de ladrillo cerámico revocadas y enfoscadas (con argamasa de estuco en el interior) y pintadas con pinturas de base acuosa, lisas, porosas. La cubierta es de teja cerámica tradicional asentada sobre ripiado de madera tratada incluyendo aislamiento térmico. Los pavimentos son de madera de pino negro (Riga) y las restantes carpinterías incluyendo guarniciones de vanos, techos, balaustres, estanterías, balcones, etc. son de sequoia y haya; en las instala-

Cortes e Alçado
Sections and Elevations
Secciones y Alzado

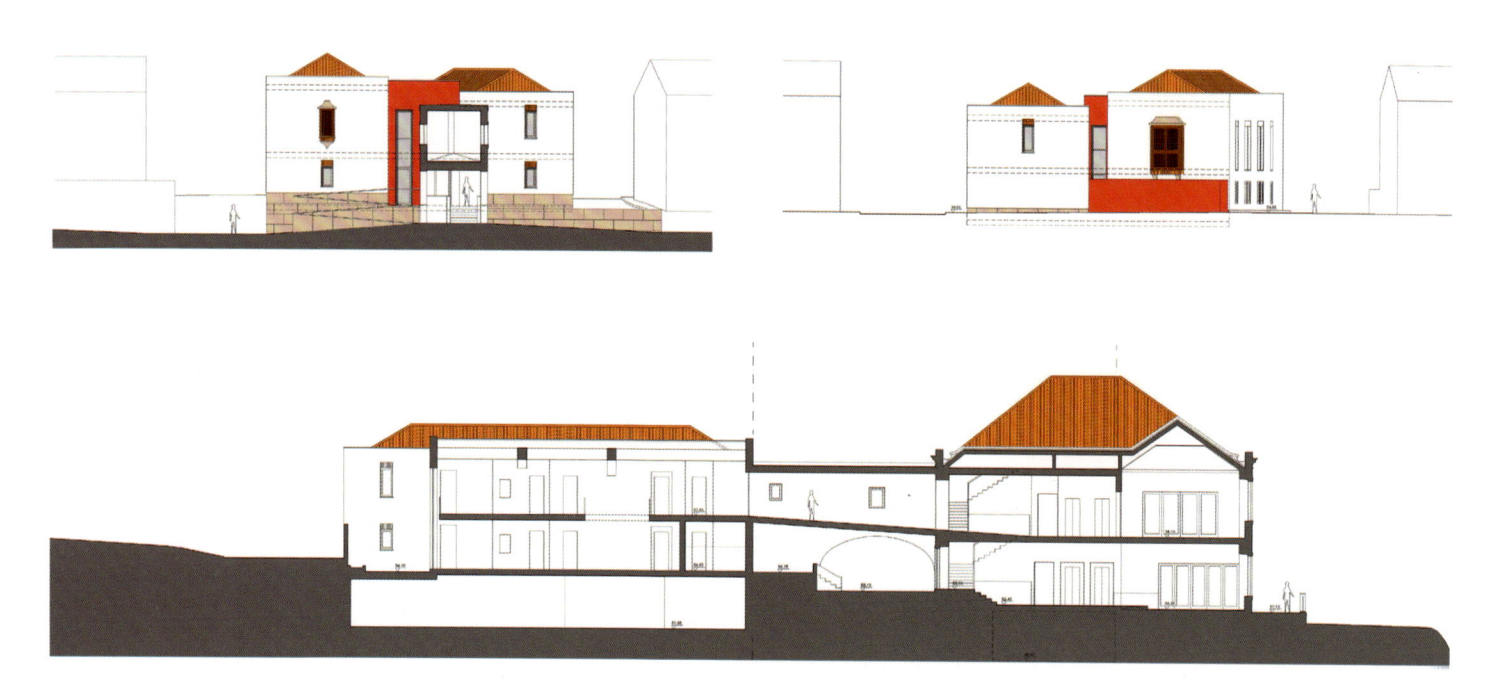

e completando-se com os equipamentos instalados. A preocupação com os consumos energéticos (e fontes de energia) foi também uma constante neste projeto, tendo sido instalada uma central solar na cobertura do edifício dos quartos, equipamento este que assegura cerca de 60% do aquecimento de água para uso sanitário e um balanço energético mais económico e ambientalmente correto.

Quanto aos sistemas construtivos e materiais utilizados, importa destacar, resumidamente, o seguinte:

A estrutura do conjunto edificado é mista, de betão armado e aço. As paredes exteriores e interiores são em tijolo cerâmico, rebocadas e esboçadas (com argamassa de estuque no interior) e pintadas com tintas de base aquosa, lisas, porosas. A cobertura é de telha cerâmica tradicional, assente sobre ripado de madeira tratada e inclui isolamento térmico. Os pavimentos são em madeira de laríssio (de Riga) e as restantes carpintarias, incluindo guarnições de vãos, tetos, guardas de escadas, estantes, balcões, etc... são em madeira de casquinha vermelha e faia. Nas instalações sanitárias as paredes são revestidas com azulejos de chacota manual, artesanal e pavimentadas com mosaicos de grés porcelânico. Em alguns dos pavimentos de uso mais intenso (receção, cozinha, etc....) foram colocados mosaicos hidráulicos, igualmente de fabrico artesanal.

Estes azulejos e mosaicos de fabrico artesanal são produzidos na região do Alentejo português (S. Tiago do Cacém e Estremoz, respetivamente). Procurou-se assim, também, aproveitar e contribuir para a preservação de uma indústria local, de produtos elaborados com matérias primas existentes na região, segundo processos tradicionais que, com o passar dos tempos, e apesar da massificação dos produtos industriais, resistem e até inovam nos processos e nos materiais que disponibilizam para a construção.

etc. are made of redwood and beech. The walls of the bathrooms are covered with manual traditional calcined clay tiles and paved with porcelain stoneware. Some of the most heavily used floors (e.g. reception, kitchen, etc.) were covered with handmade cement tiles.

These handmade tiles are produced in the Alentejo region (S. Tiago do Cacém and Estremoz). Thus, the aim was also to take advantage of and contribute to the preservation of a local industry, making products from the region's raw materials, according to traditional processes that, over time, and despite the spread of mass industrial products, have survived and even innovate in relation to the processes and materials they make available for construction.

Interior decoration was by Teresa Borges de Mendonça. She knew how to interpret the spirit of the design, adding colour, fun and some surprising touches to the classical style furniture that was used. We designed in our studio the fixed counters, tables and chairs for the restaurant and also the tables and fixed shelves of the library.

The brothers Fernando and Sérgio Guerra photographed everything with the mastery for which they are internationally recognised.

The technical team of this project also included: – Foundations and stability of structures: Grese, Lda. – Ricardo Sampaio; – Water, sewerage, ventilation and air conditioning systems – José Rosendo; – Gas, electricity and communications systems and special systems – Carlos Fortunato; – Thermal, acoustic and integrated safety (fire and intruder) systems – Carlos Fortunato; Technical supervision was provided by Gresobra, Lda. – Ricardo Sampaio.

Construction was provided by Alves Ribeiro, S.A., under the direction (Technical Management) of Luís Vaz.

ciones sanitarias, las paredes están revestidos con azulejos de aspecto manual, artesanal, y pavimentadas con baldosas de gres porcelánico; En algunos de los pavimentos de uso más intenso (recepción, cocina) fueron colocados mosaicos hidráulicos, también de fabricación artesanal. Estos azulejos y mosaicos de fabricación artesanal son producidos en la región del Alentejo portugués (S. Tiago do Cacem y Estremoz). De este modo se procuraba aprovechar y contribuir a la preservación de una industria local de productos elaborados con materias primas existentes en la región, siguiendo procesos tradicionales, que con el paso del tiempo y a pesar de la masificación de los productos industriales, resisten y hasta innovan en los materiales que ponen a disposición de la construcción.

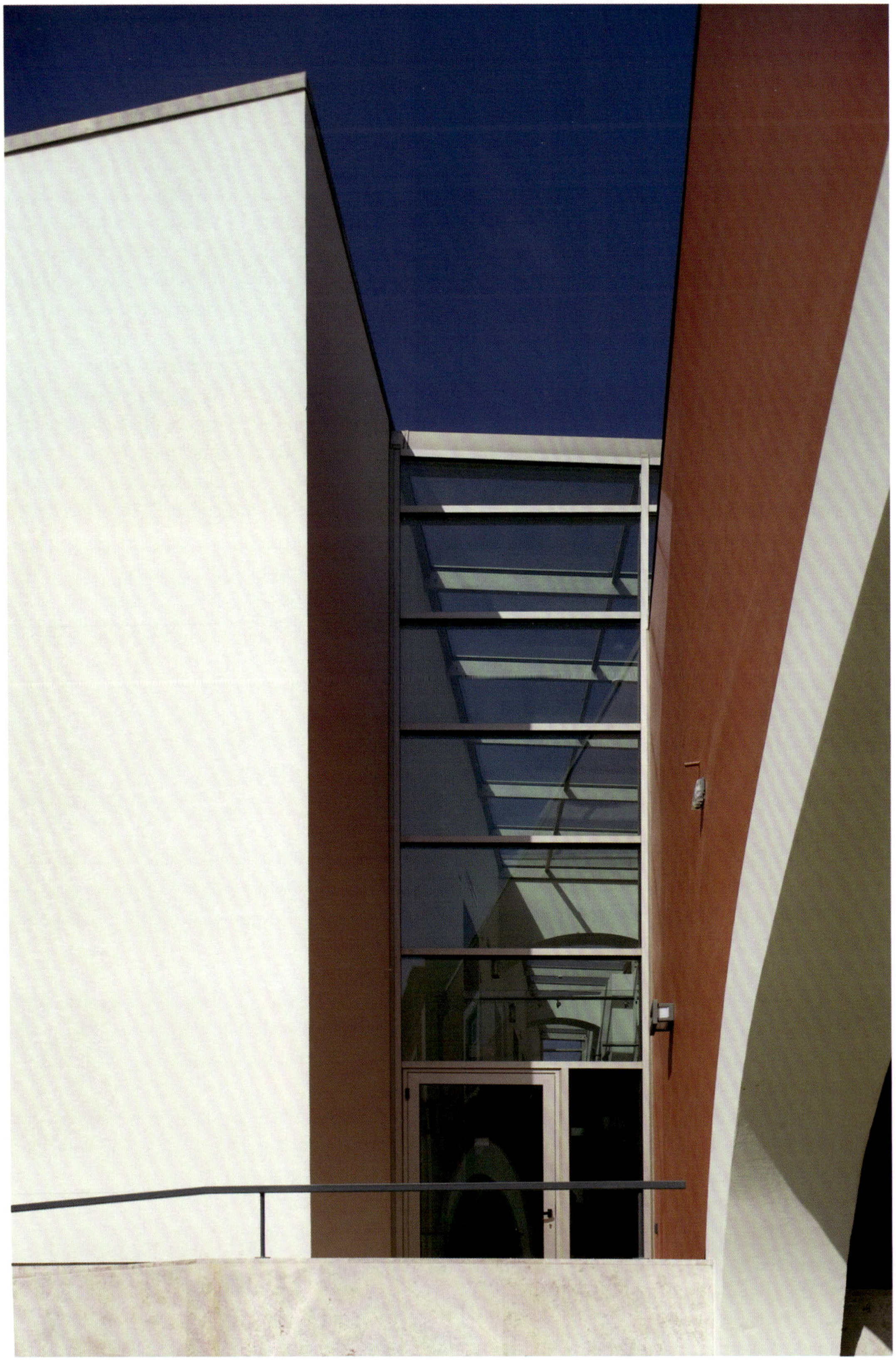

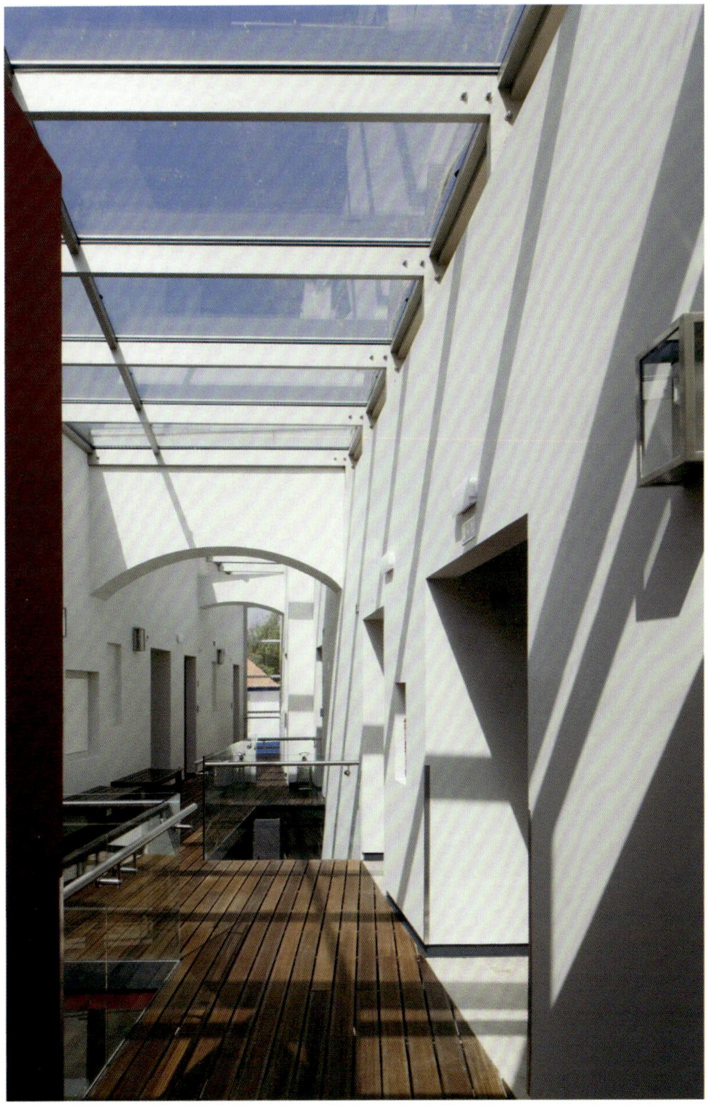

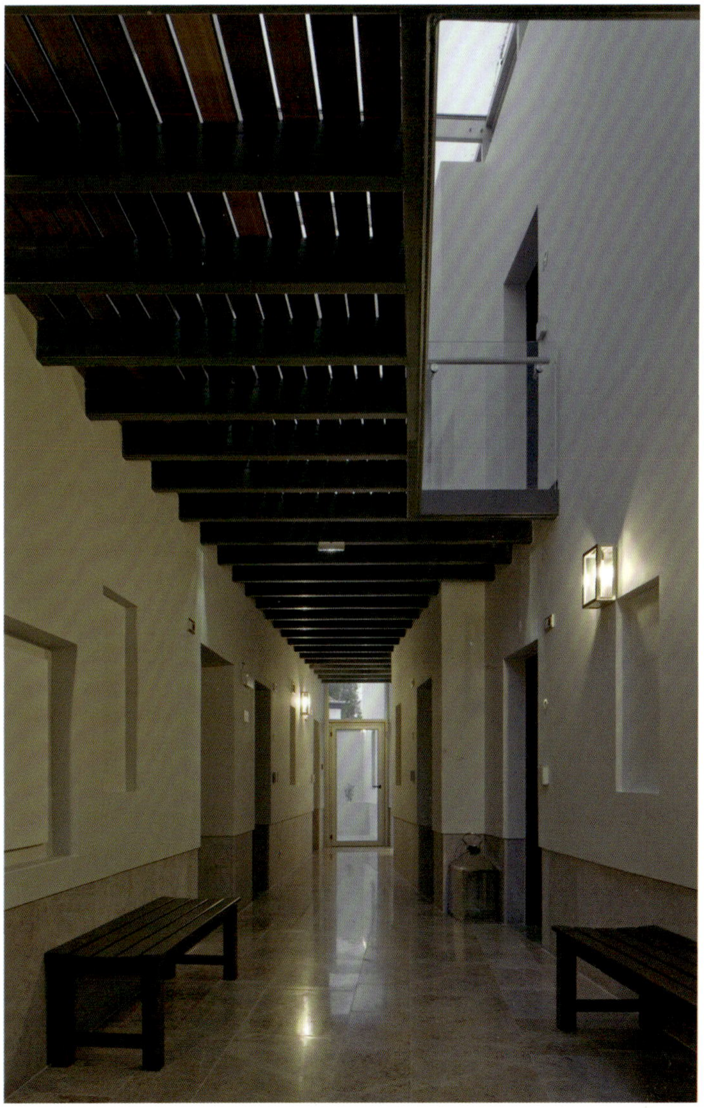

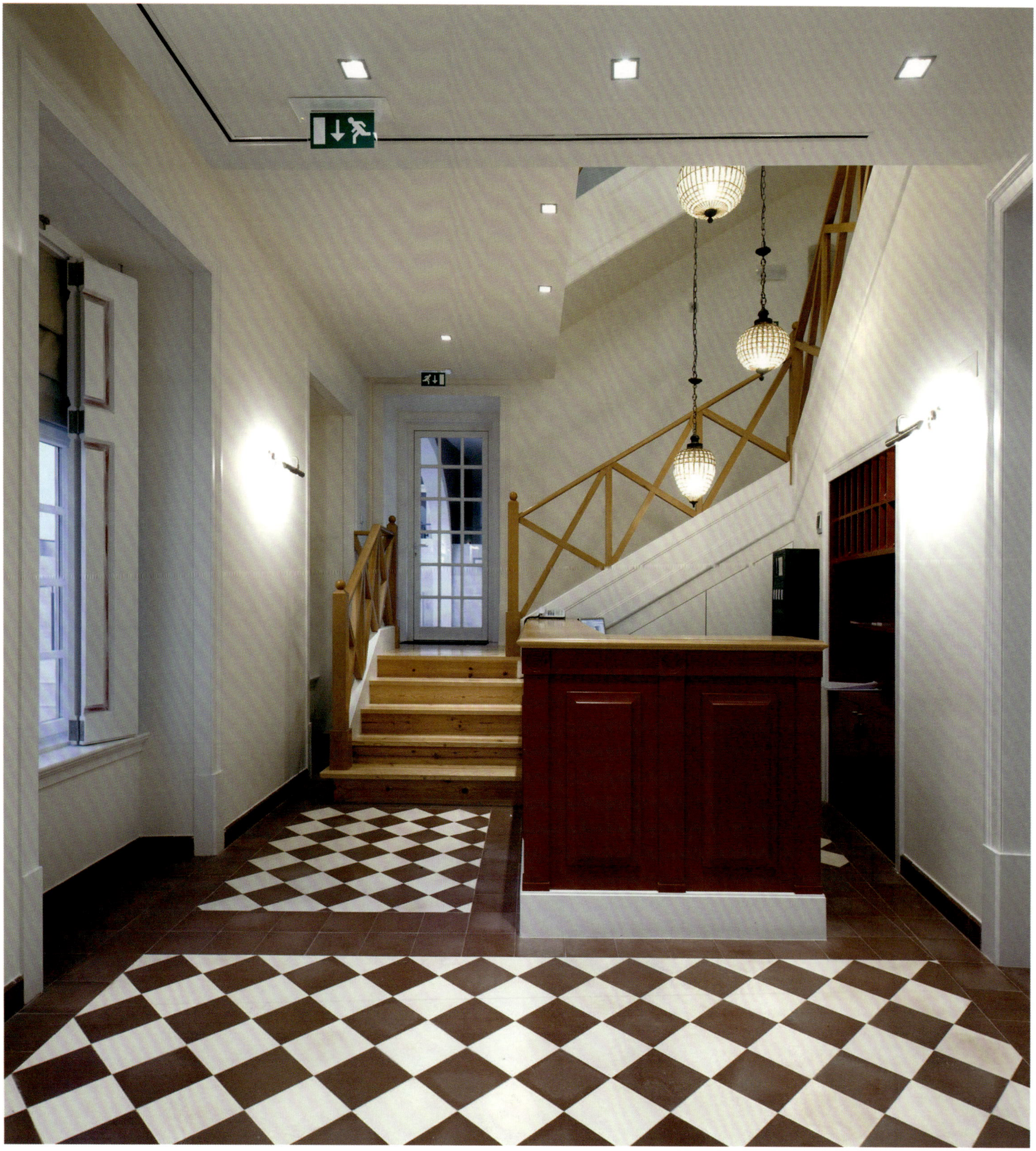

199

Renovação de Casa "Monte da Quinta"
Remodelling of a House "Monte da Quinta"
Renovación de Casa "Monte da Quinta"

Terena, 2007-2009

Este projecto diz respeito, conforme mencionado em epígrafe, à renovação da casa de habitação, respectivos anexos e a um conjunto de edifícios destinados à atividade de produção de azeite do designado "Monte da Quinta", sito em Hortinhas, Terena, Alandroal.

Com efeito, e dada a dimensão da cultura de que a Sociedade Agrícola dispõe no local – cerca de 30 ha (prevendo-se investimentos, até 2015, na ordem dos 60 ha), – afigurou-se indispensável a construção do Lagar para dar sequência ao investimento já realizado que, aliás, traz emprego e mais valias para a economia da região – não só do ponto de vista estritamente agrícola, da produção de azeite, mas também no âmbito do turismo, uma vez que esta atividade se pode inserir, igualmente, nos empreendimentos que, nesta área, esta Sociedade também tem em curso, construindo um motivo adicio-

As mentioned above, this project concerns the renovation of the house, its respective annexes and a number of buildings intended for the production of olive oil – designated as "Monte da Quinta", located in Hortinhas, Terena, Alandroal.

Given the extent of land the agricultural society has under cultivation in this area – about 30 ha (with further investment of about 60 ha planned by 2015) – the construction of a mill is essential for the investment already made, which will create jobs and add value to the region's economy – not only from the strictly agricultural point of view through the production of olive oil, but also for tourism, given that this activity can be incorporated into the business this society undertakes in this area, and which will enhance the region's attractiveness to tourists.

Este proyecto hace referencia, conforme a lo mencionado en el epígrafe, a la renovación de la vivienda, los respectivos anexos y un conjunto de edificios destinados a la actividad de producción de aceite del denominado "Monte da Quinta", situado en Hortinhas, Terena, Alandroal.

En efecto, y dada la dimensión de cultivo que la Sociedad Agrícola dispone en el lugar – cerca de 30 ha. (previendose inversiones, hasta 2015, del orden de las 60 ha), – parecía indispensable la construcción de Lagar para dar seguimiento a la inversión ya realizada que, además, da trabajo y más valor para la economía de la región – no sólo del punto de vista estrictamente agrícola, de producción de aceite, sino también en el ámbito del turismo, dado que esta actividad puede inscribirse, igualmente, en las empresas que, en esta área, esta Sociedad tiene también en curso, construyendo un atractivo motivo adicional para el turismo en la región.

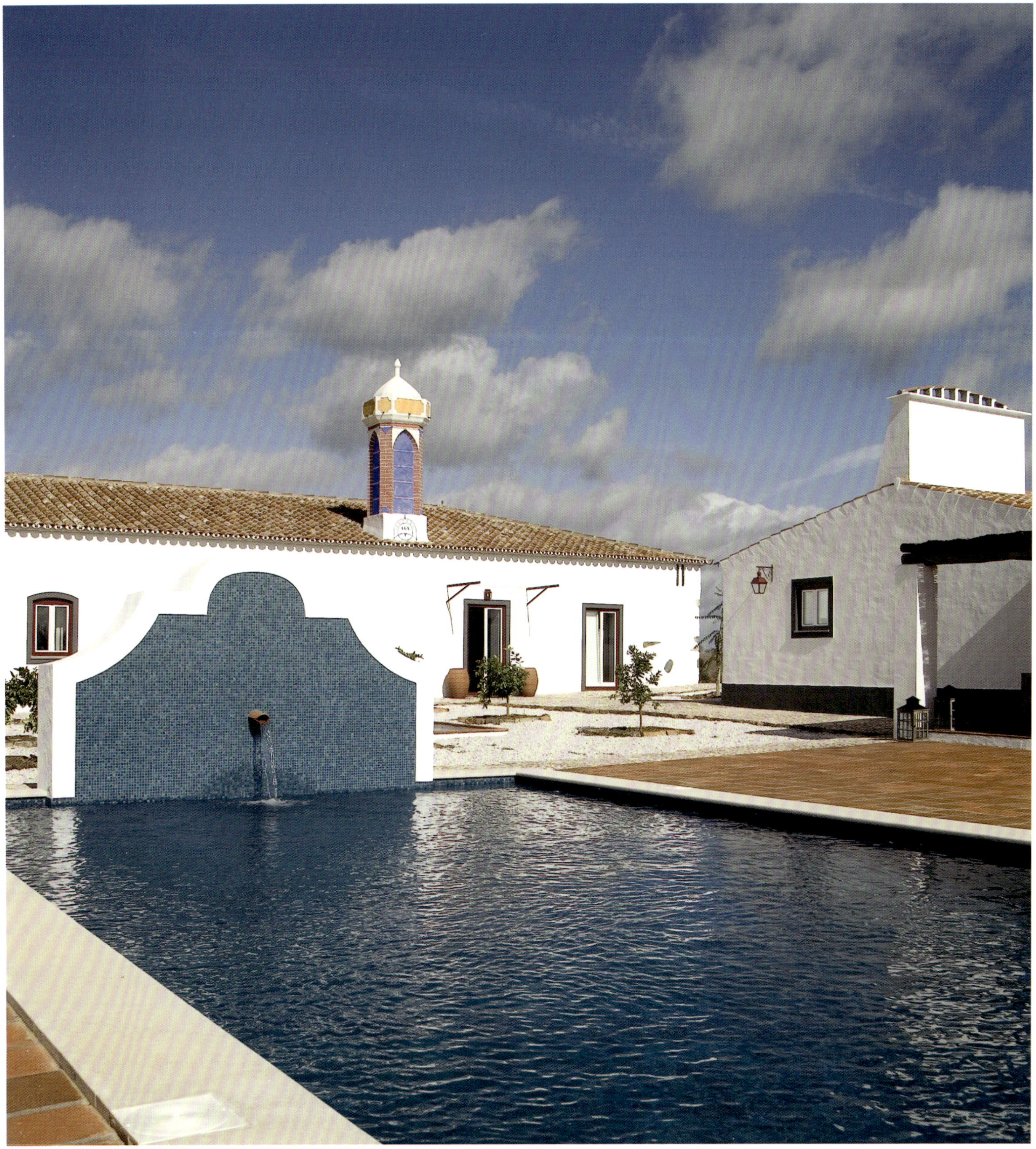

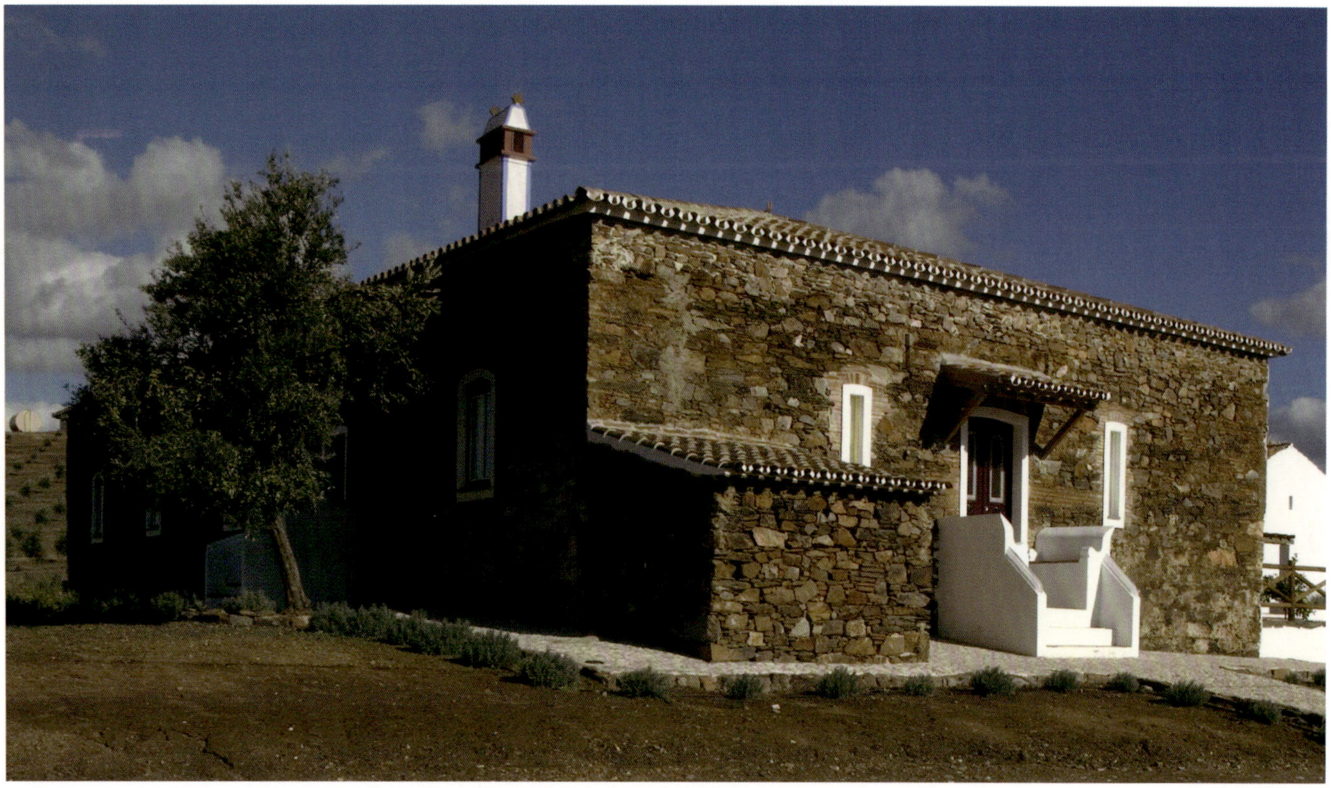

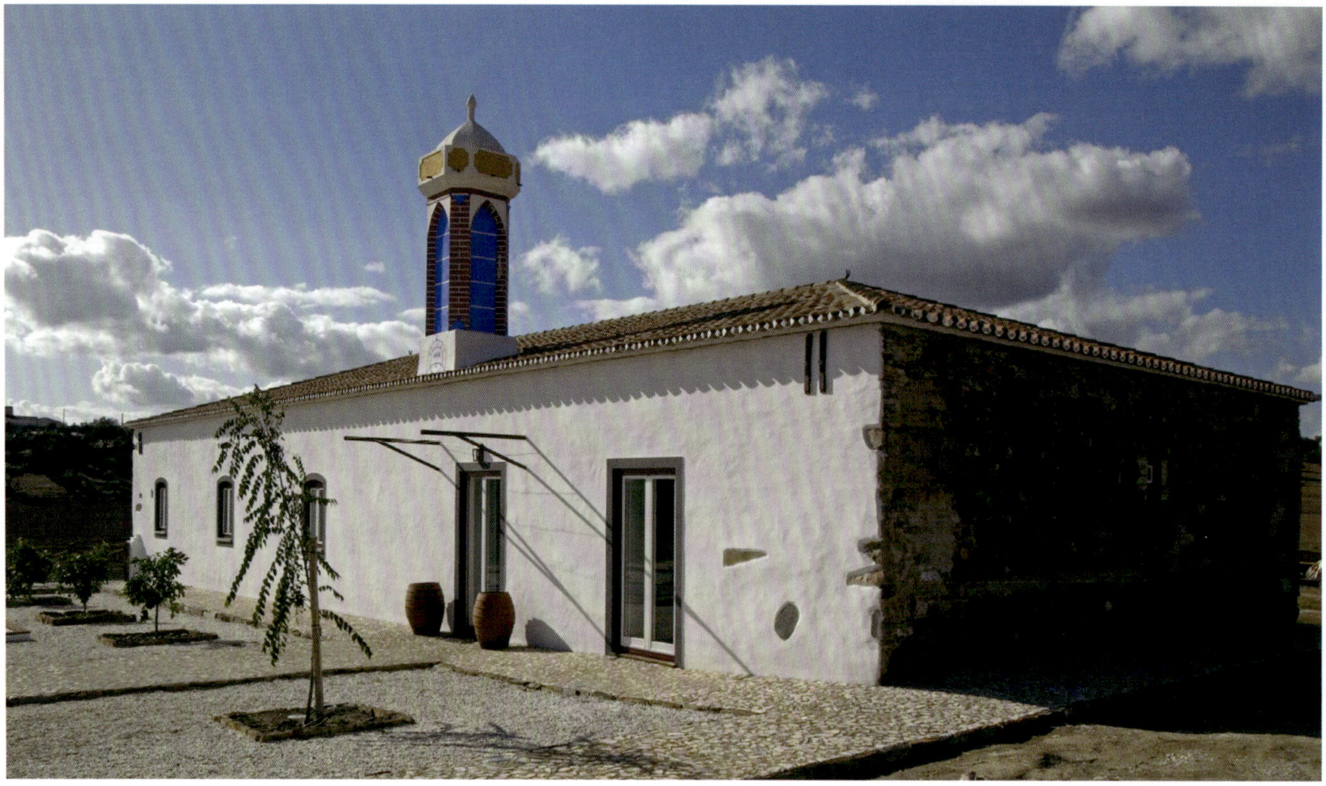

Implantação
Site
Implantación

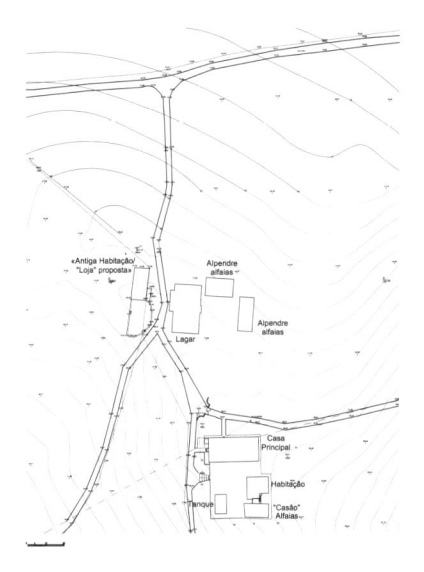

nal de atratividade para o turismo na região.
As construções existentes eram quatro, que designamos da seguinte forma:
– Casa Principal (Habitação);
– Anexo 1 (Habitação);
– Anexo 2 ("Casão de Alfaias");
– Anexo 3 ("Curral");
As novas a Construir são:
– Lagar de Azeite (Área de Produção);
– Alpendre de Alfaias 1;
– Alpendre de Alfaias 2;
As construções existentes encontravam-se degradadas, sendo as que apresentavam maior grau de ruína, os anexos 1 e 2. Neste projecto considerou-se a recuperação da casa principal e o restauro do "curral" (anexo 3). Na recuperação da casa principal e na reconstrução dos anexos 1 e 2 foram alterados pontualmente alguns aspectos da arquitectura existente, introduzindo assim os atributos de conforto e salubridade mais adequados à habitação dos nossos dias, preservando, no entanto, as características preexistentes.
No "curral" (anexo 3), foi efectuada uma reabilitação tendo em vista a sua adaptação a loja de venda de produtos agrícolas, mais especificamente, venda de azeite produzido nesta propriedade.

The four existing buildings are follows:
– Main House (Dwelling);
– Annex 1 (Dwelling);
– Annex 2 (Tool shed);
– Annex 3 (Barn);
The new builds are:
– Olive oil mill (Production area);
– Tool shed 1
– Tool shed 2
The existing buildings were dilapidated, with the most ruined being Annexes 1 and 2.
This project involved renovating the main house and restoring the barn (Annex 3). While renovating the main house and reconstructing Annexes 1 and 2 some aspects of the existing buildings were altered in order to introduce elements of comfort and salubriousness more suited to the present days.
The renovation of the Barn (Annex 3) was carried out with a view to converting it into a shop for the sale of agricultural produce: specifically for the sale of the olive oil produced on the property.
The houses were equipped with bathrooms and toilets, two kitchens (one in each house), living rooms, bedrooms, etc.

Las construcciones existentes eran cuatro, que designamos de la siguiente forma:
– Casa Principal (Vivienda);
– Anexo 1 (Vivienda);
– Anexo 2 (Almacén de herramientas)
– Anexo 3 ("Corral");
Las nuevas que hay que construir son:
– Lagar de Aceite (Área de Producción);
– Cobertizo de Herramientas 1;
– Cobertizo de Herramientas 2;
Las construcciones existentes se encontraban degradadas, siendo los anexos 1 y 2 los que presentaban un mayor estado de ruina.
En este proyecto se consideró la recuperación de la casa principal y la restauración del "corral" (anexo 3). En la recuperación de la casa principal y en la reconstrucción de los anexos 1 y 2 fueron alterados puntualmente algunos aspectos de la arquitectura existente, introduciendo así los atributos de confort y salubridad más adecuados a la vivienda de nuestros días, aunque preservando las características preexistentes.
En el "corral" (anexo 3), se llevó a cabo una rehabilitación teniendo en cuenta su adaptación a tienda de venta de productos agrícolas, más especificadamente, venta de aceite producido en esta propiedad.
En este sentido, las casas para vivienda fueron dotadas de diversas instalaciones sanita-

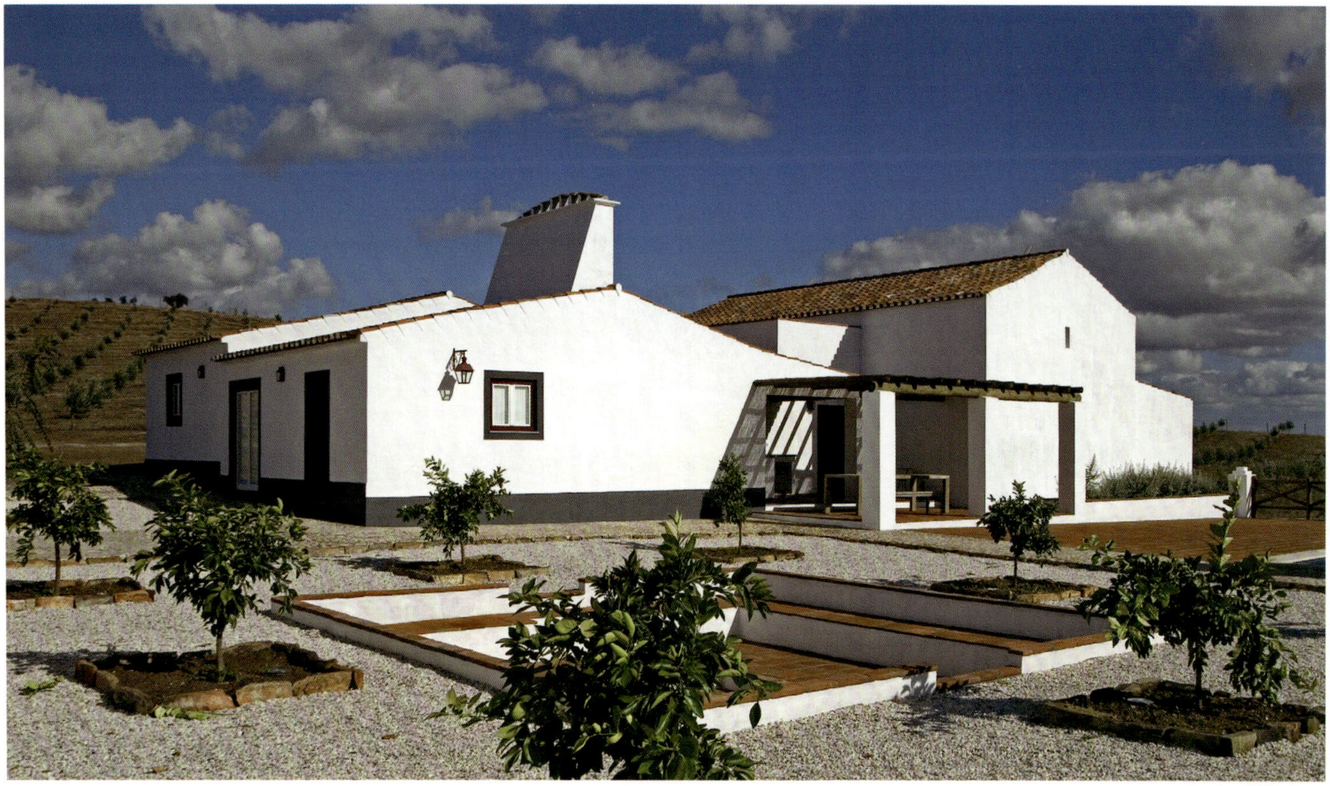

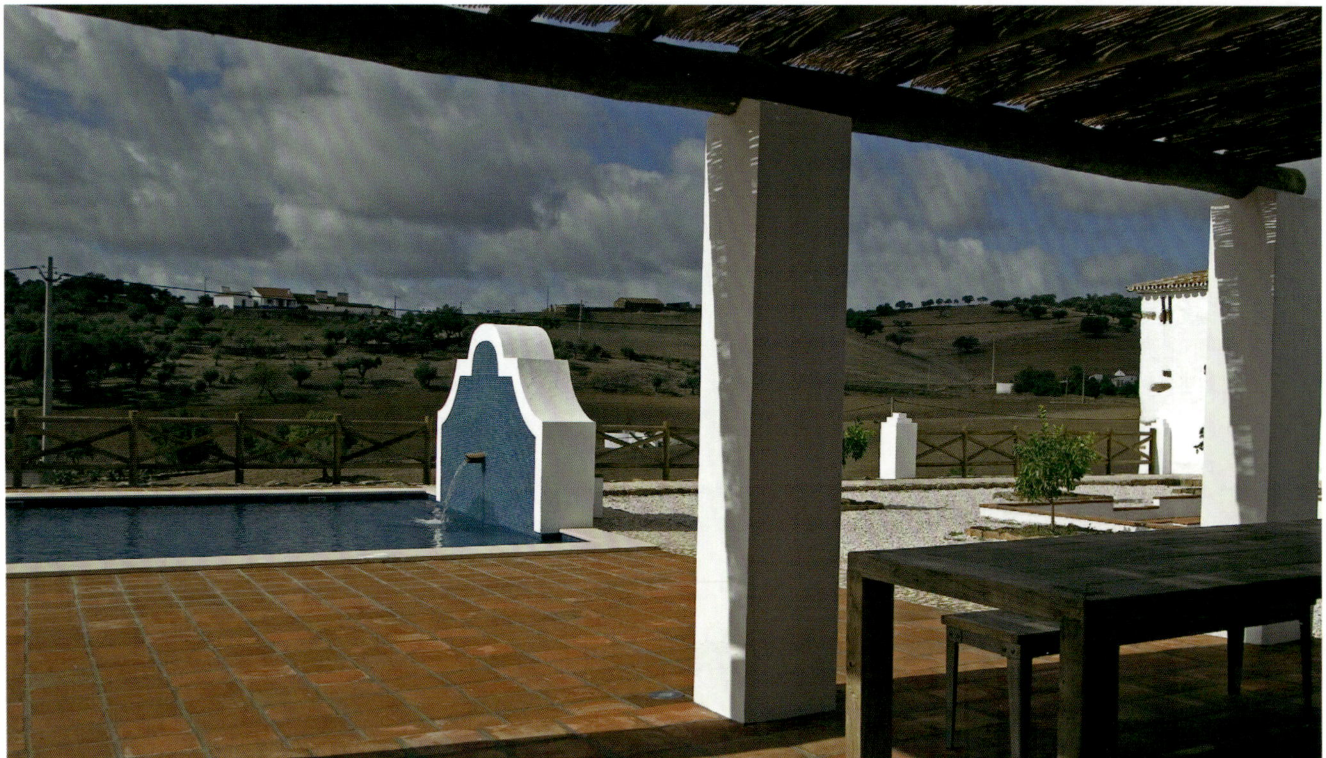

Alçado Geral
General Elevations
Alzado General

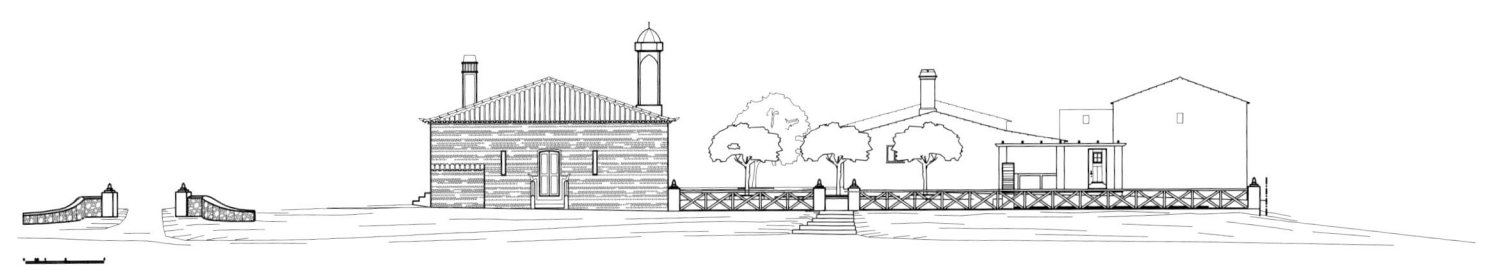

Nestes termos, as casas de habitação foram dotadas de instalações sanitárias diversas, duas cozinhas (1 por casa), salas, quartos, etc....

No lagar de azeite, às áreas de produção e armazenagem associaram-se dois alpendres para as alfaias agrícolas.

Este conjunto de três edifícios completa assim a infraestrutura edificada necessária para a viabilização dos investimentos (agrícolas e turísticos, como referido).

Na sua disposição ou implantação, formam um «pátio», situando-se entre a casa principal do «monte» e uma outra construção existente que outrora serviu para abrigo de animais. As três construções apresentam um só piso, térreo.

A tipologia existente é característica da arquitectura vernacular da região, com um ou outro apontamento mais característico do Alentejo do Sul, na casa principal; aspecto singular este que decorre do facto do construtor da casa (construção do início do séc. XX) ser originário da região de Beja.

As paredes de alvenaria rústica, de xisto, foram mantidas aparentes em quase toda a extensão dos respectivos paramentos desta casa, por forma a realçar a sua singularidade construtiva, tendo sido devidamente restauradas.

Nos anexos 1 e 2, os paramentos foram rebocados igualmente com argamassas compatíveis com os respectivos suportes,

Sheds for storing agricultural tools were added to the mill and to the production and storage areas.

This group of three buildings completes the built infrastructure essential for the viability of the investment (tourist and agricultural, as above).

These buildings are constructed around a courtyard situated between the main house and another existing building, which serves as an animal barn.

The three buildings are single-storey.

The existing layout is typical of the vernacular architecture of the region, with several appointments in the main house characteristic of the Southern Alentejo. This unique quality is the result of the house having been built at the beginning of the 20th century by a building contractor from the Beja region.

The rustic shale walls were kept bare almost throughout the house in order to enhance its uniqueness following restoration.

In Annexes 1 and 2 the walls were coated with a thrown rather than trowelled plaster cement to ensure a texture similar to whitewashing. The walls were then painted with white emulsion.

The roofs were constructed with structures made of treated wood, coated with extruded polystyrene thermal insulation and/or rock wool, sub-roof cement tiles, with water-repellent "Cimianto" and

rias, dos cocinas (1 por casa), salas, cuartos, etc...

En el lagar de aceite, a las áreas de producción y almacenaje se asociaron dos cobertizos para las herramientas agrícolas.

Este conjunto de tres edificios completa así la infraestructura edificada necesaria para la visualización de las inversiones (agrícolas y turísticas, como se ha dicho).

En su disposición o implantación, forman un "patio", situandose entre la casa principal del "monte" y otra construcción existente que en el pasado sirvió de abrigo para los animales. Las tres construcciones presentan un sólo piso: planta baja.

La tipología existente es característica de la arquitectura vernácula de la región, con uno u otro rasgo más característica del Alentejo Sur, en la casa principal; Aspecto singular éste, que deriva del hecho de que el constructor de la casa (construcción del inicio del XX) sea de la región de Beja.

Las paredes de albañilería rústica, de xisto, fueron mantenidas aparentes en casi toda la superficie de los respectivos paramentos de esta casa. Para realzar su singularidad constructiva, habiendo sido debidamente restauradas.

En los anexos 1 y 2, los paramentos fueron igualmente revocados con argamasas compatibles con los respectivos soportes, siendo nivelados "a paleta" y no "a talocha", a fin de garantizar una textura más semejante a la del encalado. Estos paramentos se pintaron con tinta de base acuosa, lisa y de color blanco.

sendo afagados "à colher" e não "à talocha", por forma a garantir uma textura mais semelhante à da caiação. Estes paramentos foram pintados com tinta de base aquosa, lisa, de cor branca.

As coberturas foram construídas com estrutura de madeira tratada, revestida com isolamento térmico em poliestireno extrudido e/ou lã de rocha, chapas de cimento do tipo "sub-telha", da "Cimianto" e telha de canudo, cerâmica, tratada com produto hidrorepelente. Interiormente, os tectos foram revestidos com placas de gesso cartonado hidrófugo, pintado com tinta de base aquosa, branca.

Na casa principal, considerou-se ainda a colocação de tijoleiras ("baldosas") sobre a estrutura de madeira, contribuindo, assim, para um melhor isolamento térmico, de forma consentânea com a tipologia nesta região.

ceramic barrel tiles. The inside of the roofs was covered with waterproof plasterboard coated with white emulsion.

In the main house a course of bricks was laid over the wooden structure to improve the thermal insulation in a manner consistent with the typology of the region.

The new interior walls were built using ceramic bricks of variable thickness appropriate to each situation, while cement blocks were used in the tool shed. All new interior walls were coated with plaster and then stuccoed (except the tool shed, where the walls were not stuccoed) and painted with emulsion.

The bathrooms and kitchens were fully fitted and their walls covered with glazed tiles or polished stone.

Generally speaking, the floors were paved with treated traditional rustic floor tiles.

Las cubiertas se construyeron con estructura de madera tratada, revestida con aislamiento térmico en poliestireno extruido y/o lana de roca, chapas de cemento del tipo "bajo-teja", de "Cimianto" y teja curva, cerámica, tratada con producto hidrófugo. Interior,ente los techos se revistieron con placas de cartón-yeso hidrófugo, pintado con tinta de base acuosa, blanca.

En la casa principal, se consideró todavía una colocación de baldosas sobre estructura de madera, contribuyendo, de este modo, a un mejor aislamiento térmico, de forma adecuado a la tipología en esta región.

Las nuevas paredes interiores se construyeron con albañilería de ladrillo cerámico en los espesores más adecuados, y en la caseta, se utilizaron bloques de cemento.

Todos los parametros interiores fueron revocados y estucados (a excepción de "la caseta", que apenas fue revocado) y pintados con color de base acuosa.

Plantas Piso 0, 1 e Cobertura
Ground floor, 1st Level and Roof Plans
Plantas Baja, Primera y Cubierta

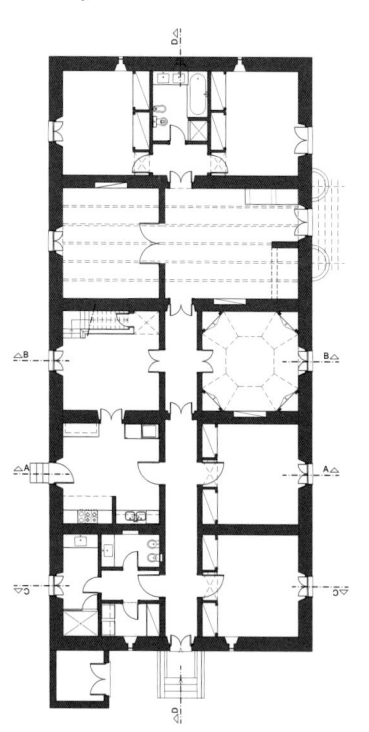

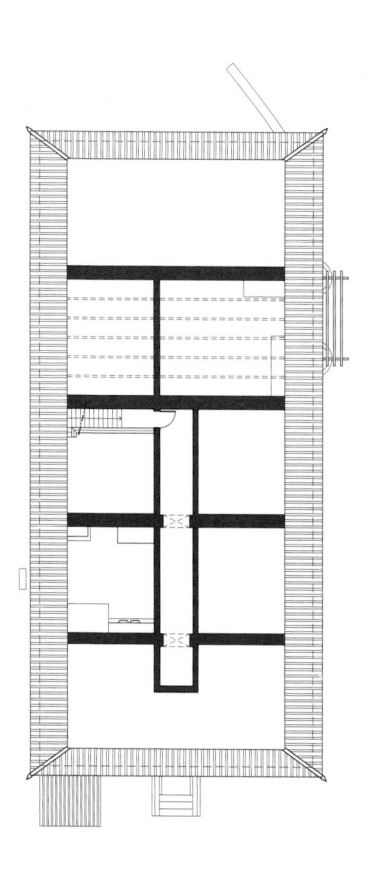

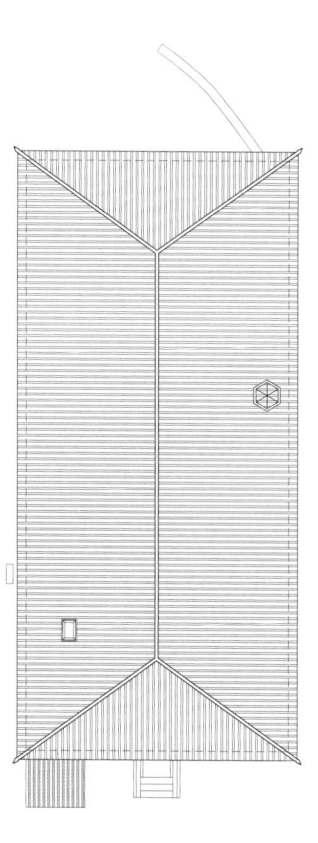

As paredes interiores novas foram construídas com alvenaria de tijolo cerâmico nas espessuras mais adequadas a cada situação e, no "casão", utilizaram-se blocos de cimento. Todos os paramentos interiores foram rebocados e estucados (à excepção do "casão", que foi apenas rebocado) e pintados com tinta de base aquosa. Os compartimentos de instalações sanitárias e cozinhas possuem material cerâmico vidrado e/ou pedra polida nos paramentos e foram devidamente equipados. Nos pavimentos, e de um modo geral, considerou-se a colocação de tijoleira rústica tradicional, com tratamento anti-impregnante.

As caixilharias foram integralmente renovadas, tendo sido colocados caixilhos novos em madeira, com vidros duplos, lisos, claros e transparentes, guarnecidos interiormente com portadas em madeira pintada.

As portas interiores e exteriores são igualmente em madeira pintada com esmalte sintético.

The windows were replaced with new, clear double-glazed units in wooden frames with painted wooden shutters on the inside.

Internal and external doors are also made of wood and painted with a synthetic enamel.

Every effort was made to retain the regional architectural form and to integrate it into the landscape as unobtrusively as possible.

Los compartimentos de instalaciones sanitarias y las cocinas tienen material cerámico vidriado y/o piedra pulida en los paramentos y fueron ampliamente equipados.

En los pavimentos, y de un modo general, se consideró la colocación de baldosa rústica tradicional, con tratamiento anti-impregnante.

Las carpinterías se renovaron integralmente, habiendose colocado nuevos marcos de madera, con dobles vidrios, lisos, claros y transparentes, guarnecidos interiormente con portadas de madera pintada.

Las puertas interiores y exteriores son igualmente de madera pintada con esmalte sintético.

Alçados Norte, Sul, Nascente e Poente
North, South, East and West Elevations
Alzados Norte, Sur, Este y Oeste

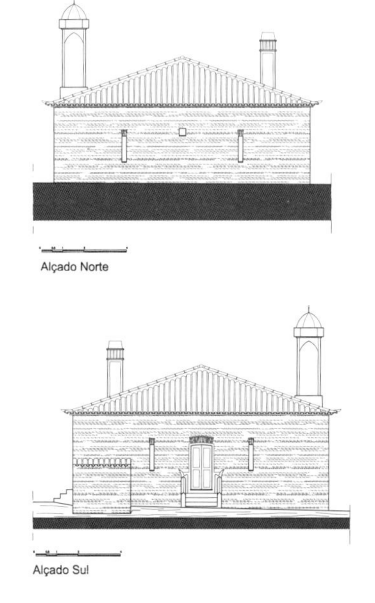

Alçado Norte

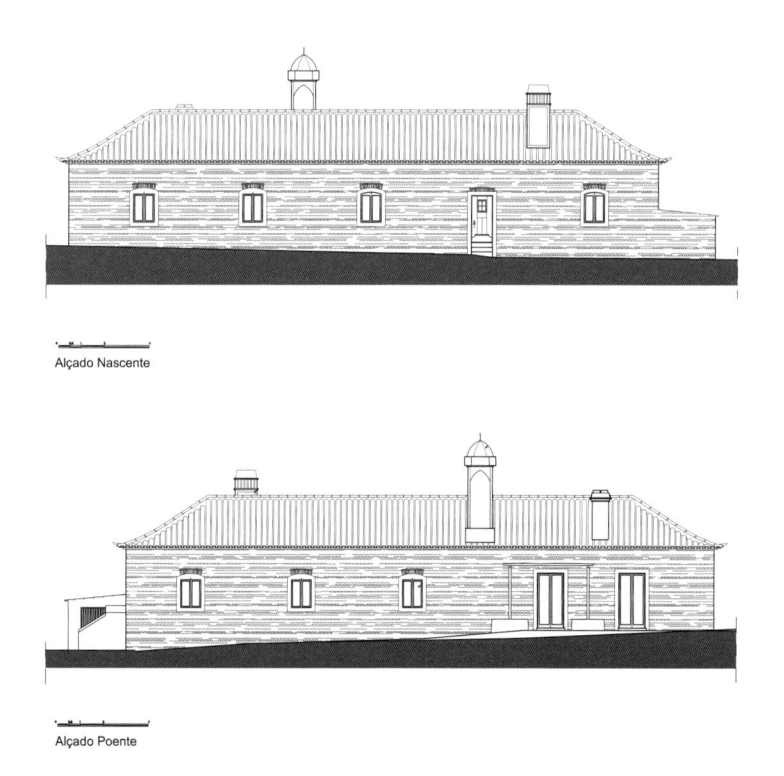

Alçado Sul

Alçado Nascente

Alçado Poente

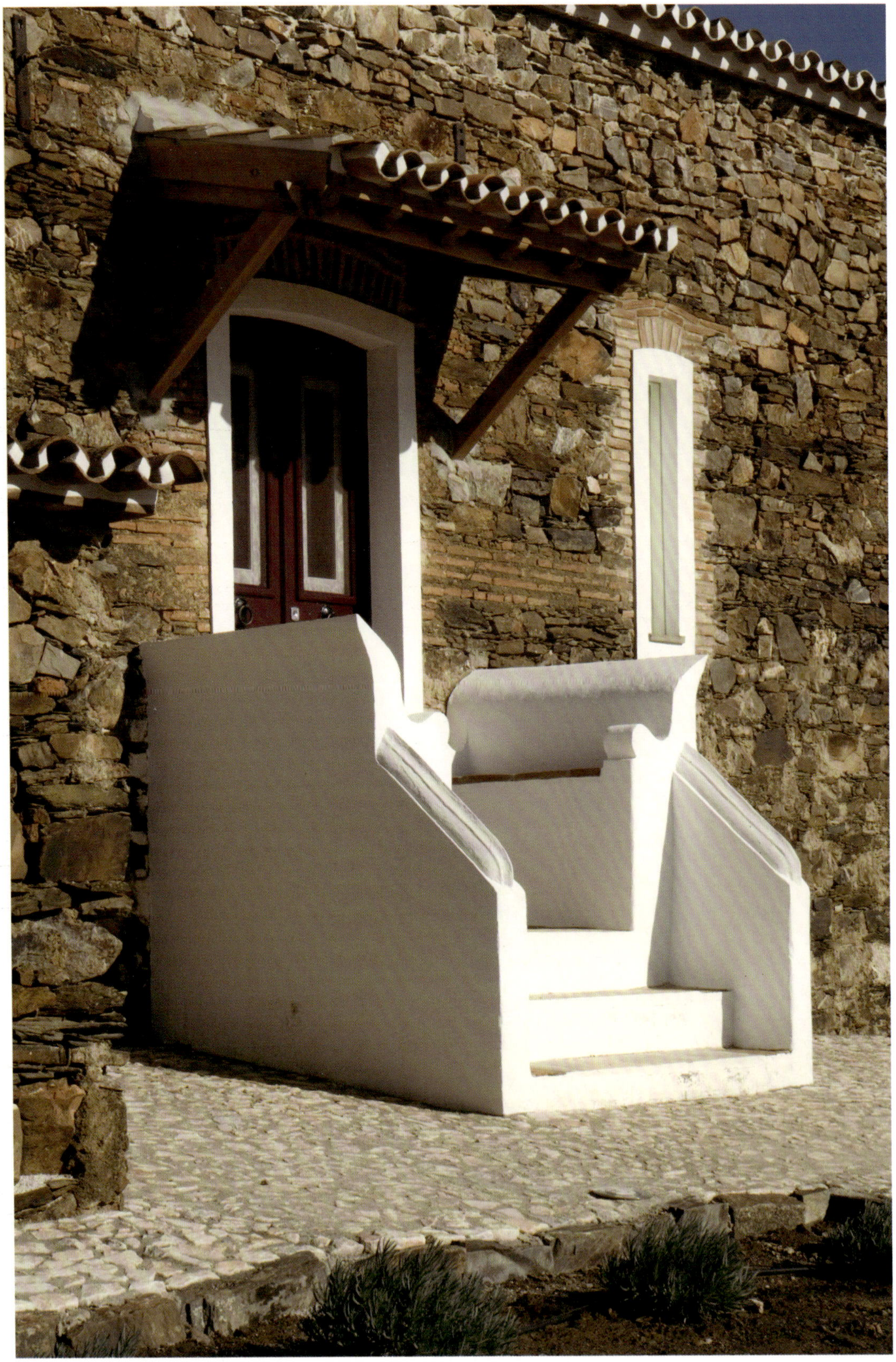

Alçados Norte, Sul, Nascente e Poente
North, South, East and West Elevations
Alzados Norte, Sur, Este y Oeste

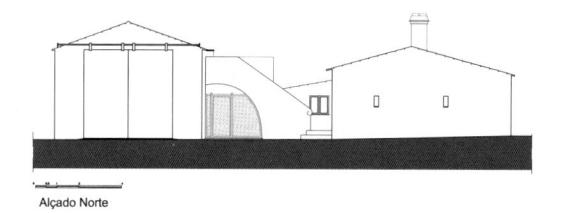

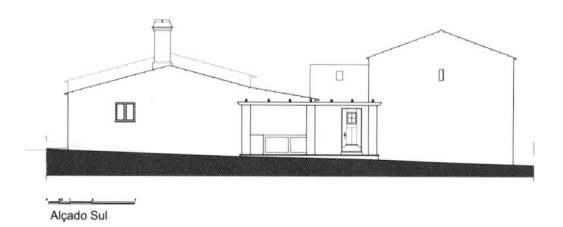

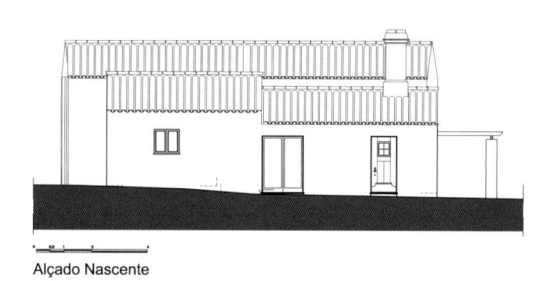

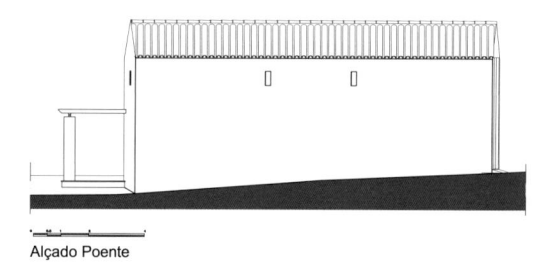

Alçado Norte

Alçado Sul

Alçado Nascente

Alçado Poente

Plantas Piso 0 e Cobertura
Ground and Roof Plans
Plantas Baja y Cubierta

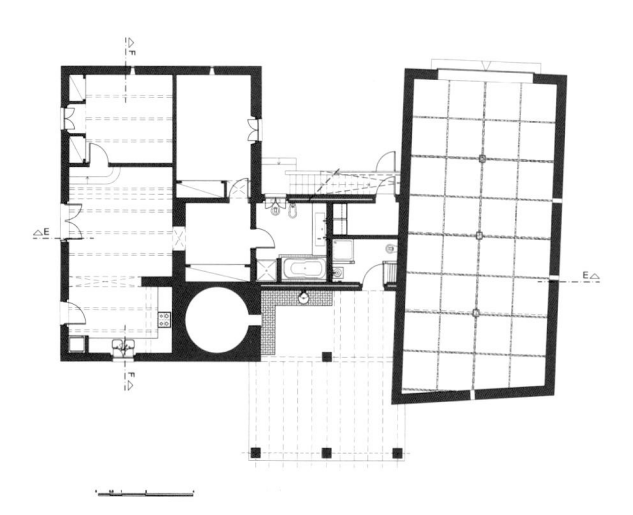

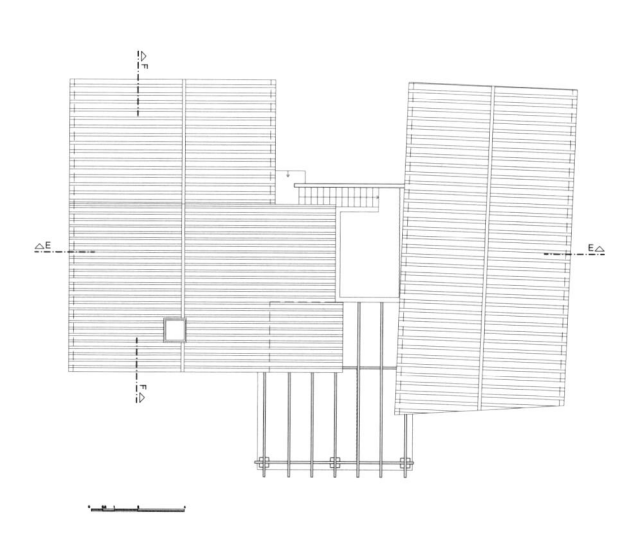

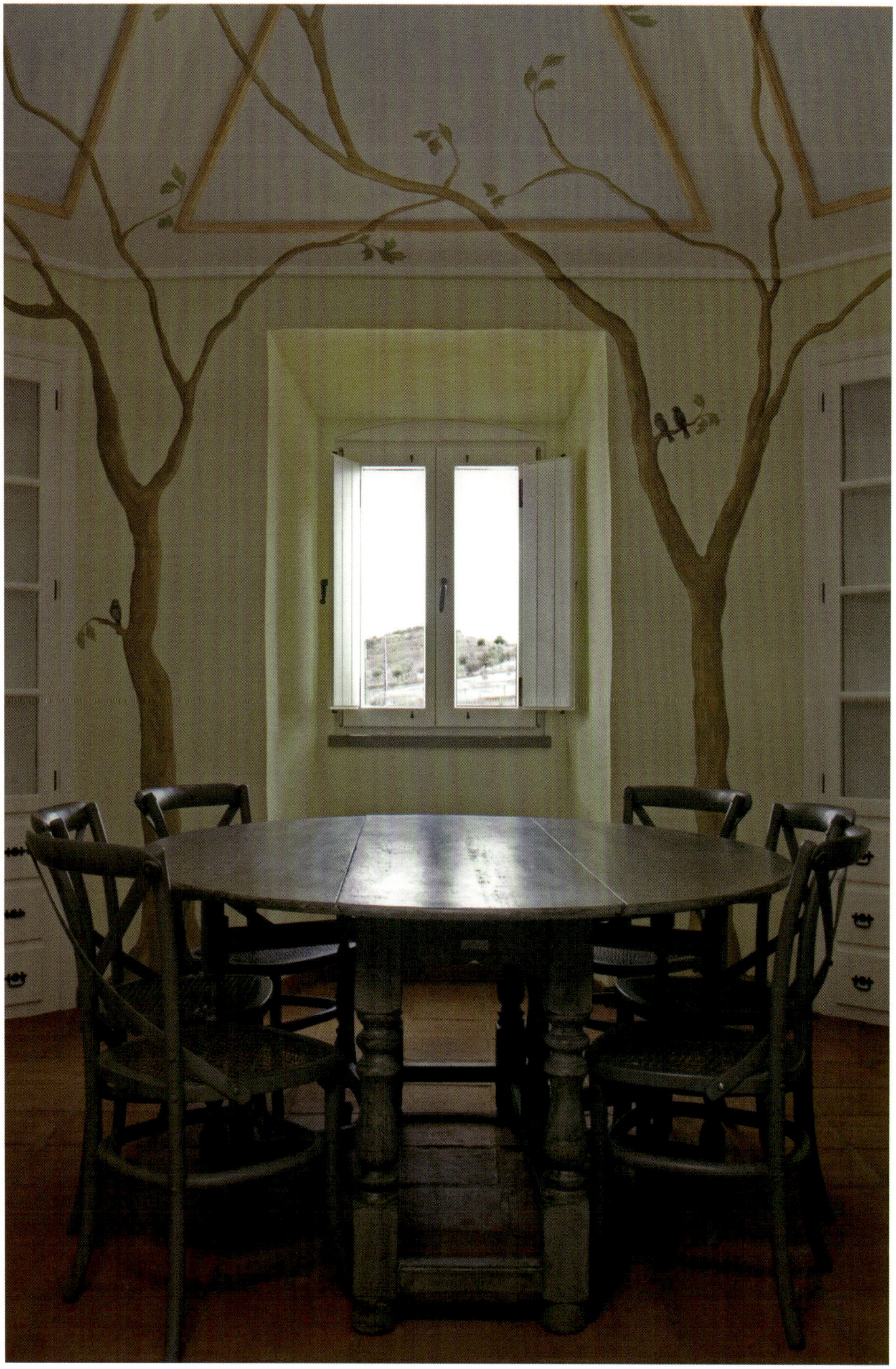

211

Monte do Prates
Monte do Prates
Monte do Prates

Castelo, 2007-2009

O projeto desta casa data de 2007. A encomenda era a de uma habitação que viesse substituir as antigas construções arruinadas desta propriedade dos arrabaldes de Montemor o Novo, onde havia funcionado uma exploração agrícola. O programa era relativamente simples:
– Uma casa para fins de semana e férias de uma família a residir em Lisboa, com 4 quartos, sala comum, cozinha, respetivas casas de banho e espaços de apoio, aos quais eu acrescentei um pequeno «torreão» com uma salinha/espaço de trabalho e um terraço. Pretendiam-se ainda espaços de estar exteriores alpendrados, para fruição do fresco e das vistas sobre o castelo da vila próxima e um alpendre para estacionamento de automóveis e arrumos. Na sua concepção geral, a casa deveria apresentar uma tipologia com claras referências à arquitectura popular da região.

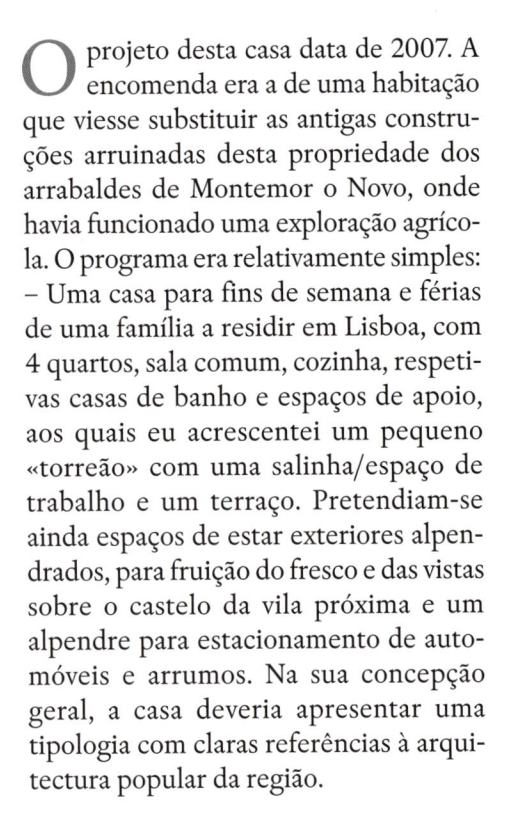

This house project dates from 2007. The brief was for a dwelling house to replace the existing ruined buildings on this property that had once been a working farm near Montemor-o-Novo. The project was relatively straightforward:
A weekend and holiday home for a family living in Lisbon, with four bedrooms, a lounge, kitchen, bathrooms and respective ancillary spaces, to which I added a small tower with a bedroom/office and a terrace. The client also wanted covered outdoor spaces where they could enjoy the fresh air and the view over the castle in the nearby town, and a carport for vehicles and storage. In its general design the house had to display clear references to the typical architecture of the region.
The house design therefore followed the model of vernacular Alentejo buildings

El proyecto de esta casa data de 2007. El encargo era de una vivienda que sustituyera las antiguas construcciones arruinadas de esta propiedad de los arrabales de Montemor o Novo, donde había funcionado una explotación agrícola. El programa era relativamente sencillo:
Una casa para los fines de semana y festivos de una familia que residía en Lisboa, con 4 cuartos, sala común, cocina, baños y espacios de apoyo, a los cuáles yo añadí un pequeño torreón, con una salita/espacio de trabajo y una terraza. También se pretendían espacios de estar exteriores cubiertos, parta disfrute del fresco y de las vistas sobre el castillo de la ciudad próxima, y un cobertizo para estacionamiento de automóviles y almacenamiento. En su concepción general, la casa debiera presentar una tipología con claras referencias a la arquitectura popular de la región.
El proyecto de casa sigue, por tanto, el modelo de las construcciones vernáculas de los montes

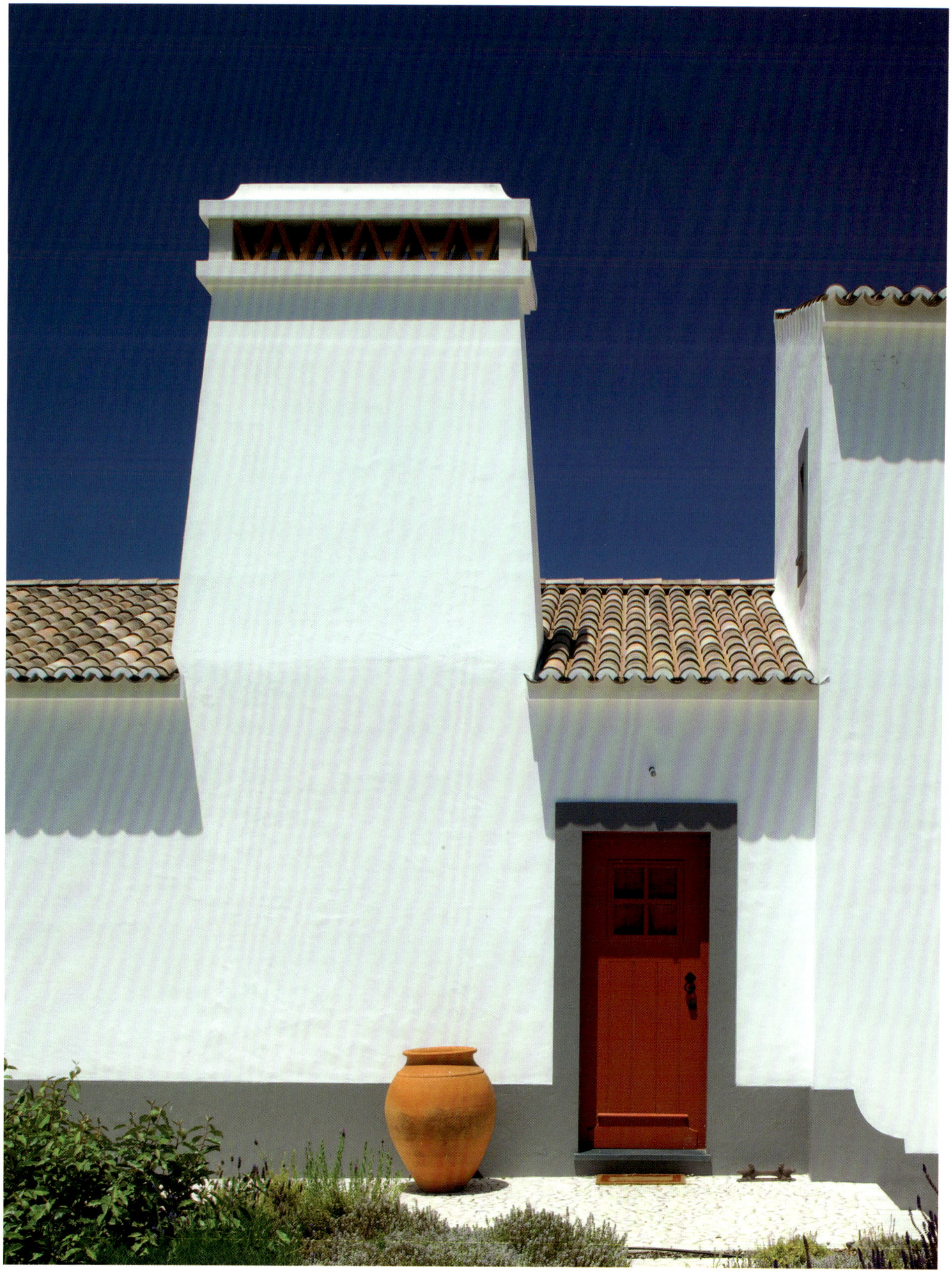

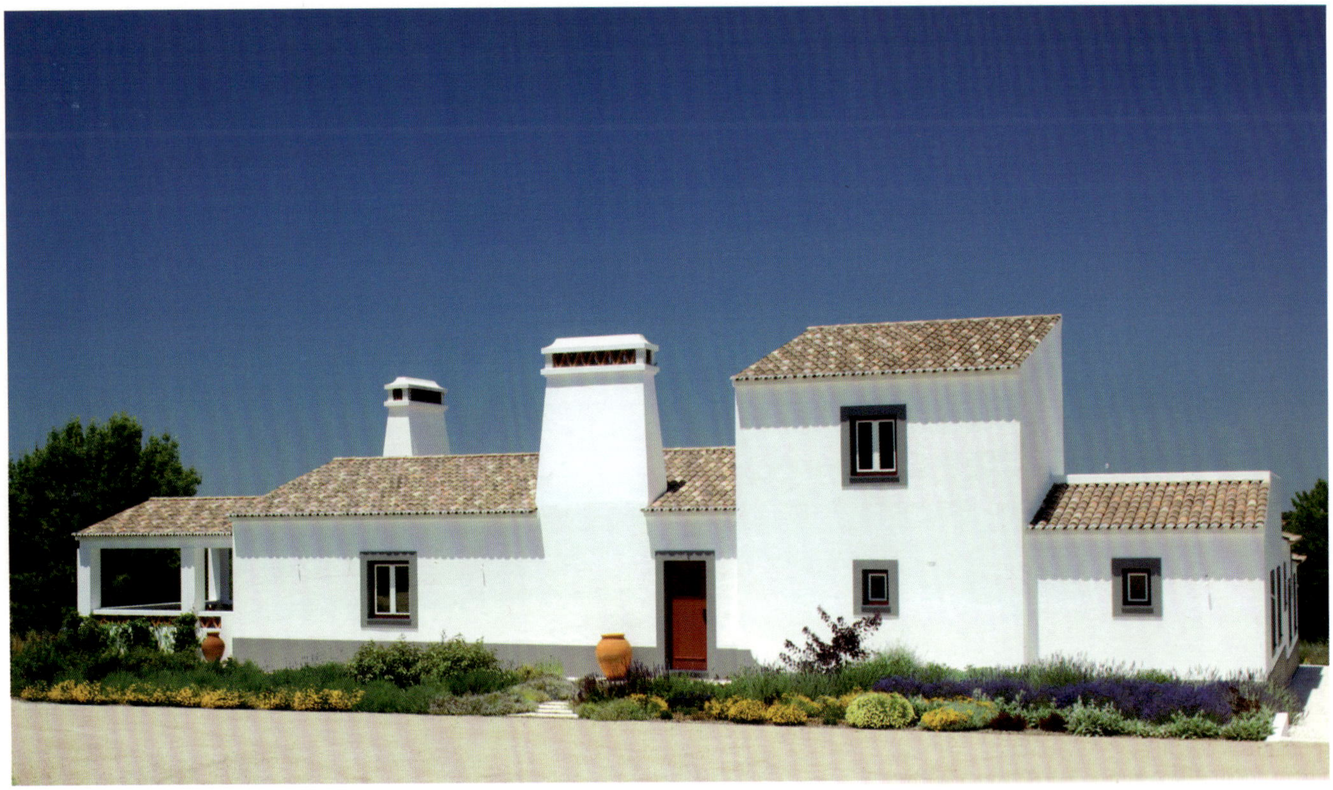

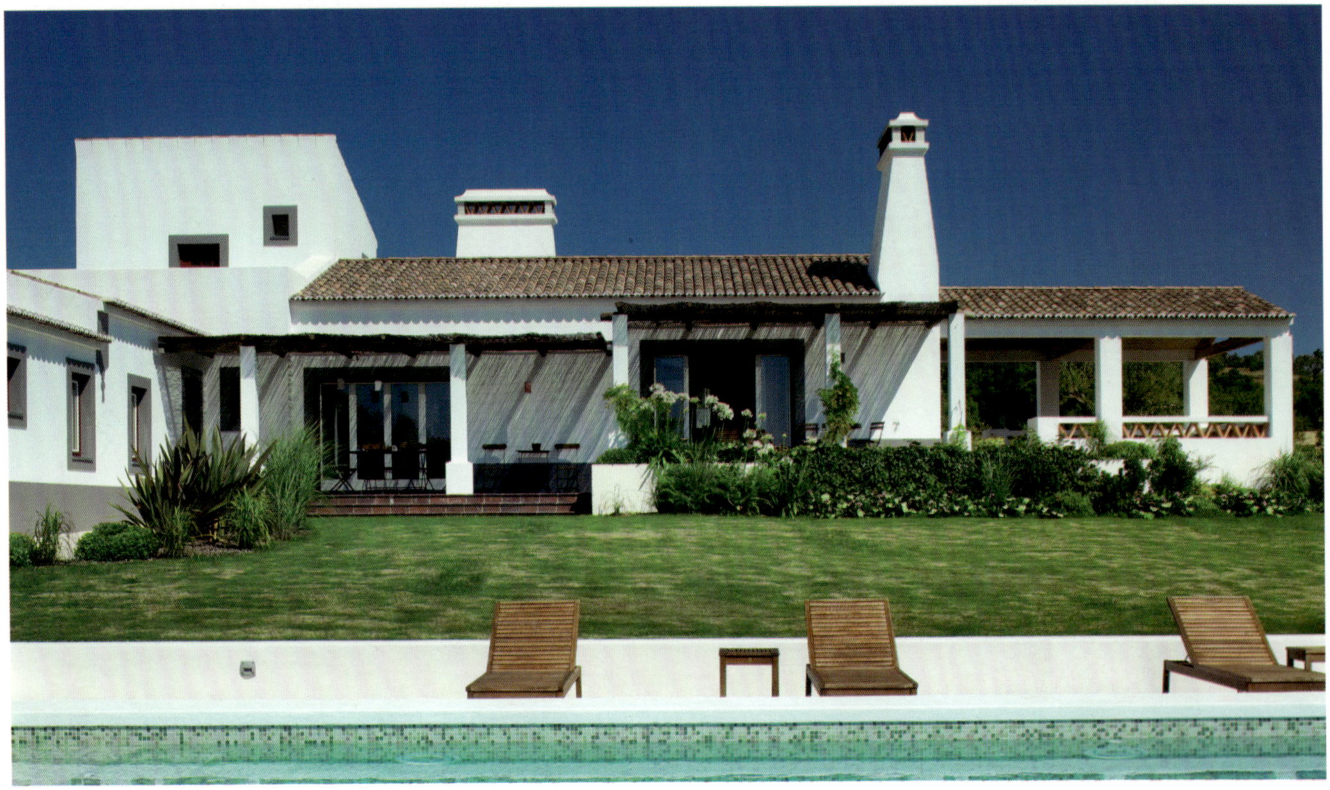

O projeto da casa segue, portanto, o modelo das construções vernaculares dos montes alentejanos – térreos, longitudinais, com paredes «caiadas» a branco nas quais sobressaem as aberturas dos vãos – poucos e de dimensões reduzidas ao mínimo necessário –, sublinhados pelas molduras pintadas em cinza. As coberturas são inclinadas – com uma ou duas águas apenas e revestidas com telha de canudo. Como elementos de composição dominantes sobressaem as indispensáveis chaminés e o torreão atrás mencionado.
Na sua construção, adoptámos um sistema misto de estruturas de betão armado em fundações e paredes (pilares e vigas) e de madeira em coberturas.
As paredes são em alvenaria de tijolo cerâmico e revestem a estrutura, rebocadas com argamassas lisas afagadas à colher – o que lhes confere um aspeto muito semelhante ao das casas tradicionais da região, caiadas à exaustão, com a reverberação da luz por vezes violenta, ou dura mas sempre de uma beleza estarrecedora e que contribui para a singularidade destas construções e para a identidade desta paisagem magnífica e única.
Nos aspectos funcionais da concepção dos espaços e da distribuição dos compartimentos, optámos por uma planta em «L», com dois corpos, portanto, articulados pelo «torreão».
Num destes corpos – orientado nascente--poente – situam-se a sala comum e a

– floors, dimensions, whitewashed walls with the door and window openings emphasised. The openings are to be few and of the minimum size – with their exterior borders painted grey. The roofs are slightly sloped and covered with barrel tiles. The dominant elements of the composition are the chimneys and the abovementioned tower.
During construction we adopted a mixed system of reinforced concrete structures for the foundations and walls (pillars and beams) and wood for the roof.
The walls are made of masonry brick covered with smooth troweled mortar – which gives them an appearance very similar to that of the traditional whitewashed houses that sit under the often harsh light, and which maintain a startling beauty that contributes to their uniqueness and to the identity of this magnificent and unique landscape.
In terms of the functional use of space and distribution of rooms, we opted for an L-shape layout of two sections linked by the tower.
In the east-west section are the lounge and the kitchen, while the bedrooms are in the north-south section. The lounge and kitchen are separated by an arch, providing a fluidity of space that extends to the corridors that connect the different rooms.
This spatial fluidity introduces an unorthodox compositional note and

alentejanos – bajas, longitudinales, con paredes encaladas en blanco en las que sobresalen las aperturas de los vanos – pocos y de dimensiones reducidas al mínimo necesario – subrayados por las molduras pintadas en ceniza. Las cubiertas son inclinadas – a penas de una o dos aguas, y revestidas con teja curva. Como elementos de composición dominantes sobresalen las indispensables chimeneas y el torreón antes mencionado.
En su construcción, adoptamos un sistema mixto de estructuras de hormigón armado en cimentaciones y paredes (pilares y vigas) y de madera en las cubiertas.
Las paredes son de albañilería de ladrillo cerámico y revisten la estructura, están revocadas con argamasas lisas raseadas con paleta – lo que las confiere un aspecto muy similar al de las casas de la región, encaladas hasta el agotamiento, con una reververación de luz a veces violenta, o dura, pero siempre de una belleza estremecedora y que contribuye a la singularidad de estas construcciones y a la identidad magnífica y única de este paisaje.
En los aspectos funcionales de concepción de los espacios y de la distribución de los compartimentos, optamos por una planta en "L", con dos cuerpos, por tanto, articulados por el "torreón".
En uno de estos cuerpos – orientado a levante-poniente – se sitúan la sala común y la cocina, y en otro – con orientación norte-sur –, colocamos los cuartos. La sala y la cocina están apenas separadas por un arco, presentando una fluidez de los espacios que se extiende a los

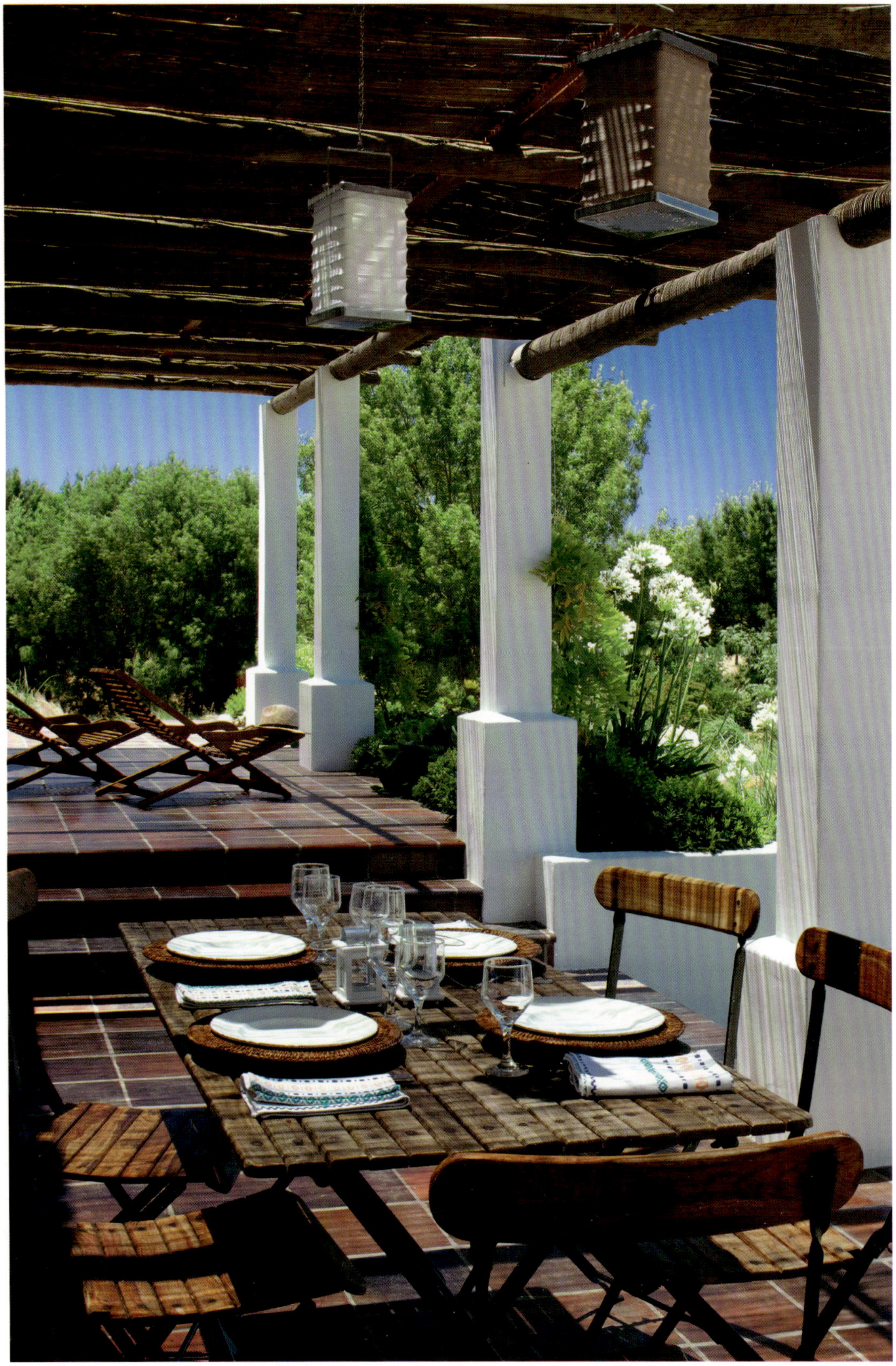

cozinha e, no outro – com orientação norte-sul –, colocámos os quartos. A sala e a cozinha são separadas apenas por um arco, apresentando uma fluidez dos espaços que se estende aos corredores que ligam os diversos compartimentos.

Esta fluidez espacial introduz uma nota de composição menos ortodoxa neste conjunto e confere-lhe uma singularidade muito especial – é claramente a sua marca de distinção e prova que a composição arquitectónica que se baseia nos léxicos da tradição permite «voos» de liberdade e de criatividade ilimitados e muito compensadores.

Tectos abobadados ou que tiram partido das estruturas de madeira das coberturas, transições de áreas distintas marcadas por arcos,... tudo contribui para uma composição marcadamente tradicional. Este aspeto é reforçado pela escolha dos materiais de revestimento. Com efeito, os ladrilhos de pasta de cimento ou os cerâmicos (as tijoleiras ou baldosas) de fabrico artesanal, os azulejos de chacota manual, vidrados, a profusão das madeiras de casquinha ou as ferragens de ferro de desenho tradicional, rematam os espaços acentuando a sua marca regional.

Estes elementos de construção, muito presentes nas casas do Alentejo, são ainda produzidos em oficinas e pequenas indústrias da região – as que ainda vão conseguindo resistir à voragem da produção em série da grande indústria globali-

gives it a very special uniqueness – it is clearly a mark of distinction and proves that architectural composition based on a traditional lexicon allows compensatory "flights" of freedom and unlimited creativity.

Vaulted ceilings that make the most of the roof's wooden structures, transitions between different areas marked by arches... all contribute to a strongly traditional composition. This aspect is reinforced in the choice of coverings. The cement paving tiles, the ceramics (bricks and tiles), the faux handmade decorative tiles, the profusion of pine woodwork and traditional iron hardware complete the spaces by accentuating the regional style.

These construction elements, which are common in Alentejo houses, are still produced in workshops and small factories in the region – those that have managed to resist the maelstrom of globalised mass production that is immune to these regional peculiarities and subtleties and which has destroyed truly precious jobs, crafts and ancestral knowledge.

Along the back of the house there is a porch and a pergola that helps regulate the temperature in the house and provides shade for rest and contemplation – a real antidote to the stress of life in the big city – leading on to outdoor spaces that have also been carefully arranged.

pasillos que unen los diversos compartimentos. Esta fluidez espacial introduce una nota de composición menos ortodoxa en este conjunto y confiere una singularidad muy especial – es claramente su marca de distinción y prueba que la composición arquitectónica que se basa en los léxicos de la tradición permite "vuelos" de libertad y de creatividad ilimitados y muy compensadores.

Techos abovedados o que sacan partido de las estructuras de madera de las cubiertas, transiciones de áreas distintas marcadas por arcos... todo contribuye a una composición marcadamente tradicional. Este aspecto está reforzado por la elección de los materiales de revestimiento. Los ladrillos de pasta de cemento o los cerámicos (los grandes o baldosas) de fabricación artesanal, los azulejos de apariencia manual, vidriados, la profusión de las maderas de casquinha, o los herrajes de hierro de diseño tradicional, rematan los espacios acentuando su marca regional.

Estos elementos de construcción, muy presentes en las casas del Alentejo, son aún producidos en oficinas y pequeñas industrias de la región – las que aún van consiguiendo resistir la vorágine de producción en serie de la gran industria globalizante, que es inmune a estas singularidades y sutilezas regionales y que ha venido a destruir puestos de trabajo, oficios y saberes ancestrales verdaderamente preciosos. Adosados al volumen de la casa encontramos también, un cobertizo y una pérgola que además de contribuir a regular la temperatura de la casa, nos proporcionan el placer de la som-

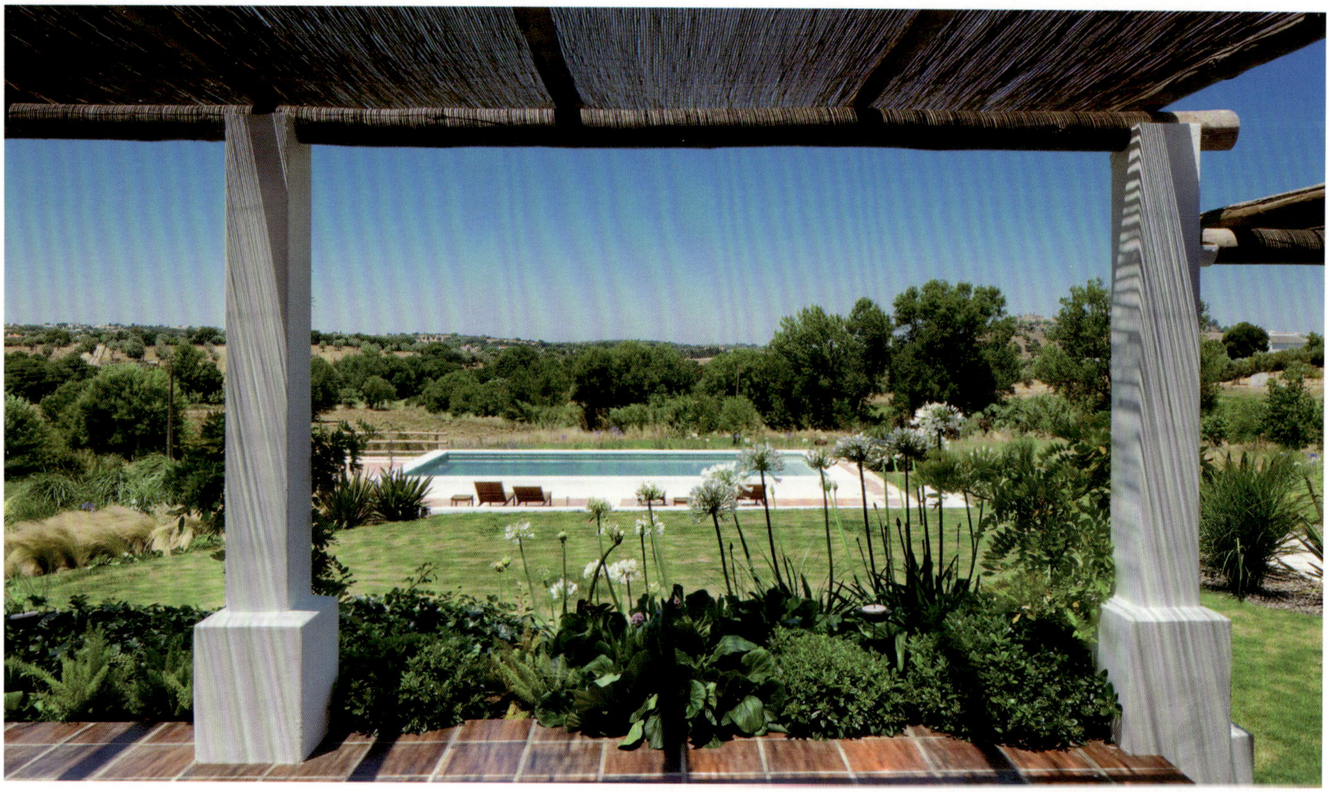

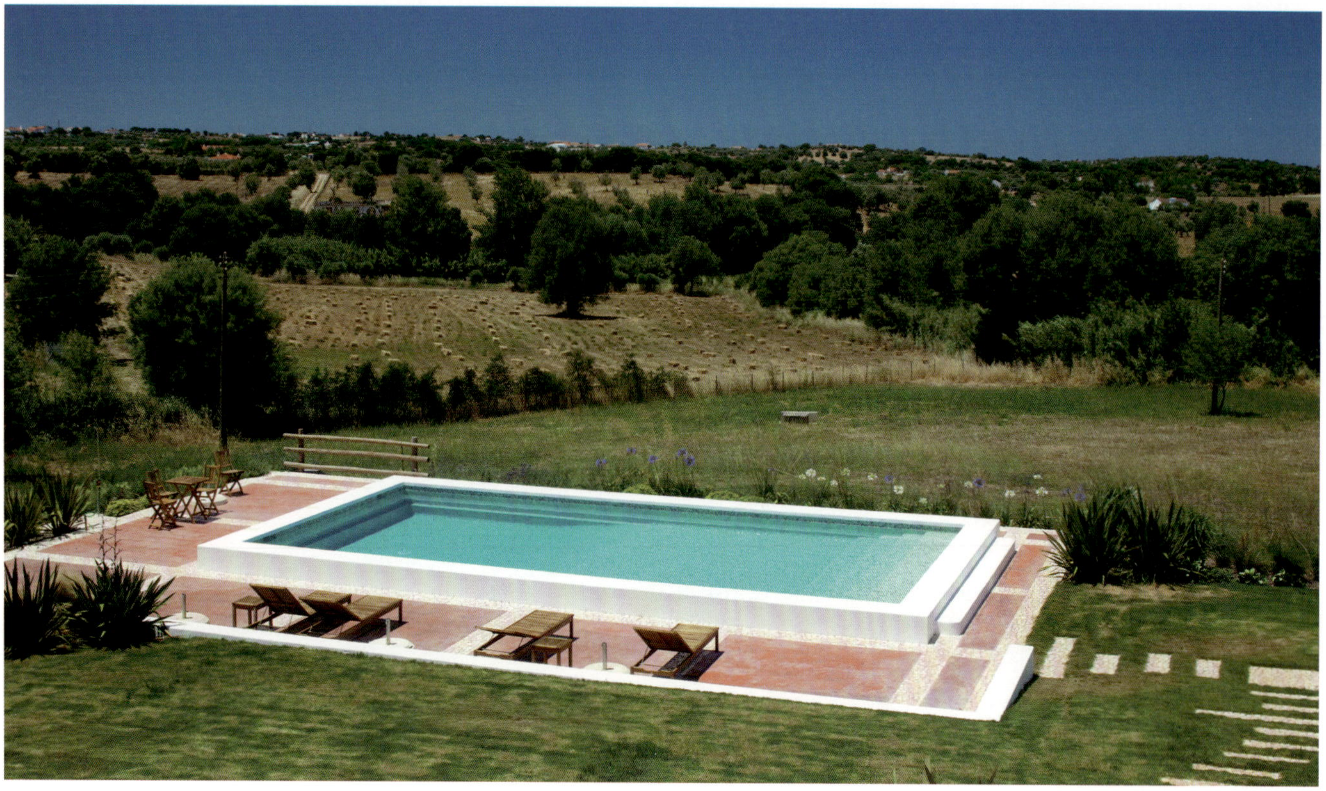

Implantação
Site
Implantación

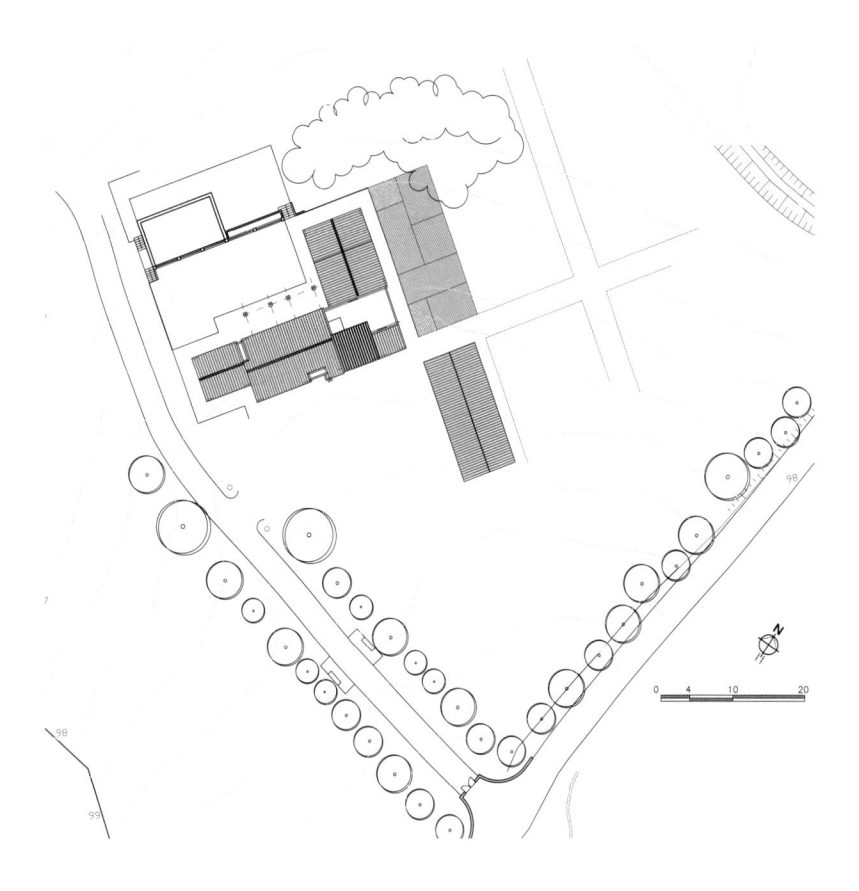

zante, que é imune a estas singularidades e subtilezas regionais e que tem vindo a destruir postos de trabalho, ofícios e saberes ancestrais verdadeiramente preciosos.

Adossados ao volume da casa, encontramos ainda um alpendre e uma pérgula que, para além de contribuírem também para regular a temperatura da casa, proporcionam-nos o prazer da sombra, do descanso e da contemplação – verdadeiro antídoto para a alucinação da vida na grande cidade – e antecedem os espaços exteriores que foram igualmente objeto de arranjo cuidado.

As always, we sought to integrate the work into the landscape, seeking harmony and balance between nature and the work of man.

bra, del descanso y de la contemplación – verdadero antídoto para la alucinación de la vida en la gran ciudad – y anteceden a los espacios exteriores que fueron igualmente objeto de cuidada disposición.

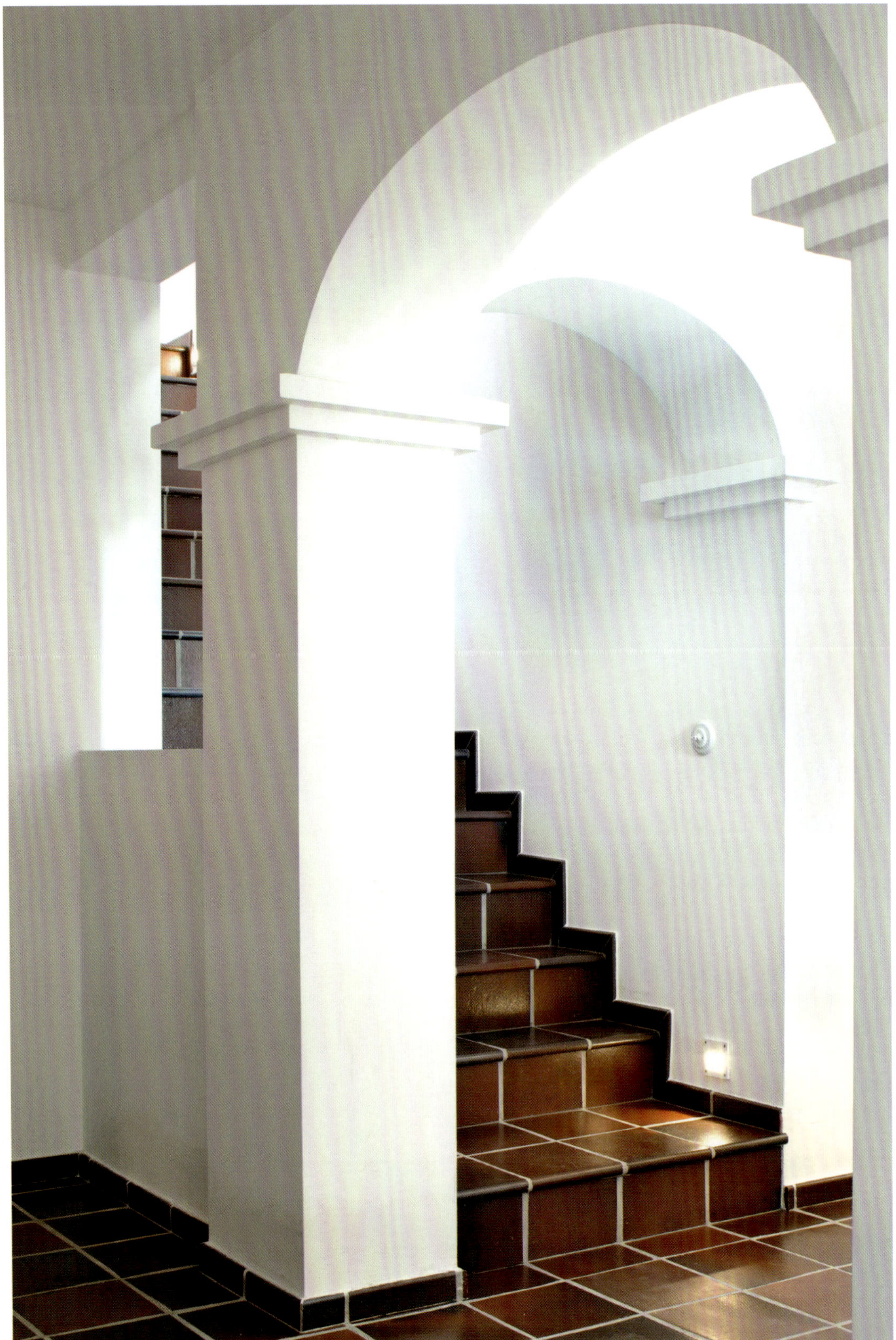

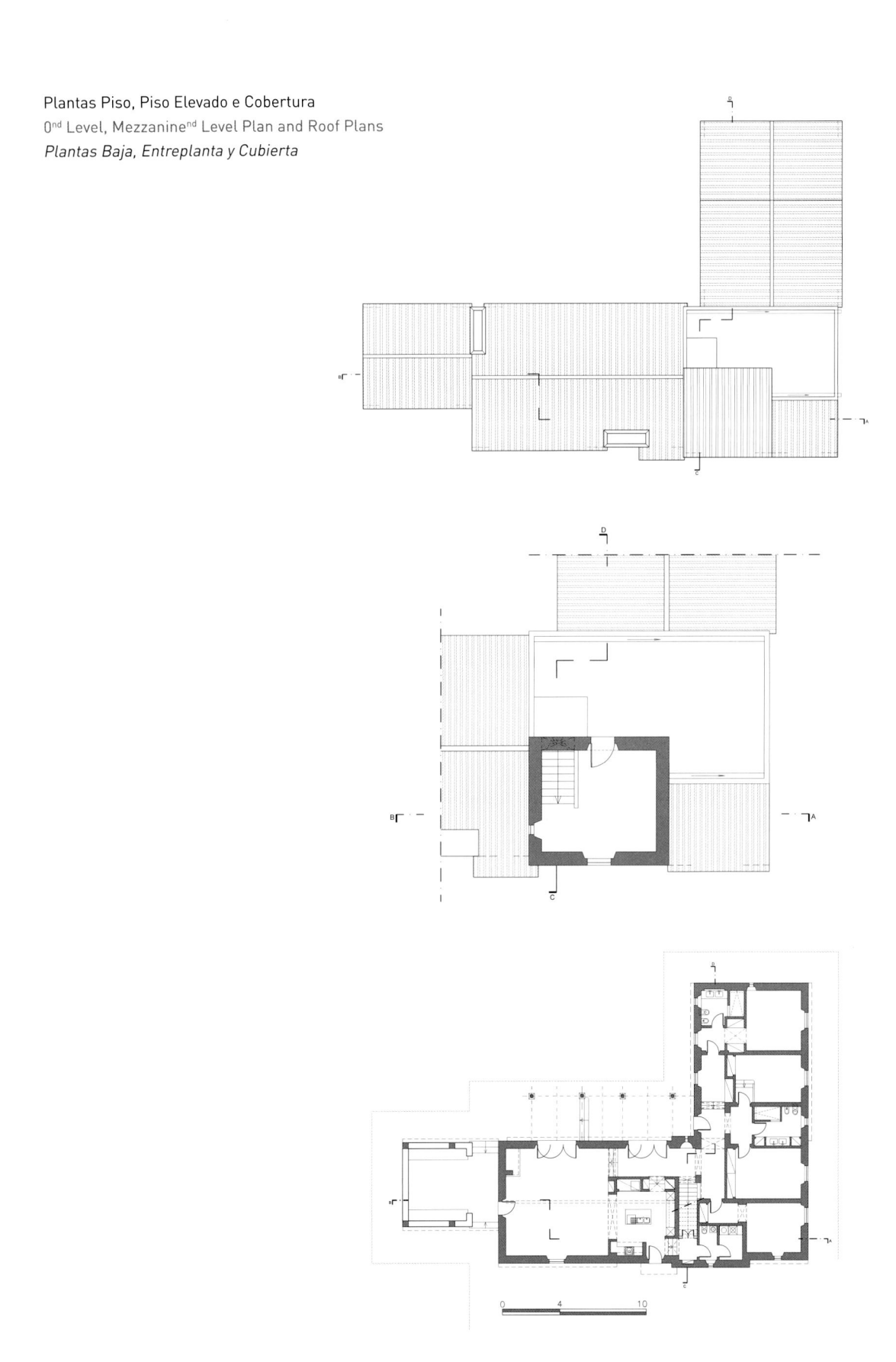

Plantas Piso, Piso Elevado e Cobertura
0nd Level, Mezzaninend Level Plan and Roof Plans
Plantas Baja, Entreplanta y Cubierta

Alçados Nascente, Norte, Poente e Sul
East, North, West and South Elevations
Alzados Este, Norte, Oeste y Sur

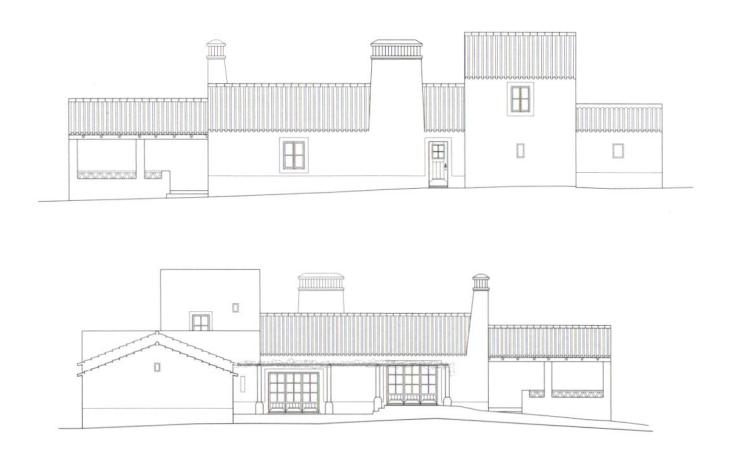

Cortes
Sections
Secciones

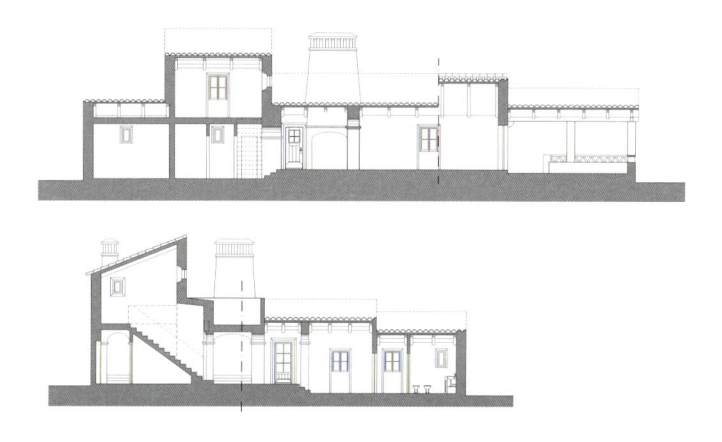